마음을 다친 아동·청소년을 위한 핸드북

| Ricky Greenwald 저 / 정성훈 · 정운선 공역 |

정신적 외상을 입은
아동과 청소년을 위한 지침서

CHILD TRAUMA
HANDBOOK

학지사

Child Trauma Handbook

by Ricky Greenwald

Korean Translation Copyright © 2011 by Hakjisa Publisher
The Korean translation rights Published by arranged with
The Haworth Press, Inc.

역자 서문

충격적인 사건으로 정신적 외상을 입은 아이나 성인의 호소를 듣고 있으면 누구라도 가슴이 답답하고 어떻게 해결해 주어야 할지 막막한 심정에 빠지게 됩니다. 아마도 외상을 당한 피해자의 고통스러운 심정이 듣는 사람에게 그대로 전달되므로 그렇게 느껴질 겁니다. 그래서 무슨 일이 발생했는지, 왜 그런 불편감이 드는지, 어떻게 그것을 해결해야 할지 알 수 없는 막막하고 불안정한 상태를 경험하고, 거기서 빠져나올 수 없다는 절망감이 외상의 가장 큰 영향일 것입니다.

세계보건기구에서 발간한 폭력에 대한 보고서(2002)는 성폭력에 노출될 가능성을 남자는 7명 중 1명, 여자는 4명 중 1명이라고 보고합니다. 성폭력이 이 정도라면 모든 폭력 피해의 발생 빈도는 우리의 상식을 넘어 상상할 수 없을 정도라고 추정할 수 있을 것입니다. 그 외에 학교폭력, 따돌림, 교통사고나 기타 사고, 부부 폭력을 경험하거나 목격하는 것, 자연재해, 질병을 진단하고 치료하는 과정에 일어나는 고통스러운 시술 경험, 수술 경험, 부모 또는 형제의 사망, 우리나라의 특수한 문제인 불합리한 교육제도에 의한 조기교육과 과도한 학업 부담 등을 포함한다면 한 사람이 살아가는 동안 마음속에 축적될 수밖에 없는 외상은 사실 보편적이고 일상적이라고 봐도 될 것입니다.

외국 연수기간 동안에 경험했던 유아 학대 사례와 그에 접근하는 기법들, 귀국 후 아동보호 전문기관의 자문위원으로 활동하면서 경험했던 소아 학대 사례들, 그리고 특히 대구 · 경북 해바라기아동센터를 담당하면서 경험했던 성폭력 피해 아동과 가족들의 평가 및 치료에서 내내 머리를 떠나지 않았던 생각은 '외상의 피해를 치료하는 것은 한두 사람의 치료자가 할 수 있는 일이 아니며, 지역사회의 가용한 자원에서 근무하는 많은 담당자들이 외상의 영향과 대처 기술에 대한 지식을 갖추는 것이 전제되어야 한다.' 는 것이었습니다.

개인적으로 치료 능력을 발전시키는 것도 반드시 필요한 일이지만, 이와 더불어 외상 피해 아동을 평가할 수 있는 검증된 심리평가 도구의 표준화 작업과 지역사회에서 외상 피해 아동을 담당하는 분들을 위한 교육 책자나 프로그램의 개발을 항상 염두에 두고 있었습니다. 그래서 심리평가 도구의 표준화 작업을 진행하면서 외상 치료를 위한 책을 저술하려고 마음먹었으나, 공부할 목적으로 구입한 이 책을 읽는 동안 이 책보다 더 잘 집필할 방법이 없다는 생각이 들어 번역을 하게 되었습니다.

이 책은 어느 한편으로 치우치지 않고 이론과 실제를 잘 조합해서 외상 피해 아동을 담당하는 분들이 융통성 있게 적용할 수 있는 이론을 습득하고 연습을 통해 현장에서 바로 적용할 수 있는 기법을 익힐 수 있도록 하는, 두 마리 토끼를 잡으려고 노력한 점이 돋보였습니다. 그렇지만 한 권의 책이 모든 것을 해결할 수는 없으니 독자 여러분의 끊임없는 연습과 현장에서 적용하려는 노력이 뒷받침되어야 할 것입니다.

번역 수정 작업을 도와준 손성화, 양동석, 한송이 선생, 그리고 5년간 성폭력 피해 아동과 가족을 도와주는 기쁨과 좌절감을 함께 경험한 대구 · 경북 해바라기아동센터 직원분들에게 고마움을 전하고, 지치지 않는 열정으로 나를 재촉해 주었던 정운선 교수에게 진심으로 감사를 드립니다. 끝으로, 부족한 역자에게 마음을 열고 도움을 요청했던 피해 아동과 그 가족들에게 이 책을 바칩니다.

2011년 1월의 어느 멋진 날 삼덕동 연구실에서
경북대학교병원 정신과 정성훈

이 책을 소개하는 글

이 책은 어린 시절부터 작은 외상을 당해오다 한두 번의 심각한 정신적 외상이 계기가 되어 생활의 전반에서 어려움을 겪는 복합성 외상후 스트레스장애 아동·청소년들을 이해하는 데 좋은 틀을 제공합니다. 이 책의 내용은 외상을 당한 아이들을 도와주기 위해 각자의 자리에서 열심히 노력하시는 분들께 사막의 오아시스 같은 경험이 될 것입니다. 지난 2010년 6월 대구·경북, 광주·전남 해바라기아동센터 개소 5주년을 맞아 전국의 해바라기아동센터, 여성·학교폭력 피해자 원스톱 지원센터, 아동보호 전문기관, 성폭력 상담소에 근무하는 관련자들을 대상으로 일일 워크숍이 열렸는데, 그 자리에서 소개된 이 책의 반응은 가히 폭발적이었습니다. 이렇게 현장에서 일하시는 분들의 검증을 받은 만큼 여러분들께도 이 책이 어떤 방식으로든 도움이 될 것이라 믿습니다.

이 책의 내용을 간단히 소개하면 다음과 같습니다.

1부는 정신적 외상에 대한 전반적인 이해를 도와줄 것입니다. 외상이 어떻게 우리의 신체와 마음에 영향을 미치는지를 이해하지 않고서는 도움을 제공할 수도, 도움을 받을 수도 없습니다. 아이들이나 부모님에게도 이 부분에 대한 정보를 제공해야만 치료에 대한 동기를 갖게 할 수 있습니다. 2장에는 외상에 근거한 치료 과정을 비유로 잘 나타내는 용에 관한 우화 모델이 나옵니다. 인지 능력이 발달하고 있는 아이들에게 비유라는 것은 강력한 치료 도구로 작용할 것입니다. 이 우화가 여러분의 마음에 단단히 자리 잡도록 반복하여 읽으시길 바랍니다. 3장은 치료 관계에 대한 장인데, 심리치료에서 관계의 중요성은 두말하면 잔소리일 것입니다. 4장 '당신 자신을 돌보시오' 는 치료자가 겪는 감정 노동과 조기 소진에 대해 알려 주며, 이 일을 그만두지 않기 위해 자신에게 기울여야 하는 노력들에 대해 놀랍도록 쉽게 설명해 줄 것입니다.

2부는 정신적 외상에 대한 평가를 시행하고 치료 계획을 세우는 데 도움을 줄 것입니다. 같은 사건이라도 아이들마다 주관적인 해석이 다른데, 치료에 대한 소개를 하고 이러한 주관적인 외상의 의미를 파악하고 이전의 외상에 대해 알아보는 것은 외상 치료의 첫 단계로서 가장 중요할 것입니다. 2부에서는 또한 치료에 대한 동기를 가지게 하는 방법들도 소개하고 있습니다.

3부는 안전에 대한 것과 아동 · 청소년의 장점을 개발하는 것에 대한 내용입니다.

아동에 대해 전부 파악되었는데 왜 바로 치료로 뛰어들지 않고 안전에 대한 이야기가 먼저 나올까 의문이 드실 겁니다. 그러나 현장에 있다 보면, 외상을 경험한 아동의 안전을 우선시하지 않아서 치료에 실패하는 경우를 자주 볼 수 있습니다. 외상을 당한 아이들에게 안전이란 매우 중요한 문제이므로, 정신적 외상 치료의 성공 여부에는 안전 확보가 전제되어야 합니다. 9장은 사례 관리에 대한 것으로, 아동보호 전문기관이나 복지센터에 근무하는 분들에게 특히 도움이 될 것입니다. 10장은 부모 훈련에 관한 것이며, 11, 12장은 외상을 경험한 아이가 이전과 달리 스스로를 유능하다고 느낄 수 있도록 도와줄 것입니다.

4부에는 드디어 이전 외상 사건을 다시 떠올리는 '노출' 에 기반을 둔, 외상에 초점을 맞춘 치료적인 접근이 나옵니다. 이러한 치료적인 접근이 어려우신 분들은 1, 2, 3부와 6부만 시행해 보셔도 많은 도움을 받을 것입니다. 여기에는 '노출' 을 할 때 아이가 외상 사건에 압도되지 않도록 하는 실제적인 방법이 많이 소개되고 있습니다.

5부는 치료에 대한 평가 및 외상에 대한 평가를 하고 미래에 있을 외상을 예방하기 위한 내용입니다. 1부에서 소개된 용의 우화 모델을 스스로에게 다시 한 번 적용해 보는 기회를 가질 것입니다.

아동보호 전문기관이나, 거주 시설, 그룹홈, 수양부모협회, 위탁 가정, 청소년 보호시설에 근무하는 분들은 6부 '일상생활에서 아이 도와주기' 를 꼼꼼히 읽고 참조하시는 것이 근무 스트레스를 줄여 주고 아이들에게 실질적인 도움을 주는 데 일조를 할 것입니다. 여기에 나오는 행동 치료적인 접근 방법 및 훈육에 관한 내용들은 일반 아이들이나 부모에게도 많은 도움이 되므로 일반적인 교육자료로 활용하셔도 무리가 없을 것입니다.

우리나라에는 성폭력, 학교폭력, 가까운 사람의 갑작스런 사망, 교통사고 등과 같은 명백한 외상은 말할 것도 없지만, 시험 공부, 은근한 따돌림, 선생님과 부모님의 무지에서 비롯된(상처를 준 사람은 기억도 못하는) 그런 소소한 정신적 외상을 처리하지 못해 고통받고 있는 아이들이 참으로 많습니다. 여러분께서 이 책의 도움을 받아 그 아이들을 이해하고 치료하는 데 좀 더 유능해져서 자신에 대한 부정적인 인지나 정신적인 외상도 감소되기를 바랍니다. 이 책을 읽으면 자신에 대해서도 많은 것들을 알게 되며, 자신의 외상을 처리하는 능력도 커질 것입니다.

마지막으로 이 책을 읽으려고 결심한 여러분께 책에서 익힌 내용을 반드시 현장의 아이들에게 적용해 볼 것을 당부합니다. 그렇게 한다면, 여러분은 외상을 당한 아이들의 인생을 바꿀 수 있는 기회와 능력을 가진 보석과도 같은 존재로 거듭날 것임을 믿어 의심치 않습니다.

역자 정운선

차 례

일러두기

- trauma는 제목에는 '정신적 외상'으로 번역하였고, 본문 내용에는 주로 '외상'으로 축약했다.
- client는 대부분 '아이'로 번역하였고, 문맥에 따라 '환자/의뢰인'으로 번역하기도 했다.
- 저자가 특별히 강조하고 싶은 대목에는 ! 부호가 들어가 있다.

서 론

몸을 아끼지 않고 진심으로 아이들을 도와주려고 최선을 다하는 많은 사람들이 있다. 여러분이 그중 한 분이기를 바란다. 정신적 외상과 상실로 상처받은 아이들에 대한 지식이 광범위하게 축적되었기 때문에, 아이들이 무엇을 경험하고 어떤 방식으로 회복하며 또 그들을 어떻게 도와줄 수 있는지에 대해 알게 되었다. 검증되고 효과적이라고 증명된 많은 방법들이 있지만, 안타깝게도 전문가들만이 이런 지식을 알고 있다. 그런데 더 큰 문제는 전문가들은 여러분과 같은 업무를 하지 않는다는 것이다.

이 책의 목적은 여러분에게 필요한 정보를 제공하려는 것이다. 왜냐하면 여러분이 아이들에게 더 나은 도움을 주려고 노력하는 분들이기 때문이다. 이 책을 통해 여러분이 아이들에게 무엇을 해 주고, 어떻게 하며, 언제 그리고 왜 해야 하는지와 같은 기본적인 이해, 특별한 기술, 깊이 있는 지식을 배울 수 있기를 기대한다.

이 책은 정신건강 전문가를 위한 5일간의 교육 프로그램과 아이를 직접 돌보는 보조 전문가, 어린이집 종사자, 수양부모 등을 위한 2일간의 교육 프로그램에 사용하던 내용을 종합한 것이다. 이 책만으로 충분할 수도 있겠지만, 수련 담당자의 지도 아래 실제적인 교육 실습을 받는다면 훨씬 더 많은 것을 습득할 수 있을 것이다. 교육과정에의 참여 없이 책을 읽는다면 주변 동료들과 함께 워크숍의 실습처럼 실제로 연습해 보기를 권유한다.

전 세계 정신건강 전문가들을 위한 워크숍, 뉴욕 시 마운트시나이 의과대학의 소아정신과 전공의를 위한 매주 세미나, 9 · 11 이후 뉴욕 시 교육부의 학교 정신보건 전문가를 위한 세미나, 매사추세츠 주 애머스트에 위치한 햄프셔 대학교 학생들을 위한 교육과정, 하와이 호놀룰루 시에 있는 퀸즈 의료센터와 일리노이 주 프린스턴의 집 없는 아이를 위한 거주시설과 가족 서비스 부서의 소아 파트, 미주리 주 세인트루이스에 위치한 에지우드 소아센터의 전문가와 일선 사회복지 직원을 위한 워크숍 등 다양한 집단을 교육했던 프로그램을 기초로 이 책을 저술하였다. 모든 워크숍 후에 프로그램에 대한 솔직한 평가를 받았으며, 다음은 참여한 분들의 의견을 통해 내가 배운 것이다.

- 소아를 담당하는 모든 전문가는 작업의 전체 흐름을 알 필요가 있으며, 이는 부분적인 특정한 치료 단계만 맡고 있는 분들도 마찬가지다.
- 어떻게 말하고 무엇을 해야 하는지, 즉 실제적인 기술을 습득할 수 있는 워크북을 원한다. 현실에서 바로 사용할 수 있는 워크북이 필요하다. 그럴 때 학습이 촉진된다.
- 참석자의 대부분은 이미 상당한 지식과 기술을 갖추고 있다. 이 교육 프로그램/책은 그런 점을 부정하지 않는다. 오히려 교육생이 언제, 무엇을 해야 할지 판단의 기준으로 삼을 수 있는 유용한 모델을 제공함으로써 그들의 기술을 더욱 효과적으로 사용할 수 있는 역량을 강화시킨다.
- 이 책에 나오는 모델은 가장 심각한 문제를 가진 아이들에게 적용할 수 있으며, 주 문제가 외상이나 상실이 아니더라도 적용 가능하다.
- 이 교육 프로그램은 실제로 효과적이다. 나는 프로그램 매뉴얼을 유용하게 사용하는 교육생들을 많이 보았다. 아이들은 문제 행동이 사라지거나 호전되고 성적이 향상된다. 물론 모든 아이들이 회복되는 것은 아니지만, 적어도 치료 가능성은 증가될 것이다.

나는 동료들과 함께 소아/청소년 외상 치료를 위한 교육 프로그램 연구를 진행해 왔는데, 지금까지의 연구 결과는 다음과 같다.

- 교육 수료 후, 참석자들은 업무를 더 잘 할 수 있다는 자신감과 외상 치료에 대한 지식과 능력이 향상되었다고 보고하였다(Greenwald, Stamm, Larsen, & Griffel, 2003).
- 교육 프로그램의 특정 과정을 마친 후, 참석자들은 업무 중의 힘들었던 상황을 떠올릴 때 심리적 고통이 감소된다고 보고하였다(Greenwald, Johnston, & Smyth, 2004).
- 이런 연구 결과는 증명되었다. 일부 교육 단계를 마친 정신건강 전문가들은 행동화 가능성이 높은 의뢰인을 떠올릴 때 더 잘 대처하고 공감적으로 대할 수 있으며, 담당 치료자로서의 역할을 더 안정적이고 자신 있게 느낄 수 있다는 새로운 결과를 얻었다(Greenwald, Greenwald, & Smyth, 2005).
- 청소년 보호치료센터에서 2개월간 교육과 자문을 했을 때, 5개 센터에서 6개월 전에 비해 매월 사고(폭력, 기물 파손, 가출) 발생 건수가 모든 영역에서 최소 50% 감소하였다(Greenwald, 2003).

이 모델과 방법들은 학년, 인종, 문화, 언어에 관계없이 적용 가능하다. 물론 번역에 따른 사소한 문제는 있을 수 있다. "담당하는 아이들의 특성 때문에 일부 내용을 수정할 수밖에 없었어요."라고 말하는 분들도 있지만, 나는 항상 "그 아이들에게도 효과가 있었습니다."라고 말했다. 여기에는 다음과 같은 두 가지 의미가 있다고 생각한다. 첫째, 치료자는 아이와 가족의 문화에 맞게 자료를 수정할 수 있는 판단력과 기술을 가지고 있다는 것이다. 이런 점까지 내가 교육하지 않아도 여러분 스스로 그렇게 하는 것이 중요하다! 둘째, 안전성, 관계, 역량증진을 강조하는 단계 모델로서의 외상근거 치료(trauma-informed treatment)는 충격을 받은 아이들의 환경에 관계없이 효과적이라는 것이다. 나는 이미 방글라데시, 부룬디, 캘리포니아, 과테말라, 인도, 이스라엘, 북아일랜드 등 여러 나라에서 이 모델에 기초한 치료나 치료센터를 시작한다며 도움을 달라는 요청을 받은 바 있다.

정신적 외상근거 치료(trauma-informed treatment)는 어떻게 다른가

외상근거 치료를 충분히 습득한다면 이미 훌륭한 치료자인 여러분에게 큰 도움이 될 것이다. 형태가 다른 다양한 기술과 개입들이 있지만, 실제로는 모두가 거의 유사한 방법들이다. 외상근거 치료는 외상 이론에 근거해서 표준적 개입들을 체계화한 것이다. 과거의 외상이 현재 문제에 영향을 미치는 방식을 이해할 때, 우리는 특수한 전략과 임상적 기술들을 사용할 수 있는 특별한 방법, 그리고 일련의 개입 단계를 지닌 치료 모델을 가질 수 있다.

예를 들어, 공격적 행동을 하는 아이에게는 일관된 양육을 위한 부모교육을 많이 사용하는데, 이런 부모교육은 학습이론에 근거해서 원하지 않는 행동은 처벌하거나 무시하고 원하는 행동은 강화하도록 부모를 교육한다. 외상근거 치료 역시 본질적으로 같은 기법과 원리에 따라 부모교육을 하지만 추가적인 이론적 근거가 더 있다. 부모에게 아이들의 문제 행동은 과거 외상 때문에 안전하지 않고 혼란된 감정이 남아 있는 것이며, 행동화는 외부(부모)의 조절을 요구하는 방식이라고 설명한다. 행동 문제에 대해 부모가 적절한 훈육을 하면 아이는 부모를 강하고 책임감 있고 보호해 줄 수 있는 사람으로 확신하게 된다. 그럴 때 부모는 자녀에게 안전과 안정성이란 특별한 선물을 제공해 주는 치유적인 존재가 될 수 있다. 따라서 '무지한' 부모가 행동문제의 원인이란 뜻(다른 치료 접근법에서는 이런 위험성이 있다)이 아니라, 아이에게 상처가 있어 부모의 특별한 보살핌이 절대적으로 필요하다고 설명한다. 이런 설명을 들은 부모는 아이를 이해하고 자신의 역할을 적극적으로 수행하려 한다. 아이에 대한 부모의 이해와 적극적인 치유 역할은 외상과 아이의 문제 행동 때문에 손상된 애착을 회복시켜 준다.

더욱이 외상 이론에 기초한 치료 접근법은 치료 과정의 특정 시점에 체계적으로 부모교육을 시행해서 후반부 치료를 위한 준비를 갖추게 한다. 외상 치료의 목표를 달성하기 위해 흔히 사용되는 표준적인 개입들도 외상 이론에 따라 특정 단계에 포함시켜 놓는다.

끝으로 치료자의 '태도' 는 건강한 권위와 함께 지시적이지만 아이와 협력하고 아이를 존중하며, 필요하면 어느 정도 허용적일 때도 있어야 한다. 다음은 기존 치료 기법과 다른 외상근거 치료의 특징들이다.

- 정신과 의사는 증상을 평가하고 진단해서 "나는 당신의 문제를 치료할 수 있습니다."라고 말한다. 이런 방법은 진단을 해서 그 진단에 맞게 치료하는, 다시 말해 '환자'는 아프고 의사는 치료할 수 있는 힘이 있다는 의학적 모형에 근거한다. 외상 치료자는 의뢰인과 가족의 역량을 먼저 파악한 후에 문제에 대한 질문을 한다. 그 후 진단이 내려지면 "스스로 회복할 수 있도록 도와드리겠습니다."라고 말한다. 이런 방법은 의뢰인에게 당신은 상처를 받았지만 회복할 수 있는 기본적인 건강과 역량을 가지고 있다는 믿음을 전달하며, 역량증진 치료를 위한 사전 준비 작업까지 하는 것이다.
- 정신역동적 정신치료자는 개방형 질문을 하고 주로 침묵하며 판단에 대한 의뢰인의 요구를 받아 주지 않는다. 외상 치료자는 이런 방법이 외상 치료에 있어 역효과를 주고 아이의 불안을 증가시킨다는 것을 알고 있다. 외상 치료자는 아이가 침묵 속에서 좌절감을 느끼거나 "싫어요, 상관 말아요."라는 식으로 행동하도록 두지 않고, 적절한 반응을 제공해서 아이가 성취감을 느끼게 해 준다. 외상 치료자는 아이가 치료자의 생각을 의심하거나 두려워하지 않도록 자주 피드백을 주고 치료자의 생각을 표현한다.
- 인본주의적(또는 정신역동적) 치료자는 외상 기억을 드러내게 하고, 관련된 생각과 느낌들을 표현하도록 격려한다. 아이가 잘 '표현'한 회기는 좋은 치료시간이 된다. 외상 치료자는 아이가 준비 과정을 거치고 충격적 경험을 다루고 견딜 수 있을 때까지 이런 표현을 하지 않도록 적극적으로 보호한다. 또한 외상 치료자는 매 치료시간 마지막에 방어막을 만들어 주고 자기조절을 연습시켜 아이가 감정을 '수습하고' 안정을 되찾게 도와준다.
- 놀이(또는 미술, 정신역동적 혹은 인본주의적) 치료자는 아이가 '준비되면' 기억을 상기한다는 이론에 근거해서 외상 기억을 노출하거나 얘기할 때까지 기다린다. 외상 치료자는 치료 계약 때 외상을 해결하는 것이 목표라고 분명하게 설명하고, 외상을 직면할 준비 과정으로 다양한 치료 활동에 아이를 참여시킨다. 그 후에 아이가 감당할 수 있는 정도까지 외상에 직면하는 과정을 반복한다. 그러나 아이는 언제라도 치료를 중단할 수 있는데, 외상 치료자는 지시적

이기는 하지만 강제적이지 않기 때문이다.

- 인지행동 치료자는 기능적/행동적 진단을 한 다음에 증상을 해결하거나 극복하기 위한 과제 지향적 치료 계획을 제공한다. 만약 외상과 관련된 진단이라면 외상 기억을 탈민감화하는 활동을 먼저 하고 다음에 증상을 조절하는 치료를 한다. 외상 치료자도 그렇게 하지만, 먼저 지지적이고 튼튼한 관계를 형성하고 부모와 주변 사람들이 아이의 회복을 도울 수 있는 구체적인 행동을 하도록 한다.

앞의 내용은 비교할 목적으로 각 치료 기법의 전통적이고 '이론적인' 유형만을 제시했을 뿐이다. 실제 치료에서는 치료자들이 다양한 치료 기법의 요소들을 통합적으로 사용한다. 외상 치료 접근법 또한 이런 통합된 기법 중 하나다. 외상 치료 접근법의 특수한 점은 이론적 근거 그리고 전통적인 여러 치료법들에서 빌려 온 일련의 개입들로 구성된 이론중심 시스템이라는 것이다. 워크숍에 참석했던 어떤 분은 이 접근법을 '관계 중심적 인지행동치료(cognitive-behavioral therapy with relationship base)이면서 동시에 가족 시스템 개입법' 이라고 하였다.

이 책을 통해 외상근거 치료를 배우는 동안, 친숙한 개입도 많이 있지만 일부는 생소하고 심지어는 정반대로 생각되는 개입도 있을 것이다. 예를 들어, 많은 치료자들은 치료 초기인 두 번째 치료 회기 전후에 외상/상실 병력을 아이에게 직접 질문하는 것을 처음에는 불편해했다. 이런 치료자 중 많은 분들은 한 번에 전부 얘기하려는 아이에게 지금은 너무 자세하게 설명하지 않아도 된다는 요구를 할 때 더 힘들었다고 했다. 여러분은 외상근거 치료 접근법을 철저하게 따라야 한다. 그 이유에 대해서는 앞으로 설명할 것이다. 편견 없이 마음을 열고 시도해 보기 바란다. 대부분의 치료자가 처음에는 이 기법을 주저했으나, 결국 의뢰인에게 매우 효과적이었다고 보고했다. 여러분의 목표는 마음에 드는 기법의 사용이 아니라 아이들을 도와주는 것이라는 점을 기억하기 바란다. 새로운 무언가를 배울 때 처음에는 좀 어색하게 느껴지는 것이 당연하기에 이 책도 처음에는 그럴 수 있을 것이다.

이 책에서는 외상 치료의 단계를 한 번에 하나씩 배우게 될 것이다. 즉, 특정한 원리에 근거해서 일정한 순서에 따라 치료 과제를 배울 것이다. 그렇지만 너무 순서에 집착해서는 안 된다. 현실의 아이들은 정해진 순서대로 움직이지 않는다! 실제 치료 때는 아이가 지난주 또는 5분 전의 지점에 계속 그대로 있는지 파악하기 위해 항상 재평가를 해야 한다. 그러나 단계 모델을 사용하면 특정 시점에 아이가 (단계 모델 내에서) 어디에 위치하는지를 파악해서 그 시점에 해야 할 것을 알 수 있다는 장점이 있다.

이 책을 사용하는 방법

이 책은 체계적인 방식으로 이해, 자기관리 실습, 개입 기술들을 교육하도록 계획되었다. 각 장의 순서는 정해진 단계 모델의 순서대로 구성되어 있다. 다음은 이 책을 효과적으로 사용하는 방법에 관한 것이다.

정신건강 전문가

소아 정신치료와 상담을 하는 전문가는 전체를 순서대로 읽어야 한다. 1~5부는 이론, 치료적 관계, 자기관리, 치료의 전체 흐름에 관한 내용이다. 6부 '24/7'은 환경치료를 다루고 있어 그 기술이 임상 치료에서 직접 필요한 것은 아니다. 그러나 6부의 내용을 잘 익혀 놓으면 아이를 돌보는 부모, 교사, 보호시설 근무자, 청소년 상담가, 기타 관련자 등에게 도움을 줄 수 있다.

아이를 직접 돌보는 분

아이를 직접 돌보는 보호시설 근무자/팀장, 상담가, 보조 전문가, 사례관리자, 법률가, 쉼터 근무자, 부모 등은 1부와 4부를 반드시 읽어야 한다. 1부에서는 아이를 더 잘 이해하고, 자기관리 문제와 기술을 배우고, 치료적 관계에 대해 배울 수 있다. 또한 1부에는 아이가 충격을 회복하고 한 단계씩 건강한 생활로 되돌아가는 과정에 대한 개괄적인 설명이 제시되어 있다. 치료자의 작업을 잘 이해할 때, 여러분은 한 팀이 되어 더 좋은 역할을 하게 될 것이다. 6부 '24/7'은 아이를 대상으로 하는 프로그램을 운영하거나 같이 살고 있는 분들을 위해 아이들을 도와줄 수 있는 방법을 기술한 것이다. 6부에서는 안전하고 지지적인 환경을 만드는 방법, 따뜻하면서도 효과적인 훈육을 제공하는 방법, 아이가 최선을 다하도록 동기를 부여하는 방법, 문제 상황에서 아이에게 말하는 방법 등을 배울 수 있다. 나머지 부분은 치료 과정에 대해 자세하게 기술한 것으로 필요할 때 선택해서 읽으면 된다.

본문 중에는 연습이 많이 포함되어 있다. 습득하기 쉽도록 잘 구조화해 놓은 연습이기 때문에, 충실히 연습한다면 기술을 배울 수 있는 좋은 기회가 될 것이다. 일반적으로 다른 사람과 같이 연습하면 가장 효과적이고, 실제로 많은 연습은 다른 사람과 같이 하도록 구성되어 있다. 만약 혼자 읽고 있다면 일부 연습은 혼자 실습해도 된다. 그러나 최선의 학습은 아이나 동료들에게 직접 시도해 보는 것이다.

어떤 연습에는 평가표나 기록지가 첨부되어 있다. 이 책에 직접 적지 않고 복사해서 사용해도 된다. 이런 양식들은 수많은 워크숍 참가자에게 사용되고 보완된 것이므로 잘 사용하면 큰 도움이 될 것이다.

독자들이 읽기 편하도록 꼭 필요한 경우를 제외하고는 본문에 인용 문헌을 넣지 않았다. 그러나 이 책에 나오는 이론과 방법들은 과학적 문헌에 분명한 근거를 두고 있으며, 원문을 보고 싶다면 각 부 마지막에 수록된 참고문헌 목록을 보면 된다. 참고문헌은 각 부에 나온 핵심 주제에 대한 주요 자료나 권위 있는 자료들이다. 그러나 그것은 참고문헌 전체가 아니라 필요하다고 생각해서 선별한 최고의 문헌들이다.

전문가 집단에 대한 의견으로 끝맺고자 한다. 아이를 치료하는 전문가라면 슬픔과 희망을 동시에 느낄 것이다. 그러나 중요한 점은 우리 자신과 아이들을 위해 희망을 가져야 한다는 것이다. 희망만이 우리를 지켜 주고 견딜 수 있게 한다. 어떻게 하면 희망이 넘치고 확산될 수 있을까? 한 가지 방법은 더욱 효과적인 치료를 하는 것이다. 치료 결과가 더 좋아진다는 것은 희망을 가질 만한 충분한 이유가 된다. 이 책이 희망을 가질 수 있는 길이 되기를 바란다. 또 다른 방법은 슬픔, 희망, 사명감을 공유하는 것이다. 공유, 즉 다른 사람들과 연결되는 것 또한 여러분을 지켜 줄 것이다.

나는 이 책을 독자 여러분께 선물로 드리며, 여러분과의 만남과 공유를 감사하게 생각한다. 이 책을 통해 여러분이 더욱 유능하게 되고, 동료들과 공유하고 연결될 수 있는 기회를 찾기를 희망한다.

제1부

정신적 외상의 이해-기존의 기술들을 조직화할 수 있는 구조

외상에 노출된 아이들을 돕기 전에 기본적인 것으로 시작하려 한다. 외상이란 무엇인가? 외상은 아이들에게 어떤 영향을 미치는가? 외상 경험을 해결하는 과정을 통해 아이들은 어떻게 회복, 치유 및 성장하게 되는가? 치료자는 어떤 자질을 가지고 있어야 하는가?

1부는 외상에 노출된 아이들을 이해하고 도와주는 방법의 기초에 대한 것이다. 당신에게 1부 또는 이 책 곳곳에서 익숙한 부분도 있을 것이다. 당신이 새로운 것을 배우기를 바라지만, 이미 알고 있는 것도 더 잘 알게 되기를 바란다. 1부의 목적은 당신이 이미 알고 있는 기술과 새로운 기술 모두를 사용할 수 있도록 체계적인 접근법, 즉 구조를 제공하려는 것이다. 외상근거 치료 접근법은 당신이 이미 사용하고 있는 프로그램이나 개입법을 대신할 수는 없다. 그보다 이 접근법은 사용 중인 프로그램이나 개입법의 효과를 최대로 발휘하도록 조직화하고 단계별로 적절하게 배치하는 데 도움이 될 것이다.

Chapter 01

정신적 외상 이해하기

정신적 외상이 왜 중요한가

아이들을 치료할 때, 당신은 그들이 말썽을 줄이고, 학교생활을 잘하고, 화를 내거나 슬퍼하지 않고, 친구를 괴롭히는 행동을 줄이도록 노력할 것이다. 왜 문제 행동이 아닌 외상에 초점을 맞추어야 하는가?

다음은 외상을 가진 아이들에게 나타날 수 있는 문제 행동들이다.

- 파괴적인 행동
- 좌절 시 참을성 부족(낮은 좌절 내성)
- 우울
- 불안
- 집중력 저하
- 활동/목표에 대한 흥미 상실
- '신경 쓰지 말라' 는 태도
- 분노

- 싸움
- 학교 결석
- 물질남용
- 범죄 행위
- 병원 치료에 비순응
- 자살 행동

외상이 이런 문제의 유일한 원인은 아니다. 그러나 외상은 아동의 약점을 자극하고, 기존의 문제를 악화시키거나 새로운 문제를 유발할 수 있는 강한 스트레스다. 외상에 대한 고려 없이 아이들을 도우려 하는 것은 문제의 이면에 있는 강한 힘을 무시하는 것이다.

정신적 외상의 정의

과거에는 외상(trauma)을 '일반적인 인간 경험의 한계를 넘어서는' 엄청난 사건으로 정의하였다(American Psychiatric Association, 1980). 외상이 되려면 주관적으로 특정 사건이 개인의 삶이나 신체적 온전성을 위협하는 것으로 지각되고, 두려움이나 공포, 혐오와 함께 무력감이 동반되어야만 한다. 이런 사건으로는 자동차 사고, 화재, 자연재해, 강간, 폭행 등이 있을 수 있다. 연구를 통해 그 외의 많은 사건들도 정신적 외상을 유발한다고 알려졌는데, 예를 들어 부모나 형제가 폭행당하는 장면을 목격하거나 중병을 진단받는 경우가 그러하다.

외상이 일상적인 경험을 넘어선 매우 심한 사건에 의해서만 발생하는 것이 아니라는 사실은 나쁜 소식이다. 모든 아이들은 아니라 하더라도, 대부분의 아이들은 충격적 사건을 경험한다. 범죄율이 높은 대도시에 있는 아이들만 그렇다는 것이 아니라 안정된 환경에서 성장하는 아이들 또한 외상을 경험한다는 의미다. 예를 들어, 19세의 대학 2학년 학생의 84%는 적어도 하나의 주요 외상을 경험했다(Vrana & Lauterbach, 1994). 대도시 빈민가에서는 주요 외상을 피할 길이 거의 없다(Greenwald, 2002b 참조). 현재는 아동 · 청소년기의 외상 경험은 정상이라 생각될 정도로 흔하다는 시각이다. 그래서 아동·청소년이 가진 문제의 종류에 상관없이 외상을 문제의 원인 중 하나로 항상 고려해야 한다.

지금까지 외적인 충격 사건만을 살펴보았지만, 다른 종류의 불행한 사건 또한 아이들에게 외상과 비슷한 영향을 미칠 수 있다는 점을 기억해야 한다. 예를 들어, 가족의 사망을 겪은 아이는 과다 각성(hyperarousal)이 두드러지지 않다는 점 외에는 외상후 스트레스 반응과 거의 유사하다(Pynoos, 1990). 실제로 적응장애에 대한 연구를 보면 부정적 사건을 겪은 많은 아이들이 적응에 실패하거나 회복하지 못하고(Newcorn & Strain, 1992) 만성적인 증상들을 가지고 있다.

앞으로 우리는 심리적 고통을 가진 아이들을 만날 때 그들이 경험한 사건이 외상의 정의에 맞는지 확인할 것이다. 지진, 성폭력, 가족의 사망 등 외상의 종류에 관계없이 심리적 고통의 원인이 외상일 때는 본질적으로 동일한 치료를 제공하려 한다. 이 책에서 외상이란 충격적인 외적 사건뿐만 아니라 아이들에게 외상과 유사한 영향을 준 불행한 사건과 상실까지를 의미한다.

무엇이 사건을 정신적 외상으로 만드는가

모든 충격적 사건들이 항상 외상으로 경험될 정도로 강렬하고 압도적인 것은 아니다. 어떤 사건이 외상이 되는 가장 큰 요소는 당연히 그것이 얼마나 큰 충격이었는가다. 그렇지만 그 외에도 다양한 요소들이 외상의 충격을 결정한다.

- 사건 자체의 특징
- 직접 경험했거나, 목격했거나, 말로 전해 듣거나 TV를 통해 본 경험
- 자신에게 발생한 사건, 알고 있는 사람에게 발생한 사건, 모르는 사람에게 발생한 사건
- 사건 후 받은 영향(예, 생활방식의 혼란)

사건의 강도

어떤 사건은 분명히 다른 사건들보다 충격이 더 크다. 예를 들어, 손바닥보다는 벨트로 맞는 것이, 벨트로 맞는 것보다는 골절 부위를 맞는 것이 훨씬 더 고통스럽다. 대부분의 사건은 충격의 강도가 분명하다. 그러나 취약한 몇몇 아이들은 특히 더 강한 충격을 받기도 한다. 예를 들어, 혈우병 환아가 팔을 맞으면 다른 아이들보다 더 큰 상처를 입는다. 사건을 지각하는 방식 역시 사건의 강도를 결정한다. 예를 들어, 위험에 대해서 이해하지 못하는 아이는 생명을 위협받는 상황이라도 외상을 경험하지 않을 수 있다.

경험의 근접성

사건을 직접 경험하면 할수록 외상후 스트레스 증상이 나타날 위험성은 더 크다. 예를 들어, 학교 총격 사건에서 사건을 직접 목격한 아이가 가장 심한 증상을 보였고, 그다음은 목격하지 않았지만 가까이에서 총소리를 들은 아이였으며, 마지막은 멀리 떨어져 있어 보거나 듣지 못한 아이였다(Pynoos et al., 1987). 그러나 멀리 떨어진 곳에서 일어난 사건이라도 특히 개인적으로 관련 있거나 어떤 식으로든 직접 영향을 받았다고 느낀다면 충격을 받을 수 있다. 예를 들어, 재방송 개념을 이해하지 못하는 어린아이가 TV에 나오는 세계무역센터 붕괴 장면을 반복해서 본다면 그 사건에 반복적으로 노출되는 것과 같다.

개인적으로 느낀 충격 강도

아이 자신이나 잘 아는 가까운 사람에게 발생한 사건은 낯선 사람에게 발생한 사건보다 더 큰 충격을 준다. 아이들은 부모나 형제에게 발생한 일에 대해 마치 자신이 그 일을 당한 것처럼 느낀다. 그렇지만 먼 곳에서 발생한 사건이 아이에게 미칠 수 있는 영향도 과소평가해서는 안 된다.

- 10세 소년의 같은 반 여자 친구가 소풍을 가서 익사했다. 친한 친구는 아니었

지만, 소년은 평소에 그 친구에게 친근하게 대하지 못했다는 죄책감을 느껴 심한 자책을 하였다.

- 5세 소년은 이웃 사람이 폭행당하는 장면을 창문으로 목격하였다. 그 후 소년은 밖에 나가지 못하고, 다른 사람이 자신을 때릴지 모른다는 공포에 사로잡혔다.
- 절친한 친구의 아버지가 암으로 사망한 9세 소녀는 자신의 부모도 암에 걸릴지 모른다는 공포에 강박적으로 집착하였다.

사건 후 받은 영향

사건 후의 영향은 노출 강도를 결정하는 결정적인 요소이지만 흔히 간과되는 부분이다. 똑같은 두 개의 폭탄이 투하된다고 가정해 보자. 하나는 땅에 큰 폭탄 구멍을 만들었고, 다른 하나는 큰 폭탄 구멍을 만들고 얼마 지나 주변의 빌딩들이 그 속으로 붕괴되었다. 두 폭탄 모두 같은 강도를 가지고 있었지만, 두 번째 폭탄이 더 강한 충격을 주었고 더 파괴적이었다. 삶의 경험 또한 마찬가지다. 외상 사건은 사건 발생 순간으로만 끝나지 않는다.

- 14세 소녀가 교통사고를 당했다. 소녀는 사고 후 얼마 동안은 운전했던 고모의 사망을 알아차리지 못할 정도로 충격을 받았고, 병원에 도착해 한 시간 동안 작은 방에 혼자 남겨졌다. 간호사가 소녀의 상처를 확인하려고 잘랐던 윗옷을 남자 친구가 전해 주자, 소녀는 그 옷을 소중하다는 듯 가슴에 품었다. 그리고 팔에 흉터가 남아 앞으로는 짧은 셔츠나 수영복을 입을 수 없다고 생각했다.
- 4세 소년의 아버지가 산업재해로 사망하였다. 어머니는 우울해하며 집에만 있으려 했다. 소년은 크리스마스 선물로 야구 글러브를 받았지만 봄이 되어도 야구를 가르쳐 줄 아버지가 옆에 없었다. 아버지날과 소년의 생일이 돌아왔고, 학교 입학식도 지나갔다(가까운 사람의 상실은 발달상의 주요 장면 때마다 새로운 충격을 주고 무한정 되풀이될 수 있다.).
- 11세 소녀의 삼촌이 세계무역센터 사건 때 사망하였다. 한 달 후에도 부모가 안정되지 못해 서로 대화하기가 힘들었다. 학교 상황도 나빠졌는데, 수백 명의 학생들이 동시에 전학 와서 모든 것이 혼란스러운 상태였다.

다시 말하자면, 사건 자체보다는 주변 상황과 뒤이어 발생하는 사건들이 더 외상적일 수 있다. 아이의 성격, 사회적 지지, 다른 요소들(이 장의 뒤에 나오는) 또한 사건을 처리하거나 혹은 압도당하게 할 수 있는 결정적인 요소가 된다.

정신적 외상 장벽(trauma wall)

"죽음에 이르지 않는 고통은 당신을 더 강하게 만든다."[1]라거나 시련을 통해 성숙한다는 격언들이 있다. 어떤 의미에서는 진실이지만 항상 그런 것은 아니다. 죽음에 이르지는 않아도 상처를 받고 손상을 입는다. 왜 그럴까? 왜 어떤 경험은 도움이 되고 다른 경험은 상처로 남는가?

음식으로 비유해 보자. 보통 음식을 씹어 삼키면 소화가 된다. 그리고 소화된 음식은 영양분이 되어 우리를 성장시킨다. 이상적이라면, 우리는 충격적인 경험을 통해서도 영양분을 섭취할 것이다. 유사하게 퀴블러-로스(Kübler-Ross, 1969)는 죽음을 받아들이는 단계를 기술하였다.

키우던 개가 사망했다고 하자. 당신은 매 순간 그 사건을 떠올리거나 처리하는 것이 아니라 때때로 그것을 생각하고 다양한 측면에서 기억을 상기할 것이다. 처음 봤을 때 그 개가 얼마나 장난꾸러기였는지, 배를 간지럽히면 얼마나 좋아했는지, 차에 치인 날 개를 방치해 둔 것이 얼마나 후회되는지 등을 기억할 것이다. 당신은 기억하고, 다른 사람에게 얘기하고, 산책하고, 글로 써 보고, 울고, 웃는다. 그리고 조금씩 상처가 처리되고 통합되고 '소화될수록' 아픔은 줄어든다. 고통스러운 경험이 소화될 때, 그 경험은 우리에게 영양분이 되고 우리를 성장시키는 경험이 된다. 그렇게 되면 그 경험은 장기기억으로 넘어가고, 그래서 과거가 된다. 그 기억은 이제 생생하지 않고 더 이상 혼란스럽지도 않다. 감정처리 과정을 통해 경험의 각 부분은 일관된 이야기로 조직되고 더 성숙된 시각이 획득된다. 예를 들어, '그래,

1) 역주: What doesn't kill you makes you stronger. 니체의 말로 '아프면서 성숙한다.' '비 온 뒤에 땅이 굳는다.'는 뜻이다.

밖에서 놀기를 너무 좋아해서 늘 사고가 걱정되었지만, 그렇다고 묶어 두기만 하는 것은 너무 불쌍해서 그렇게 할 수 없었어.' 그리고 '무척 훌륭한 개였어. 앞으로도 마음속으로 항상 사랑할 거야.' 라고 생각하게 될 것이다.

그러나 충격적인 경험들이 이런 이상적인 방식으로 처리되지 않을 때도 있다. 즉, 너무 큰 충격에 노출되어 조금씩 처리할 수 없을 때가 있다. 사건이 너무 강하고 압도적일 때, 사건을 표현하면서 부정적인 경험을 했을 때(부모의 화나 친구의 놀림), 어느 정도 안정되려 하는데 충격적 기억이 과도하게 상기되었을 때가 그러하다. 우리는 무서운 기억을 직면할 때 견디기 어려워서 그 기억을 회피하고 장벽 뒤로 밀어 넣는다. 이런 방법은 즉각적인 효과는 있지만 불행하게도 일시적인 해결책일 뿐이다.

음식 비유로 돌아가 해롭거나 상한 음식을 먹었다고 가정해 보자. 음식은 어떻게 해서든 제거할 수 있다. 얼마 지나지 않아 한기가 들고 아프겠지만, 생리적 반응이 해로운 물질을 외부로 배출시킨다. 그러나 안타깝게도 충격적인 경험은 토해 낼 수도 없고 설사를 통해 배설할 수도 없다. 유일한 제거방법은 그 경험을 처리하는 것, 즉 기억처리 시스템을 통해 장기기억으로 넘어가게 하는 것이다. 고통스러운 기억은 처리되고 소화될 때까지 장벽 뒤에 머문다.

장벽 전략은 일부 도움이 되기도 하지만 몇 가지 문제가 있다. 첫째, 고통스러운 기억은 생생하게 살아 있어 소화될 때까지 영원히 그 힘을 유지한다. 사건이 발생한 지 수개월, 수년, 심지어 수십 년이 지난 환자들을 만났을 때 소화되지 않은 기억의 특성은 모두 똑같았다. 내가 그 기억에 집중하라고 요청했을 때, 환자들은 "너무 생생해서 마치 어제 일어난 일 같아요." 또는 심지어 "내가 그곳에 있어요."라고 말했다.

고통스러운 기억은 생생하지만 장벽 뒤에 있기 때문에 처리된 기억들과는 다르게 다양한 심리적 자원을 동원해도 처리가 불가능하다. 즉, 처리되지 않은 기억이나 그 일부가 끊임없이 부정적인 영향을 미쳐도 우리는 중단시킬 힘이 없다. 예를 들어, 강간 피해자들은 "머리로는 내 책임이나 잘못이 아니고 내가 그런 일을 당할 이유가 없다는 것을 알고 있어요. 그렇지만 수치스럽고, 더럽고, 자책하는 느낌에서 벗어날 수가 없어요."라고 말한다. 이것은 그렇지 않다는 것을 알고 있는 건강한 영역이 장벽 뒤에 숨어 있는 강력한 믿음과 느낌들을 조절할 수 없다는 의미다.

게다가 장벽 뒤의 고통스러운 기억들은 벽 뒤에만 머물러 있지 않는다. 처리되지 않은 기억들은 항상 밖으로 나올 순간을 기다리며, 밖으로 나온 후 기억 시스템을 통과해서 소화되어 과거의 일부가 되려 한다. 고통스러운 기억은 '나도 정상 기억처럼 처리되어 지나간 기억이 되고 싶다.' 고 말하며 그런 순간을 기다린다. 장벽 뒤에 있는 기억들은 관련된 연상 자극에 의해 '자극되거나' 활성화된다. 다르게 비유하면, 장벽 뒤에 쌓여 있는 기억들은 '급소' 와 같아서 연상 자극이 이를 건드리면 생각보다 훨씬 강한 반응이 나타난다고 할 수 있다. 이것이 현재의 자극에 대해서만 반응할 수 없는 이유다. 장벽 뒤의 기억들도 동시에 자극되기 때문이다.

- 우리 대부분은 운전 중에 적어도 한 번은 약간 놀란 적이 있을 것이다. 그 정도는 이해할 만하고, 앞으로 안전벨트를 잘 매고 위험한 차는 조심해야겠다고 다짐한다. 그래서 그 후로도 운전하면서 옆 사람과 대화를 하거나 라디오를 듣거나 어디로 갈까 생각을 해도 불안하지 않다. 그러나 눈길에서 차사고가 난 여성을 생각해 보자. 그녀는 사고 이후 차를 탈 때마다 정상적인 긴장감 외에도 장벽에서 올라오는 추가적인 공포를 느끼게 된다. 당신은 이 여성과 비슷하게 마치 곧 사고가 일어날 것처럼 운전대를 꽉 잡고 이를 악물고 있는 사람을 거리에서 본 적이 있을 것이다. 비나 눈이 내리면 혼자 운전할 수 없을 정도로 공포가 심해진다.
- 우리는 보통 실수로 문에 부딪치면 짜증을 내고 투덜거리다 5분 뒤에는 잊어버린다. 이제 가정에서 상습적으로 학대를 당한 12세 소년을 생각해 보자. 장벽 뒤에는 학대받을 때의 공포, 무력감, 분노가 쌓여 있을 것이다. 문에 부딪치면 장벽 뒤에 감춰진 감정들에서 '급소' 반응('Sore spot' reaction)이 너무 강렬하게 일어나 공격받는 느낌이 든다. 가만히 있는 옆 친구를 때려서 교감선생님께 불려 갔을 때, 그 소년은 옆 친구가 먼저 놀렸다고 주장한다.

한 가지 명심할 점은 이런 일이 일어나더라도 처리되지 못한 기억이 자극되고 있다는 것을 항상 자각하지는 못한다는 것이다. 다만 장벽 뒤의 기억에서 고통스러운 장면들이 떠올라 순간적으로 자각될 때가 있다. 예를 들어, 13세 소녀는 "저는 남자 친구가 키스하려고 할 때마다 멍하게 되면서 어렸을 때 저를 성폭행했던 남자의 얼굴이 갑자기 나타나요."라고 말했다. 우리는 흔히 장벽 뒤에 있는 기억의 영향은 자각하지 못한 채 현 상황에 대한 강렬한 반응만을 주관적으로 경험한다. 예를 들어, 무력감을 느낄 만한 사건을 자주 겪은 6학년 남학생은 수학문제를 금방 풀지 못하면 그만 포기하려고 했다. 조금만 생각하면 풀 수 있는 문제인데도 장벽 뒤의 '급소' 에 압도되어 "너무 어려워요. 나는 할 수 없어요."라고 말했다.

우리 모두는 이런 현상을 알고 있다. 누구나 상처, 예민한 부분, 아픈 곳이 있다는 것을 알고 있다. 우리는 흔히 "울리고 싶지 않다면 그녀 앞에서는 존 얘기를 꺼내지 말게." 또는 "그 사람 있을 때 그런 농담은 하지 마, 크게 화를 낼 테니."와 같은 말을 한다. 이런 말은 장벽 뒤에 축적된 처리되지 않은 기억들이 있고, 지금도 비슷한 말을 들으면 자극될 수 있다는 의미다. 우리는 누구나 급소를 맞으면 실제보다 훨씬 더 강렬하게 반응을 한다는 것을 알고 있다.

회복력과 취약성

사건의 객관적인 강도 외에도 충격적 경험이 처리될지 혹은 장벽 뒤로 밀려날지를 결정하는 요소들이 있다.

사회적 지지

충격적인 사건을 직면할 때 소화하거나 또는 장벽 뒤에 숨기는 것의 선택은 사회적 맥락 속에서 이루어진다. 아이들은 친구들이 따돌릴까 걱정되어 무서운 생각이나 감정을 말하지 않는다. 가정에서도 아이들은 부모나 다른 가족이 걱정하기를 원하지 않는다. 부모가 "그런 말은 해 봤자 너만 힘들어!"라고 하면, 아이는 '이런 생각은 너무 나쁘고 무서워서 부모님도 어떻게 해결할 수 없어!' 라고 생각하게 된다. 그래서 수용적이고 지지적인 환경을 제공받지 못하면 아이는 사건에 대해 이야기해도 지지받지 못한다는 뜻으로 받아들여 기억처리를 단념한다.

기 질(temperament)

통증 역치(pain threshold)란 개념은 감정적 통증에도 적용될 수 있다. 사람들은 각자 독특한 방식으로 사건을 경험한다. 같은 강도를 가진 동일한 사건이라도 사람마다 고통의 정도가 다르다. 두 개의 똑같은 폭탄이 두 사람에게 각각 같은 크기의 구멍을 만들더라도 고통의 강도는 서로 다를 수 있다. 예를 들어, 두 아이의 정서적 고통의 강도가 0~10점 중에서 6점으로 같더라도, 한 아이는 6점을 강한 충격이 아니라고 생각하고 다른 한 아이는 견딜 수 없을 정도의 큰 충격이라고 생각할 수 있다. 견디기 힘든 고통일수록 아이는 기억을 장벽 뒤로 밀어 넣으려 할 것이다.

새로운 또는 반복된 모욕/상처

친구들의 놀림이나 학교에서의 실수 등 일상생활에서 겪을 수 있는 작은 상처들을 자주 경험한 아이를 가정해 보자. 아이는 그런 경험의 하나하나는 소화시키고 새로운 스트레스의 충격을 감소시킬 여력이 있지만, 새로운 스트레스가 계속 일어나면 결국 축적된 작은 사건들이 '아주 큰' 충격이 되어 장벽 뒤로 밀려난다. 따돌림을 당하거나 정서적 학대를 자주 받는 학습장애나 주의력결핍 과잉행동장애(ADHD) 아이들에게서 작은 사건들이 축적되어 발생되는 문제들을 흔히 관찰할 수 있다.

내가 외상의 개념을 확대해서 보고 있다는 것을 당신은 알아차렸을 것이다. 장벽 뒤에 있는 기억은 외상이라는 시각이다. 장벽 뒤에 있는 기억은 단 한 번의 큰 사건으로 만들어졌건 수많은 작은 사건에서 만들어졌건 간에 급소 반응을 만들어 낸다.

애착 유형

연구를 통해 애착 유형으로 그 아이의 대처방식을 예측 가능하게 되었다. 이는 상당히 의미 있는 연구 결과들이다. 그런데 안정된 애착은 어떻게 형성되는 것일까? '충분히 좋은 어머니(good-enough mother)' (Winnicott, 1965)를 가졌다면 그렇게 될 것이다. 어머니가 그래야 한다는 것이 아니라, 어느 부모라도 충분히 좋은 양육자이면 된다! 충분히 좋은 어머니라면 성장하면서 반복적인 경험을 통해 추우면 곧 따뜻해지고, 배가 고프면 곧 음식을 먹을 수 있고, 화가 나면 어머니가 달래 주며 보복하거나 배척하지 않는다는 것을 배운다. 즉, 안정된 애착을 형성하는 과정을 통해 아이들은 불쾌한 기분을 느끼지 않을 수는 없지만 처리할 수 있고 결국 해결할 수 있다는 것을 알게 된다.

안정된 애착을 형성한 아이들은 외상 기억을 처리할 때 기억을 직면하고 처리하려는 경향의 경험 토대와 대처방식을 보인다. 더욱이 안정된 애착을 가진 아이들은 가족과 함께 살고 있고 다른 지지적 관계도 충분한 경향이 있어 흔히 좋은 사회적 지지를 받는다.

반대로 불안하고 불안정하거나 혼란된 애착은 어떻게 형성될까? (주관적으로 경험하는) '충분히 좋지 않은 어머니' 또는 '충분히 좋을 때와 그렇지 않을 때가 번갈아 있는 어머니'를 가졌다면 그렇게 될 것이다. 이런 아이들은 성장하면서 반복된 경험을 통해 불쾌한 기분은 엄청난 고통이며 압도되는 경험이라고 배운다. 추울 때 따뜻해질지 혹은 추운 채로 그냥 있을지 알 수 없고, 배가 고프더라도 음식을 먹게 될지 혹은 더 배고프게 될지 모르며, 화를 내면 배척당하거나 공격당할지도 모른다. 즉, 이런 애착이 발달되는 과정을 통해 아이들은 나쁜 기분이란 어떻게든 회피해야 할 위험 신호라고 학습한다. 이런 애착을 가진 아이들은 외상 기억을 처리할 때 과거 경험에 따라 기억을 장벽 뒤로 밀어 넣어 위협을 제거하려는 대처방식을 보인다.

가장 심각한 애착 유형은 실패한 애착 또는 반응성 애착 장애로 알려져 있다. 애착을 형성하지 못한 아이들은 외상을 질적으로 다르게 경험한다. 다양한 치료 기법에 대해서도 특이한 반응을 보인다. 이 유형의 애착을 가진 아이들에 대한 치료는 이 책의 영역을 넘어서는 부분이다. 이 책에 나오는 치료 접근법은 이런 아이들의 치료에 필수적인 부분이기는 하지만 충분한 것은 아니며 추가적으로 특별한 치료 요소가 필요하다.

안전성과 애착

외상의 또 다른 후유증이 있다. 에릭슨(Erikson, 1963) 발달이론의 첫 단계는 신뢰와 불신이다. '충분히 좋은 어머니' 를 가진 유아는 누군가 자신을 돌봐 주며 세상은 안전한 장소라는 것을 반복적으로 경험한다. 외상은 이런 시각을 바꾸어 정반대로 만든다.

이런 후유증은 외상 연구가 시작된 20세기 초에 밝혀졌다. 외상후 스트레스장애(post-traumatic stress disorder: PTSD)를 포탄 충격이라고 불렀던 제1차 세계대전 당시의 문헌에 포탄 공격을 받았던 군인들은 신이나 어머니를 자주 외쳤다는 보고가 나온다. 그것은 어떤 의미일까? 첫 계약이 깨어지고 있다는 신호다. '세계는 더 이상 안전한 장소가 아니다. 나를 돌봐 줄 사람은 아무도 없다. 어머니와 신, 당신들은 나에게 거짓말을 했다.' 는 뜻이다.

애착과 안전성은 서로 밀접하게 관련되어 있고, 아이들은 불안정하면 1차 애착대상의 위로와 보호를 찾는다. 동물원에 있는 걸음마기 아이는 호랑이를 봐도 놀라지 않는다. 왜냐하면 어머니와 함께 있어 안전한 느낌을 유지하기 때문이다. 그러나 엄청나게 큰 사건과 함께 애착 대상의 보호가 없다면 외상은 애착을 파괴한다.

외상으로 애착이 손상될 때 철수하는 아이들도 있고, 보호해 줄 만한 새로운 애착 대상을 찾으려고 시도하는 아이들도 있다. 예를 들어, 갱단에 가입하는 아이들은 현실적인 이유 외에도 "우린 서로 도움을 주고 지켜줘요." "우리는 한 가족이에요." 와 같이 말한다.

생존 지향성(survival orientation)

심리적 충격을 받은 아이들은 부모와 주변 사람들이 자신을 보호해 줄 수 없다고 느낀다. 즉, 나쁜 일들이 앞으로도 일어날 수 있다고 생각하게 된다. 그러면 일상생활을 보는 세계관에 큰 변화가 일어난다. 모든 신경을 정상적인 관심과 활동이 아니라 지나간 나쁜 일이 다시 일어나지 않도록 하는 데 쏟는다. '나에게는 어린 시절이 없었다.' 는 말의 의미가 바로 이런 뜻이다. 외상은 아이들의 건강하고 (비합리적이거나 순진한 면도 있지만) 낙관적인 지향성을 생존 지향성으로 바꾼다.

외상후 스트레스 증상

급소 반응과 생존 지향성이란 측면에서 보면 외상후 스트레스 증상들을 이해할 수 있다.

재경험(reexperiencing)

재경험은 외상후 스트레스의 핵심 증상으로서 기억이 의식에 떠오르거나 침입하는 것을 말한다. 아이는 어떤 기억이 '계속' 생각나거나 갑자기 떠오른다고 호소한다. 그러나 대부분 그런 침입은 현재의 무언가에 의해 그 기억이 자극되었을 때 일어난다. 이런 침입은 고통스럽고 파괴적이다. 악몽과 백일몽도 흔한 증상이며, 플래시백은 드물지만 재경험의 극단적인 형태다.

회 피(avoidance)

회피 역시 외상후 스트레스의 핵심 증상으로서 급소 반응과 생존 지향성과 관계되며 나쁜 사건을 경험하지 않으려는 행동이다. 예를 들어, 교통사고를 당한 아이는 사고가 난 도로 근처에 가지 않으려 한다. 왜냐하면 사고가 다시 발생하는 것과 사고에 대한 기억이 떠오는 것을 회피하기 위해서다. 회피는 일상생활에 큰 영향을 미친다.

- 또래와 싸울 때 친한 친구가 자신을 버리고 도망간 경험을 한 14세 소년은 "나에게 친구란 없어요. 그냥 아는 사람만 있죠. 친구들은 나를 배신해요."라고 말한다. 소년은 다시 배신당할 가능성을 회피하기 위해 다른 사람을 더 이상 믿지 않으려 한다.
- 여러 번 충격적 사건을 경험한 15세 여학생은 학교생활에 문제가 많고 피임 없이 성관계를 하고 있다. 여학생은 "왜요? 그렇게 하면 왜 안 돼요? 별일 안 생겼잖아요. 그만 귀찮게 하세요."라고 말한다. 그녀는 희망과 긍정적인 기분을 가

지지 않고 자신을 위한 목표를 세우지 않는 방식으로 다시 실망할 가능성을 회피하려고 한다(전문용어로 '비관적인 미래(pessimistic future)' 라고 한다).

- 자전거를 타고 가다 차에 부딪힌 9세 소년은 야구 팀을 그만두었다. 소년은 "앞으로는 밖에 나가지 않겠어요."라고 말하고, 불안하다며 학교와 집 외에는 가지 않으려 한다. 밖에서 나쁜 사건이 또 일어나지 않을까 걱정되어 나쁜 일이 다시는 일어나지 않게 하려고 회피하는 것이다.

과다각성과 과다경계(hyperarousal and hypervigilance)

과다각성과 과다경계 또한 외상의 흔한 후유증이다. 많은 아이들이 지속적인 경계 상태 속에서 위험 신호를 살핀다. 항상 최악의 상황만 생각하고, 깜짝 놀라거나 위협받을 때 감정이 폭발한다. 내가 못이고 주변의 모든 것이 망치로 보이는 느낌과 같다. 그래서 중립적이거나 애매한 사회적 신호를 위험 신호로 지각한다(전문용어로는 '적대적인 귀속편견(hostile attributionbias)' 이라고 한다; Dodge & Coie, 1987 참조). 예를 들어, 친구의 시선을 무시하는 행동이라고 간주하는 아이는 그 친구와 싸우려고 한다. 그래서 이런 느낌은 항상 문제 행동을 야기한다!

무감각(numbness)

충격을 받은 아이들은 '무감각하고' 또는 어떤(혹은 대부분의) 감정을 느낄 수 없다고 호소한다. 이는 압도당한 경험에 대한 '동결' 반응이거나 특별한 회피 반응이다. 예를 들어, 어떤 아이들은 "아무것도 느낄 수가 없어요." "모든 것이 느껴져요. 모두 생각나요. 너무 많이 느껴져요." 혹은 "울면 멈출 수 없을 것 같아 두려워요." 라고 말한다. 무감각은 모든 것을 차단해 버린다.

물질남용과 기타 회피 전략

무감각을 심하게 느끼는 아이들은 고통스러운 기억이나 관련된 감정을 '잊기' 위해 활동적인 일을 찾는다. 예를 들어, 스릴 추구, 문제아, 일중독이 되어 정신을 다른 곳으로 돌리려고 항상 분주하거나 고도로 집중력을 요구하는 활동에 집착한다. 청소년들은 흔히 고통스러운 기억을 잊기 위해 물질을 남용한다. 친구들에게 심한 따돌림을 당한 19세 소년은 "매일 저녁 그 생각이 나요. 그러면 잠을 잘 수가 없고, 마리화나가 없으면 잠들 수가 없어요."라고 말했다.

정동조절부전(affect dysregulation)

급소 반응을 전문적인 용어로 정동조절부전이라고 한다. 의뢰인에게 이 용어를 말할 필요는 없겠지만, 의미는 알고 있어야 한다. 정동이란 감정이며, 조절부전이란 잘 조절되지 않거나 전혀 조절되지 않고 변하기 쉽다는 것이다. 충격을 받은 아이들은 예민한 상태여서 사소한 스트레스에도 강한 반응을 보이고, 순간적으로 감정조절 불능 상태가 된다. 화, 공포, 슬픔, 수치심, 무력감 등의 감정들이 갑자기 나타나는 즉각적인 반응인데, 매우 강하고 불쾌할 뿐더러 견딜 수 없을 정도일 때도 있다. 이런 반응에 대한 공포 또한 다양한 회피 행동을 만들어 낸다.

작은 스트레스에 매우 강렬한 반응을 보이는 아이들은 충동적인 행동을 할 위험성이 높다(van der Kolk et al., 1996). 충동적인 행동은 견디기 어려운 감정의 즉각적인 해결책은 되지만 다른 문제들을 야기한다. 적대적 반항장애와 행실장애를 가진

아이들의 문제 행동은 처리되지 않은 외상이 중요한 역할을 할 가능성이 크다 (Ford, 2002; Greewald, 2002b).

시간 경과에 따른 외상후 스트레스 증상

불행하게도 아이들은 외상을 '잊어버리지' 못한다. 기억(그리고 관련 증상)은 시간이 흘러도 사라지지 않는다. 기억은 장벽 뒤에 있는 한 생생하게 살아 있고, 소화될 때까지 생생한 채로 남아 있다. '어떻게 하면 소화시킬 수 있을까? 무엇이 필요할까?'

음식 비유로 되돌아가서, 방금 맛있는 점심을 먹고 직장으로 돌아왔을 때 누가 사무실로 뛰어들어 와 빌딩에 폭탄이 있다고 외쳤다고 가정해 보자. 그러면 당신은 빌딩 밖으로 달려 나갈 것이다. 그때 당신의 신경계는 부교감신경에서 교감신경으로 바뀌어 피가 위장에서 뇌, 팔, 다리 쪽으로 분포될 것이다. 그렇게 해서 당신은 빨리 도망쳐서 살아날 수 있다. 20분 후 그 소동이 장난으로 밝혀져 사무실로 돌아오면, 차츰 당신의 신경계는 다시 부교감신경으로 변화되고 피는 다시 위장으로 분포되고 소화 과정이 시작된다.

그러나 외상후 스트레스 증상은 지속되는 특성이 있기 때문에 이완 상태로 바뀌지 않는다. 안전성과 이완으로 전환되지 않고, 생존 모드의 필요성만 계속 강화되어 소화시킬 기회가 없다.

- 거리에서 폭행당한 여학생은 사건 장소를 피해 먼 거리를 돌아서 학교까지 걸어다닌다. 그리고 집에 도착하면 "휴! 오늘은 폭행을 피했어." 라고 말하곤 한다.
- 남자 보모 — 지금은 감옥에 있는 — 에게 강간을 당했던 소녀를 큰오빠가 매일 놀린다. 소녀는 자기보다 크고 힘이 센 남자들은 항상 이런 식으로 행동한다는 것을 계속 학습한다. 그녀의 '심리적 진실(psychological truth)' 은 자신은 끊임없는 위험 속에 처해 있다는 것이다.
- 학대를 받은 10대 소년은 친구의 시선을 자신을 무시하는 행동으로 생각한다.
  - 소년이 쳐다보는 상황을 빨리 피한다면, '휴! 잘 피했어! 내가 잘 경계하고 있어서 다행이야.' 라고 생각할 것이다.
  - 소년이 쳐다보는 친구에게 시비를 걸어 사과를 받는다면, '잘 방어했어.' 라고 생각할 것이다.
  - 소년이 쳐다보는 친구에게 시비를 걸어 싸운다면, '내가 옳았어. 무시한 것이 맞았어.' 라고 생각할 것이다.

그래서 어떻게 반응을 하더라도 외상후 스트레스 증상들은 세상이 위험하다는 지각을 계속 강화시킬 뿐이다. 먼 길을 돌아가는 등의 모든 회피 행동은 공포에 대한 위안은 되지만 회피의 필요성을 강화시킨다. 미리 방어하려는 공격적 행동 또한 그런 행동의 필요성을 강화시킨다. 다른 사람을 겁에 질리게 하거나 화나게 함으로써 방어의 필요성을 확신한다. 상처 입은 아이들은 과다경계 증상 때문에 중립적인 신호를 잘못 해석해서 위험한 상황이 자주 발생하는 것처럼 느낀다. 아이들이 생존 모드에만 집착하는 한 안전감을 느낄 수 없고, 이완될 수 없으며, 고통스러운 기억을 소화시킬 수 없다.

외상후 스트레스 증상들이 있으면 새로운 사건을 건강한 방식으로 처리하지 못한다. 새로운 사건을 처리하기에는 이미 힘든 상태이기 때문이다. 만약 새로운 사건이 장벽 뒤의 급소를 자극한다면 예상보다 훨씬 강한 반응이 나타난다. 이런 과잉반응은 새로운 경험을 처리하기 어렵게 해서, 결국 경험을 소화시키지 못하고 그 기억도 장벽 뒤로 밀어 넣게 된다. 그래서 외상 경험이 있는 아이들은 새로운 충격적인 경험을 하면 압도당하거나 추가적인 외상을 받을 가능성이 아주 높다.

장벽 뒤에 축적된 외상 경험(관련된 생각과 감정)이 많을수록 '외상 부담(trauma burden)'(Greenwald, 1997)이 아이들의 일상생활에 더 많은 영향을 미친다. 일회성 사건은 아주 유사한 연상 자극을 만날 때까지는 보통 잘 차단된다. 예를 들어, 이혼한 가정의 아이들은 초기 적응시기를 지나면 별다른 문제 없이 다른 아이들처럼 보이고 행동하며, 성장해서 애정관계를 맺을 수 있는 연령이 될 때까지는 잘 지낸다(Wallerstein, Corbin, & Lewis, 1988). 아이들이 고통을 차단하거나 숨겨 버리기 때문에 많은 부모는 자녀가 그 충격을 '이겨 냈다' 고 믿는다.

처리되지 않은 외상이 장벽 뒤에 축적되면 다음과 같은 문제가 발생한다. 첫째, 현재 스트레스에 대한 반응 강도가 더 강하고, 그래서 주변 사람들은 아이가 과잉반응을 한다고 생각한다. 둘째, 회피가 일반화되어 점점 더 광범위한 회피 반응을 한다. 모든 인간은 패턴을 분석해서 같은 실수를 반복하지 않고 회피하려는 방어 능력을 가지고 있다. 그러나 외상을 입은 아이의 회피는 매우 강력하고, 극단적이다.

다음은 회피 반응이 특정한 위험 상황에서 일반화되어 위험하지 않은 다른 상황들까지 회피하게 되는 예다.

- 나는 삼촌과 다시는 한 방에 있지 않을 것이다. 삼촌이 지난번에 나를 때렸다.
- 삼촌은 턱수염을 기른다. 나는 턱수염이 있는 남자는 믿을 수 없다.
- 나는 남자를 믿을 수 없다.
- 나는 믿을 수 없다.

비관적인 미래는 다음과 같은 순서로 발전될 수 있다.

- 무언가 나쁜 일이 생겼다. 정확히 무슨 일인지는 모른다.
- 나쁜 일이 다시 일어날지도 모른다. 조심하는 게 좋겠다.

- 나는 나쁜 일들이 일어나려 한다는 것을 안다.
- 나쁜 일들이 일어나면 좋은 것도 나쁘게 바뀐다. 그래서 나에게는 희망이 없다.

요약하면, 외상후 스트레스 증상들은 영원히 지속될 수 있으며, 사소한 스트레스에도 매우 강한 반응을 유발한다. 과거 외상을 건드리는 연상 자극을 모르는 주변 사람들은 스트레스가 전혀 없는데 그런 반응을 한다고 생각한다. 자극인자가 애매할 때도 겉으로 드러난 아이의 행동만을 보고 잘못 판단하기 쉽다. 예를 들어, 과거 경험에서 형성된 시각 때문에 아이는 자신을 방어하려 했을 뿐인데, 주변 사람은 아이가 아무 이유 없이 공격했다고 생각한다.

이 책에 나오는 연습/활동에 대한 소개

당신은 연습과 활동을 통해 내용을 직접 체득할 수 있다. 사람들은 실습이 포함된 학습 과정을 통해 가장 잘 배운다. 이 책은 외상에 대한 내용이기 때문에 연습이나 활동 중에 당신의 외상 경험에 자주 초점을 둘 것이다. 연습과 활동에 참여하다 보면 당신의 감정에 상처가 생기거나 또는 잠자고 있던 고통스러운 감정이 상기될 때도 있다. 워크숍 동안 대부분 이런 감정들이 처리되는 경험을 하기 때문에 실습을 소중하게 생각하게 될 것이다. 그러나 항상 예외가 있을 수 있다.

보통 일시적인 불편감보다 배움의 가치가 훨씬 더 크지만, 항상 결정권은 당신에게 있다. 실습 참여가 감정 상태와 기능에 영향을 줄 수 있기 때문에, 당신은 자신이 생각하는 학습의 중요성뿐만 아니라 현재 상태/주변 상황 그리고 강의 이후의 그날 계획 등을 고려해서 결정하기 바란다. 당신에게는 항상 선택의 문이 열려 있다.

- 활동에 전적으로 참여하기
- 계속 진행하기 힘들 정도로 고통이 커지기 전까지 참여하기. 그 수준을 넘어서면 중단한다.
- 참여하지만 불필요한 고통을 피하기 위해 신중하게 내용(예, 집중하려는 기억)을 선택하기

- 참여하지 않기

명심할 점은 흔히 당신의 예상보다 고통이 더 강할 수 있다는 것이다. 연습 중에 너무 큰 고통을 느낀다면 먼저 당신 자신을 보호하는 것이 중요하므로 자신의 상태를 항상 관찰하기 바란다. 다음은 그런 상황에서 도움이 되는 조언들이다.

- 심호흡 또는 이 책에서 제시하는 이완 기법들을 사용한다.
- 효과적인 자신의 대처 기술/방법(예, 다른 것 생각하기, 산책하기, 음악 듣기 등)이 있다면 사용한다.
- 워크숍에 참석 중이라면 강사와 고통스러운 감정에 대해 상의한다.
- 믿을 수 있는 가족, 친구, 동료, 상사와 고통스러운 감정에 대해 상의한다.
- 정신건강 전문가와 고통스러운 감정에 대해 상의한다.

연습: 역표류(float-back)

이 연습의 주목적은 외상과 관련된 자극인자들이 당신의 삶 속에서 어떻게 활성화되는지를 보여 주려는 것이다. 당신은 작동 원리를 직접 경험할 때 다른 사람들을 더 이해하게 될 것이다. 또 다른 목적은 의뢰인에게 이 기법을 가르칠 수 있도록 당신이 직접 경험해서 완전하게 습득하게 하려는 것이다. 종이와 연필 또는 볼펜을 준비한다.

역표류

1. 지난 며칠간 있었던 일 중에서 약간 고통스러웠던 한 가지 일을 생각한다. 화난 기분, 격한 감정, 걱정, 마음 상했던 일, 슬픔, 좌절감 등 어떤 것이라도 상관없다. 큰 사건을 선택해서는 안 된다. 보통 머릿속에 처음 떠오른 것이 맞을 때가 많다.
2. 0~10점 척도를 사용한다. 0점은 전혀 기분이 나쁘지 않은 것이고, 10점은 생

각할 수 있는 가장 나쁜 기분을 의미한다. 선택한 그 일 중에서 최악의 순간에 집중한다. 마음속에 그 장면을 떠올리고, 마음속에 어떤 생각이 들고 어떤 느낌이 드는지 관찰한다. 그 장면에 집중한 채로 지금 현재 느껴지는 그 나쁜 감정이 0~10점 사이에서 몇 점에 해당되는가? (그 당시에 느꼈던 감정이 아니다.) 선택한 숫자를 기록하라.

3. 선택한 그 기억에 다시 집중하고 그 장면을 떠올릴 때, 어떤 생각과 어떤 느낌이 들고 신체에 어떤 감각이 드는지 관찰한다. 그 감정을 점점 더 강하게 느껴보라.
4. 머릿속으로 시간을 거슬러 흘러가서 그런 감정을 처음 느꼈던 순간으로 가라. 아주 어린 시절까지 가도 된다. 머릿속에서 어떤 것이 떠오르면 그것이 바로 그 순간이다.
5. 다시 0~10점 척도를 사용한다. 10점이 가장 최악의 감정을 말한다. 그 느낌에 집중한 채로 과거의 그 기억과 관련된 감정이 지금 현재 얼마나 나쁜 느낌인가? (그 당시에 느꼈던 감정이 아니다.) 그 숫자를 기록하라.

심호흡

고통이 있는 기억을 상기했기 때문에 지금부터는 기분이 편안해지도록 심호흡 훈련을 통해 이완하는 연습을 하려고 한다. 당신에게 꼭 필요하지 않더라도 연습 삼아 한번 해 보라. 아주 깊게 천천히 호흡을 들이마시고 셋까지 센 후에 다시 셋을 세면서 천천히 내뱉으면 된다. 준비되었는가?

호흡을 들이마시면서 하나, 둘, 셋; 멈추고 하나, 둘, 셋; 천천히 내뱉으며 하나, 둘, 셋. 다시 호흡을 들이마시면서 하나, 둘, 셋; 멈추고 하나, 둘, 셋; 천천히 내뱉으며 하나, 둘, 셋.

지금부터는 호흡을 뱉을 때 어떤 나쁜 것—신체의 긴장, 괴로운 생각이나 장면들—을 찾아보라. 그래서 호흡을 뱉을 때 찾아낸 그 부분에서 공기가 빠져나오고, 숨을 내쉴 때 그곳에 있던 나쁜 것들이 호흡과 같이 빠져나간다고 상상해 보라. 준비되었는가?

호흡을 들이마시면서 하나, 둘, 셋; 멈추고 하나, 둘, 셋; 나쁜 감정들을 천천히 내뱉으며 하나, 둘, 셋. 다시 호흡을 들이마시면서 하나, 둘, 셋; 멈추고 하나, 둘, 셋; 나쁜 감정들을 천천히 내뱉으며 하나, 둘, 셋.

토론에 필요한 질문

과거 기억이 최근 기억보다 점수가 더 높은(더 나쁜 기분이 든) 사람은 누구인가? (손을 들게 한다.) (보통 3/4이 손을 든다.) 이것은 어떤 의미일까?

- 한 번 중요했던 사건은 오랜 시간이 흘러도 계속 영향을 줄 수 있다.
- 최근 사건에 대한 당신의 반응 중 일부는 적어도 과거 기억의 급소가 자극되어 발생된 것은 아닐까?

최근 기억이 과거 기억보다 점수가 더 높은(더 나쁜 감정이 든) 사람은 누구인가? (손을 들게 한다.) (보통 1/4이 손을 든다.) 이것은 또 어떤 의미일까?

- 아마도 최근 사건이 실제로 큰 사건이었다. 보통 그럴 가능성은 적지만.
- 최근 사건이 오래전에 일어난 일보다 더 생생하게 느껴질 수 있다.
- 아이에게 최근 사건이 그럴 리가 없다고 말한다면 아이가 당신을 믿을 수 있을까?

모든 답이 정답이다. 당신은 아이를 치료할 때 과거와 현재를 모두 다루어야만 한다.

> 12세 소년은 7세 때 어머니가 갑자기 돌아가시기 전까지 아무런 문제 없이 성장했다. 그러나 그 후 학교에서 짜증을 내고 잦은 다툼을 하는 문제가 발생했다. 당신은 소년의 행동문제가 어머니의 사망과 직접 관련되어 있다고 확신할 것이다(그렇다면 맞다). 그러나 이 소년에게 그렇게 말하면 화를 내면서 당신에게 다음과 같이 말할 것이다. "왜 항상 어머니에 대해서 말해요? 어머니 얘기는 이제 하기도 싫어요! 어머니가 돌아가신 것은 괜찮다고요! 선생님은 나만 꾸짖잖아요.

다른 친구들도 그런 행동을 하는데 항상 나만 꾸짖잖아요!"

당신이 어머니에 대해 계속 얘기하면 어떻게 될까? 틀림없이 그 소년은 자신이 무시당했다고 느낄 것이다. 아이는 자신에게 중요한 것을 대화하고 싶어 하지만, 당신은 아이를 무시하고 있다. 그러면 그는 당신을 믿지 않고 비협조적이 된다. 그렇게 될 때 아이는 어머니에 대한 주제를 회피할 수 있기 때문에 그로서도 원하는 일이다! 이제 당신은 도움을 줄 수 있는 기회를 잃어버렸다.

반면에 당신이 그 아이의 생각을 존중해 주고 최근의 고민거리에 대해서 대화한다면 어떻게 될까? 아이는 배려받는 느낌을 받아 치료를 계속하려 하고, 문제해결 방법이나 대처 기술들을 배우게 될 것이다. 그러나 과잉반응의 원인까지 치료하지 않는다면 핵심 문제는 그대로 남아 있게 된다. 그렇게 되면 그는 앞으로 몇 년간 많은 치료자를 찾아다니겠지만 결국 핵심 문제는 남게 될 것이다.

그럼 당신은 어떻게 해야 할까? 어떻게 현재뿐만 아니라 과거까지 다룰 수 있을까? 다음 장부터 이에 대한 설명이 나온다. 외상을 입은 아이들의 마음속에 어떤 일이 일어나는지를 이해하는 것은 이 책의 목적 중 하나다. 지금부터 아이들에게 무엇을, 어떻게 도와줘야 하는지를 하나씩 단계별로 설명할 것이다. 다음 장은 그 첫 단계로서 과거와 현재의 원인 요소들을 모두 고려해서 아이의 주요 증상을 해석하는 방법에 대해 배우게 될 것이다.

Chapter 02

정신적 외상 치료의 구조

첫 단계는 아이의 외상 경험을 이해하는 것이다. 무엇을 도와줄 것인지 결정하려면 현재 주요 문제들과 외상후 스트레스 증상의 관련성 또한 정확하게 이해해야 한다. 이런 이해를 바탕으로 치료 방향을 결정하는 것이 두 번째 단계다.

행동의 의미

정신건강 문제로 의뢰되는 소아/청소년의 반은 문제 행동이 그 원인이다(Kazdin, 1987). 따라서 현재 주요 문제를 이해하려는 적절한 예로 문제 행동을 선택했다. 그러나 문제 행동이 없더라도 다양한 문제와 증상들에 동일한 원리를 광범위하게 적용할 수 있다. 다음은 문제 행동에 대한 외상의 영향을 요약한 것이다.

- 아이들은 경험을 통해 배운다. 외상은 영향력이 강하고 장기간 교육 효과를 남기는 강렬한 경험이다. 이런 학습 경험이나 자신과 세계에 대한 부정적 믿음들은 울타리로 보호되어 있어 합리적인 접근법으로 잘 변화되지 않는다.

- 처리되지 않은 외상은 처리되지 않은 수치심, 죄책감, 화, 공포, 상처, 무력감, 슬픔과 같은 감정을 축적시킨다.
- 외상의 연상 자극은 실제 상황보다 더 강한 반응 또는 과잉반응을 유발한다. 새로운 스트레스가 급소를 자극하면 부정적인 믿음과 감정들이 폭발한다.
- 새로운 사건에 대한 왜곡된 해석과 참을 수 없는 감정으로 가득 찬 강렬한 반응을 경험할 때, 아이는 충동적으로 행동할 위험이 높다.

요약하면, 문제 행동은 사소한 스트레스에 의해 외상과 관련된 과잉반응이 자극될 때 발생한다. 문제 행동은 외상에 의한 과잉반응과 어느 정도 관련이 있을까? 어떻게 이런 관련성을 확인할 수 있을까? 그리고 필요한 정보는 무엇인가?

다음과 같은 순서를 따라가 보라(각 단계를 진행하는 방법은 뒤에 나온다.).

1. 정신적 외상/상실 병력 파악하기
2. 이런 (정신적 외상/상실) 경험을 통해 아이가 학습한 것은 무엇인가? 아이에게 어떤 부정적 믿음들이 생겼나?
3. 어떤 감정들이 장벽 뒤에 형성되어 있나?
4. 문제 행동이 발생하는 상황을 자세하게 파악한다. 자극인자는 무엇인가? 외상과 관련된 자극인자인가?
5. 어떤 문제 행동인가? 문제 행동은 자극인자와 어떻게 관련되어 있는가? 그 문제 행동을 특정 상황에서 아이가 해결책으로 선택한 이유는 무엇인가? 문제 행동을 통해 아이는 더 안전하거나 더 좋은 기분을 느끼는가? 문제 행동은 나쁜 감정들을 소실시켜 주는가?

우리는 흔히 아이의 '문제' 만을 파악하려고 한다. 그러나 문제 외에 더 많은 것을 알아야 하며, 아이 입장에서 문제의 의미, 문제 행동이 아이에게 어떤 필요성이 있는지 등을 파악해야 한다. 외상이란 측면에서 '행동의 의미' 를 분석하기 위해 다음과 같이 몇 단계로 나누어 연습하려고 한다.

이 장에는 각 단계를 연습할 수 있는 **행동의미 평가표**가 포함되어 있다. 계속 사용하려면 평가표를 여러 장 복사하기 바란다. 지금부터 사례를 읽고 평가표를 완성하는 연습을 할 예정이다. 다음은 사례로 평가표를 작성하는 예다.

행동의미 평가표의 예

케이시

케이시는 8세 소년으로 학교와 동네에서 잦은 다툼을 일으켜 의뢰되었다. 아버지가 어머니를 강압적으로 대하고 때리는 가정 폭력을 경험했고, 아버지가 어머니를 때리는 것을 막아 보려 했지만 번번이 실패했다. 케이시는 자신이 먼저 싸움을 건 적은 없고, 다른 친구들이 집단으로 욕하고 공격해서 방어했을 뿐이라고 말한다.

다음은 평가표를 축약해서 작성한 예다.

1. 정신적 외상/상실 사건: 아버지가 어머니를 강압적으로 대하고 때리는 것을 목격했다.
2. 학습된 교육 효과(부정적 믿음): 나는 무력하다.
3. 축적된 감정들: 분노, 공포, 수치심
4. 자극 상황-주제: 위협받거나 공격당한다는 느낌(예, 다른 친구들이 놀리는 것)
5. 문제 행동: 싸움

이 사례를 다음과 같이 해석할 수 있다. 평가표 순서대로 해석을 정리한 것이다.

1. 케이시는 아버지가 어머니를 폭행하는 장면을 여러 번 보았다. 케이시가 멈추려 노력했지만 실패했다. 그는 너무 작았다.
2. 아이들은 경험을 통해 학습한다. 이런 경험을 한 아이들은 흔히 자신은 무력하고, 자신이나 사랑하는 사람을 보호할 수 없고, 그래서 스스로 좋은 사람이 아니라고 믿는다.
3. 이런 일을 겪은 아이들은 흔히 누군가가 해치려 한다거나 화를 폭발하지 않을까 두려워하는 마음이 있고, 또 자신이 그런 일을 막을 수 없다는 생각에 강한

수치심을 느낀다. 이런 감정들은 너무 크고 강해서 장벽 뒤에 숨기고 축적하여 큰 급소가 된다.

4. 놀림받는 것을 좋아할 사람은 없고 누구라도 괴롭다. 그러나 케이시는 놀림을 당한다면 장벽 뒤에 축적된 생각과 감정들로 형성된 급소가 자극되어 주변 사람들의 생각보다 훨씬 더 강한 반응을 하게 된다. 나쁜 감정이 너무 강해 견딜 수 없기 때문에 그는 발산할 수밖에 없다.
5. 그래서 자신을 놀리는 친구들을 공격하는 것이 케이시의 해결책이다. 친구들을 때리는 것은 나쁜 감정들을 제거하는 행위다. 즉, 화를 발산하는 것이다. 그렇게 할 때, 그는 더 이상 무력감을 느끼지 않고 자신을 보호할 수 있다고 생각한다.

다음은 행동의미 평가표의 각 항목을 작성하는 방법이다.

1. 정신적 외상/상실 사건들: 현재의 급소 과잉반응을 유발하는 장벽에 갇힌 특별한 과거 사건들을 기록한다. 실제로 있었던 사건이고, 실제로 발생한 구체적 사건을 말한다. 실제 사건을 사실대로 기록하고(아버지가 어머니를 때리는 것을 보았다), 일반적인 단어를 사용하지 않는다(가정 폭력 목격). 다수의 작은 사건들이라 하더라도 일반적인 용어(정서 학대)를 쓰기보다는 구체적으로 기록해야 한다(아버지가 자주 바보 같다고 말했다.). 최근에 충격적인 자극 상황이 있었더라도 문제 행동이나 자극 상황은 이곳에 기록하지 말라.
2. 부정적 믿음들: 자문해 보라. 이런 사건들을 통해 아이에게 학습된 것은 무엇일까? 어떤 부정적 믿음들이 생겼을까? 부정적 믿음이란 개념은 이해하기가 쉽지 않지만 반드시 이해해야 한다. 두 가지 부정적 믿음이 있다. 첫째는 '나는 누구인가?' 란 질문에 대한 답으로, '나는 나쁜 사람이다.' '나는 안전하지 않다.' '나는 좋은 사람이 아니다.' 등과 같은 부정적인 자기 규정이다. 이 유형의 부정적 믿음은 평가표의 2번에 기록한다. 둘째는 원인과 결과에 대한 부정적 믿음으로, '내가 고집부리면 내 뜻대로 할 수 있을 것이다.' 또는 '내가 싸운다면 나 자신이 작고 무력하지 않고 크고 강하다고 느낄 것이다.' 등과 같이 특정 상황에서 어떻게 행동한다는 믿음이다. 이 유형의 부정적 믿음은 직접 경험—경

험을 통해 다시 강화된다—과 모델링을 통해서 형성된다. 이 유형의 부정적 믿음은 아이의 '해결책' 이나 문제 행동을 이해할 수 있게 해 주며, 평가표의 5번과 관련된다(꼭 기록해야 하는 것은 아니다.).

3. 축적된 감정들: 자문해 보라. 아이는 부정적인 믿음과 함께 사건과 관련된 어떤 감정들을 가지고 있을까? 대부분 이 단계는 쉽다고 한다. 그러나 한 가지 유의할 것은 일상 대화에서 흔히 생각과 감정을 혼동해서 사용한다는 점이다. 예를 들어, "나는 어리석은 것 같아."라고 말할 때 부정적 믿음은 '나는 어리석다.' 와 '나는 미숙하다.' 가 되겠지만, 축적된 감정은 수치심, 좌절감, 분노가 된다. 믿음과 감정을 잘 구분해서 각 영역에 기록해야 한다.
4. 자극 상황: 두 부분으로 나뉜다. 첫째는 주제다. 어떤 종류의 자극들이 급소를 건드리고 아이를 폭발하게 하는가? 어떤 특징이 있는 환경인가? 그런 환경의 공통점은 무엇인가? 둘째는 구체적인 사례다. 아이가 쉽게 기억하는 공통된 특징을 가진 최근의 구체적 사건을 말하며, 주제와 관련된 문제 행동이어야 한다. 시간, 장소, 문제 행동 등을 구체적으로 기록하라.
5. 문제 행동(들): 보통 해결 행동이라고 한다. 아이들은 자극 상황에서 발생하는 견딜 수 없는 감정들이 해소되는 경험, 즉 이런 행동을 하면 문제가 해결된다는 학습을 통해 습관적으로 그 행동을 한다. 아이들이 자극환경을 해결하기 위해 실제로 하는 매우 구체적인 행동들(일반화된 단어를 쓰거나 표찰화하지 말고)을 찾아야 한다.

연습: 행동의 의미

다음은 연습할 사례들이다. 집단으로 각 단계를 토의한 후에 평가표에 기록하면 된다. 사례별로 순서에 맞게 평가표를 완성하며, 첫 단계(정신적 외상/상실 사건)를 충분히 기록하고 나서 다음 단계로 넘어간다. 사례에 없더라도 당신이 볼 때 충분히 가능성 있는 내용이라고 생각하면 기록해도 좋다. 당신의 경험과 판단력을 믿기 바란다. 물론 정리한 것이 100% 정확할 수는 없지만 아이와 가족과 함께 탐색해 볼 가치가 있을 것이다.

평가표를 작성하지 않고 사례만 읽고 설명하고 싶은 분도 있을 것이다. 지도감독을 해 본 내 경험에 비추어 볼 때, 이런 유혹에 넘어가면 이미 알고 있는 것에 안주하게 되며 새로운 것을 시도하지 못하고 배우지도 못하게 된다. 단계별로 하나씩 하기를 권유하며, 평가표를 완성해 보기 바란다. 평가표를 만드는 이유는 다음 장에서 배우게 될 것이다.

첫 사례에 대한 평가표 견본이 뒤에 제시되어 있지만, 먼저 스스로 작성한 후에 비교해 보기 바란다. 작성하기 어려운 사례는 앞에 나온 단계별 설명을 다시 한 번 읽어 보고 작성하라.

데미안

데미안은 13세 소년으로, 7세 때 부모가 이혼하기 전까지 신체 학대를 받았을 뿐만 아니라 가족 폭력을 목격한 병력이 있다. 어머니는 데미안이 자신에게 예의 바르게 행동하고 집에서 동생들도 잘 돌본다고 말했다. 그는 남녀 친구들에게 인기가 좋고 친절하고 사교성이 좋은 소년이었다. 그러나 친구를 놀리거나 교사에게 버릇없이 말하는 등 언어적인 공격성이 심했다. 작은 체구의 여교사에게는 '너무 가까이 다가서곤' 해서 교사가 신체적으로 위협받는 느낌이 들어 의뢰되었다. 그러나 실제로 신체 접촉을 하거나 말로 위협한 적은 없었다. 데미안은 ① 교사를 상처 줄 의도는 없었다, ② 답을 모른다며 학생들 앞에서 꾸중해서 자신을 바보 취급했다는 등 교사에게 잘못이 있다고 말했다.

조디

조디는 또래보다 성장이 빠른 7세 여아로 세계무역센터 폭파 1주기 기념식 후에 소변을 못 가리고 악몽을 꾸기 시작했다. 3년 전에 집에 불이 난 적이 있었다(그때 조디는 집에 없었다.). 최근에는 여동생을 괴롭히는 행동도 나타났다. 교사가 왜 시험문제를 다 풀지 못했느냐고 묻자 갑자기 우는 행동을 보여 의뢰되었다.

마이클

마이클은 10세 소년으로, 학교에서 2년간 충동/파괴적 행동, 친구 간 갈등, 낮은 학업 수행 등의 문제가 있어 9세 때 주의력결핍 과잉행동장애(ADHD)로 진단되었다. 그때 약물치료를 받아 처음에는 도움이 되는 듯했으나, 몇 주 지나면서 성적이 다시 떨어졌다. 외상/상실 병력으로는 5세 때 사소한 교통사고와 6세 때 삼촌이 사망한 일이 있었다.

제시

제시는 14세 여학생으로 최근에 여자 친구들과 함께 친구들을 괴롭혀(욕과 위협을 하고 돌을 던짐) 검거된 후 의뢰되었다. 제시는 상대 친구들이 먼저 욕을 했고 자신들을 위협했다며, 친구들이 거짓말을 한다고 주장했다. 제시는 6~7세 무렵에 어머니의 동거남에 의해 성추행을 당했다. 그 사건을 알게 된 어머니는 동거남을 집에서 쫓아냈다.

행동의미 평가표

1. 정신적 외상/상실 사건(모든 사건들):

2. 부정적 믿음들(부정적 자기 규정):

3. 축적된 감정들:

4. 자극 상황(과잉반응을 유발하는 것):

   주제:

   예(들):

5. 문제 행동(들)

행동의미 평가표 예시: 데미안 사례

※ '정답' 이 아님을 명심하시오.

1. 정신적 외상/상실 사건(모든 사건들):
   아버지가 어머니를 때리는 것을 보았다.
   아버지가 데미안을 때렸고 욕하며 비난했다.
   부모가 큰소리로 싸우는 소리를 들었다.
   아버지를 상실한 것과 비슷하다(데미안은 부모 이혼 후 아버지를 거의 보지 못했다).

2. 부정적 믿음들(부정적 자기 규정):
   나쁜 일들은 내 잘못이다.
   나는 나쁜 사람이다.
   나는 무력하다.
   나에게는 나쁜 일들이 일어난다.
   나는 안전하지 않다.

3. 축적된 감정들:
   공포, 수치심, 분노, 슬픔, 죄책감, 혼란감

4. 자극 상황(과잉반응을 유발하는 것):
   주제: 그를 비난하거나 하찮게 취급하는 사람
   예(들): 교사가 친구들 앞에서 꾸중하는 것, 친구들이 따돌리거나 무시하는 것

5. 문제 행동(들):
   교사에게 너무 가까이 다가서는 행동, 친구들을 놀리는 행동

연습 후 토론

여기에서는 문제 행동이 분명한 사례들만 소개하였으나, 외상근거 모델은 우울증 및 불안과 같은 정서문제를 가진 아이에게도 적용할 수 있다. 정서문제를 가진 아이들 또한 외상과 관련된 자극인자에 대한 과잉반응이 나타나면 증상이 악화되기도 한다. 그렇다고 외상이 모든 문제의 유일한 원인이라는 것은 아니다. 외상과 관련된 요소를 파악할 때 문제를 더 정확하게 이해할 수 있다는 의미다.

많은 분들이 아이들의 '주된 문제' 행동을 이런 관점에서 바라보지 않았다고 했다. 당신은 다음 두 가지를 파악해야 한다. 첫째, 아이의 외상 유무 및 외상과 문제 행동의 관련성을 파악해야 한다. 둘째, 외상과 장벽 뒤의 생각과 감정들이 어떻게 문제 행동을 유발시키는지를 단계별로 정확히 파악해야 한다.

이런 관점에서 문제를 이해하면 치료 기법의 선택권이 더 넓어진다. 이렇게 이해하지 않고, 예컨대 케이시의 문제 행동에만 초점을 두면 그는 처벌받게 될 가능성이 높다. 혹은 놀리는 친구들과 친하게 지내도록 '분노조절', 자기조절 기술, 사회성 기술을 길러 주려고 할지 모른다. 그러나 케이시의 입장에서는 자기조절 기술이 필요하지 않다. 그는 자신을 방어한 것이어서 스스로를 잘 조절하고 있다고 생각하기 때문이다.

케이시가 놀리는 친구들을 때리는 이유를 충분하게 이해하면 더 많은 관점에서 볼 수 있을 뿐만 아니라 보다 다양한 해결책이 보인다. 아래 문단을 읽기 전에 잠시 가리기 바란다. 모두 가렸는가? 자, 그럼 케이시에 대한 깊은 이해를 바탕으로 당신은 어떤 개입법을 제시할 것인가?

우리는 아마 친구를 때린 행동을 용인하기 어려워 처벌을 할 것이다. 자기조절 기술 또한 교육한다. 그리고 놀림받는 것과 친구를 때리는 행위를 구분하도록 가르친다. 외상과 관련된 자극인자들 때문에 과잉반응을 한다는 것을 깨닫게 도와주고, 마음을 진정시킬 수 있는 방법을 교육한다. 케이시가 더 안정되고 놀리는 친구들이 없도록 환경을 조정한다. 마지막에는 외상 기억들을 직면해서 처리하거나 '소화'시켜 장벽 뒤에 있는 잡동사니 감정들을 제거한다. 그렇게 되면 케이시는 비슷한 상황에서도 과잉 반응할 가능성이 감소하고, 친구들이 놀리더라도 더욱 건강한 방식으로 처리하게 될 것이다.

많은 분들이 행동의미 평가표를 완성하려면 아이에 대한 충분한 정보가 필요하다고 말했다. 이는 정확한 지적이다. 보통 주요 문제를 먼저 파악하고, 그다음에 외상 병력과 문제 행동의 상황에 대한 정보를 얻는다. 이런 작업을 마치려면 많은 시간과 노력이 필요하다. 그러나 많은 경우에 전체 정보를 얻을 수 있는 시간적 여유가 부족한 것이 현실이다.

그렇지만 행동의미 평가표를 완성하지 못하면 어떻게 된 일인지, 왜 그런 행동을 하는지 전혀 이해할 수 없게 된다. 장벽 뒤에 무엇이 있는지 모르면 아무리 노력해도 도움을 주기 어려울 것이다.

이 접근법은 상담자에게 과도한 업무가 부과되는 학교환경에서 흔히 이루어지는 상담에서의 비전문적 '격려' '문제점 파악' '위기 반응' 과는 완전히 다르다. 일반적인 접근법은 친한 성인의 일회성 지지, 격려, 충고 정도를 필요로 하는 아이들에게 도움이 될 수 있다. 그러나 만성적인 문제를 가진 아이들에게 일반적인 접근법만으로는 문제의 뿌리에 다가갈 수 없다. 일반적인 접근법은 대부분 일시적으로 기분을 안정시키는 역할을 할 뿐이다.

문제의 본질을 이해하면 더 큰 도움을 줄 수 있는 기회를 얻게 된다. 그것을 이해할 때 행동의미 평가표를 완성할 수 있고, 그러면 아이들 각자에 맞는 체계적인 외상 근거 치료를 할 수 있다.

정신적 외상 치료 구조를 선택하기

정신건강 분야는 의학적 모델에 근거해서 진단과 치료를 하는 일반 의사와 정신과 의사들이 주로 담당하는 영역이다. 의학적 모델에서 의사는 문제를 파악해서 진단하고, 그에 따라 정해진 치료를 처방한다. 의학적 모델은 골절, 약물로 치료 가능한 질병, 기타 내과적 질병에 적합한 모형이다. 대부분의 경우에 정확한 진단을 하면 정확한 치료가 되고, 정확한 치료는 완치로 이어진다. 의학적 모델의 다른 장점은 치료의 실제 효과와 무관하게, 제공되는 치료 자체가 효과가 있다는 위약효과다. 즉, 위약효과는 의사라는 권위와 능력을 갖춘 사람에게 치료를 받는 것의 심리적 효과를 의미한다.

그러나 의학적 모델은 외상후 스트레스와 관련된 문제를 치료하는 데는 적합하지 않다. 외상을 입은 사람들은 이미 무력하고 상처받은 느낌을 가지고 있고, 그것이 문제의 일부다. 전문가가 권위적으로 "진단을 알았으니, 내가 치료하면 좋아질 겁니다."라고 말하면 외상 환자는 어떤 느낌을 받을까? 외상 환자들은 상처받고, 지배당하고, 왜소하고, 무력함을 느낀다.

외상 치료는 전적으로 다른 전문가 태도를 요구한다. 이 경우 역량증진 모델이 필요하다. 이 모델은 아이에게 주도권을 주고, 각 치료 단계에 적극적으로 참여하고, 외상을 회복하고, 상처를 딛고 성장하도록 허용하고 격려한다. 외상을 입은 아이들에게 가장 효과적인 치료를 위한 많은 연구들이 시행되었다. 나는 효과가 증명된 개입들을 하나의 체계적인 접근법으로 통합하였으며, 그것을 외상 치료의 우화모델(fairy tale model)이라고 부른다. 여기서 우화의 각 요소는 치료 단계를 상징하는 비유다. 지금부터 한번 읽어 보기 바란다.

우화

옛날 옛날에 작은 마을 크기의 작은 왕국이 있었다. 그곳은 모든 것이 평화로웠다. 어른들은 일하고 아이들은 학교에 갔다. 교회나 절에 다니는 사람들도 있고, 다니지 않는 사람들도 있었다. 사람들은 주말이면 친구 집에 놀러 가고, 바비큐를 해 먹고, 게임을 하고, 파티를 열기도 했다. 대부분의 사람들은 서로 친하게 지냈다. 그러나 모두가 그런 것은 아니었다. 그렇게 세월이 흘러갔다. 아주 평화롭게.

그러던 어느 날…….

용이 나타났다. 용은 농부의 농장에 있는 소를 잡아먹었다. 어떤 날은 누구 집 앞뜰에 있는 개를 잡아먹었다. 사람들은 공포에 휩싸였다! 부모들은 아이들을 밖에 나가지 못하게 했다. 아이들이 말을 잘 듣지 않자, 부모도 용에게서 아이들을 안전하게 지키기 위해 집에 머물게 되었다.

곧 아무도 학교에 가지 않았고, 일하러 가는 사람도 거의 없어졌다. 모든 사람들이 용을 두려워하며 집에만 있었다. 그러던 중 사람들은 '다른 왕국에는 용이 없는데, 왜 우리 왕국에만 나타났을까?' 하고 궁금해하기 시작했다. 그 이유를 알고 싶었지만 아무도 모르다 보니 소문만 무성하게 떠돌았다. 한편의 사람들이 다른 편 사람들을 비난했고, 사람들이 집단으로 나뉘어 서로 비난하게 되었다. 곧 모든 사람들이 서로 비난하고 화난 상태가 되었다.

얼마 지나지 않아 이 왕국에 대한 평판은 나빠졌다. 다른 왕국의 사람들은 용에 대해서는 몰랐지만 그 왕국이 어떤 상황인지는 알고 있었다. 그들은 "그 왕국은 엉망이야. 어른들은 일하지 않고, 아이들은 학교에 안 가. 서로서로 만나지도 않고 서로 화만 내고 하루 종일 집에만 있다고 해. 모두 이상해졌어."라고 수군댔다.

그렇게 세월이 흘렀다. 그러던 어느 날…….

번쩍이는 갑옷을 입은 기사가 나타났다. 사실 그는 기사도 아니었고 무기도 없었다. 그냥 지나가던 청년이었다. 그러나 그 왕국 사람들은 그에게 특별한 능력이 있다고 생각했다.

"이보세요! 당신은 용을 죽일 수 있어요. 그 일을 할 사람이 바로 당신이군요!"라고 사람들이 외쳤다.

그 청년은 "미안합니다만 나는 용 사냥꾼이 아니에요. 사람을 잘못 봤습니다. 나는 사랑하는 공주를 찾는 중인데, 공주가 사는 왕국을 몰라서 이렇게 오랫동안 여행 중입니다."라고 말했다. 그는 공주가 그려진 그림을 꺼내 사람들에게 보여 주었다. "이렇게 생긴 공주를 본 적 없습니까? 어디에 살고 있는지 아는 사람 없나요?"

"알아요. 우리 공주님입니다. 여기에 살고 있어요. 이런 우연이 있을 수 있나! 공주님은 용을 죽이는 사람과 결혼하기를 원해요!"라고 사람들이 말했다.

그 말을 들은 청년은 "그래요? 그렇다면 내가 바로 그 사람입니다. 나를 용에게 데려다 주세요!"라고 말했다.

사람들은 그를 용이 잠들어 있는 어두운 장소로 데려갔다. 용을 본 청년은 "오! 난 못해요! 나는 용을 처리할 수 없어요! 절대로 안 돼요! 이 용은 너무 크고 강해요. 비늘로 덮여 있고 숨쉴 때는 불이 나온다고요. 이 일은 없던 일로 합시다!"라고 말했다.

그러자 사람들이 "당신은 할 수 있어요. 우리는 당신을 믿어요! 당신은 해낼 거예요. 연습해서 힘을 기르면 이길 수 있어요. 우리가 도와주고 개인 코치도 붙여 줄게요. 공주를 기억하세요!"라고 말했다.

"오, 공주!" 청년은 공주와 사랑에 빠져 진심으로 그녀와 결혼하기 원했다. "알았어요. 잘 할 수 있을지 모르겠지만 노력해 볼 테니 결과는 두고 봅시다."라고 말했다.

사람들은 그에게 개인 코치를 붙여 학교 운동장에서 연습하게 하였다. 그러나 청년은 집중할 수가 없었다! 연습을 시작하려다 갑자기 멈추고 주변을 살피곤 했다. 그는 밖에 있을 때 용이 나타나 자신을 잡아가지는 않을까 두려웠다. 그래서 연습에 집중할 수 없었으므로 이 방법은 전혀 효과가 없었다.

그래서 사람들은 그를 한쪽에 키 큰 나무들이 줄지어 있는 숲 끝 개척지로 데려갔다. 그러고는 개척지의 트인 편에 높은 울타리를 쳤다. 모든 사람들이 나무를 베고 쌓아 올려 튼튼하게 고정했다. 어떤 사람들은 음식을 준비했다. 아이들도 물을 나르거나 소식을 전하는 등 할 수 있는 일은 무엇이든 했다. 곧 높은 울타리가 세워졌다. 이제 청년은 연습에만 집중할 수 있게 되었다.

그 후로는 모든 것이 순조로웠다. 그는 매일 개인 코치와 함께 열심히 연습했다. 엎드려 팔굽혀펴기, 윗몸일으키기, 역도 연습, 쪼그려 뛰기 등 많은 운동을 하였다. 코치는 매일 1~2파운드씩 청년의 몸무게를 늘렸다. 그는 매일 조금씩 더 튼튼해지고 빠르고 날쌔졌다. 마지막에는 용으로 분장한 운동선수를 상대로 용을 죽이는 장면을 실제로 연습했다.

드디어 그날이 다가왔다. 청년은 준비를 마쳤고, 용이 살고 있는 어두운 곳으로 가서 싸워서 용을 죽였다.

청년은 공주와 결혼했다. 그러나 왕국의 분위기는 과거와 똑같은 상태로 돌아가지 않았다.

한 가지 이유는 이제 왕국에 영웅이 생겼다는 것이다. 다른 왕국의 사람들은 "그 왕국에 용 사냥꾼이 있다니, 우리도 그런 영웅이 있다면 좋겠어."라고 말했다. 왕국의 모든 사람들은 자부심과 긍지를 가지게 되었다. 그들 모두가 힘을 모았고, 그들도 도움을 주었던 것이다.

그러나 사람들은 '왜 우리 왕국에 용이 나타났을까? 용이 다시 나타나지는 않을까?' 궁금해했지만 답을 찾지 못했다. 사람들은 용이 다시 나타나지 않을까 계속 걱정되어 원인을 알아내려고 전문가를 고용했다.

전문가는 왕국을 샅샅이 조사하였다. 그러고 나서 전체 회의를 열어 모든 사람들에게 결과를 알려 주었다. "당신들은 두 가지 문제를 가지고 있습니다. 쓰레기를 모두 한곳에 쌓아 두었더군요. 수마일 떨어진 곳까지 쓰레기 냄새가 퍼졌습니다. 용은 쓰레기 냄새를 맡고 왔습니다." 그래서 사람들은 각자의 집 뒤에 퇴비 공간을 만들어 그곳에 쓰레기를 버리기로 결정했다. 그렇게 하자 냄새가 멀리 퍼지지 않아 용을 끌어들이지 않았고, 농사에도 도움이 되었다.

"또 다른 문제도 있습니다. 농장들이 있는 왕국의 주변 지대가 너무 낮고 평평합니다. 평지가 수마일 이상 뻗어 있더군요. 게으른 용이 기어 오기에 너무 좋은 지형입니다."라고 전문가가 말했다. 그래서 왕국 주위에 사과나무를 심기로 결정했다. 사과나무가 있으면 용이 쉽게 넘어올 수 없게 되고, 사람들이 사과를 좋아하기도 했다.

얼마 후 사과가 많이 열리자, 사람들은 또 다른 아이디어가 생각났다. 가을마다 모든 사람들이 참여하는 큰 사과 축제를 벌였고, 제일 맛있는 사과, 가장 큰 사과, 제일 맛있는 사과파이를 뽑는 대회를 열었다. 그 왕국에는 축제에 필요한 풍성한 음식뿐만 아니라 경기나 음악도 준비되었다.

축제의 절정은 토요일 밤에 용을 사냥하는 경기였고, 모든 사람들이 구경했다. 물론 살아 있는 용이 아니라 지난해 우승한 사람이 용 역할을 대신했다. 일 년 내내 왕국의 모든 청소년들은 다음 축제 때 우승하기 위해 열심히 훈련을 하였다. 용을 죽이는 축제의 마지막 밤은 정말 즐거웠을 뿐 아니라 다른 용이 나타나더라도 싸울 준비가 되어 있었다.

그 이후로 그들은 내내 행복하게 살았다.

정신적 외상근거 치료의 우화 모델

이 우화는 외상근거 치료를 효과적이고 포괄적으로 이해할 수 있는 은유적인 모델이다. 각 치료 단계에 해당되는 내용이 우화에 포함되어 있다. 치료 단계는 다음과 같다.

1. 평가: 정신적 외상/상실, 역량/성공 경험, 증상/문제 행동이 발생하는 상황이 포함된다.
2. 동기유발 면담/목표 설정: 외상 관련 문제들을 극복하기 위해서는 엄청난 노력, 인내, 용기가 필요하다. 아이는 목표-스스로 원하는 것-를 설정하고 치료 활동을 통해 어떻게 그 목표를 달성할 수 있는지를 이해하지 못하면 흔히 치료에 전념하지 않는다. 왜 필요한지의 이해를 도와주는 것이 동기적 요소다. 어떤 치료가 꼭 필요하다는 식으로 설명하면 대부분의 아이들은 참여하지 않으려 한다.

   우화에서도 공주가 없었다면 청년은 그냥 지나갔을 것이다. 그림 속의 공주가 있었기 때문에 청년은 위험하지만 "노력해 볼 테니 결과는 두고 봅시다."라고 말했다.
3. 정신적 외상근거 사례 요약과 치료교육: 평가를 끝내면 아이들에게 당신이 파악한 것을 전달한다. 사례 요약의 핵심은 행동의미 평가표다. 비난하지 말고 이해를 바탕으로 공감적 태도로 결과를 전달하는 것이 중요하다. 그렇게 할 때, 아이들은 해결책이 있을 것 같다는 희망을 가진다.

   우화에 나오는 왕국은 겉으로 보면 '엉망인' 것처럼 보인다. 용이 나타나고 나서 그렇게 바뀌었다는 것을 알게 되면, 불행한 일이긴 하지만 사람들의 행동 변화를 이해할 수 있다.

아이의 역량과 자원을 파악하는 것도 사례 요약의 필수요소이며 치료 성공을 위한 토대다.

우화에서 지나가던 청년은 결국 용 사냥꾼이 되었다. 현실에서는 아이가 빛나는 갑옷을 입은 기사이며 스스로 용 사냥꾼이 된다. 아이에게 "너야말로 그것을 할 수 있는 유일한 아이란다!"라고 말하려면 분명한 근거가 필요하다. 용을 죽이려면 왕국이 필요하다는 것을 기억하기 바란다. 우화에서 청년은 자신의 힘만으로 용을 죽인 것이 아니다. 그래서 평가할 때는 왕국을 뜻하는 가족과 지역사회에서 활용할 수 있는 자원들까지 파악해야 한다.

4. **치료 계약:** 치료 계약은 사례 요약에서 강조했던 역량과 난관들을 기초로, 목표를 달성하기 위한 특별한 활동들을 하겠다는 동의를 구하는 것이다. 치료 계약에는 전형적으로 더 안전하고 안정될 수 있는 활동, 자기조절 기술과 정서적 역량을 증진시키는 활동, 외상 기억들을 직면하고 처리하는 활동 등이 포함된다.
5. **안전성과 기타 필요한 요구에 대한 사례관리와 부모교육:** 위협이 계속되는 상황이라면 역량과 기술의 증진에 집중하는 것이 거의 불가능하다. 아이들이 외상 기억을 처리하기를 바란다면 무엇보다 추가적인 외상이 없도록 해야 한다. 기본적인 의식주의 해결은 최우선이다. 그렇지 않으면 아이들은 생존만으로도 힘들어 외상 회복에 전혀 집중할 수 없다. 그들을 위한 더 안정되고 지지적인 환경을 만들기 위해 일관된 훈육을 할 수 있도록 부모교육을 한다. 그런 환경이 될 때, 아이들은 더 안전하고 안정감을 느껴 이완된 상태로 과제에 집중할 수 있다.

   우화에서 왕국 사람들은 청년이 개인 코치를 통한 훈련에만 집중하도록 안전한 장소를 찾고 그 주변에 울타리를 쳤다.
6. **자기관리 기술 교육:** 자기관리 기술은 정동조절을 호전시키고 신체적 · 심리적 안정을 가져온다. 아이들에게 다양한 자기관리와 자기조절 기술들을 교육한다. 주변 사람들도 아이가 스스로를 조절할 수 있도록 아이에게 더 잘 대해 주고 좀 더 지지적인 환경을 제공할 수 있다. 그러면 아이들이 느끼는 안전성과 안정감이 증가된다. 또한 그들은 정서적으로 더욱 안정되고 능력과 자신감이

증가되어 더 큰 난관들도 점차 처리할 수 있게 된다.

울타리가 완성되면서 청년은 개인 코치와 함께 연습을 시작해서 더 강하고 빨라졌고, 역할 훈련을 통해 용과 싸우는 장면도 연습했다. 용을 죽이려면 역량과 자기조절 기술 이상이 필요하다. 그렇지만 용과 싸울 때 주먹이 강하면 더 좋을 것이다.

7. 정신적 외상 해결: 소화 작용 비유를 생각해 보자. 생존 모드에 있으면 소화 기능이 작동하지 않는다. 먼저 안전한 느낌과 이완이 필요하다. 그래서 준비 과정이 반드시 필요하다. 그 후에 기억을 직면하고, 한 번에 조금씩 기억해서 씹어(쓴맛이라 할지라도) 소화하면 된다. 치료에서는 구조화되고 체계적인 방식으로 반복해서 기억을 떠올려 말하는 것을 의미한다.

   우화에 나오는 청년은 용에게 다가가 싸워 죽였다. 치료에서는 뱀 한두 마리로 시작해서, 다음에는 아기용 한두 마리, 그다음에는 거대한 용에게 다가갈 것이다. 치료에서는 당신이 개인 코치다! 아이들이 압도되지 않고 성공하도록 도와야 한다.

8. 호전의 강화: 외상이 해결되어 소화되면 보통 다른 문제들도 함께 사라진다. 하지만 그렇지 않을 때도 있다. 아이들에게 나쁜 습관이나 부족한 기술이 남아 있을 수 있다. 하지만 이 단계에서는 외상의 영향이 없기 때문에 아이들은 치

료에 긍정적으로 반응하고 남은 문제를 해결해서 목표를 성취하고자 한다.

이제 용은 죽었고, 청년은 공주와 결혼할 수 있다.

9. 재발 방지와 손상 감소: 외상에서 회복되고 더 건강한 생활을 하는 것만으로는 충분하지 않다. 치료를 통해 새로운 것을 학습하고, 재발을 방지할 방법이 필요하다. 이 단계에서 아이와 주변 사람들은 잠재적인 위험 요소들을 파악해서 줄이는 작업을 한다. 또한 앞으로 다른 종류의 나쁜 행동들이 나타날 가능성도 감소시킨다.

쓰레기를 한곳에 모으지 않고 각자 자기 집의 퇴비 공간에 버려 용이 냄새를 맡고 오지 못하게 한다. 그리고 사과나무를 심어 용이 다시는 침입할 수 없게 한다.

외상의 재발을 약속할 수는 없지만, 재발을 예측하고 인지할 수 있는 구체적인 계획과 손상을 최소할 수 있는 계획을 수립한다.

용이 다시 침입한다 하더라도 청소년들을 용 투사로 훈련시켜 놓았기 때문에 안전하다.

정신적 외상 치료의 우화 모델

ⓒ Ricky Greenwald 2003.

치료 단계	우화의 해당 부분
역량/자원들, 정신적 외상/상실 병력을 포함한 평가	나는 당신의 장점을 안다; 당신은 용을 죽일 수 있는 유일한 사람이다. 우리는 문제를 이해하기 위해서 용에 대해 알아야 한다.
동기유발 면담, 목표설정	공주가 없다면 아무 소용이 없다.
정신적 외상근거 사례 요약과 정신건강 교육	성공할 수 있다는 희망을 가지도록 역량/자원들을 파악한다. 용을 고려하라. 그러면 문제들을 이해할 수 있다.
정신적 외상 관련 치료 계약	주변에 울타리를 쌓고, 더 강해져 용을 죽일 수 있도록 개인훈련을 권유한다.
안전성과 기타 필요한 요구에 대한 사례관리, 안전과 보호를 위한 부모교육	다시 공격받을 불안이 없도록 울타리를 쌓는다. 그렇게 할 때 과제에 집중할 수 있다.
정동조절뿐만 아니라 신체적 · 심리적 안전성을 위한 자기관리 기술 교육	기술과 장점을 증진할 수 있는 개인 교육훈련
정신적 외상 해결	용을 죽여라.
재발 방지와 손상 감소	용이 냄새를 맡지 못하도록 쓰레기장이 아닌 퇴비 곳간을 사용한다. 용이 침입하기 어렵도록 사과나무를 심는다. 용 사냥 경기를 위해 청소년들을 훈련시키고, 다른 용이 오더라도 싸울 준비를 갖춘다.

Chapter 03

정신적 외상근거 치료관계

소아 정신적 외상 치료: 기본 원칙

치료의 각 단계는 일련의 특수한 개입들로 구성되어 있다. 4장부터 각 치료 단계에 대해 자세하게 배우게 된다. 지금부터 소아를 위한 외상 치료 접근법의 핵심 원칙을 소개할 것이다. 3장에서 기본 원칙을 소개하는 이유는 당신의 태도와 행동을 통해 관계가 형성되기 때문이다. 다음 원칙을 잘 따르면, 아이들은 안전하다고 느끼고 치료자를 신뢰해서 치료에 기꺼이 참여하려 할 것이다.

치료자만 아이와 치료관계 또는 치유적 관계를 형성해야 하는 것은 아니다. 부모, 상담가, 교사, 코치, 시설 담당자, 사례관리자 등 모든 사람들은 아이가 회복되게 도와줄 수 있는 위치에 있다. 관계의 질은 치유를 위한 도구다. 아이들은 안전하고 존중되며 관심을 받을 때 '마음을 열고' 당신이 제공하는 치료를 받으려 한다. 당신의 업무환경을 염두에 두고 3장을 읽기 바란다.

치료 초기 안전성

외상을 가진 아이들의 일차적 관심은 안전성이다. 그들은 어떤 일이 일어나고 무엇을 해야 할지 알 때, 즉 상황을 조절할 수 있을 때 안전하다고 느낀다.

- 치료자는 치료시간 동안 아이들이 안전을 느낄 수 있게 해야 한다. 예를 들어, 첫 치료 때, 만날 스케줄, 만나는 목적/목표, 비밀성, 치료시간에 아이가 해야 할 것 등 '규칙' 을 소개한다.
- 사례관리자는 아이가 지낼 곳을 이동해야 하는 상황에서도 안전성을 가지도록 도와줄 수 있다. 아이에게 옮길 계획과 시기를 알려 주고, 아이가 준비해야 할 일, 특히 옮긴 이후에 가족과 만날 계획(예, "매주 목요일 방과 후에 어머니가 방문할 계획이야.")을 설명해 준다. 또한 아이가 소지품을 잘 챙겨 가져가게 하는 등 새로운 장소에서 느낄 수 있는 생활의 혼란에 잘 적응하도록 도와준다.
- 부모, 교사, 시설 담당자들은 폭력을 예방하고 일과를 지키게 하며 규칙을 일관되게 적용하는 방법으로 아이들의 안정감을 도와줄 수 있다. 만약 성인이 일관성 없이 규칙을 적용하면, 아이들은 다음에는 어떻게 될지 예측하지 못한다. 평소에는 가만히 있다가 어느 날 성인이 아이에게 갑자기 규칙을 강요하면 아이는 흔히 분노를 폭발하고, 결국 성인은 아이에게 심한 처벌을 내리게 된다. 아이가 규칙을 처음 어겼을 때부터 규칙을 적용하는 것이 좋다. 초기에는 대개 사소한 잘못이거나 실수 정도여서, 성인도 차분한 상태에서 지지적으로 규칙을 적용하기 쉽기 때문이다.

치료 후기 안전성

우화 모델에 근거한 치료는 아이들에게 점점 더 강한 정서적 문제에 직면하기를 요구한다. 예를 들어, 치료 초기인 2회기 때 지금까지 있었던 일들 중 가장 고통스러웠던 사건이 무엇인지 질문을 한다고 생각해 보자. 그러면 대부분의 아이들은 사건을 떠올리기 고통스러워 습관적으로 얘기하기를 회피한다. 대답한다 하더라도 혼란된 감정이 올라온 상태로 치료는 끝난다. 그러면 아이는 어떻게 될까?

많은 전문가 집단 중에서도 소아 치료자들이 이런 문제들을 잘 처리하지 못한다는 나쁜 평판을 듣는다. 대부분의 치료자는 언어, 미술, 놀이 과정을 통해 아이들의 '마음 문을 열고' 특정 문제에 대한 감정을 표현하게 하는 것이 치료자의 역할이라고 교육받는다. 이런 신중하지 못한 노출은 외상 기억을 활성화시켜 아이들을 혼란스럽게 할 뿐이다. 그래서 치료가 끝나면 아이 혼자 혼란스러운 감정을 감당해야 한다. 많은 교사들은 "수업을 빠지고 상담 받으러 가는 학생을 보면 안쓰러워요. 그런데 치료를 받고 돌아오면 더 힘들어 해요. 그러다 보니 수업에 집중하지 못하고 더 방해가 되기도 하죠!"라고 불평한다. 부모 역시 치료 후에 아이가 더 나빠진다고 흔히 호소한다.

치료 중에 나타나는 불가피한 결과라고 생각하는 치료자들도 있지만 이는 잘못된 견해다. 그런 시각을 가진 치료자들은 외상 치료를 배울 기회가 없었던 분들일 것이다. 당신처럼 아이들도 경험을 통해 배운다는 것을 명심하라. 치료 후에 혼란된 경험을 하면 아이들을 무엇을 배우게 될까? 아이들은 마음을 열면 나쁜 일이 일어난다는 학습을 하게 된다. 어느 14세 소년은 "지난번에 치료를 마친 후에도 계속 흥분된 상태였어요. 그러다 결국 싸우고 문제를 일으켰지요. 다시는 그런 괴로운 일은 말하지 않을래요."라고 했다.

치료 후에 자주 나쁜 경험을 한 아이와 보호자들은 치료(그리고 치료자)에 대해 부정적인 시각을 갖게 된다. 심지어 부모, 교사, 주변 성인들은 치료가 부담되고 생활을 혼란스럽게 한다고 느낀다. 아이에게 도움이 아닌 해가 된다고 생각하게까지 한다. 성인이 그런 느낌을 받는다면 치료를 중단시키거나 또는 적극적으로 치료를 권유하지 않게 된다. 아이들도 치료에 저항하고 소극적으로 치료를 받게 된다. 문제를 만드는 치료자를 어떻게 신뢰할 수 있는가? 치료 후에 혼란스럽게 되고 문제가 발생한다면 어떻게 마음의 문을 열 수 있겠는가?

현명한 외상 치료자라면 다음 전략들을 사용하여 치료 후에 일어날 수 있는 부정적 후유증을 최소화해야 한다.

- 아이가 견디고 처리할 수 있는 정도로 과제(고통 수준)를 제시해서 치료 중에 노출될 정도를 신중하게 조절한다. 개인 코치로 비유하자면, 아이가 지난 시간에 15파운드를 들었다면 이번에는 50파운드로 연습시키지 않는다. 다시 15파

운드를 연습시킨 다음, 준비되었다고 판단되면 18 또는 20파운드를 시도하게 한다. 이렇게 강도를 서서히 증가시키면 성공한 경험은 계속 쌓이고 압도당하는 경험은 최소화된다.

- '인지-정동-인지 샌드위치(cognitive-affective-cognitive sandwich)'를 활용한다. 감정을 드러내고 사건을 표현하는 부분의 앞뒤에 이성적으로 생각하는 시간을 두는 것이 샌드위치 기법이다. 예를 들어, 먼저 고통스러운 사건을 말해야 하는 이유 그리고 노출이 치료 목표와 어떻게 관련되어 있는지를 아이에게 다시 한 번 상기시키는 작업으로 시작한다. 치료의 중간 부분에는 처리할 수 있는 수준만큼 감정을 표현하게 한다. 정동 부분의 끝은 진정 활동을 통해 고통/각성 수준을 감소시키는 것으로 마무리 짓는다. 치료의 마지막은 다시 인지적인 관점으로 되돌아가서, 오늘 무엇을 배웠는지 또는 치료 후에 무엇을 할 것인지 대화해서 관심을 다른 쪽으로 돌리게 한다. 이 기법은 감정을 수습하고 심리적 안정을 찾게 한다. 항상 그런 것은 아니지만, 치료 후에 혼란될 가능성이 있는 아이들에게 이 기법을 사용하면 문제를 최소화할 수 있다.
  - 샌드위치 방식의 다른 예는 1장에서 제시한 역표류 연습이다. 역표류 경험을 상기하기 바란다. 먼저 인지적 부분에서 시작한다. 외상이 아이들에게 미친 영향과 나쁜 느낌이 드는 이유를 생각하게 해서 외상의 역동에 대한 짧은 통찰을 얻게 한다. 그다음은 정서적 부분으로, 고통스러운 최근 기억과 과거 기억을 하나씩 탐색한 후에 심호흡하는 진정 활동으로 마무리한다. 마지막에는 다시 인지적 부분으로 돌아가서 이 연습에 대한 느낌과 소감에 대해 대화한다.

치료 사이의 안전성

우화 모델을 신중하게 따르고 아무리 계획을 잘 세운다 하더라도 항상 예측할 수 없는 일이 발생한다. 당신이 만나는 대상은 인간이다! 그래서 아이들이 어떻게 행동하고 무슨 일이 일어나는지 끊임없이 파악하는 것이 중요하다. 예상치 못한 문제가 발생한다면 흔히 아이들에게 안전한 느낌이 사라졌다는 뜻이 된다. 관심을 기울인다면 문제를 발견해서 해결할 수 있다.

- 15세 여학생은 치료를 잘 따라와 외상 해결 단계까지 왔다. 치료자는 해결 단계를 준비시켰고 다음 시간부터 그 단계를 시작할 계획이었다. 그런데 그녀는 두 번이나 치료시간 직전에 일이 생겼다며 치료를 취소하는 연락을 남겼다. 그래서 치료자는 그 여학생에게 전화를 해서 다음 치료시간에는 꼭 오라고 격려하면서 외상 해결 단계는 잠정적으로 시도하지 않겠다고 전했다. 다음 치료시간에 그녀는 충격적 사건에 대해 말할 준비가 아직 되지 않아 두려워서 치료시간에 오지 않았다고 말했다.
- 17세 여학생은 학교 상담교사와 처음 네 번의 치료에 매우 협조적이었다. 그런데 오늘은 화난 표정으로 대답도 잘 하지 않고 시계만 보고 있다. 무슨 일이 있었느냐고 교사가 묻자, 그녀는 "10시에 우리 모임이 프로젝트를 발표할 순서에요!" 라고 말했다. 교사는 솔직하게 말해 줘서 고맙다고 말하고는 다음 약속시간을 잡고 교실로 가게 하였다.
- 6세 소년은 치료에 협조적이고 치료자도 좋아했다. 그러나 치료자가 있었던 일 중에 가장 무서웠던 일(정신적 외상/상실 병력)에 대해 질문하자 입을 다물었다. 이에 치료자는 동물인형 놀이로 바꿔서 작은 동물인형을 가리키며 인형도 나쁜 경험을 말하고 싶지만 무서워서 못한다고 말했다. 잠시 후 아이는 동물인형이 무서웠던 일을 말한다면 인형 부모가 힘들어할 거라고 표현했다.
- 10세 소년은 치료에 협조적이었고, 이미 외상 해결 치료를 몇 차례 끝냈다. 그러나 이번 시간에 일부를 처리했던 그 기억을 말하고 싶지 않다고 했다. 치료자는 난감했고 아이는 그 이유를 설명하지 않았다. 치료 후에 어머니에게 이번 시간은 아이가 평소와 달라서 치료 성과가 없었다고 설명했다. 그러자 어머니는 며칠 전에 자신이 아이를 때리고는 사이가 나쁜 아버지에게 보내겠다고 위협한 일이 있었다고 설명했다.

이들 사례에 나오듯이, 절박한 걱정이 있으면 치료자의 계획대로 진행되지 않는다. 치료자가 무시하고 치료를 계속 진행하는 것은 아이들의 관심사를 고려하지 않는 것이다. 그럴 때 아이들은 무시당하고 강요받는 느낌을 받아 방어적인 태도를 취한다.

반대로 치료가 잘 진행되지 않는다는 것을 깨닫고 치료자가 관심과 걱정을 표현하면 아이들은 치료자가 자신의 회복을 최우선으로 생각하고 걱정한다는 것을 알게 된다. 일반적으로 치료자를 통해 아이들이 안전하고 지지받는 느낌을 가질수록 치료 효과는 점점 더 커진다. 당신의 목표는 치료실 안에 '울타리로 둘러싼' 안전지대를 만드는 것이며, 그것이 치료관계 자체다.

보호는 사랑이다

아이는 보호받는다는 느낌이 들 때 치료자가 자신을 사랑하고 돌봐 준다고 느낀다. 부모도 마찬가지다. 아이들은 치료 과정을 알고 무엇을 해야 할지 알수록 더 보호받고 보살핌을 받는다고 느낀다. 다음은 예측 가능하고 지지적인 치료 상황을 만들 수 있는 여러 방법들이다.

- 약속을 지킨다. 정시에 도착해서 치료를 시작한다(지킬 수 없는 약속은 하면 안 된다.).
- 치료는 항상 같은 방식으로 시작한다. 일정한 관례는 안심시키는 효과가 있다. 시작은 호텔에서 체크인하는 것과 같이 간단할수록 좋다. 예를 들어, 많은 치료자들은 "지난 시간 이후에 일어난 좋은 일과 나쁜 일을 이야기해 볼까?" 정도로 시작한다. 이런 표현은 관례적인 과정을 거친다는 장점 외에도 지난주에 있었던 일을 파악하는 좋은 방법이 된다. 흔히 이렇게 얻은 정보는 치료 계획을 보완하는 데 사용할 수 있다. 예를 들어, 아이가 또래 간 경쟁을 힘들어 하는 일이 있었다면 자기조절 기술을 개발할 때 그것을 활용한다.
- 치료는 항상 같은 방식으로 끝낸다. 장난감을 정리하거나, 다음 약속을 확인하거나, 이번 시간에 좋았던 점과 나빴던 점을 질문하는 것과 같은 관례적인 절차를 수립한다. 관례적인 과정을 거친다는 장점 외에도, 항상 같은 방식으로 끝내는 것은 치료를 정리하고 평정을 되찾고 치료 후의 시간을 준비시키는 역할을 한다.

성공

앞의 우화에서 공주를 기억하라. 모든 치료 활동은 아이의 목표를 위한 것이다. 외상 치료에서 당신은 왕국의 일부(안전과 지지를 제공하는)도 되고, 개인 코치 역할도 한다. 개인 코치로서의 역할은 아이들이 발전해서 공주를 차지하게 도와주는 것이다. 하나가 잘되면 만사가 잘된다는 격언을 기억하라. 그래서 일차 전략은 한 번에 한 단계씩 작은 목표를 성취하게 해서 성공 경험을 갖게 하는 것이다. 작은 성공 경험은 다음 단계를 시도하고 싶은 마음과 성공에 대한 자신감뿐만 아니라 더 큰 목표도 성취할 수 있다는 희망을 가지게 한다.

외상을 가진 아이를 도와주려는 사람이 갖춰야 할 것

지금까지 잘 따라왔다면, 당신은 외상을 당한 아이란 개념을 충분히 이해할 수 있고 치료 단계에 대한 전체적 흐름을 이해했을 것이다. 그러나 외상을 입은 아이들을 도와주려면 이해와 기술 그 이상이 필요하다. 외상을 가진 아이를 도와주려면 특별한 태도를 가진 사람이 되어야 한다. 기술을 이해하고 배우고 사용하려고 최선을 다하는 사람, 치료 단계에서 흔히 나타날 수 있는 아이들의 고통을 견딜 수 있을 정도로 강하고 탄력성이 있는 사람, 아이들 입장에서 관심을 가지고 보살펴 주는 사람(즉, 주변에 울타리를 쌓아 안전지대를 만들어 주는 사람)이 되어야 한다.

외상을 입은 아이를 도와주는 사람이 된다는 것은 대단한 일이며 또 쉽게 될 수 있는 것이 아니다. 특별한 자기관리 기술과 경험 그리고 대인관계 기술과 경험이 필요하다. 모든 사람들이 이 일을 할 수 있는 것도 아니고 누구나 선택할 수 있는 것도 아니다. 이 일에는 고유한 어려움과 위험 및 직업상의 위험이 도사리고 있다.

갖추어야 할 태도가 다정하거나 단정한 것과 같은 도덕적인 특성을 뜻하는 것은 아니다. 아이를 위해 인내하고, 특별한 자각을 지속적으로 유지하며, 자기 관찰을 하고, 파악한 정보를 건설적인 방식으로 사용할 수 있는 태도라고 할 수 있다. 또한 당신은 자신을 잘 관리해서 치료 중에 아이들의 요구에 집중할 수 있어야 한다.

치료관계

외상을 가진 아이를 도와주다 보면 맞닥뜨리게 되는 특별한 문제들이 있다. 외상을 입은 아이들은 다음과 같은 특성 때문에 치료관계의 형성과 치료의 호전에 있어 걸림돌을 만나게 된다.

- 양육자에 대한 애착이 손상된(안전성에 대한 기대가 파괴된) 아이들은 다른 사람을 신뢰하고 관계를 형성하는 것에 너무 조심스럽다.
- 실망감이 크고 희망을 잃어버린 아이들은 다시 실망하지 않으려고 희망을 무서워한다. 그들에게는 희망과 기회가 실망을 의미하기 때문에 치료받기를 두려워한다.
- 좋은 일이 일어나지 않을 거라고 믿는다. '좋아질 리가 없는데' 왜 치료를 해야 하냐고 묻는다.
- 고통스러운 사건을 얘기해야 하는 치료 단계가 있다. 외상을 입은 아이들은 흔히 감정을 견디는 데 이 미숙해서 고통을 감당하지 못한다. 고통이 '너무 크게' 느껴져서 사건을 말하지 않으려 한다.

외상을 입은 아이들은 당신의 특별한 관심을 필요로 하며, 그런 관심은 당신의 행동과 관계를 맺는 방식을 통해 전달된다. 당신은 아이들을 안전하게 보호해 주는 대상, 아이들을 이해하고 문제를 성공적으로 극복하도록 도와줄 수 있는 대상이 되어야 한다. 어떤 자격을 갖출 때 이런 방식으로 도와줄 수 있을까? 그런 사람은 어떻게 행동하고 관계를 맺을까? 어떻게 하면 당신을 신뢰하고 적극적으로 치료에 참여할 수 있게끔 아이들의 두려움을 해결할 수 있을까?

RICH 관계 모델

RICH 모델–Respect(존중), Information(정보), Connection(연대), Hope(희망)–은

외상 치료에서 최적의 치료관계를 형성하는 접근법이다(Saakvitne, Gamble, Pearlman, & Lev, 2000). 이 모델은 역량증진 접근법으로, 치료자의 바람직한 태도와 안전하고 지지적이고 치료적인 환경을 만드는 방법으로 구성되어 있다.

이 책에서는 아이들을 기준으로 설명하지만, 똑같은 원칙을 부모, 교사, 동료를 대할 때도 적용할 수 있다. 서로 RICH 방식으로 대하면 모든 사람들이 더 안전하고, 더 지지를 받고, 더 관계(연대)되어 있다고 느낄 수 있다. 이 모델을 따르면 개인적으로도 기분이 좋아지고, 아이와의 관계도 좋아지며, 아이에게 더 효과적으로 집중할 수 있다.

존중

아이에게 개인적인 관심과 존중을 표명한다. "나는 너에게 번호를 붙이거나 너를 문제로 보지 않고 인간으로서 대하려고 해. 나는 내 자녀들이 받았으면 하는 방식으로 너를 도와줄 거란다."

치료에 의뢰되는 많은 아이들은 무엇을 잘못했다는 느낌, 즉 스스로 문제아라고 생각하는 아이들이다. 그들은 이미 어느 담당자를 통해 부정적인 경험을 했을 수도 있다. 과도한 업무로 필요한 관심을 주지 않은 사람, 과로로 지쳐 관심을 보일 수 없었던 사람, 자신의 좌절감과 무력감을 드러낸 사람 등등. 많은 아이들은 비인격적인 대접을 받거나 문제아로만 취급받는다. 사실 이런 아이들이 흔히 문제의 원인인 것도 맞다! 그들은 부모, 교사, 주변 사람들에게 분노, 좌절감, 배척감을 일으키는 행동을 한다. 하지만 그렇기 때문에 도움이 필요하여 의뢰되었다. 보통 사람들과 같은 반응을 한다면 아무런 도움이 안 된다. 그렇게 되면 누구도 도와주지 않는다는 경험이 보태지고, 그런 부정적인 감정만 강화된다.

치료자가 존중해 줄 때, 아이는 행동 패턴이 변화되고 마음의 문을 열어 좋은 일이 일어날지도 모른다는 기대를 한다. 아이를 존중한다는 것은 대화하고 경청하는 것, 자율성과 스스로 선택할 권리를 존중하는 것(물론 선택에 따른 결과를 책임진다), 진실을 말하고, 약속을 지키고, 아이의 고통을 진지하게 대한다는 뜻이다. 이 책의 전반에 걸쳐 존중을 표현하는 구체적인 방법들이 제시될 것이다. 아이들은 존중받을 때 더 긍정적인 반응을 한다.

정 보

아이들에게 솔직하고 건설적인 정보를 제공한다. "이 점을 알면 그 상황을 이해할 수 있어."

앞으로 있을 진행 과정과 아이들이 해야 할 일을 설명할 때, 아이들은 존중받는 느낌과 안전감을 느낀다. 그런 설명을 통해 아이들은 지금 치료가 어떻게 진행되고 있고, 다음에 할 일이 무엇인지를 알 수 있다. 아이들에게 해야 할 것과 하는 방법을 설명해서 그들이 진행 과정을 이해하고 있을 때, 성공적인 치료의 가능성은 커진다. 성공은 좋은 느낌을 주고, 모든 사람에게 좋은 것이다!

외상을 입은 아이들에게 제공되어야 할 특별한 정보가 있다. 외상/상실을 경험한 많은 아이들은 왜 증상이 발생했고, 왜 과거 생활로 되돌아갈 수 없는지 이해하지 못한다. 그래서 그들은 스스로 나쁜 아이 또는 미친 아이라고 생각하기도 하고 어떤 결함이 있어 그렇다고 생각하기도 한다. 용을 이해 못 하는 사람들은 '문제만 일으킨다' 고 아이들만 꾸중한다. 당신은 우화 모델을 사용해서 다른 방식, 즉 증상은 나쁜 사건에 대한 이해할 수 있는(불행하지만) 반응이라고 설명할 수 있다.

아이들(그리고 주변 사람들)은 스스로 나쁜 아이가 아니라 상처받은 아이라는 시각을 가질 때 공감적으로 대한다. 더불어 자신에게 발생한 증상까지 이해한다. 많은 아이들은 "누구도 그렇게 설명해 주지 않았어요."라고 말했다. 이런 정보만으로도 흔히 안정을 얻는다. 그렇게 되면 치료자는 치료 계약 단계로 넘어갈 신뢰성과 자격을 얻는다. 치료자에게 탐색할 곳의 지도가 있다면 그 지도가 길을 가르쳐 줄 것이다.

연 대

아이들과의 정서적 유대를 형성한다. "나는 네가 어떻게 느끼는지 이해할 수 있어. 내가 함께 있어 줄게."

연대는 치료관계에 있어 단순하면서 가장 복잡한 부분이다. 당신이 모든 것을 이해하고 모든 치료 기법을 익혔다고 하더라도 진정으로 관심을 보이지 않으면 아이는 치료를 원하지 않는다. 아이들은 진정한 관심을 보이지 않는 사람에게는 진심으

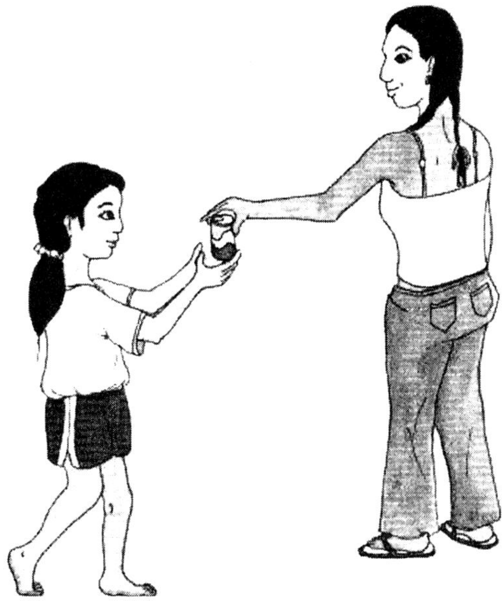

로 대하지 않고 신뢰하지 않는다.

아이에게 관심을 갖는다는 것은 당신 스스로 진심으로 마음의 문을 연다는 것이다. 당신이 먼저 관계를 형성하려고 해야 한다. 건강한 경계를 유지하고 아이들의 요구에 관심을 가지는 성인은 아이들과 특별한 치유적인 관계를 형성할 수 있다. 외상을 입은 많은 아이들은 흔히 돌봐 주는 성인에게서 상처받은 아이들이다. 그래서 당신과의 관계는 긍정적인 성인-소아 관계를 위한 모델이 되어 앞으로 다른 사람들과 건강한 관계를 형성할 수 있는 기초가 된다.

부모가 보호하고 지지적으로 양육한 아이들도 외상 후에 흔히 어느 정도 철수될 수 있다. 이런 아이들은 치료관계를 통해 신뢰할 수 있는 성인들과 다시 친해지고 일차 애착관계를 재수립할 수 있다.

아이들에게 언젠가는 고통을 직면하라고 요구해야 하기 때문에 외상 치료에서 연대는 중요하다. 아이가 고통을 직면하지 못하고 순간적인 해결책인 문제 행동을 하는 것이 의뢰되는 흔한 이유다. 그래서 치료자의 정서적 지지는 언제나 도움이 된다. 어린아이가 무릎을 다쳐 치료할 때 아프다고 울지만 끝까지 참는 것은 어머니가 치료하기 때문이다. 성인도 고통을 겪을 때 친구나 연인이 의지가 되어 주고 귀 기울여 주고 안아 준다. 그런데 왜 아이들에게는 그렇게 하지 않는가? 아이들은 연대를 통해 고통을 인내하고, 연대의 힘으로 더 건강한 방식으로 고통을 처리할 수 있다.

아이들에게 관심을 전달할 수 있는 많은 방법들이 이 책에 나온다. 존중하는 행동, 안전감을 주는 행동, 치료 구조를 준수하는 것(예, 약속시간 지키기, 치료자가 주도하는 식의 기법 금지, 성적 접촉 금지), 아이의 관심과 고통에 중점을 두는 것 등이다. 공감이 관심을 표현하는 핵심 수단이다. 공감이란 성인의 책임과 객관성을 유지하면서 아이의 감정을 느낄 수 있는 상태를 의미한다. 관심이 있는 성인(치료자 등)은 아이의 안녕을 신경 쓰고, 아이의 성장과 성취를 기뻐한다.

아이를 위해 당신의 마음을 열 때 불가피한 위험이 있다. 아이에게 관심을 보이고 아이의 감정을 느낀다는 것은 곧 아이의 고통과 당신의 고통에 당신 자신의 마음의 문을 연다는 뜻이기 때문이다. 이것은 매우 다루기 힘든 영역으로, 4장에서 자세히 논의하게 될 것이다.

희망

더 긍정적인 시각을 가질 수 있는 경험을 아이들에게 제공한다. "이 과정을 거치면 더 좋은 결과를 얻게 돼."

아이들은 해 볼 만한 가치를 느낄 때 힘든 치료 과정에 참여하려 할 것이다. 호전된다는 희망이 있어야 한다. 치료자는 다음 세 가지 방식으로 희망을 줄 수 있다.

- 관계가 형성되는 과정을 통해 신뢰를 테스트하고 보상을 얻기도 하면서 아이들은 치료자를 더욱 신뢰한다. 성공적인 치료관계를 경험하면 앞으로 다른 대인관계들도 좋아질 거라는 희망을 가진다.
- 사례 요약 설명을 통해 자신을 이해하고 또 이해받는다는 느낌을 가질 때(아마도 처음으로), 아이는 치료자를 매우 진지하게 보기 시작한다. 그런 상태에서 치료자가 필요한 치료 활동들을 설명하면 아이는 희망을 느낀다. 특히 아이들은 치료자를 무언가 알고 있는 사람으로 생각하고, 치료자를 따라가면 호전될 것이라는 희망을 가진다.
- 치료 프로그램을 따라 한 단계씩 올라갈 때마다 아이는 성공 경험을 쌓는다.

다음 단계로 나아갈 때마다 아이는 회복되고 목표를 성취할 수 있다는 자신감과 희망이 커진다.

연습: 누가 어떻게 도와주었나

1. 당신의 소아기/청소년기를 생각해 보라. 그리고 진심으로 당신을 가장 많이 도와준 사람을 한 명 선택한다. 그 사람은 당신의 삶과 발달에 긍정적인 영향을 준 사람일 것이다. 또, 당신이 어떤 문제를 극복하거나 좋은 태도를 가지게 도와주었고, 또는 당신 자신을 더 사랑하게 하였거나 어떤 것을 포기하지 않도록 격려해 주었을 것이다. 그 사람이 누구인지, 그 사람이 당신의 성장에 어떤 영향을 미쳤는지 기록하라.
2. 그 사람의 어떤 행위들이 당신에게 긍정적인 영향을 주었는지 생각해 보고, 그런 영향을 미친 그 사람의 행동들을 기록하라.
3. 각 범주에 해당하는 그 사람의 구체적 행위를 하나씩만 기록하라. 그 사람의 행위는 어떤 면에서 RICH 모델과 일치하고 또 어떤 면에서는 일치하지 않는가?

존중: ______________________________

____

정보: ______________________________

____

연대: ______________________________

____

희망: ______________________________

______________________________.

집단이라면 서로 토론해 보라.

토론 주제들

1. 이 연습을 통해 알게 된 것은 무엇인가?
2. 이 연습을 통해 배운 것은 무엇인가? 이 연습의 어떤 부분이 마음에 들고 인상적인 부분은 무엇인가?
3. 어떤 특성/행동들이 아이를 도와줄 때 가장 중요한 것 같은가?

치료하는 아이를 진심으로 사랑하는 방법을 찾는 것이 관계의 핵심이다. 많은 연구들은 공감과 긍정적 존중 같은 치료의 비특이적 요소가 상당히 중요한 치유인자라고 보고했다. 그러나 단순히 긍정적 감정을 느끼고 표현하는 것만으로는 충분하지 않다. 진심으로 도와주려고 노력하는 많은 치료자들이 있지만 아이를 외상에서 회복시키지 못할 수 있다.

내 할머니 무덤 앞에서 랍비가 "사랑은 책임지는 것입니다."라고 말했다. 랍비의 말은 할머니가 '너를 사랑한다.'라는 말 이상의 것을 했다는 의미다. 할머니는 식사 준비와 학교에 입고 갈 깨끗한 옷을 준비해 주는 행동을 통해 사랑을 보여 주셨다. 치료자의 책임은 아이를 치료할 수 있는 기법들을 배워서 제공하는 것이다. 외상에서 회복되려면 특수한 치료가 필요하다. 치료자는 관심을 가지고 돌보는 역할뿐만 아니라 외상에 대해 특별한 무언가를 해야 한다. 외상근거 개입을 통해 당신은 치료관계를 형성하고 치료자의 진심을 전달할 뿐만 아니라 외상을 벗어날 수 있는 핵심적인 치료적 개입을 하게 될 것이다.

다시 말해, 치료관계는 아이들의 치유에 근본적인 요소다. 그러나 일련의 특별한 연습, 기술, 개입들이 포함될 때 치료관계와 치유가 완성된다. 이 책은 전체적으로 외상 치료의 기술적인 부분과 관계적인 요소를 통합해서 균형 있게 구조화한 것이다.

Chapter 04
당신 자신을 돌보시오

정신건강 전문가와 아이를 돌보는 사람들은 자기관리에 특별히 신경을 써야 한다. 농업에서 전문적인 수술까지 어느 분야나 필요한 도구와 설비를 최대한 잘 관리하는 것이 중요하다. 아이를 돌보고 치료하는 사람에게 일차적 도구는 바로 당신이다. 당신은 자신을 사용해서 치료관계를 형성하고 이해하고 정서적 지지를 전달하고 지도한다. 당신 자신을 사용해서 아이의 고통을 증언하고 고통이란 짐을 함께 진다. 그래서 도구인 당신 자신을 최선의 상태로 유지하는 것이 중요하다. 스스로 최선의 상태가 될 수 없다면 어떻게 아이들을 그런 상태로 회복시켜 줄 수 있단 말인가?

아이들은 경험을 통해 배운다. 대부분의 아이들은 나쁜 일은 말하지 않는 것이 더 좋다는 경험을 한다. '내가 말하면 모든 사람들이 놀랄 거야. 부모님은 슬퍼하거나 화를 내고, 친구들은 놀리며, 어떤 사람은 얘기 주제를 바꾸려고 해. 그러니까 말하지 않는 것이 더 낫지.' 말하라고 격려할 때, 아이들은 당신의 무엇을 보고 표현하기로 결심할까? 정답은 당신의 반응에 달려 있다. 아이들이 말해도 자신들이 어떤 피해도 받지 않으며, 또 당신이 흥분하거나 당황하지 않고 아이를 배척하지도 않고 그 얘기를 잘 감당하는 모습을 아이들에게 보여 주길 바란다.

8세 소년은 큰 정신적 외상 후에 2년간 일주일에 한 번씩 치료를 받았다. 최근에 치료자가 바뀌었고 그 후 두 번 치료를 받았다. 새 치료자는 회복 정도를 확인하기 위해 "이전 치료자와 그 충격에 대해 어떤 대화를 해 보았니?"라고 물었다. 소년은 "한 번도 없어요. (그 치료자는) 대화할 마음이 없었던 것 같아요."라고 대답했다. (내가 기억하는 한, 이것은 실화다. 새 치료자가 나에게 들려준 사례다.)

마음에 상처를 받으면 관계 형성은 어려워진다. 당신이 걱정거리에 집착하게 되면 능력을 100% '발휘' 하기 어렵고 에너지도 감소된다. 그래서 당신의 욕구가 충족되지 않을 때는 아이들의 욕구에 집중하기 어렵다. 아이들은 이런 점을 빨리 알아차린다. 그들은 존중받지 못하고 중요한 사람으로 대접받지 못한다는 느낌이나 안전하지 않다는 느낌을 받고, 문제 행동과 당신을 시험하는 행동을 더 많이 하게 된다. 당신이 최선을 다하지 않는다면 해결하기 어려운 난관에 봉착할 위험성이 커진다.

당신이 희생을 해 가며 누군가를 도운다 하더라도 무한정 그렇게 할 수는 없다. 매우 헌신적인 전문가들조차 긴급하게 처리할 일이 많아 항상 시간에 쫓긴다. 그럴 때 그들은 눈앞에 보이는 모든 일을 처리하려 하거나 또는 매일 밤늦게까지 일하게 된다. 그 일이 생명을 구하는 일 정도로 중요하게 느껴져서 자신을 무리하게 혹사시켜도 괜찮다고 느낀다. 그러나 업무가 아무리 중요하고 응급하다고 해도 당신 자신을 파괴하면서까지 해서는 안 된다.

지칠 때까지 일하는 것은 말을 이용했던 속달우편 모델과 같다. 말을 이용한 속달우편 제도는 미국(1860~1861)에서 시행했던 초기 우편배달 시스템이었다. 배달 속도가 최우선이었기 때문에 말이 지칠 때까지 달리고, 지친 말은 쉬게 하고 다른 말로 갈아타는 방법이었다. 그러나 당신이 지쳐 한 달 정도 휴식이 필요할 때 업무를 대신할 사람이 없는 근무환경이라면 당신 스스로 페이스를 유지해야 한다. 그렇지 않으면 소진되어 아이들에게 줄 수 있는 에너지가 전혀 없게 된다.

자신을 돌보기 위해서는 그런 문제가 발생하는 배경을 이해해야 한다. 외상을 입은 아이를 치료할 때 당신은 어떤 영향을 받고 또 어떤 과정으로 영향을 미치는가?

연습: 정신적 외상을 입은 아이를 돌보는 것은 우리에게 어떤 영향을 미치는가

외상/상처를 가진 아이들을 돌보면서 당신이 받은 영향이 있다면 다음 항목에 표시하고 내용을 기록하라(Saakvitne et al., 2000).

- 세계에 대한 믿음
- 영적인 믿음
- 자기감, 근거감, 정서적 안정감
- 개인 또는 가족에 대한 안정감
- 자신이나 타인에 대한 신뢰
- 당신이 사람들을 판단하는 방식
- 조절감
- 홀로 있거나 타인과 함께 있는 능력
- 신체와의 관계

집단이라면 마치고 나서 서로 자유롭게 대화하기 바란다. 그러나 공유하지 않더라도 부담을 가질 필요는 없다. 말을 하건 침묵하건 안전하다는 느낌이 중요하기 때문이다.

집단이든 또는 혼자이든 간에 다음 질문에 답하라.

- 당신의 답 중에 예상치 못한 것이 있었는가?
- 다른 사람의 답 중에 놀랄 만한 것이 있는가?
- 서로 공통된 주제들이 있는가?
- 차이점이 있는가?

다음은 워크숍에서 나온 예들이다.

- "나는 공공장소에서 학대받는 아이들을 보면 항상 가슴이 아팠어요. 어떤 어머니는 아이를 때리면서 "입 닥쳐, 그렇지 않으면 우는 게 뭔지 알게 해 주지."라고 말했어요. 이 분야에서 몇 년 일하고 나서 건강하게 성장한 아이들과 있으면 내 기분도 좋아진다는 것을 깨닫게 되었지요. 옛날에는 당연한 일로 생각했었지만, 이제는 그 의미를 알게 되어 좀 편해졌어요."
- "여자 친구의 어린 딸이 내 무릎에 기어 올라왔을 때, 나는 놀라서 꼼짝도 할 수 없었어요. 학대당한 아이를 너무 많이 경험해서 마치 내가 그 아이를 학대하는 것처럼 느껴졌지요. 마음을 진정하고 스스로 정상적인 행동이라고 말하며 따뜻하게 안아 주었어요."
- "사람이 사람에게 상처를 주는 것을 너무 많이 경험했어요. 그래서 마치 형사처럼 세상을 보게 되었죠. 모르는 사람을 만나면 최악의 상황이 떠올라요."
- "내가 사람들을 경시하는 면이 있다는 것을 알게 되었어요. 아이를 빨리 도와달라고 애타게 요청하는 부모들이 사실은 아이에게 큰 관심이 없다는 것을 알았을 때 얼마나 자주 실망했는지 모를 겁니다. 나는 이번 워크숍을 통해 존중하는 마음을 더 가져야겠다고 생각하게 되었어요. 나쁘게 보이는 부모일지라도 나름대로 진심으로 노력하며 최선을 다할지도 모른다는 것을 알게 되었거든요. 내가 방법만 잘 가르쳐 준다면 더 잘 할 수 있을 겁니다. 앞으로는 과거처럼 사람들을 평가하지 않겠다고 결심했어요."
- "나는 신에 대한 믿음을 잃었어요."
- "이 분야에서 일하면서 신앙을 갖고 더 영적인 사람이 되었어요."

분명히 이 분야의 일은 사람들에게 어떤 영향을 미칠 가능성이 높다. 아이를 돌보는 사람들에게 일차적 도구는 바로 당신 자신이기 때문에, 그뿐만 아니라 당신 자신이 어떤 위험에 노출될 가능성이 있기 때문에 자기관리는 매우 중요하다.

상처받은 아이들을 돌보는 일은 왜 그렇게 큰 영향을 미치는가? 특히 부정적 영향을 받을 가능성은 왜 그렇게 높은가? 다음은 당신이 특히 취약해질 수밖에 없는 몇 가지 이유들이다.

- 너무 끔찍한 일을 겪은 아이들의 이야기에 노출되어 있다.

- 도움을 주려면 공감적이 되어야 하기 때문에 마음의 문을 열어 놓는다.
- 아이들의 안녕에 책임감을 느낀다.
- 일어난 사건에 대해 화나고 무력함을 느낀다.
- 사건이 반복될 때 화나고 무력감을 느끼게 된다.
- 아이들이 겪은 사건이 당신 자신의 경험을 연상시킨다.

외상을 입은 아이들과 일한다는 것은 여러 면에서 당신 자신이 충격적인 경험에 노출되는 것과 같다. 외상을 입은 아이들을 돌보는 정신건강 전문가와 관련 담당자들은 '2차 외상 스트레스 증후군(secondary traumatic stress syndrome)' 또는 '대리외상(vicarious traumatization)'에 시달린다. 다른 사람의 충격적 이야기와 상황에 노출될 때, 당신은 외상을 받을 수 있고 실제로 충격을 받는다. 이런 과정을 거치면서 당신 자신이 취약해져 증상이 발생하게 된다.

연습: 당신이 경험한 가장 고통스러웠던 사건

당신이 경험했던 가장 고통스러웠거나 화났던 사건을 생각해 보기 바란다. 그 사건의 어떤 부분이 당신을 가장 고통스럽게 했는지 기록하라. 원한다면 다른 사람과 대화해도 좋다. 다른 사람들과 비교하여 공통점과 차이점은 무엇인가?

당신에게 상처를 주는 것은?

모든 충격적인 경험들이 외상을 남기지 않듯이, 외상을 가진 아이를 치료할 때마다 대리외상을 받는 것은 아니다. 치료자들은 사례의 핵심적 특징—돌보기, 무력감, 아이가 겪은 경험이나 행동에 의한 자극—을 처리할 수 없을 때 상처를 받는다고 한다.

돌보기

아이와 일하는 많은 사람들은 돌보기를 회피함으로써 자신을 위험에서 차단하려고 한다. 돌보지 않으면 상처받지 않는다. 그러나 돌보지 않으면 아이는 당신을 신뢰하고 따르지 않아 좋은 효과가 있을 수 없다. 아이를 돌보려 할 때 아이에게 상처 준 무언가가 당신에게도 상처를 입힐 가능성이 커진다.

무력감

매우 끔찍한 사건을 경험한 아이에게 실제적인 도움을 주었다면 치료자에게 그 일은 '훌륭한 사례'가 된다. 치료자들에게 가장 고통스럽고 힘들었던 사례를 질문하면 사정에 관계없이 도움을 줄 수 없었거나 더 좋게 해 줄 수 없어 치료자가 무력감을 느꼈던 사례를 선택한다. 당신이 돌보는 아이의 상처를 해결할 수 없을 때 느끼는 무력감은 실로 감당하기 어렵다.

자극받기

사소한 스트레스를 자극인자(과거 외상을 상기시키는 것)로 지각해서 과잉반응을 하는 아이와 마찬가지로 치료자도 그럴 수 있다. 당신 또한 급소가 있다! 아이의 충격적 경험은 흔히 치료자의 외상을 상기시킨다. 아이의 행동이나 상황은 치료자를 화나게 하고, 좌절시키고, 배척감이나 무력감을 느끼게 한다. 이런 감정은 치료자에게 자극인자로 작용한다. 이런 자극을 받을 때, 치료자는 견딜 수 없는 강한 감정을 경험하거나 과잉반응할 위험성이 아주 높다.

이상과 같은 상황(또는 몇 개가 복합된 상황)에서 대리외상의 가능성이 커지지만, 항상 그런 것은 아니다. 치료자가 그 경험을 어떻게 처리하느냐에 달려 있기 때문이다. 문제되는/고통스러운 부분이 처리되지 않고 갇힐 때 대리외상이 일어나고, 경우에 따라서는 울타리 뒤로 밀어 넣어지기도 한다.

그렇게 되면 치료자는 고통을 겪고 증상이나 문제가 발생할 수 있다. 치료자는 자신의 고통 때문에 아이의 문제에 집중하지 못하고 아이에게 부적절하게 행동할 수도 있다. 이런 치료자는 딴 생각에 집착하고, 슬픈 느낌이 들고, 사회적으로 철수되며, 스트레스를 많이 받고, 짜증이 증가할 뿐더러 치료자의 개인 생활까지 영향을 받기도 한다. 어떤 치료자는 상처나 외상 관련 자극인자들을 회피하기 위해 아주 냉정한 태도로 일을 한다. 이런 치료자는 냉소적이고 지치고 소진된 듯이 보인다.

연습: 당신이 영향 받는다는 것을 어떻게 알 수 있는가

당신이 업무를 보면서 받은 상처를 생각해 본 후 기록하라.

- 어떤 일이 있어났는가?
- 어떤 증상들이 나타났는가?
- 무언가 잘못되었다는 것을 어떻게 알았는가?
- 그래서 당신은 어떻게 했는가?

원한다면 다른 사람과 대화해도 좋다. 다른 사람들과 비교하여 공통점과 차이점은 무엇인가?

상처받은 아이들과 일할 때 피할 수 없는 직업적 위험이 있다. 아이를 도와주려면 당신의 마음의 문을 열어야 하고, 그렇기에 스스로 상처받을 수 있는 위험에 노출된다.

직업적 위험이란 말에 대해 생각해 보자. 어떤 생각이 떠오르는가? 다른 분야에서도 직업적 위험이 있고, 이를 알고 대처한다. 건설 현장의 근무자는 헬멧을 사용해야 한다. 병원에서 사용한 주사기는 안전하게 따로 보관되고 처리된다. 비행기 승무원은 비행 후에 반드시 휴식을 취하게 되어 있다. 그렇다면 당신은 스스로를 어떻게 보호해야 할까? 어떻게 하면 될까?

연습: 자기관리 점검

아래 질문에 대한 답을 기록하라.
당신이 다음 행동을 했던 마지막은 언제였는가?

- 밤에 잠을 푹 잤다.
- 친구와 재미있고 즐거운 시간을 보냈다.

- 좋아하는 운동을 했다.
- 다른 사람을 도와줄 수 없었을 때 자신을 되돌아보는 시간을 가졌다.
- 영양분이 풍부한 음식을 먹었다.
- 애인이나 가족과 재미있고 즐거운 시간을 보냈다.
- 업무가 남았지만 일찍 또는 정시에 퇴근했다.
- (동시에 업무를 보지 않고서) 편안히 식사를 했다.
- 업무의 어려움에 대해 친한 동료와 대화했다.
- 시간을 내어 진짜 좋아하는 무언가를 했다.

연습 후 질문

- 당신의 최근 생활에 대해 깨달은 점이 있는가?
- 당신 자신에 대해 무엇을 알게 되었나?
- 당신의 생활 상황에 대해 무엇을 알게 되었나?
- 이상을 알게 되었을 때 어떤 느낌이 들었나?
- 지금 자신에게 하고 싶은 말은 무엇인가?

자기관리 전략

당신은 직업적 위험을 최소화하기 위해 다양한 방법들을 시도할 수 있다. 이런 방법 중 일부는 당신이 스트레스로 지친 부모님이나 친구들에게 권유했던 방법일 것이다. 자기관리 접근법은 당신을 더 건강하고 균형 있고 어떤 일이라도 처리할 수 있도록 준비시킨다.

- 영양: 너무 바빠 점심을 거르고 비행기 안에서 사탕이나 과자를 먹으면 된다고 흔히 생각한다. 그러나 이런 방식은 자신을 돌보는 것이 아니라 스트레스를 가중시키거나 지치게 할 뿐이다. 당신이 특정 업무를 해야 할 유일한 말임을 명심하라. 장거리 수송을 하려면 건강이 잘 유지된 말이 필요하며, 바로 당신이 그 말이기 때문에 잘 대접하고 돌보아야 한다. 충분한 물을 섭취하고 영양분이

풍부한 식사를 해야 한다.

- 운동: 운동의 전형적인 장애물은 시간 부족, 편리함, 우울증, 피곤 등이다. 당신은 규칙적인 운동이 기분을 좋게 하고, 피로를 줄이며, 더 민첩하게 하고, 시간을 더 알차게 보내게 해 준다는 것을 경험을 통해 이미 알고 있을 것이다. 운동은 운동 그 이상을 얻게 해 준다. 건강이 증진되고 수명이 연장된다. 규칙적인 운동을 방해하는 장애물이 있다면 잠시 시간을 내어 그것을 극복할 수 있는 방법을 찾기 바란다.
- 수면: 충분한 수면을 취하지 않으면 수면 박탈에 의해 만성적인 스트레스 상태가 된다. 이런 상태가 되면 건강상의 문제, 불쾌한 기분, 기능 저하 같은 증상들이 나타날 수 있다. 수면을 주로 방해하는 것은 시간 부족과 걱정이다. 그럴 듯한 핑계를 계속 찾거나 혹은 건강이 좋아질 수 있는 길을 찾아야 한다.
- 물질 회피: 스트레스를 받거나 기분이 좋지 않을 때, 당신은 울타리 뒤에 있는 나쁜 기분을 배출하고 싶은 충동을 느낀다. 가장 일반적인 방법은 술을 마시거나 소위 오락용 약물(예, 담배, 마리화나 등)을 사용하는 것이다. 이런 방법의 단점은 일시적 해결책은 되지만 문제를 해결하지 못하고 물질 사용 자체가 새로운 문제를 만든다는 점이다. 스트레스를 받을 때 물질 사용을 더 자주 하고 싶은 충동이 든다면 스트레스를 처리하는 좀 더 건강한 방식을 찾는 것이 도움이 된다.
- 스트레스 관리: 어떤 방법이 당신에게 도움이 되었나? 스트레스를 처리하기 위해 매일 또는 스트레스 느낌이 들 때마다 사용할 수 있는 많은 방법들이 있다. 보통 운동, 경기, 명상, 음악, 독서, 목욕, 산책, 춤, 미술, 집청소 등과 같은 활동을 통해 도움을 받는다. 당신에게 도움이 되는 방법을 찾아 실천하는 것이 중요하다.
- 사회적 지지: 좋은 사회적 지지망을 가진 사람들은 자신의 삶을 더 긍정적으로 받아들이고, 스트레스와 문제를 더 효과적으로 처리할 수 있다. 살아가는 동안 대화를 나누고, 필요할 때 도움을 받고, 함께 지켜 주고, 친근함을 느낄 수 있는 친한 사람이 있다는 것은 매우 중요하다.
- 휴식/기분전환 활동: 휴식은 모든 사람들에게 필요하다. 당신은 부모님이나 친구들에게 휴식의 중요성을 말하지 않았는가? 주변 사람들에게 훌륭한 충고라면 당신에게도 좋은 충고가 된다. 무엇을 할 때 즐겁고, 어떤 것이 기분전환에 도

움이 되는가? 당신이 그런 활동을 규칙적으로 한다면 기분이 좀 더 맑아지고 만족스러운 느낌이 들 것이다.

우리 대부분은 주어진 업무는 말할 것도 없고, 시간에 쫓겨 중요한 과제조차 처리하기 힘든 생활을 하고 있다. 당신 자녀의 생활과 건강에 신경 쓸 시간이 없다고 느끼거나, 실제로 그럴 수도 있다. 장시간 근무하는 등 무리하게 자신을 혹사시키고 싶은 강렬한 유혹에 빠지기 쉽다. 그래서 한발 물러나 어떻게 묻는 것이 바람직한지 의식적으로 생각할 시간이 필요하다. 의뢰된 아이와 가족을 헌신적으로 도와주는 것도 좋지만 당신 자신과 가족에게 감당하기 힘든 상처를 주는 것은 옳지 않으며, 그것은 결국 당신의 도움을 기다리는 아이들에게도 상처가 될 수 있다.

자기관리는 현실적인 포기가 필요하다. 근무시간 중에 사우나에서 휴식을 취하거나, 집에 전화하거나, 느긋하게 훌륭한 점식 식사를 하는 당신을 발견할지도 모른다. 또 할 일이 많이 남아 있지만 정각에 퇴근하는 당신을 볼지도 모른다. 쉽지 않겠지만 과거보다 일을 적게 하기도 한다. 당신의 선택을 이해하는 것이 중요하다.

자신을 돌보는 데 실패한 사람들은 스트레스와 관련된 문제들, 즉 능률 저하, 소진, 건강문제, 불쾌한 기분, 대인관계 문제들이 발생할 위험이 높다. 자기관리의 중요성을 잘 이해하는 사람들은 자신의 능력으로 할 수 있는 것만을 하며, 원하기는 하지만 능력 이상의 일은 하지 않는다. 당신의 선택에 따라 오늘뿐만 아니라 내일도 업무를 훌륭하게 수행할 수 있게 될 것이다.

당신은 최근에 어떤 자기관리 기술을 규칙적으로 사용하고 있는가?

연습: 자기관리 계획

이 연습은 혼자 또는 짝을 지어 할 수 있다. 짝이 있다면 상대에게 다음 질문을 한 후 실천 가능하고 구체적인 답을 할 때까지 기다린다. 마치면 역할을 바꾸어서 시행한다. 혼자 연습한다면 자신을 검토하기가 어렵기 때문에 너무 오래 구체적인 것을 생각하지 않기 바란다. 최선을 다하라.

질 문

- 당신에게 꼭 필요하고 현실적으로 실천 가능한 자기관리 기술을 하나만 선택하라.
- 그것을 실천하려면 다음 단계로 무엇이 필요한가? 원하는 행동 중에서 실제로 할 수 있는 현실적인 작은 것을 선택하라.
- 그것을 어떻게 실천할 수 있을까? 무슨 요일, 몇 시, 어디에서 할 것이며, 어떤 준비 과정이 필요한가?
- 그것을 실천하는 데 어떤 장애물이 있을까? 방해하는 요소들로는 어떤 것들이 있는가?
- 지속적으로 실천하려면 그 장애물을 어떻게 해결해야 할까?

토 론

상대가 답을 모두 말했는가? 구체적 계획(날짜, 시간, 장소, 준비 과정 등 모든 것!)을 말하도록 해야 한다. 혼자 연습한다면 내용을 기록해서 봉투에 넣고 계획한 행동을 실천하기로 했던 날 개봉해서 보기 바란다.

정신적 외상 치료자들을 위한 특별한 자기관리 문제

지금부터 제시하는 자기관리 전략은 누구에게나 적용 가능하다. 물론 일부 전략은 외상을 입은 아이들(또는 성인들)과 일하는 사람들에게 필요한 특수한 자기관리 전략이다. 이런 특수한 자기관리 전략은 아이들에게서 발생한 사건을 듣는 동안, 치료하는 동안, 직접 아이들의 문제 행동을 겪는 동안 일어날 수밖에 없는 고통을 처리할 수 있는 방법들이다. 아이들의 노출을 통해 경험한 외상, 그리고 아이들의 문제 행동을 통해 일어날 수밖에 없는 좌절과 무력감을 치료자라면 어떻게 회피할 수 있겠는가?

이 주제는 의뢰인에 대한 치료자의 개인적/정서적 반응인 역전이(countertransference)로, 치료를 방해하는 가장 큰 난관 중 하나다. 어떤 치료에서도 역전이가 일어날 수 있지만, 특히 외상을 치료할 때 일어나는 역전이는 치료자에게 큰 고통이 된다. 의뢰인에 대한 정서적 반응을 피할 수 없지만, 당신은 이런 반응을 통해 의뢰인을 더 이해할 수 있는 기회를 얻는다. 그러나 정서적 반응이 장기간 지속된다면 곤란하다. 만약 그렇다면 당신은 감정에 사로잡힌 행동을 할 위험에 빠지게 된다. 다음은 외상을 가진 아이들을 치료할 때 경험할 수 있는 가장 흔한 역전이 반응들이다.

- 구원자 역할하기
- 아이가 고통스러운 표현을 말하지 않고 회피하게 하는 것
- 부모에게 분노를 느끼는 것
- 아이에 대한 혐오감을 느끼는 것
- 관계 단절: 지루하고 산만해지며 냉담해지고 소원하게 되는 것

치료자는 여러 전략을 통합해서 이런 난관을 해결해야 한다. 이는 한 시간 연습으로 숙달될 수 있는 것이 아니며, 개인적인 성숙, 자기 인식, 자기관리, 관계에 대한 책임감/통합에의 과감한 헌신을 필요로 한다. 당신은 주변에서 "그런 힘든 일을 어떻게 하는지 나는 상상도 못하겠어!"라는 말을 자주 들었을 것이다. 외상을 입은 아이와 가족들에게 기꺼이 헌신하고, 고통과 어려움을 처리하면서 건강을 유지할 수 있는 사람들은 많지 않다. 그래서 특별한 자기관리 능력이 필요하다.

자기관리

자기관리 전략을 사용할 때, 당신은 최선을 다할 수 있다. 아이를 치료하는 동안 당신 자신의 외상을 건드리는 자극인자를 느끼는 그 순간이 자신에게 맞는 전략을 활용해서 그 문제를 처리할 수 있는 좋은 기회이기도 하다.

개인치료

당신이 자신의 내부 곳곳을 탐색할 수 없다면 어떻게 아이와 함께 아이의 내부를 탐색할 수 있겠는가? 아이의 외상을 치료하려면 당신 자신의 외상을 먼저 해결해야 한다. 아니면 최소한 당신의 내부에서 움직이는 외상의 작용을 잘 이해하고 있어야 한다. 그렇지 않으면 당신의 외상이 자극될 때 관련된 감정이나 기억들에 의해 고

통스럽거나 압도당할 수 있다. 자신을 더 이해하기 위해 치료자가 개인치료를 받는 것도 좋은 방법이다.

자기 관찰

치료자는 자기 인식과 자기 관찰을 통해 즉각적인 행동화를 하지 않고 정서적 반응들을 자각하고 검토할 수 있다. 이런 능력을 발달시키려면 임상적 지도감독이 필요하다. 우리는 자신의 부정적인 부분을 보거나 의뢰인이 아닌 우리 자신이 문제일 수 있다는 생각에 익숙하지 않다. 화나고 좌절되고 무력하고 배척당한 자신의 감정을 자각할 때, 우리는 충동적인 행동으로 발산하지 않고 그런 감정들을 검토하고 처리할 수 있는 기회를 얻게 된다.

- 지금 느껴지는 감정이 의뢰인에게 지닌 의미는 무엇일까? 의뢰인도 무력감을 느끼는 것은 아닐까? 의뢰인의 주변 사람들 역시 비슷한 느낌을 받는 것은 아닐까? 내가 느끼는 감정을 아마도 주변 사람들도 느끼는 것 같다. 어떤 반응이 가장 도움이 되는 반응일까?
- 지금 느껴지는 감정이 나에게 지닌 의미는 무엇일까? 왜 항상 이렇게 부루퉁하게 말없는 아이들을 보면 내가 답답해지는 것일까? 의뢰인과 비슷한 급소가 나에게 있는 것은 아닐까? 이런 감정을 어떻게 이해하고 처리할 수 있을까?
- 지금 일어나고 있는 현상의 의미는 무엇일까? 의뢰인의 말처럼 내가 정말로 상처를 주고 있는 것일까? 아니면 의뢰인이 외상을 재현해서 모든 사람들이 자신에게 피해를 준다는 생각에 빠진 것일까? 의뢰인의 문제인가, 내 문제인가? 어떻게 하면 구분할 수 있을까?

지도감독을 받을수록 해결책이 보인다

뭐라고요? 지도감독이 또 필요하다고요? 치료자의 멋진 외모를 보고 치료를 잘 따라오는 의뢰인을 만날 때조차, 당신은 자신의 부정적인 정서적 반응과 그 의뢰인에게 최선을 다하지 않고 있다는 점을 자각할 수 있다. 그 해결책은 당신의 지도감독자와 상의하는 것이다(매주 지도감독을 수련받은 고참 치료자라면 흔히 동료 치료자와 상호 지도감독을 정기적으로 할 수 있다.). 지도감독을 통해 치료자는 흔히 상황을 이해하고 효과적으로 처리할 수 있다. 물론 과잉반응을 줄이고 특별한 문제를 해결하기 위해 개인치료가 필요한 경우도 있다.

자기관리를 할 때 당신은 최선을 다할 수 있다. 자기 관찰은 당신이 정서적 반응에 따라 행동화하지 않고, 자신의 반응을 유용한 정보로 받아들이고 활용할 수 있게 해 준다. 다음은 정서적 안정성을 유지하면서 업무를 수행할 수 있는 추가적인 전략들이다.

무력해지지 말라

무력감은 누구에게도 닥칠 수 있다. 이는 단순한 충고가 아니라 아주 중대한 문제다. 다음은 많은 사람들에게 도움이 되었던 무력감을 줄일 수 있는 방법들이다.

- 기술을 향상시켜라. 당신이 하는 일을 더 잘 할수록 능력은 커지고, 능력이 증가되면 결과도 좋아진다. 몇몇 기술뿐만 아니라 의뢰인에게 가장 맞는 기술을 구사할 수 있어야 한다는 것이다. 치료 형태/접근법에 관계없이 모든 치료법의 효과는 동등해 치료자의 취향에 따라 치료 기법을 선택해도 합리적이고 타당하다는 신화가 있다. 그러나 외상 치료에 대한 연구 결과는 특정 접근법이 다른 치료법보다 더 우수하다는 것이었다! 당신의 흥미를 끌 뿐만 아니라 아이들에게 실제적인 치료 효과가 있는 기법을 배워야 한다. 당신이 지금 이 글을 읽고 있다는 사실이 기술을 향상시킬 수 있는 전략을 배우고 있다는 증거다.
- 업무환경을 개선하라. 당신은 자신과 아이들의 욕구를 더 깊게 이해할수록 업무환경의 구조적인 문제들을 깨닫게 될 것이다. 예를 들어, 직원들이 자주 폭행을 당하는 환경이라면 불안해서 아이 치료에 집중할 수 없다. 혹은 프로그램의 단계가 바뀔 때마다 아이와 가족이 새로운 치료자를 만나야 한다면 관계가 깨지는 경험 때문에 이전 치료자들의 노력이 소실된다. 당신은 업무환경의 개선을 설명하고 주장할 때, 당신을 방해하는 업무환경을 효율적인 시스템으로 바꿀 수 있다. 그 외에 비윤리적인 훈육방법을 보고하고, 동료들과 함께 정신적 외상에 대한 교육을 요구하는 것 등도 포함된다.
- 업무환경을 보완하라. 당신은 자기관리를 유지하거나 지도감독을 받기 어려운 열악한 환경에서 일할 수도 있다. 그렇다면 당신에게 필요한 것을 획득할 수

있는 창의적인 방법을 찾아야 한다. 예를 들어, 점심 식사 후 휴식을 가지거나 적절한 시간에 퇴근하는 등 개인적인 방법을 찾거나 근무시간 또는 퇴근 후에 동료 전문가들과 지지 모임을 가지는 것도 좋은 방법이다. 적절한 지도감독을 받기 어렵다면 혼자서(또는 동료들과 함께) 지도감독을 받아도 된다. 어떤 식으로든 당신 자신과 업무를 위해 자기관리가 필요하다.

- 당신에게 맞는 직장에 근무하라. 이 말은 업무환경뿐만 아니라 업무 형태와 의뢰인의 유형에도 적용된다. 당신이 근무하고 있는 곳은 최상의 상태로 일할 수 있는 직장인가, 아니면 항상 지원도 없고 비난하고 방해하는 직장인가? 그런 사람이나 문제에도 불구하고 직장이 만족스러운가? 성격과 생활을 고려할 때 지원도 적합한 직장인가? 열심히 일할 수 있는 직장은 많이 있다! 노력한다면 당신에게 최적의 직장을 발견할 수 있을 것이다. 그럴 때 당신은 더 행복하고 오래 근무하면서 서비스를 제공할 수 있다.

한 사례관리자는 의뢰인의 가족에게 그녀가 꼭 필요하다는 생각에 수년간 거의 '불가능한' 업무를 담당했다. 그러나 담당 건수가 너무 많다 보니 한 의뢰인에게도 적절한 도움을 주지 못해서 항상 좌절감과 스트레스를 받았다. 직장 스트레스가 자신의 결혼생활까지 위협할 정도가 되었을 때, 그녀는 과도한 업무가 없는 직장으로 옮겼다.

어떤 여성은 두 명의 아이를 입양했을 무렵 일반 직원에서 경영 부서로 옮기게 되었다. 그녀는 아이들에게 부모의 '정서적 에너지'가 필요하다는 생각에 직장과 좀 더 정서적 거리를 두기로 했다.

한 남성은 정신지체 아이들을 돌보는 괜찮은 직장을 그만두었다. 그는 "동료들은 이 일을 사랑하고, 좋은 직장이며, 아이들도 점점 호전되었지요. 그렇지만 나는 고통스러웠어요. 내가 아무리 열심히 일해도 아이들은 정신지체를 벗어날 수 없다는 생각이 떠나질 않았습니다."라고 말했다.

합리적으로 생각하라

아이들 일부 또는 대부분을 돕겠다는 것이 아니라 모든 아이들을 구제하려고 하면 치료가 실패할 때마다 당신 자신을 질책하게 된다. 비현실적인 기준에 당신을 맞추는 것은 공정하지 않고, 당신은 비합리적인 자기비난에 빠져 큰 상처를 받을 것이다.

일반적으로 합리화는 무언가를 회피하는 부정적인 방어기제라고 생각한다. 그러나 새로운 합리적인 시각, 즉 무엇을 다른 시각에서 보는 것은 건설적인 면이 있으며, 특히 기존의 사고방식보다 더 정확한 관점이라면 더욱 그러하다. 새로운 시각을 가지면 업무뿐만 아니라 당신 자신에 대해서도 더 합리적이고 공정한 판단을 할 수 있다.

상황을 판단하기 어려울 때, 만약 다른 사람들이라면 그 상황에서 어떻게 할지 상상해 보면 도움이 된다. 만약 최선을 다했어도 아이에게 큰 도움이 되지 못해 실망한 친구나 동료를 본다면, 당신은 아마도 다음과 같이 말할 것이다.

- 최선을 다했으면 됐어.
- 항상 잘되라는 법은 없는 거야.
- 도움을 준 적이 얼마나 많았니. 완벽하게만 하고 싶니?
- 네 노력을 그 아이도 알 거야. 그것만 해도 가치가 있잖아.
- 네 노력이 몇 년 뒤에 효과가 있을지도 모르잖아. 네가 씨는 뿌려 놓은 거잖아.

당신의 일은 대개 호전이 더디고 불확실하고 '성공' 이 꽤 드물다. 이 책에 나오는 모델과 개입들을 활용하게 되면 성공률이 증가되겠지만, 그래도 해결하기 어려운 사례를 만나면 올바른 합리화가 필요할 것이다. 그래야 해결하려고 분투하는 동안 당신의 선의를 잃지 않고 지킬 수 있다.

- 비행 청소년을 담당하는 어떤 의사는 "비행 청소년 10명 중 1명만 치료에 성공한다고 책에 나옵니다. 그래서 나는 10명 중 2~3명만 치료해도 큰 성공이라고 생각합니다. 그러니 나는 이길 수밖에 없겠지요."라고 말했다.
- 학대나 방임을 받은 많은 아이들을 돌보는 한 시설 근무자는 "내가 구제해 줄 수 없었던 아이들만을 생각한다면 나는 일을 하지 못할 겁니다. 그렇지만 내가 지금 포기하면 다음에 올 아이는 내가 줄 수 있을 도움조차 받지 못할 겁니다. 실제로 나는 누구보다도 많은 아이들에게 도움을 주고 있다고 생각합니다."라

고 말했다.

감정을 처리/표현하라

당신은 종종 의뢰인의 고통을 받아들여 그것이 마음에서 떠나지 않을 때가 있을 것이다. 그래서 치료시간 후에도 오랫동안 슬픔, 분노, 무력감을 느끼기도 하고, 원하지 않지만 떨칠 수가 없어 '업무를 집에까지 가져오는' 느낌을 받기도 한다. 이런 감정들을 잘 파악해서 처리해야 상처를 받지 않고 근무 후의 일상생활을 건강하게 유지할 수 있다. 이런 감정들을 처리하는 방법으로는 운동, 경기, 춤, 걷기, 쓰기, 그림 그리기, 대화하기 등이 있다. 당신에게 가장 좋은 방법을 찾아 실천하기 바란다.

동료지지 시스템

정신건강 전문가의 역할은 어떤 면에서 성직자의 그것과 비슷하다. 사람들은 고통과 괴로움을 정신건강 전문가에게 가져오고, 전문가가 고통과 괴로움을 흡수해서 그것들을 처리하고 소화하도록 도와주고 또 치료 과정 전체를 비밀로 해 주기를 기대한다. 일부 직장(예, 학교, 재난구호센터)에 근무하는 정신건강 전문가는 아이/가족뿐만 아니라 동료들에게도 이런 역할을 할 수 있다. 그런데 치료자의 이런 모든 고통과 괴로움은 어떻게 되는가? 치료자를 치료해 줄 사람은 어디에 있는가?

의뢰인과 전문가가 아닌 일반 동료들에게 당신의 고통과 괴로움을 토로할 수는 없다. 그것은 당신의 역할이 아니고 치료에도 방해가 된다. 힘든 사례를 친한 사람에게 말하는 사람들도 있지만(물론 모두 드러내지는 않지만), 대부분은 그렇게 하고 싶지 않을 것이다. 배우자에게 그날 있었던 고통들을 털어놓고 싶지도 않을 것이다. 이차 외상만 줄 텐데 어떻게 말한단 말인가? 상이군인이나 경찰관들도 '전쟁이야기'로 가족 분위기를 무겁게 하고 싶지 않아 침묵하는 경향이 있다.

다행스럽게도 당신에게는 전문가 동료들이 있다. 그들의 지지는 여러 면에서 매우 귀중한 가치가 있다. 동료 전문가들과의 정기적인 모임은 다음과 같은 장점을 가진다.

- 어려운 사례에 대한 자문을 얻고 또 줄 수 있다.
- 워크숍이나 책으로 배운 새로운 지식과 기술들을 공유할 수 있다.

- 의뢰인, 팀원, 상사와 갈등이 있는 동료에게 지지와 대안을 줄 수 있다.
- 직업과 관련된 외상적인 생각과 감정들을 검토하고 표현할 수 있다.
- 업무를 방해하는 구조적인 문제를 확인하고 해결할 수 있다.
- 자기관리 전략들을 상의할 수 있다.
- 규칙적으로 자기관리 전략들을 실천하도록 서로 격려할 수 있다.

요약하면, 동료지지 시스템은 전체를 원활하게 돌아가게 하는 어떤 것이다. 자기 자신에게 항상 객관적인 시각을 유지하기는 어렵지만, 모두가 힘을 합치면 배우고, 집중을 하고, 자기 관찰을 하고, 문제를 해결하고, 좋은 습관을 지키도록 서로 도와줄 수 있다.

전문가 자격증을 획득하면 이제는 지도감독이 필요 없다고 말하는 직장도 있는데, 이는 잘못된 것이다. 당신은 동료 전문가들과 업무에 대해 깊이 있는 대화를 할 수 있는 정기적 기회가 필요하다. 당신이 경험을 쌓아 지도감독이 필요하지 않은 수준이 된 후에도 동료의 지도감독은 항상 도움이 된다. 지도감독(개인 또는 동료 집단)을 위한 시간과 공간을 제공하지 않는 업무환경은 작은 것을 얻으려다 큰 것을 잃는 격이 된다. 이런 환경에서는 업무의 질적 수준과 의욕이 저하되고 이직률이 높아지는 등 부작용이 많아진다.

동료지지 시스템—동료 전문가 지지—은 안전모와 같다. 정기적인 동료지지 시스템을 허용하지 않는 환경은 직업적 위험에 대해 예방 조치를 하지 않는 것이어서 무책임하기까지 하다. 그러나 대부분 나쁜 의도가 아니라 무지의 소치이기 때문에 교육으로 해결이 가능하다. 이런 중요한 지지를 제공하지 않는 직장이라면, 당신은 책임 있는 전문가로서 지지를 이끌어 낼 의무가 있다. 그것은 당신의 의뢰인, 가족, 자신에 대한 의무이기도 하다.

서로 연대하라

전문가 동료와의 상호작용 자체만으로도 도움이 된다. 서로 연대할 때, 당신은 혼자가 아니다. 당신과 같은 것을 아는 사람들, 당신과 같은 일을 하는 사람들, 당신과 같은 관심을 가진 사람들과 상호작용하는 것이다. 공통된 경험과 이해를 바탕으로 서로 전문적인 의사소통을 할 수 있다.

연습: 동료 지지

다음 질문에 대한 답을 기록하라.

- 당신은 전문가 동료들과 정기적인 모임/상호작용을 하는가? 어떤 모임/상호작용인지 기술하라. 그것은 당신에게 어떤 의미가 있는가?
- 당신은 새로운 기술들을 배울 수 있는 기회를 언제, 어디에서 얻게 되는가?

- 당신은 아이들을 돌보며 겪는 문제들(감정뿐만 아니라 제도와 개입)을 언제, 어디에서 자유롭게 표현하는가?
- 당신은 전문가 동료들과 함께 동료애나 친밀감을 언제, 어디에서 느끼게 되는가?
- 어떻게 하면 직장에서 동료지지 시스템을 만들 수 있을까? 구체적으로 어떻게 해야 될까?
- 어떻게 하면 개인적인 동료지지 시스템을 만들 수 있을까? 구체적으로 어떻게 해야 될까?

많은 사람들은 상처받은 아이들을 치료하는 일을 단지 하나의 직업이 아닌 천직으로 생각한다. 이 일은 신성한 천직이지만, 그것 때문에 당신은 자주 외롭고 좌절되고 큰 슬픔을 맛본다. 그래서 당신이 상처받은 아이들에게 헌신하고 사명감을 가진 다른 사람들과 이런 슬픔을 공유하는 것은 큰 위안이 될 것이다. 물론 슬픔만이 아니라 희망도 공유한다. 근무환경, 동료 지도감독 모임, 전문 학회와 모임 등을 통해 지식, 기술, 지지, 슬픔, 희망을 공유할 수 있다. 그런 사회의 일원이 되면 심리적인 안정감을 얻을 수 있고, 그런 느낌이 당신을 지탱해 줄 것이다.

외상을 입은 아이들을 돕는 사람들에게 자기관리는 끊임없는 책무다. 그렇기 때문에 어려움을 겪는 사람들이 많다. 개인적인 삶이나 근무환경 또는 치료와 관련된 스트레스 등이 있을 때 자기관리의 어려움은 급증한다. 스트레스가 심해지면 자기관리가 힘들어지고, 바로 그렇기에 평소에 당신의 '사업 수단' 을 좋은 상태로 유지하는 것이 중요하다. 이 훈련을 하고 책을 읽는 동안, 자기 관찰과 자기관리 관련 문제들이 자주 나올 것이다. 치료 단계마다 당신 자신뿐만 아니라 서로서로 점검하고 지지해서 건강을 유지하며 길을 잃지 않기를 바란다.

참고문헌

Chambell, J. (1968). *The hero with a thousand faces*. Princeton, NJ: Princeton University Press. 영웅을 통해 개인의 성장과 발달을 묘사한 고전이며, 영웅으로 성장하는 과정은

이 책에 나오는 우화 모델의 내용과 같다.

Chemtob, C. M., Roitblat, H. L., Hamada, R. S., Carlson, J., & Twentyman, C. (1988). A cognitive action theory of posttraumatic stress disorder. *Journal of Anxiety Disorders, 2*, 253-275. 외상후 스트레스 증상을 생존 방식이란 시각으로 고찰한 고전적인 논문이다.

Cohen, J. A., Berliner, L., & March, J. S. (2000). Treatment of children and adolescents. In E. B. Foa, T. M. Keane, & M. J. Friedman (Eds.), *Effective treatments for PTSD: Practice guidelines from the International Society for Traumatic Stress Studies* (pp. 106-138). New York: Guilford Press. 효과적인 소아 외상 치료 기법들과 공통적인 치유인자를 고찰한 우수한 논문이다.

Figley, C. R. (1995). *Compassion fatigue*. New York: Brunner/Mazel. 고전적인 초기 논문이다.

Fletcher, K. E. (1996). Childhood posttraumatic stress disorder. In E. Mash & R. Barkley (Eds.), *Child psychopathology* (pp. 242-276). New York: Guilford Press. 소아청소년 외상후 스트레스장애와 증상에 대해 고찰하였다.

Giaconia, R. M., Reinherz, H. Z., Silverman, A. B., Pakiz, B., Frost, A. K., & Cohen, E. (1995). Traumas and posttraumatic stress disorder in a community population of older adolescents. *Journal of the American Academy of Child and Adolescent Psychiatry, 34*, 1369-1380. 외상에 노출되었으나 PTSD가 발생하지 않은 청소년들에게서 광범위한 심리적 손상이 있다는 놀라운 결과가 있다.

Greenwald, R. (2002). The role of trauma in conduct disorder. *Journal of Aggression, Maltreatment, and Trauma, 6*, 5-23. 연구 결과와 이론을 종합해서 외상과 상실 경험이 문제 행동을 어떻게 발생시키고 지속시키는지에 대해 기술한 논문이다. 행동의미 분석의 기초가 되는 논문이다.

Herman, J. L. (1992). *Trauma and recovery*. New York: Basic Books. 외상 치료의 단계 모델에 대해 기술한 뛰어난 논문이며, PTSD 치료의 역사를 고찰하였다.

Kendall-Tackett, K. A., Williams, L. M., & Finkelhor, D. (1993). Impact of sexual abuse on children: A review and synthesis of recent empirical studies. *Psychological Bulletin, 113*, 164-180. 성폭력에 대한 노출 기법의 효과를 고찰한 논문이다.

Pearlman, L. A. & Saakvitne, K. W. (1995). *Trauma and the therapist: Counter-transference and vicarious traumatization in psychotherapy with incest survivors*. New York: W. W. Norton & Co. 근친상간 피해자를 치료하는 치료자의 역전이와 대리외상을 고찰한 논문이다.

Perry, B. D., Pollard, R. A., Blakley, T. L., Baker, W. L., & Vigilante, D. (1995). Childhood trauma, the neurobiology of adaptation and use-dependent development of the brain: How states become traits. *Infant Mental Health Journal, 16*, 271-291. 초기 외상이 소아의 신경계와 인격발달에 미치는 충격을 연구한 뛰어난 논문이다.

Saakvitne, K. W., Gamble, S., Pearlman, L. A., & Lev, B. T. (2000). *Risking connection: A training curriculum for working with survivors of childhood abuse*. Baltimore: Sidran. RICH 관계 모델의 출처이며, 이 책은 성인에 대해서만 기술했지만 관계 원리는 연령에 관계없이 동일하게 적용 가능하다.

Stamm, B. H. (Ed.). (1995). *Secondary traumatic stress: Self-care issues for clinicians, researchers, and educators*. Lutherville, MD: Sidran. 뛰어난 논문이다.

Terr, L. (1991). Childhood traumas: An outline and overview. *American Journal of Psychiatry, 148*, 10-20. 외상을 포괄적으로 개관하고, 단발성 외상(1형)과 만성적 외상(2형)의 차이점과 외상의 유형이 소아의 발달에 미치는 영향을 고찰한 고전적인 논문이다.

Tokayer, N. (2001). A brief note on the research support for the Risking Connection approach. In K. W. Saakvitne (Ed.), *Relational teaching, experiential learning: The teaching manual for the Risking Connection curriculum* (pp. 175-177). Baltimore: Sidran. 정신건강교육, 역량강화, 치료동맹을 중심으로 RICH 모델을 지지하는 연구와 이론을 고찰한 논문이다.

van der Kolk, B. A., Pelcovitz, D., Roth, S., Mandel, F. S., McFarlane, A. & Herman, J. L. (1996). Dissociation, somatization, and affect dysregulation: The complexity of adaptation to trauma. *American Journal of Psychiatry, 153*, Festschrift Supplement, 83-93. 소아 때 외상에 노출되었던 성인을 대상으로 했지만, 소아기 외상의 영향을 고찰한 논문이다. 정동 조절부전 그리고 외상이 어떻게 광범위한 증상과 정신병리를 초래하는지를 포괄적으로 기술했다.

제2부

평가와 치료 계획

평가 단계는 첫 만남으로 시작해서 평가 결과와 치료 방침의 설명 및 그에 대한 아이와 가족의 의견으로 마무리된다. 평가 단계는 치료 계약을 포함한다. 치료 계약은 아이와 가족이 평가에서 나온 문제들을 해결하기 위해 치료에 참여하겠다는 동의를 말한다. 평가는 가능하면 빨리, 방문 당일에 하는 것이 제일 좋다. 그 이유는 다음과 같다.

- 가족은 위기 상황 때 아이를 데려오는 경향이 있다.
- 위기 상황에 있을 때 아이와 가족은 치료에 적극적이다. 상황이 진정되면 관심이 줄어든다(다음 위기 때까지).
- 가족은 평가를 치료라고 생각하지 않지만 평가 단계 때 큰 호전이 있을 수 있다. 위기 상황에 있는 가족에게 공식적인 치료는 기다려야 한다는 느낌을 주지 말아야 한다.

요약하면, 신속한 평가는 가족의 입장에서 자신들의 절박한 고통을 진지하게 대하고 즉각적인 반응을 보인다는 뜻이기 때문에 이후에 치료 방침을 받아들이게 할 가능성이 커진다.

정신적 외상근거 치료(또는 모든 치료)는 사실상 첫 만남부터 시작된다. 전화 등으로 첫 연락이 왔을 때 정중하고 **존중**하는 태도로 대해야 하고, 필요한 모든 **정보**를 알기 쉽게 제공하고, 짧은 첫 접촉이지만 **연대**가 이루어지고, **희망**을 전달해 줄 수 있어야 한다. 이러한 RICH 접근법을 사용하면 다음 약속 때 가족이 나타날 가능성이 가장 높다.

당신은 아이와 가족과 관계를 형성하도록 모든 노력을 다해야 한다. 치료는 '평가'가 완료되고 공식적인 '치료'가 시작되는 시점에 시작되는 것이 아니다. 치료는 첫 접촉 순간부터 시작된다. 어느 담당자건 아이와 가족과의 관계가 형성되는 순간부터 치료는 시작된다.

성폭력을 당한 13세 여학생은 지역사회 정신보건센터에서 초기 면접 담당 직원에게 평가를 세 번 받았다. 전체 회의에서 이 사례를 토론한 후에 치료자가 결정되었다. 그러나 그 여학생은 치료시간에 한 번도 오지 않았다. 그녀는 어머니에게 "벌써 그 아줌마에게 내가 살아온 거의 모든 것을 얘기했어요. 그 아줌마를 만나는 것은 괜찮지만, 낯선 사람에게 다시 그 얘기를 하고 싶지 않아요."라고 말했다.

평가 단계 동안, 아이와 가족은 지금까지 있었던 이야기를 하고 치료자는 결과를 요약해서 설명한다. 이 과정 동안 많은 일들이 발생한다. 치료 계약을 하고 공식적인 치료를 '시작'하기 전에 실제로는 얼마나 많은 치료가 일어나는지 잘 이해하지 못하는 사람들이 많다.

학교에서 폭력적인 행동과 유급 문제로 의뢰된 11세 소년은 두 시간에 걸쳐 평가를 받았다. 평가자는 소년과 부모에게 외상에 근거한 사례 요약과 치료 방침을 설명했다. 그러나 치료 계획에 동의한 4주 후까지 치료를 시작할 수 없었다. 소년은 평가자에게 "이곳에 올 필요가 없어졌어요. 문제가 사라졌거든요."라고 말했다. 실제로 학교에서 행동이 아주 좋아졌고 성적도 올라갔다. 그는 "(평가를 마치고 나서) 선생님의 설명을 듣고 내 문제를 다 이해할 수 있었어요."라고 말했다.

초기 면접/평가 단계 동안 많은 일이 일어나는 것은 우연이 아니다. 치료 단계마다 달성해야 할 목표들이 있다. 다음은 평가 단계의 일차적 목표들이다.

- 치료에 대한 안정감과 예측 가능성을 수립한다.
- 일차 애착관계를 증진/재수립한다.
- 외상 관련 치료교육을 제공한다.
- 사례 요약을 한다.
- 목표를 설정하고, 목표를 성취할 수 있다는 희망을 준다.
- 치료 계약을 한다.

평가 단계의 목적은 아이에 대해 아는 것이다. 아이를 이해할 때 잘못된 부분과 도와줄 방법을 찾을 수 있다. 안전감과 치료 과정에 대한 예측성을 전달하고, 아이를 이해하고 공감하며 회복에 대한 희망을 주는 방향으로 정보를 제공할 때, 위와 같은 일차 목표를 성취할 수 있다.

단순히 "나를 믿어요."라거나 "이제 안전하게 느껴도 됩니다."라는 식으로 말하지 마라. 아이와 가족은 경험을 통해 당신을 신뢰하고 당신과 함께 있을 때 안전하다는 느낌을 받을 수 있어야 한다.

Chapter 05

초기 면담:

첫인사에서 병력까지

외상 치료자는 어떻게 인사를 해야 할까?

실제로 당신을 어떻게 소개하느냐에 따라 많은 것을 얻기도 하고, 반대로 치료관계가 깨지기도 한다. 첫 목표는 치료에서의 안전감과 예측 가능성을 수립하는 것이다. 의뢰인에게 앞으로 어떻게 진행되고, 무엇이 예정되어 있는지를 설명하는 것이다. 여기서 필요한 기술은 진실을 알리고, 마음을 움직일 만한 사실을 제공하는 것이다.

과거에 정신치료는 지적인 능력이 우수하고 잘 표현할 수 있고 심리적인 관찰 능력을 가진 환자에게만 적합한 치료라고 생각되었으나, 현재는 광범위한 사람들에게 적용되고 있다. 그런데 정신치료를 광범위하게 사용하면서 특별한 문제가 나타났다. 일부 환자들은 치료 효과가 나타나기도 전, 조기에 정신치료를 중단한다는 결과가 보고되었다(Wierzbicki & Pekarik, 1993). 지능이 떨어지거나 언어로 잘 표현하지 못하는 환자들에서도 이런 현상이 관찰되었다. 두 환자 집단의 능력이 비슷하다는 뜻이 아니라 그들이 전통적인 비구조화된 대화치료 접근법의 흐름을 이해하기 어렵다는 점이다. 아이들은 이런 환자들과 상당히 유사한 특성을 가지고 있다. 왜냐하면 아이들은 비구조화된 대화를 잘 이해하지 못할 뿐더러 특히 심리적인 관찰 능력이나 언어 표현력이 부족하기 때문이다. 그래서 일반적으로 아이들은 이런 치료 기법을 힘들어 한다.

일부 치료자는 이런 접근법을 수정해서 환자들을 장기간 치료했다고 보고했다(Sue, 1998; Nader, Dubrow, Stamm, & Hudnall, 1999). 이런 기법들은 환자에게 정신치료가 무엇인지, 치료 과정이 어떠한지, 어떻게 해서 효과가 나타나는지(그리고 어떤 과정들이 왜 효과가 있었는지), 환자가 지켜야 할 점은 무엇인지 등을 설명해서 환자에게 '치료를 준비' 시켰다. 치료자의 태도 또한 비구조화 대신에 지시적이고 목표 지향적이며 활동 중심적인 스타일일 때 효과적이었다.

[그림 5-1] 우화 모델의 단계

치료 준비

'치료를 전혀 모르는' 의뢰인은 일반적으로 '생각나는 대로 말하는' 비지시적인 방식이 왜 효과적인지 이해하지 못한다. 구금된 15세 소년은 "몇 년 동안 치료를 받고 있어요. 그런데 그만큼 얘기했어도 달라진 게 없어요. 나는 아직도 내가 하고 싶은 대로 행동하고 있어요."라고 말했다. 의뢰인은 문제를 해결하려면 어떻게 해야 하는지 알고 싶어 하기 때문에 비구조화된 대화만 하면 어떤 도움이 되는지 궁금한 채로 남게 된다. 치료자가 치료 과정을 설명하고 단계마다 도움이 되는 이유를 알려 줄 때, 의뢰인들은 더 적극적으로 참여하고 최선을 다한다. 치료자는 의뢰인이 해야 할 일—성공적인 치료를 위해 어떻게 해야 하는지—도 설명해야 한다. 그럴 때 의뢰인은 치료 과정을 알고, 아는 것을 행동으로 옮길 수 있게 된다.

치료자 태도

이것은 실제로 치료를 어떻게 해야 하는가의 문제다. 단순히 '감정을 이야기하는 것' 은 전혀 도움이 되지 않는다(너무 압도적인 감정이라면 상처가 되기도 한다.). 외상 근거 치료 접근법은 일련의 과제로 구성되고, 민감하고 적절한 반응과 더불어 치료를 안내하는 지시적인 치료자를 필요로 한다. 의뢰인은 외상(용)의 영향을 자각하고, 목표들(공주)을 확인하고, 치료계획을 통해 어떻게 문제를 극복하고 목표를 성취할 수 있는지 이해(개인훈련을 받아 용을 죽이고 공주와 결혼하는 것)하게 될 때 더욱 적극적으로 참여하고 최선을 다한다.

치료 소개하기

치료자는 치료의 필요성과 치료 과정에 대한 설명으로 시작한다. 다음은 첫 만남 때 치료자가 대화를 시작하는 예다.

치료자: 왜 이곳에 왔는지 아버지가 얘기해 주셨니?

아 이: 아뇨.

치료자: 여기에 오는 이유는 대개 부모님이 아이들에게 걱정하는 일이 있을 때란다. 아이들의 기분이 밝아지고, 행동도 좋아지고, 어쨌든 건강해지길 원해서 데려온단다. 나는 네가 어떤 아이인지 알고 싶어. 무엇에 관심이 있고, 뭘 원하는지, 또 힘든 일은 없는지 등에 대해 알고 싶단다. 그래서 지금부터 너에게 질문을 할 거야. 다 마치고 나면 내가 알게 된 것을 정리해서 너에게 설명해 줄게. 네가 바라는 것을 어떻게 얻을 수 있고, 너를 괴롭히는 것들을 어떻게 해결할 수 있는지 내가 생각하는 해결책도 말해 줄 거야. 내 말이 무슨 뜻인지 알겠니?

아 이: 대충은 알겠지만 잘 모르겠어요.

아이의 문제부터 말하지 않도록 주의해야 한다. 문제가 있고 해결책을 제시할 거라는 점을 당신은 알고 있다. 그러나 준비 단계는 치료자와 함께 이곳에서 무엇을, 왜, 어떻게 하는가를 교육하는 것이다. 그다음에는 규칙 설명으로 넘어간다. 아이들이 이해하기 쉬운 단어를 선택해야 한다.

규 칙

부모가 지켜야 할 규칙도 있지만 여기서는 주로 아이에 대한 규칙을 설명한다.

치료자: 질문을 시작하기 전에 먼저 규칙을 설명해 줄게. 첫 번째 규칙은 내가 비밀을 지킨다는 것이야. 네가 말한 것을 다른 친구들에게 비밀로 하고, 물론 어른들에게도 마찬가지야. 여기서 네가 말한 것은 모두 비밀로 할 거야. 다만 다른 사람들에게 얘기해도 된다고 네가 동의하거나 혹은 다른 사람에게 위험한 내용이 있다면 나는 알려야 될 의무가 있어. 예를 들어, 네가 총을 가지고 있고 어떤 사람을 쏘겠다고 말한다면, 나는 네가 그런 행동을 못하게 하고 그 사람도 안전하도록 부모님이나 경찰에게 말해야만 해. 또 너를 포함해서 다른 친구들이 모두 밥을 먹지 못하는 것과 같은 문제가 있어도 너나 다른 아이들을 위해 신고해야 할 의무가 있어. 그럴 때만 예외가 될 거야. 퀴즈를 하나 내 볼게. 만약 네가 가게에서 껌을 훔쳤다고 말한다면 내가 어떻게 할 것 같니? 다른 사람들은 아직 아무도 모르고 있어.

아 이: 말할 거 같아요.

치료자: 왜?

아 이: 내가 법을 어겼잖아요. 나쁜 짓을 했어요.

치료자: 내가 너에게 말해도 될지 동의를 구할까?

아 이: 아니에요.

치료자: 누군가가 위험에 처해 있고 다치게 될 상황이니?

아 이: 아! 그렇군요. 말하지 않겠군요.

치료자: 그렇지, 정답이야. 나는 아마도 너에게 어리석은 짓을 했다고는 말할 거야. 그렇지만 비밀은 지켜 줄 거야. [치료자는 비밀성 규칙의 예외를 몇 가지 더 설명한다. 예를 들면, 의료보험 회사 제출 서류, 관련 센터에 보고하는 문제 등이다.]

치료자: 그래. 비밀성 규칙은 내가 다른 사람에게 무엇을 말하거나 말하지 않아야 한다는 규칙이지. 다음 규칙은 네가 무엇을 말해야 하는가라는 규칙이야. 네가 '말하고 싶지 않다면 말하지 않아도 된다는 규칙' 이지. 만약 네가 대답하고 싶지 않은 것을 내가 질문한다면 어떻게 하면 될까? 두 번째 규칙을 따른다면 너는 어떻게 해야 할까?

아 이: 대답하고 싶지 않다고 말하면 되나요?

치료자: 그래, 맞아. 그런데 네가 말하지 않아도 내가 가만히 있을까?

아 이: 그럴 것 같아요.

치료자: 그럼 연습 한번 해 볼까? 네가 대답하고 싶지 않은 질문을 할 테니 대답하지 말아 봐. 68 곱하기 454는?

아 이: 말하기 싫어요.

치료자: 아주 잘했어! 다시 한 번 연습할까, 아니면 그만 해도 되겠니?

아 이: 그만 해도 알겠어요.

이상은 규칙을 설명하는 예다. 요점은 모든 규칙을 매우 분명하게 설명해야 한다는 것이다. 어떤 정보를 부모에게는 말하고 아이에게는 말하지 않아야 되는가? 소년법원에 소속된 업무를 담당하고 있다면 아이의 위법 사항을 보고하게 되어 있는가? 이런 부분들을 모두 아주 분명하게 설명해야 한다.

규칙은 분명하게 설명해야 한다. 아이들에게 치료는 새로운 환경이어서, 규칙을 알게 되면 무엇을 해야 하고 어떻게 진행될지 알게 되기 때문에 안전감을 느낄 수 있다. 규칙의 내용 또한 아이들에게 안전성과 잘할 수 있다는 느낌을 전달하며, 첫 번째 규칙에 대한 퀴즈와 두 번째 규칙에 대한 연습을 하면서 이런 느낌이 강화된다. 그럴 때 아이들은 말해야 할 것을 적극적으로 스스로 결정하고, 치료자의 반응을 예측할 수 있어 안정성과 조절감을 느낀다. 특히 퀴즈나 연습을 하면 규칙이 사실임을 알고 더욱 생생하게 느끼게 된다. 규칙이 있다는 설명이 첫 번째 방법이고,

규칙을 경험하게 하는 것이 두 번째 방법이다.

두 번째 규칙을 설명할 때는 "말하고 싶지 않으면 대답할 필요 없어."와 같이 말해서는 안 된다. 규칙을 틀리게 설명한 것은 아니지만, 아이에게 대답을 거부하면 치료를 받지 못한다는 뜻으로 잘못 전달될 수 있다. 그렇게 되면 아이와 치료자는 무언가 실패한 듯한 느낌을 받을 수 있다. 이 규칙은 '말하고 싶다고 결정되면 그때 이야기를 해도 된다.'는 의미이며, 답변 여부에 관계없이 아이가 열심히 치료에 참여하고 있다고 생각할 거라는 뜻을 전해 주려는 것이다. 치료 과정 중에 아이가 대답을 거부하면, "규칙을 잘 기억하고 있구나!"라고 말해 주어도 좋다. 그러면 아이와 치료자는 모두 성공적인 느낌을 받을 수 있다.

아이가 성공하는 느낌을 계속 유지하는 것은 외상근거 치료의 핵심 요소다. 그 이유는 다음과 같다. 첫째, 우화 모델에서 청년은 개인훈련에 몰두해서 역량과 기술들을 발달시킨다. 실패를 자주 경험하면 사기가 저하되어 훈련을 지속하기 어렵다. 또한 작은 실패일지라도 급소를 건드리면 외상과 관련된 과잉반응이 자극된다. 마찬가지로 치료 중에 자주 자극을 받으면 아이들은 치료 상황이 안전지대가 아니란 생각에 자신을 보호하려고 한다. 그렇게 되면 아이가 저항하고 위축되어 치료의 진행이 힘들어진다. 아이들이 적절한 도움을 받고 있다는 느낌을 가질수록 치료의 성공률은 높아진다.

둘째, 규칙을 설명한 후에는 질문하는 방법이 중요하다. 우화 모델처럼, 용에 대한 질문과 용 출현 이후에 발생한 문제들을 묻기 전에 '옛날 옛적에' 정보를 먼저 질문하는 것이 매우 중요하다. 처음부터 문제를 질문하면, 아이는 자신을 문제아처럼 느끼고 당신도 아이를 그렇게만 본다는 생각을 심어 줄 수 있다. 대신에 긍정적인 부분—성공적인 관계와 성취한 일들—에 초점을 맞춘다면, 아이는 당신이 아이의 잘못된 부분이 아니라 아이가 어떤 사람인지 알고 싶어 한다는 것을 알게 된다. 또한 아이가 빛나는 갑옷을 입은 기사가 되어야 하기 때문에 당신은 아이 내부에 있는 잠재력과 역량을 볼 수 있어야 한다. 그래서 당신은 질문을 통해 아이의 문제가 아닌, 그 아이에 대한 정보를 모아야 한다.

부모와 함께 시작하기

일반적으로 치료는 부모가 치료에 참여할 때 더욱 효과적이다. 그러나 부모가 협조하기 어려운 상황에 있는 가정도 많다. 그렇다 하더라도 가능하면 부모가 참여하도록 최선을 다해야 한다. 부모와 함께 치료를 시작한다면 첫 만남 때 꼭 필요한 특별한 절차가 있다.

치료자는 규칙, 치료 목적, 치료 활동에 대해 설명한다. 그리고 가족 모두 잠시 면담을 한 후에 부모와 아이 각각의 면담을 진행한다고 설명한다. 이런 설명을 하는 목적은 부모가 아이 앞에서 표현하기 어려운 문제들을 노출하지 않게 자제시키려는 것이다. 부모가 그런 표현을 하더라도 치료자가 "그 얘기는 나중에 따로 해도 될까요?" 라고 말하면 부모가 빨리 이해할 수 있다.

문제를 묻기 전에 '정상적인' 것을 먼저 질문한다. 그럴 때 사람들은 더 편안해하고 존중받는 느낌을 받는다. 부모와 아이가 함께 있을 때는 보통 전체 가족에 대한 질문으로 시작하면 좋다. 가족들에 대해 간단한 질문을 하고 가계도(가족에 대한 도표/지도)를 작성한다.

그다음에는 첫 시간의 전형적인 질문인 '옛날 옛적에' 정보를 얻는 과정은 건너뛰고 부모에게 현재 문제를 질문한다. 첫 시간에 문제를 상의하지 않거나 도움을 요청하게 된 이유를 묻지 않으면 대부분의 부모는 의아해한다. 부모는 당신이 자신들을 무시하거나 치료자가 문제에는 관심이 없다고 느낄 수도 있다.

초기 목표 중 하나는 일차 애착관계를 증진/재수립하는 것이다. 보통 부모에게 아이가 제일 잘 하는 것이 무엇인지 질문한다. 그러나 처음부터 바로 이런 질문을 하면 부모들은 대개 "싸우지 않고 형제들과 잘 지내는 편입니다." 또는 "집에 있을 때 집안일을 잘 도와줘요."와 같은 '애매한' 답변을 한다. 부모들은 대부분 치료자에게 문제를 빨리 말하고 싶어 하기 때문에 문제를 질문해서 하고 싶은 말을 먼저 하게 하는 것이 좋은 방법이다.

아이들은 흔히 치료도 부모와 '충돌하는' 어떤 일로 생각한다. 지금까지 부모-자녀 관계는 분노, 좌절, 배척감 등으로 가득 차 있었을 것이다. 아이 입장에서 부모가 말하는 문제점은 너무 많이 들어 온 말일 테고, 자신을 긍정적으로 표현하는 말은 최근에 들은 적이 거의 없을 것이다.

부모는 자신들이 힘들었던 부분을 표현하고 나면, 아이의 긍정적인 면을 더 잘 연상하고 표현하는 경향이 있다. 긍정적인 애착에 대한 질문은 가족의 초기 평가를 마무리 짓는 훌륭한 방법이다. 그런 시간을 잠시만 가지더라도 한동안 가족 간에 없었던 친밀감을 느낄 수 있게 한다. 이런 경험은 가족을 격려하고 치료에 대한 희망을 불어넣는다.

다음은 아이의 긍정적인 부분을 강조하는 면담의 예다.

치료자: 부모님은 보통 무언가 걱정되는 것이 있을 때 아이들을 데려온다는 말을 기억하니? 너를 가장 많이 걱정하는 사람은 누굴까? 왜 그런 걱정을 하게 되었을까?

아 이: 몰라요. 부모님께 물어보세요.

치료자: 부모님께도 묻겠지만 너에게 먼저 물어보고 싶어서 그래. 잘 모르면 추측해서 말해도 괜찮아. 부모님이 걱정하는 것에 대한 네 생각을 알고 싶어서 그래.

(아이가 충분하게 표현하고 나면 부모가 생각하는 주된 걱정/증상들이 맞는지 확인하고, 필요하면 추가적인 설명을 요청한다. 만약 부모가 부적절하거나 불필요할 정도로 아이를 비난하면 부모와 따로 대화할 시간이 있다는 점을 상기시켜라.)

치료자: 아이가 제일 잘 하는 것이 무엇인지 생각해 보고 말씀해 주시기 바랍니다.

(가계도의 아이 표시 아래에 부모가 말한 것을 기록한다. 부모가 부정적인 것을 말한다면 적지 말고 긍정적인 부분을 말해 달라고 다시 요청한다. 대부분은 현재 문제가 시작되거나 악화되기 전에 있었던 긍정적인 부분들을 기억해 낼 수 있다.)

치료자: 자녀의 장점에 대해 잘 알고 계시는군요. 그런 아이에게 이런 문제가 생겨서 아이도 힘들고 부모님도 상당히 어려우시겠습니다.

치료자의 마지막 표현(부모 면담을 따로 하기 전에)은 가족의 본질은 긍정적 애착이며 아이의 본질도 긍정적인 면이라는 의견/의미를 전달해 준다. 현재 문제는 고통스럽지만 치료될 수 있는 일시적 혼란이란 뜻이다. 앞으로 이런 미묘한 개입을 자주 사용해서, 애착과 공감을 증진시키고 문제를 극복하려면 역량을 육성해야 한다는 뜻을 전달할 것이다.

부모 단독 면담

다음과 같은 사항을 부모 면담 때 파악한다.

- 발달력, 즉 기질, 애착, 의학적 병력, 사회성 발달, 학업, 법률적 부분을 확인한다(두부 손상 여부를 반드시 확인하고, 있다면 치료력까지 파악한다.).
- 자세한 정신적 외상/상실 병력을 파악한다.
- 현재 주 문제를 자세하게 파악한다. 문제가 발생하는 상황과 부모의 전형적인 반응(또는 반응 정도)을 확인한다.
- 부모의 양육방식을 파악한다. 언제, 어떤 방식으로 사용하는지 자세하게 확인한다.
- 아이가 없는 이 시간에 말하고 싶은 것이 있다면 말하도록 한다(제일 마지막에 질문한다.).

외상/상실 병력을 질문할 때, 개방형 질문보다는 구체적인 사건 몇 개를 예로 제시하는 방법이 좋다. 무슨 뜻인지 알 때 기억을 회상하는 것보다 더 쉽게 찾아낸다.

외상/상실 병력은 매우 민감한 주제다. 부모는 충격적 사건/상실 병력을 표현하면서 흔히 죄책감을 느낀다. 치료자는 부모의 죄책감이 자연스러운 현상이고, 대부분의 아이들이 외상이나 상실을 경험한다는 설명을 한다. 그리고 최선을 다해 부모를 보호하고 사건의 부정적인 영향에서 회복하게 도와주는 것이 중요하다.

이것은 치료자가 외상/상실 경험과 문제 발생 또는 악화 사이의 관련성을 파악할 수 있는 좋은 기회다. 그래서 방금 설명한 사건 후에 아이에게 어떤 변화가 있었는지 자세하게 질문한다. 면담을 마치고 정보를 정리해서 사례 요약을 만드는데, 그 내용은 많은 사례를 통해 '실제 증명' 된 근거에 기초한다. 사례 요약은 치료자의 생각이 아니라 면담을 통해 얻은 정보에 근거한 것이라고 부모에게 설명하면 치료자의 관점을 부모가 잘 받아들인다.

다음은 현재의 주 문제, 문제가 발생하는 상황, 문제가 발생하거나 발생한 후에 어떤 일이 일어났는지에 등에 대한 자세한 정보를 얻어야 하는 이유들이다.

- 치료자가 주 문제를 자세하게 질문하는 것은 그 문제로 도움을 요청하는 부모를 존중한다는 뜻을 전달한다.
- 행동의미 평가표 작성에 필요한 정보이며, 평가표를 기초로 자극인자들을 확인할 수 있다.
- 문제 행동이 어떻게 강화되는지 자세하게 파악할 수 있다. 문제 행동은 사소한 스트레스라도 외상을 자극할 때 감당할 수 없게 된 아이가 과잉반응을 하는 아이만의 해결책이다. 그 해결책은 문제를 어떤 식으로 해결해 주는가? 아이가 문제 행동을 하는 배경을 이해할수록 당신은 해결책을 찾기가 더 용이하다.
- 부모가 과거에 시도했던 해결책들을 파악해서 부모의 훈육방법을 확인할 수 있다. 실제로 부모의 훈육방식에 따라 문제 행동이 강화되거나 불안이 증가되어 문제 행동을 할 때도 많다. 예를 들어, 문제를 방치하다 참기 어려울 때 심한 처벌을 하는 것처럼 비효과적이고 비일관된 훈육방식을 사용하는 부모들이 많다.

마지막에 부모교육과 관련된 주제와 방법들을 잠깐 소개해서 이런 개념에 친숙해질 기회를 주는 것도 좋다. 부모교육을 간략하게 소개했을 때, 예를 들어 아버지의 강압적 태도 때문에 아이가 이미 상처를 많이 받아 아이를 훈육하지 않고 허용적으로 대하고 싶다는 의사를 어머니가 표현한다면 치료자는 우선 부모의 의사를 존중해 준다. 그렇게 할 때, 나중에 시행될 부모교육이 부모를 비난하는 것이 아니라 부모의 건강한 의견을 자유롭게 표현할 수 있는 기회임을 이해하고 또 쉽게 받아들일 수 있다.

아이 단독 면담

낯선 성인이 개인적인 질문을 하면 아이들은 많이 긴장한다. 아이들은 안전하고 잘할 수 있다는 느낌을 가질수록 편한 마음으로 잘 협조한다. 또한 아이들은 우리가 그들에게 안전하고 잘할 수 있다는 느낌을 가지게 도움을 줄수록 우리를 더 신뢰하고 우리가 그들을 보살피고 그들의 관심사를 최우선으로 고려한다고 생각한다. 다음은 치료관계를 촉진하고 아이들에게 안정감을 줄 수 있는 방법들이다.

선택을 허용한다

어떤 아이들은 그림을 그리거나 장난감을 가지고 놀면서 대화하는 것을 더 편안해한다. 평가를 끝내는 것이 중요하지만, 평가에 적극적으로 참여할 수 있게 그림이나 장난감 놀이를 허용해도 된다. 치료자는 장난감 놀이를 시작하려는 아이에게 "너는 장난감 놀이를 하면서도 얘기를 잘 할 것 같구나."라고 말해 주는 것이 좋다. 이런 표현은 장난감 놀이의 선택권을 아이에게 주는 동시에 대화가 더 중요하다는 점을 분명하게 전달한다.

아이를 준비시킨다

상세한 질문으로 들어가기 전에 다시 '대답하고 싶지 않아요.' 규칙을 알려 준다. 차를 빨리 운전하면 보통 무서우면서도 즐거운 느낌이 있다. 그런데 브레이크 성능이 의심될 때는 어떨까? 아이들에게 '더 빨리 운전하라.' 거나 위험하다고 경고할 때마다 당신은 '브레이크가 괜찮은지 확인해 보자.' 는 격려의 말을 보탤 필요가 있다. '말하고 싶지 않다면 말하지 않아도 되는 규칙'을 한 번 더 설명하면, 아이들은 조절감을 느끼게 되어 앞으로 내키지 않는 질문에도 대답을 잘하게 된다.

작은 것에서 시작한다

"그럼 질문을 할게."라고 운을 뗀 다음, 아이들이 가장 좋아하는 색깔, 음식, 운동에 대해 질문하면 아이들은 긴장을 푼다. 아이들이 차츰 안정되면 개인적인 질문으로 들어간다. 그들은 서로 친해질 때 묻게 되는 자연스러운 질문들을 거부감 없이 받아들이고, 자신을 문제가 아닌 한 인간으로서 대해 준다는 느낌을 받는다. 그럴 때 아이들은 대개 질문에 대답을 잘하고, 정서적인 의미가 없는 질문에까지 자신을 드러내려고 한다.

고통스러운 질문을 하기 전에 먼저 경고한다

외상 치료자는 질문의 흐름을 갑자기 변경하거나 불쾌한(너무 사적이거나 고통스러운) 질문으로 아이들을 당황하게 해서는 안 된다. 보통은 "다른 종류의 질문을 하려고 하는데" 또는 "이 질문을 그렇게 좋아하지 않는 아이들도 있어. 대답하고 싶지 않을 때 어떻게 하는지 알고 있지?"라고 말해 먼저 준비시킨다. 이렇게 하는 이유는 아이들을 당황하지 않게 하려는 것보다 당신이 아이 편이라는 것을 전달하려는 것이다. 일반적으로 아이들은 스스로 통제할 수 있고 싫다고 말할 수 있을 때 치료에 더 협조적이다.

목록을 제시한다

아이들이 개방형 질문이나 다른 질문에 대답하기 어려워할 때, 재빨리(약 2초 후에) 적절한 답을 정리한 '목록'을 제시한다. 목록을 제시하면 아이가 느낄 수 있는 실패감을 예방해서 성공적인 느낌을 주고, 면담 중에 화가 폭발할 가능성(예, "몰라요, 관심 없어요.")을 미리 차단할 수 있다. 2초 정도 후에 제시하는 것이 지침이지만, 각자 융통성 있게 판단하여 제시하면 된다. 만약 아이가 침묵한다면, "대답하기 어려운 질문이지? 좀 더 생각해 볼래? 아니면 한 번 더 설명해 줄까?"라고 질문하면 된다.

목록 제시와 유도 질문은 전혀 다르다. 목록 제시는 옳은 답을 예시하는 것이고,

목록을 보고 아이들 스스로 답을 찾게 하는 방법이다. 그러나 유도 질문은 치료자가 원하는 특정 답을 강요하는 것이다. "네가 화날 때 너에게 어떤 변화가 있을까? 화났다는 신호는 무엇일까?"란 질문에 아이가 잘 대답하지 못하는 상황을 예로 들어 보자. 이 경우 목록을 제시하는 방법은 "어떤 아이들은 머릿속에 욕이나 비난하는 말이 떠오른다고 해. 또 머리가 텅 비어 버린다는 아이들도 있고, 얼굴이 붉어지거나, 심장이 쿵쿵 뛰거나, 안절부절못하거나, 주먹을 세게 쥐게 되는 아이들도 있어……. 너는 어떠니? 너에게 일어나는 신호는 어떤 것이지?"라고 하는 것이다. 이에 비해 "그 사람을 죽이고 싶었지, 그렇지?"라고 하면 유도 질문이다. 유도 질문은 아이들에게 강요당하는 느낌을 주고, 모호하고 제한된 정보만 얻게 된다. 그러므로 목록을 제시하는 방법을 활용하기 바란다.

피드백을 자주 제공한다

치료자가 자주 피드백을 줄 때, 아이들은 치료를 더 안전하게 느낀다. 당신이 만나는 아이들의 대부분은 정신장애, 물질남용, 외상에 의한 과잉반응 등으로 감정조절을 못하는 성인들에게 큰 상처를 받은 아이들이다. 이런 경험을 한 아이들은 나쁜 일을 예상하고 대비하거나 빨리 회피하기 위해 다른 사람의 마음과 어떤 신호를 민감하게 살피고 나쁜 일이 일어나지 않을까 경계하도록 학습되어 있다. 만약 치료자가 '빈 석판' 처럼 행동한다면 아이들은 치료자의 생각을 알 수 없어 흔히 최악의 상황을 떠올리고 두려워한다. 그렇게 되면 아이들은 불안해지고, 말을 하면 당신이 화내거나 자신을 싫어할 것 같은 공포를 느끼고 두려워서 말하지 못한다.

반대로 피드백을 자주 주면 아이들은 당신의 생각을 알게 되어 당신의 의도를 걱정하지 않는다. 당신의 생각을 숨김없이 보여 준다는 뜻이 아니다. 지금까지 얻은 정보를 종합해서 당신의 생각을 선별적으로 알려 주면 된다. 예를 들어, "너는 학교에 가기만 하면 충분히 잘할 수 있는 능력이 있는 것 같은데, 어떻게 생각하니?"라는 표현이다.

이런 표현은 문제를 지적하는 동시에 아이의 장점을 강조하고 긍정적인 의견을 전달해 준다. 피드백의 또 다른 장점은 사례 요약할 내용을 틈틈이 설명할 기회를 가지게 되어, 공식적으로 사례 요약을 전달할 무렵이 되면 아이들이 이미 그것의 많은 부분을 알고 있게 된다는 것이다.

정보를 제공한다

치료자는 초기 면담 때 특별한 정보를 제공할 수 있다. 그것은 주로 외상의 영향에 대한 간략한 교육에 대한 것이다. 아이의 문제 행동과 증상은 과거 스트레스 사건에 대한 정상적인 반응일 수 있다는 설명을 해서 아이가 자기 자신과 증상을 이해하도록 도와준다. 정보 제공은 사례 요약을 만드는 데도 도움이 된다.

- 질문한 이유를 설명한다. 치료자가 질문에 덧붙여 간단한 정보를 제공한다. 예를 들어, "내가 질문한 이유는 다른 아이들은 머리를 부딪히고 나서 두통이 있거나 집중이 어렵고 짜증이 많아졌다는 등 많은 증상이 나타났다고 했어. 머리를 다친 후에 너에게도 비슷한 증상은 없었니?" 라고 질문한다.
- 다른 아이들의 생각을 보여 준다. 치료자가 '다른 아이들' 은 이렇게 말했다고 언급하며 다양한 관점(예, 목록 또는 질문에 대한 여러 답)을 제시한다. 외상을 입은 아이들은 흔히 서먹하고 소외되고 고립되고 다른 사람과는 다르다는 느낌을 가진다. 이런 식의 질문은 집단치료에서 흔히 활용하는 보편성(universality) 전략과 유사하다. 이는 자신만 특별히 다르다고 생각하는 아이에게 실제로 다른 아이들도 똑같이 느낀다는 것을 깨닫게 해 주는 방법이다. 아이들은 자신이 '정상' 임을 알면 안심한다.

자기주장을 솔직하게 칭찬한다

아이들은 화장실에 가고 싶거나, 대답하기 싫거나, 다른 일로 치료를 도중에 중단해야 할 때 직접적인 표현을 잘 못한다. 아이들은 흔히 자신의 생각을 주장하면 치료자나 치료에 큰 결례가 된다고 생각한다. 이런 마음은 좋은 면도 있지만, 치료자가 아이를 배려하는 것이 아니라 아이가 치료자를 신경 쓰게 될 위험성이 있다. 그래서 아이가 자신의 욕구보다 치료자의 욕구를 더 중요하게 생각하게 되면 치료관계는 과거와 같은 희생이나 착취를 반복하는 방식이 되고, 이에 아이는 불안해진다.

그렇지만 치료에 지켜야 할 규칙이 없어야 한다는 뜻이 아니다. 실제로는 아이의 요구에 중점을 둔, 치료자가 지켜야 할 많은 규칙들이 있다. 외상을 입은 아이들은 구조화되고 예측 가능할 때 안전감을 느끼고 가장 협조적이다. 그래서 치료자는 아이들의 불편한 기분에 민감하고, 아이들의 요구를 지지해 준다. 그럴 때 아이들은 시간이 지날수록 자신 있게 자기주장을 더 잘 하게 된다. 예를 들어, 치료자는 "당연히 화장실에 다녀와야지. 화장실에 가고 싶은데 여기 앉아 있으면 집중이 되겠니? 가고 싶다고 말한 것은 잘했어."라고 말한다.

치료자가 아이들의 요구에 맞출 때 아이들은 어떤 생각을 하게 될까? 그들은 '이 치료자는 나에게 관심이 많고 내가 잘되기를 바라는 것이 틀림없어. 이 사람한테는 나를 방어할 필요가 없을 것 같아. 내가 찾고 기다리던 바로 그 사람이며, 내 편이 틀림없어.' 라고 생각한다. 물론 치료자가 이런 융통성을 너무 남발하지 않게 경계해야 하지만, 대부분은 좋은 결과가 있을 것이다.

연습: 초기 면담 실습하기

뒤에 제시한 '아동 면담 대본' 대로 동료와 초기 면담을 연습하고, 그 후에 역할을 바꾸어 해 본다. 혼자라면 대본을 읽고 나서 의뢰인에게 시도하면 된다. 다만 먼저 치료 준비, 규칙, 다른 활동을 소개한 다음에 해야 한다.

의뢰인 역할을 한다면

- 특정 연령(말을 충분히 할 수 있는 연령!)의 아이 역할을 한다. 치료자에게 이름과 나이를 말한다.
- 대본을 보거나 치료자가 할 역할까지 해서는 안 된다. 당신은 특정 연령의 아이처럼 행동하면 된다. 그러나 치료자를 너무 힘들게 할 필요는 없다. 문제 사례를 연습하는 시간이 아니고, 치료자 역할을 맡은 사람에게 이 단계를 연습할 기회를 주려는 것이다.
- 실제 상황에서 이 단계는 규칙을 설명한 다음에 시작되는 부분이다. 그래서

"대답하고 싶지 않은 질문을 받으면 어떻게 해야 하지?" 라는 질문을 받는다면, 당신은 앞서 배운 대로 "말하지 않아도 돼요." 라고 말하면 된다.

치료자 역할을 한다면

- 대본에 있는 글을 그대로 읽으면 된다. 다만 아이의 연령에 맞지 않는 질문(예, 약물 사용 등)이 있는 부분은 넘어가도 된다.
- 당신이 원하는/필요한 답을 얻지 못할 때 할 수 있는 추가 질문이 괄호 안에 있다. 예를 들어, "가장 좋아하는 색깔은 무엇이니?" 라고 묻고, 아이가 "푸른색." 이라고 답하면 다음으로 넘어간다. 그런데 아이가 "좋아하는 색깔이 하나가 아닌데요?" 라고 한다면 괄호 안에 있는 "그래? 그럼 좋아하는 색깔 두세 개를 말해 볼래?" 라는 질문을 사용하면 된다.
- 아이가 질문을 거절하면 규칙을 잘 기억하고 있다는 칭찬을 하고 다음 질문으로 넘어간다.
- 아이의 반응을 더 파악할 생각으로 추가적인 질문은 하지 말라. 좀 이상하게 들리겠지만 지금은 지시대로만 한다. 경험이 쌓이면 당신이 융통성 있게 대처할 때가 올 것이다. 그러나 두 가지 예외 사항이 있다.
  - 아이의 말을 잘 이해하지 못했을 때 확인하려고 질문하는 것은 괜찮다. 예를 들어, 아이가 담배를 '많이' 피운다고 할 때 "하루에 몇 개비 정도?" 라고 질문한다.
  - 긍정적인 부분을 강조하는 간단한 질문은 괜찮다. 예를 들어, 아이가 그림 그리기를 좋아한다고 할 때 "어떤 그림을 자주 그리니?" 라는 질문은 해도 된다. 이런 질문은 장점을 강조한다.
- '아이' 가 말하는 것을 기록한다. 실제 치료에서도 기록해야 한다. 이 역시 평가 정보이며, '네가 말하는 것은 중요하다.' 는 존중을 표시한다.
- 대본에 있는 문장을 그대로 읽는다. 빨리 읽지 말고 또박또박 읽는다. 빨리 말할 수 있는 기회는 앞으로 많이 있다. 지금은 실습하는 시간이다. 이 대본은 당신이 원하는 반응을 이끌어 낼 수 있도록 신중하게 고안된 것이다. 지금부터 연습을 시작하기 바란다.

연습 후 질문

- 의뢰인 역할을 한 사람들에게: 의뢰인 역할을 해 본 소감은? 아이 역할을 할 만했는가? 어떤 부분이 잘되었고, 어떤 부분은 잘 안 되었는가?
- 치료자 역할을 한 사람들에게: 치료 역할을 해 본 소감은? 치료자 역할을 할 만했는가? 어떤 부분이 잘되었고, 어떤 부분은 잘 안 되었는가?

많은 치료자들이 대본 사용을 꺼리고 익숙하지 않은 것은 잘 시도하려고 하지 않는다. 당신이 새로운 기술을 배우고 싶다면, 처음에 드는 미숙한 느낌을 받아들여야 한다. 학습은 관찰, 모방 그리고 통합 과정을 거쳐 이루어진다. 그래서 모방 단계를 건너뛰면 통합이 어려워진다. 새로운 방법을 터득하는 고통을 기꺼이 받아들인다면, 결국은 새로운 능력도 편안한 느낌으로 사용할 정도로 당신의 능력 속에 통합되어 기술이 향상될 것이다. 반드시 그렇게 될 수 있다!

처음 몇몇 의뢰된 아이들에게 이 대본을 그대로 사용하기를 권유한다. 아이들이 책이나 종이를 왜 보느냐고 물으면, "질문을 빠트리지 않는지 확인하려고 그래."라고 답하면 된다. 그곳에서는 당신이 전문가다. 아이들은 당신의 업무가 무엇인지 모르기 때문에 이 정도 대답으로 충분하다. 실제로 대본을 계속 사용하는 치료자들도 많다.

짧은 답변에 만족하지 못하고 추가적인 질문을 하는 치료자들도 많다. 그들은 짧은 답변만 듣고 넘어가면 무언가 기계적이고 소홀한 것 같은 느낌이 든다고 한다. 그러나 아이들의 생각은 어떨까? 아이들은 어떻게 느낄까? 많은 아이들은 "선생님이 너무 캐묻지 않아서 편안한 마음으로 대답할 수 있었어요."라고 말한다. 외상/상실 병력을 질문하는 단계에서 더 힘든 질문을 받더라도 캐묻는다는 두려움 없이 안전한 기분을 유지하게 하려면 이 시점에서 짧은 답변을 허용하는 분위기는 매우 중요하다. 치료의 강도를 신중하게 유지해서 아이들이 안전한 느낌을 가지고 과도한 질문에 압도당하지 않도록 해야 한다.

단답식 답을 해도 다음 질문으로 넘어가면 아이들은 "내 느낌을 말하는 것이 재밌어요."라고 말한다. 아이들은 이런 종류의 질문을 받을 때, 당신이 그들에 대해 알고 싶어 한다고 생각한다. 아이들은 복잡해서 답을 말하지 않더라도 자신이 표현하고 있고 이해받고 있다고 느낀다.

아동 면담 대본

내가 너에 대해 더 많이 알기 위해 질문할 거라고 했던 말을 기억하니? 그리고 말하기 싫으면 대답하지 않아도 된다는 규칙도 기억하니? 대답하고 싶지 않은 질문을 받으면 어떻게 하면 된다고 했지?

지금부터 질문을 하려고 하는데 준비가 됐니?

네가 가장 좋아하는 색깔은 무엇이니? (추가 질문: 그럼 좋아하는 색깔 2~3개를 말해 볼래?)

네가 가장 좋아하는 음식은 무엇이니?

네가 가장 좋아하는 음악은 무엇이니?

네가 가장 좋아하는 TV 프로그램은 무엇이니?

학교에서 재밌는 일은 무엇이니? (추가 질문: 없다고? 그럼 휴식시간에 재밌는 일은?)

학교에서 싫어하는 일은 무엇이니? (또 다른 것은?)

아이들은 혼자 있는 것을 좋아하거나, 한두 명의 친한 친구들과 가깝게 지내거나 또는 많은 친구들과 어울리는 것을 좋아해. 너는 어떠니? ('많다'의 경우, 그중에서 너와 특히 가까운 친구들이 있니? 아니면 모두 똑같이 친하니?)

말하고 싶지 않으면 말하지 않아도 된다는 것을 기억하니? 지금부터 네 친구들에 대해 몇 가지 질문을 하려고 해. 담배를 피우는 친구가 있니? 마리화나를 피우는 친구는? 술은? 다른 약물은? 그 친구들은 학교에서 어떻게 행동하니? 평범한 학교생활을 하니, 아니면 문제를 일으키니? 친구들이 법을 어긴 적도 있니?

너에게도 비슷한 질문을 해 볼게. 너는 담배를 피우니? 마리화나는? 술은? 다른 약물은? 학교에서 어떻게 행동하지? 법을 어긴 일도 있었니?

친구들과 무엇을 하며 시간을 보내니? ('자주 가는 곳'을 말할 때까지 추가 질문을 해도 된다. 만약 내가 그곳에 간다면 네가 뭘 하고 있는 것을 보게 될까?) 친구들과 시간을 보내는 또 다른 방법으로는 뭐가 있니?

네가 좋아하는 다른 것은 무엇이니? 또 다른 것은?

다른 사람들은 네가 무엇을 잘 한다고 말하지?

지금부터는 다른 종류의 질문을 할 거야. 만약 동물이 되고 싶다면 어떤 동물이 되고 싶니? 그 [ ]이 되면 좋은 점은 무엇일까?

세 가지 소원이 있다면?

지금 마술 지팡이로 네 문제를 모두 사라지게 할 수 있다면 내일부터 너는 어떻게 달라질까? (추가 질문: 만약 내가 TV로 너를 보고 있다면 네가 무엇이 달라졌다고 느낄 수 있을까?) (추가 질문: 그래? 그렇다면 학교생활이 더 좋아지겠구나. 어떻게 해서 학교생활이 더 좋아질까? 그 변화는 너의 내부에서 오는 걸까, 아니면 외부에서 오는 걸까?)

이 대본은 천천히 시작해서 관계를 형성하고, 아이들이 편안하게 느끼도록 고안해 놓았다. 물론 당신이 파악해야 할 질문도 포함되어 있다. 예를 들어, 아이의 장점과 성취에 대해 가능한 한 많은 정보를 얻도록 구성해 놓았다. 이런 자료는 뒤에서 희망을 위한 정보로 사용될 것이다.

세 가지 소원, 특히 마술 지팡이 질문은 치료 목표뿐만 아니라 장애물을 파악하는 데 도움이 된다. 특히 마술 지팡이 질문은 아이가 문제를 어떻게 지각하는지 확인할 수 있는 좋은 질문이다. 문제는 아이 내부에서 올까, 아니면 외부에서 올까? 예를 들어, 잦은 싸움을 내적인 문제라고 생각하는 소년이라면 "나는 앞으로는 그렇게 심한 화를 내지 않을 거예요."라고 말하고, 같은 문제를 외부에서 비롯된 것으로 생각하는 소년이라면 "다른 사람들이 앞으로는 그렇게 바보같이 행동(내가 화를 내게끔)하지 않을 거예요."라고 말한다. 상황을 바라보는 아이의 시각을 알면, 아이의 관점에 맞추어 대화하는 방법을 찾을 수 있다. 그렇게 될 때 아이들은 사례 요약을 더 쉽게 받아들인다.

역량을 중심으로 추가 병력 얻기

치료 준비 단계와 '아동 면담 대본'을 실시하면 보통 1시간 정도 소요된다. 초기 면담을 모두 마치려면 한 회기당 시간에 따라 다르겠지만 대개 몇 번의 회기가 필요하다. 다음은 가족력과 아이의 발달력을 파악하는 시간이다. 부모를 통해 가족력을 먼저 얻은 다음 발달력을 파악한다. 그 후에 의학적 병력(두부 손상을 포함해서)과 현재 상태, 학교생활과 성적, 위법 사건과 현재 상태 등을 파악한다.

외상/상실 병력과 문제의 발병이나 악화 사이의 관계를 파악하려면 자세한 병력을 얻어야 한다. 또한 아이의 장점, 능력, 긍정적 관계, 성공 경험 등도 놓치지 않고 파악해야 한다. 아이의 긍정적인 부분이 치료 작업의 기초가 되기 때문이다. 예를 들어, 학교생활과 성적에 대해 다음과 같이 질문한다.

- 1학년 때 다른 친구들과 비슷하게 지냈니, 아니면 좀 더 잘 지냈니? 몇 개월 후에 적응하게 되었지? 1학년 때 학업은 잘 따라갔니?

• 학교에서 다른 친구들보다 문제가 더 많았니, 더 적었니, 혹은 평균 정도였니? 다른 아이들보다 친구가 더 많았니, 더 적었니, 혹은 평균 정도였니?

학교생활에 대한 기본적인 정보를 얻은 후, 치료자는 학년에 따른 변화에 대해 질문한다.

치료자: 몇 학년 때부터 학교에서 문제가 나타났지?
아　이: 4학년 때 즈음이에요.
치료자: 4학년 때 무슨 일이 있었니? 어떻게 달라졌니?
아　이: 자주 다투고 성적도 떨어졌어요.
치료자: 얼마나 자주? 일주일에 몇 번 다투었니?
아　이: 매일은 아니었지만, 일주일에 한두 번은 싸웠을 거예요.
치료자: 갑자기 왜 그렇게 자주 다투게 되었을까? 너에게 어떤 변화가 있었지?
아　이: 자주 화를 참을 수가 없었어요.
치료자: 4학년 때 성적은 괜찮았니? 어느 정도였니?
아　이: 중하 정도요. 대부분 60~70점이었고 한두 과목은 60점 이하였어요.
치료자: 그런 식으로 지내다가 언제부터 또 바뀌게 되었니?
아　이: 중학교에 들어가고 새로운 친구들과 어울리면서 학교를 자주 빠지고…….

다른 주제들(의학적, 법률적)도 이와 같은 방식으로 질문한다. 여러 영역에서 아이가 기능한 정도를 시간 순으로 파악한다. 문제가 발생하기 전에 어느 정도 기능이 좋았는지도 파악해야 한다. 그래야 외상/상실 병력의 영향을 처리하면 그 정도로 잘 기능할 수 있는 능력이 있다는 증거로 제시할 수 있다.

당신은 지금까지 "네 문제가 무엇이지?" 라고 묻거나 문제아라는 느낌을 주지 않고 아이의 주 문제에 대한 정보를 많이 파악했다. 당신이 아이와 친해지고 아이의 얘기를 듣는 동안 문제에 대한 정보가 저절로 드러난 것이다. 이제 아이는 당신이 자신의 장점을 보려 하고, 정상적인 아이로 인정하고(일부 문제는 있겠지만) 보살펴 주려 한다는 것을 알게 되었다. 훌륭한 출발을 시작한 것이다.

Chapter 06
정신적 외상 병력 청취하기

두세 번의 초기 면담이 끝나면 이제 "지금까지 너에게 있었던 가장 나쁜 일은 무엇이었지?"라는 매우 중요한 질문을 할 시점이다. 당신이 외상근거 치료를 하려고 한다면 외상을 파악해서 사례 요약과 치료 계약에 포함시켜야 하고, 평가 단계에서 외상 병력을 파악해야만 한다. 신중하고 구조화된 방식으로 진행하면 아이는 안전한 느낌을 유지하고 치료에 잘 참여한다.

초기 면담에서처럼 우화 모델의 순서를 따라 먼저 장점, 성취, 긍정적 관계들—'옛날 옛적에' 처럼 상황이 더 좋았을 때의—과 같은 좋은 점에 대해 질문한다(그런 좋은 시절이 있었기를! 그런 시절이 없었다 하더라도 역량과 자원을 찾기 위해 최선을 다해야 한다.). 그 후에 다양한 영역에 걸쳐 현재까지의 발달력을 질문하고, 문제 발생의 배경을 알기 위해 용이 일으킨 영향들을 파악한다. 그런 다음 용에 대한 질문을 한다.

용에 대한 질문은 제한적으로 특별하게 해야 한다. 개인 코치가 기사에게 5파운드에서 100파운드로 바로 증량하지 않았다는 점을 기억하라. 한 번에 한 걸음씩, 치료자의 도움을 받아 처리할 수 있는 정도로 제한하면서 차츰 더 어려운 과제로 넘어가야 한다.

당신은 지금까지 아이와 함께 다음과 같은 난관들을 이미 헤쳐 왔다.

- 협조하고 질문에 대답할 정도로 충분히 성인을 신뢰하는 것
- 세 가지 소원과 마술 지팡이로 일어날 수 있는 변화를 대답하는 것. 두 질문에 대한 답은 아이의 심리적 상처와 현재 문제들을 반영한다("부모님이 집 문제로 고민하지 않도록 좋은 집에 살았으면 좋겠어요." "형이 죽지 않았으면 좋겠어요.").
- 가족에 대한 표현(어떤 문제들이 드러나기도 한다.)
- 문제의 병력에 대한 표현(학업과 위법 행위에 대한 정보를 얻는 과정에서)

지금까지 출발은 좋지만 아이가 용을 죽이는 것, 즉 외상을 표현하고 그 감정들을 직면하려면 아직 멀었다. 용 죽이기를 너무 빨리 시도하면 실패할 위험이 크다. 그래서 외상 병력을 얻을 때는 신중하게 질문해야 하고, 사례 요약에 필요한 정도로 가장 기본적인 사실만을 노출하도록 조절해야 한다.

외상 사건 전체가 아니더라도 아이들은 노출을 힘들어한다. 아이에게는 지금까지 받은 질문 중에서 가장 고통스러운 질문일 것이다. 그래서 외상 치료의 원칙과 절차를 잘 따를 때 아이들은 외상 경험을 조절하고, 성공적인 느낌을 가지며, 어느 정도 호전될 수 있다. 다음은 당신이 따라야 할 단계들이다.

1. 경고한다. 앞에 언덕이 있다. 다시 한 번 브레이크가 잘 작동하는지 확인해 본다. 다시 말해, "대답하고 싶지 않을 때 어떻게 하는지 기억하니?" 라고 아이에게 규칙을 다시 상기시켜 준다.
2. '목록' 을 만든다. "나는 네가 경험했던 가장 무서웠던 일들을 목록으로 정리할 생각이야." 라고 말한다. 목록이란 간략하게 기록한 것을 말한다. 냉정할 정도로 신속하고 간단하게 진행하며 상세하게 파악하지 않는다. 무슨 일이었는지만 파악한다는 기준을 정해 놓는다. 치료자는 아이에게 자세히 말하지 않아도 되고, 그렇게 하도록 허용하지도 않을 거라고 알려 준다.
3. 다른 아이들은 이렇게 이야기한다. 이제 치료교육을 할 좋은 시점이다. 비밀이었던 외상을 떠올릴 때, 아이들은 낯설고 상처받고 취약하다는 느낌을 가장 크게 느낀다. 아이가 2초 이상 침묵하지 않도록 외상/상실의 예를 제시한다. 그렇게

하는 이유는 다음과 같다.

- 아이에게 지금까지 있었던 일들 중에 가장 나쁜 사건들을 말해 달라고 질문하면 대개 몇몇 사건만을 말한다. 그러나 당신이 아이의 목록에 들어갈 만한 사건을 여러 개 제시해 주면 더 많은 답을 얻을 수 있다. 이는 선다형과 주관식 문제의 차이와 같다. 질문의 뜻을 이해하면 기억을 단지 회상하는 것보다 더 쉽게 찾아낸다.
- "다른 아이들이 말했던 것들을 먼저 말해 줄게."라는 표현은 아이에게 가장 비정상적이라고 느껴졌던 경험이 다른 사람들도 경험할 수 있는 정상적인 것이라고 느끼게 해 준다. "어떤 상처를 받았고, 어떻게 달라졌니?"라는 질문 대신에 "너도 다른 아이들처럼 느꼈고 바뀌었을까?"라는 질문을 하는 것과 마찬가지다. 이렇게 질문하면 아이가 느낄지도 모르는 압박감과 낙인을 줄일 수 있다.
- 아이들은 대개 공포 경험을 비밀로 하고, 노출에 따른 다른 사람들의 반응을 (흔히 좋은 의도로) 걱정한다. 당신이 침착하고 사무적인 태도로 다른 아이들은 이렇게 얘기했다고 말할 때, 아이들은 어떤 사건을 말하더라도 당신이 처리할 수 있다는 뜻으로 받아들인다. 즉, 나는 벌써 비슷한 사건들을 들은 적이 있고, 그 사건에 대해 상의할 수 있으며, 그런 사건을 들어도 놀라지 않는다는 의미가 포함되어 있다. 이는 아이들에게 노출해도 괜찮다는 승낙과 안전감을 줄 수 있다.

4. 목록을 얻는다. 아이가 준비되면 최악의 사건들에 대한 목록을 질문한다. 목록에 포함시킬 사건은 아이가 결정한다. 아이는 당신이 생각하지 못했던 사건을 포함시키기도 하고, 당연히 넣어야 할 것을 빼기도 한다. 초기 면담(부모 면담을 포함해서)을 통해 당신이 파악했던 사건들을 제시해도 괜찮다.
5. 목록의 각 항목을 경험했던 연령을 확인한다. 각 사건을 경험한 연령을 파악한다. 아이가 사건을 말하는 중이나 다 말하고 난 후에 물어본다. 사건이 일어난 시기는 외상/상실 병력과 문제의 발생 또는 악화의 관련성을 파악하기 위해 필요한 정보다.
6. 목록의 각 항목에 대한 SUDS를 파악한다. SUDS란 주관적인 고통 척도(subjective units of distress scale)를 뜻하는데, 학술적인 전문용어이기에 아이에게 그것을

직접 말하지는 않는다. 지금 현재 그 사건을 떠올릴 때 고통스러운 정도를 0~10점 사이에서 선택하는 것이다. SUDS 점수를 파악하는 데에는 몇 가지 요령이 있다.

- 어떤 아이들은 "지금은 괜찮아요." 라고 말한다. 이 말은 거짓말이라기보다는 "더 이상 고통받기 싫어요. 그 일을 더는 생각하고 싶지 않아요." 라는 뜻이다. 이 경우 진심이 무엇인지 논쟁할 필요가 없다. 대신 "지금 그 장면을 2초만 떠올릴 수 있니? 그때 0~10점 사이에서 몇 점 정도로 고통스럽지?" 와 같이 아이가 답하기 편한 질문으로 바꾼다.
- "그 사건을 떠올릴 때 어떤 느낌이 드니?" 라고 물어서는 안 된다. 이는 정확한 질문도 아니다. 당신은 아이가 감정에서 일정한 거리와 객관성을 유지하도록 도와주어야 한다. 이런 식의 질문을 하더라도, "얼마나 나쁜 감정이 들지?" 라는 질문이 더 객관적이고 덜 침입적이다. 더 정확한 질문은 "그 장면을 떠올릴 때 몇 점 정도로 힘드니?" 라고 하는 것이다.
- SUDS 질문은 당신이 지금까지 자극하지 않으려고 했던 부분, 즉 아이에게 외상 기억과 관련된 감정을 느끼라고 하는, 바로 그것을 하라는 질문이다. SUDS를 질문할 때, 아이는 고통스러운 기억으로 들어가 헤어나지 못할 위험성이 있다. 따라서 SUDS 질문은 가능하면 신속하게 끝내도록 해야 한다. 그것이 이 부분을 마지막까지 남겨 놓았다가 한 번에 질문하고 끝내는 이유다.

7. 만약 아이가 거부한다면? 아이들은 흔히 일부 외상 기억의 노출을 거부한다. 그래도 괜찮다. 아이가 규칙을 잘 따르고 있다는 의미이기 때문이다. 하지만 이럴 때 어떻게 하면 될까? 아이의 결정을 존중하면서도(규칙에 대한 약속을 지키면서도) 원하는 정보를 어떻게 얻을 수 있을까?

여기에 흥미로운 점이 있다. 아이가 외상을 표현하지 않겠다는 말을 할 때 사실은 외상을 말하고 있다는 점이다. 그래서 아이가 특정 사건에 대한 표현을 거절할 때는 아이가 어쨌든 그 사건에 대해 약간이라도 말하게 한다는 목표를 이미 달성했으며, 다만 아이가 현재로서는 그 사건을 처리하기 어렵다는 뜻이다.

사례 요약을 위해 사건이 발생한 시간 순서를 파악하는 것도 목표 중 하나다. "그때 몇 살이었니?" 라고 물으면, 사건을 직접 연상시키는 뉘앙스가 있어 아이가 말하지 않을 가능성이 크다. 대신 "그때 몇 살이었는지 내가 물어봐도 괜찮겠니?" 라고 질문하면 아이들은 잘 대답하는 경향이 있다. 그다음에 그 기억에 대한 SUDS를 질문하면 된다.

아이가 사건이 발생했던 연령을 말하지 않아도 걱정할 필요는 없다. 그 사건과 연령, SUDS 부분에 물음표를 표시하고 다음으로 넘어가면 된다. 아이가 그 사건을 노출하지 않는다는 사실 자체가 중요한 정보다. 아이는 그 사건을 기억하기가 힘들다는 것을 당신에게 알려 주는 것이다. 당신이 희망을 가질 만한 신뢰관계를 아직 형성하지 못했다는 의미일까? 아이가 오늘은 기분이 나빠서 말하기 싫지만 다음 기회에 말하겠다는 뜻일까? 아이가 다른 아이들보다 취약한 부분이 많아서 용을 죽이기 전에 준비기간이 더 많이 필요하다는 뜻일까? 이런 의문을 마음속으로 생각해 본다.

8. **만약 목록을 하나도 작성하지 못한다면?** 간혹 협조적인 듯하면서도 전혀 목록을 작성하지 못하는 아이들이 있다. 다양한 이유들이 있다. 흔히 있을 수 있는 외상/상실 사건의 예를 보여 주어도 어떤 이유에선지 자신의 경험과 연결 짓지 못해 전혀 떠올리지 못하는 아이들도 있다. 또는 끔찍했던 사건을 인정하지 못하는 성향을 가진 아이들은 '최악의 사건들' 이나 '엄청나게 큰 충격을 받은' 이란 말이 들어간 질문에 답을 하지 못한다. 일부 아이들은 큰 사건이지만 목록에 기록할 정도로 나쁘지 않았다고 생각한다.

아이가 목록을 채우지 못한다고 해서 치료를 중단해서는 안 된다. 시간이 지나면 대개 말하지 못했던 이유가 밝혀질 것이고, 아이들은 2~3개, 청소년은 4~5개 정도면 충분하다. 이보다 많으면 좋고, 적으면 곤란하다.

항목 수가 너무 적다면 어떻게 해야 할까? 아이들에게 "그럴 리가 없어. 더 많은 사건들을 겪었다는 것을 알고 있어. 그러니 말해 봐!" 라고 해서는 안 된다는 것은 분명하다. 당신이 다음에 할 질문을 아이들이 모른다는 것은 행운이다. 목록에 기록할 사건들을 충분히 말하지 않은 아이들에게 다음과 같은 질문을 한다.

- 학교에서 가장 힘들었던 때는 몇 학년이었니?
- 친구들 사이에서 가장 힘들었던 일이 있었던 때는 몇 살이었니?
- 너와 친했던 누군가가 사망했던 때는 몇 살이었니?

- 가장 큰 징계나 처벌을 받았던 때는 몇 살이었니?
- 부모님이나 다른 어른들이 가장 크게 말다툼하거나 싸우는 것을 본 때는 몇 살이었니?

이런 질문들로 목록을 완성할 수 있다. 간혹 "그런 일은 한 번도 없었어요." 라고 말하는 아이들도 있지만, 모든 질문에 똑같이 그렇게 답하지 않으면 아이 말을 있는 그대로 받아들여도 된다. 그렇지만 아이들 대부분은 사건이 있었던 연령을 말하고 그 사건에 대해서도 일부 표현한다.

"그런 일을 경험한 적이 있니?" 라고 질문해서는 안 된다. 아이가 없다고 하면 더는 물을 것이 없기 때문이다. 대신 "그 일이 일어났을 때 몇 살이었지?" 라고 물으면 답을 듣고 그에 대한 추가적인 질문을 할 수 있다.

9. 샌드위치를 마무리한다. 아이에게 고통스러운 사건을 노출시킨 후에는 진정 활동을 하게 하고, 그다음에 원래의 안정된 상태로 되돌리기 위해 사고 지향적 작업을 하게 한다. 아이가 외상 병력을 표현하고 나면 심호흡 활동을 하게 해서 이완시킨다. 그 후에 지금까지 경험했던 일들 중에서 가장 좋았던 일을 질문한다. 이런 질문은 아이가 외상에 빠져들지 않고 더 긍정적인 일에 집중할 수 있게 한다. 외상은 자세하게 묻지 않더라도, 좋은 일에 대해서는 상세하게 질문해도 좋다. 좋은 일은 자세하게 질문할수록 긍정적인 부분에 집중하게 된다. 면담을 끝내기 전에 면담 후나 이번 주에 무엇을 할 것인지 등과 같은 일상적인 대화를 하며 마무리한다.

아이의 외상 병력은 모두 기록으로 남겨야 한다. 앞으로 치료 과정 동안 반복해서 병력을 확인해야 하기 때문이다. 외상 병력은 뒤의 '최악의 사건들' 양식에 작성한다. 이 양식을 살펴보자. 아마도 중간의 '심호흡' 뒤에 제시한 괄호 안 내용이 궁금할 것이다. 당신은 아이를 진정시킬 수 있는 다양한 기법을 알고 있을 것이다. 모든 기법이 항상 모든 아이들에게 효과적인 것은 아니다. 그것은 아이의 잘못도 아니고, 효과가 없다고 해서 문제가 되는 것도 아니다. 향후 치료 과정을 위해 특정 아이에게 효과적인 개입과 그렇지 않은 개입을 아는 것이 중요하다. 예를 들어, 심호흡이 도움이 되지 않았다고 기록해 놓으면 다음에는 다른 방법을 사용할 수 있다.

샌드위치 마무리 짓기

'최악의 사건들' 예시

최악의 사건들

연령	사건	SUDS
10	삼촌 사망	6
5	자동차 사고	3
11	?	10+
13	남자친구와의 이별	7

심호흡(심호흡을 했지만 이완되지 않았다.)

가장 좋았던 일들

연령	사건
항상	생일날
14	롤러스케이트 타는 것
13	휴가로 해변에 간 일

연습: 정신적 외상/상실 병력 얻기

동료와 같이 연습하고, 마치면 역할을 바꿔 다시 시행한다. 혼자라면 스스로 양식을 완성하는 연습을 해야겠지만 실습의 의미는 감소한다.

의뢰인 역할을 한다면

- 이것은 역할놀이가 아니다. 당신은 실제로 의뢰인이 되어야 한다. 당신이 노출하고 싶은 사건을 선택해서 말해야 한다. 그러나 안정감을 유지할 정도로만 노출하라.
- 대본을 보지 말라. 대본은 치료자를 위한 것이다. 당신 자신에게 충실하라.

치료자 역할을 한다면

- 뒤의 '정신적 외상/상실 병력 기록지' 를 그대로 이용하거나 복사해서 사용하면 된다. 의뢰인의 답변을 기록지에 기술한다.
- 뒤의 '정신적 외상/상실 병력 대본' 을 읽는다. 대본을 크게 읽되, [ ] 안의 내용은 치료자에 대한 지시 사항이니 보기만 하면 된다. 글자 그대로 읽는다.
- 순서대로 진행한다. 먼저 준비 과정을 거치고, 그 후에 외상/상실 사건들과 연령을 확인하고, 그다음에 각 사건에 대한 SUDS를 파악한다. 심호흡을 실시하고, 마지막에는 가장 좋았던 일들을 질문한다. 대본을 따라가면 된다.
- 나쁜 일은 자세하게 질문하지 않지만, 그렇다고 당신의 인간적인 면이나 관심까지 숨길 필요는 없다. 임상적 기술들을 동원하여 당신의 동정심, 염려, 위로, 경청의 태도를 전달해도 되고 또 그래야만 한다. 그런 마음을 어떻게 전달할까? 사람마다 자신에게 맞는 스타일이 있겠지만, 정서적으로 함께 있으면서도 객관적/침착한 상태를 유지하는 능력인 공감이 필수적인 조건이다. 행운을 빈다.

정신적 외상/상실 병력 기록지

최악의 사건들

<u>연령</u> <u>사건</u> <u>SUDS(0–10)</u>

심호흡

가장 좋았던 일들

<u>연령</u> <u>사건</u>

정신적 외상/상실 병력 대본

지금부터 너에게 질문을 할 텐데, 어떤 아이들은 얘기하길 원하지 않는 그런 내용에 대한 거야. 말하고 싶지 않을 때는 어떻게 하면 되는지 기억하지?

좋아. 지금까지 너에게 있었던 일들 중에 가장 나쁜 일들을 목록으로 정리하려고 해. 많이 슬펐거나 화가 났거나 무서웠던 일들, 너무나 큰 충격을 받은 일들을 말하는 거야. 너에게 벌써 어떤 일이 머릿속에 떠올랐을 수도 있지만 다른 아이들이 말했던 일들을 먼저 말해 줄게. 그러면 내가 무엇을 질문하는지 더 잘 이해하게 될 거야.

어떤 아이들은 자동차 사고나 다른 종류의 사고를 말하기도 하고, 다른 사람이 크게 다치는 장면을 본 것을 말하기도 해. 가족이나 아이를 돌봐 주는 사람이 아프거나 사망한 일을 말했던 아이들도 있어. 가족과 떨어진 일을 말하는 아이들도 있고. 혹은 누군가가 아이를 다치게 했거나 성폭력이나 위협한 일을 나쁜 사건이었다고 말했어. 부모님이 심하게 말다툼하거나 싸우는 장면을 목격한 것을 말하기도 했어.

너에게는 어떤 나쁜 일들이 있었을까? 참 잘했어. 그 일이 있었을 때 몇 살이었니? 생각나는 또 다른 일이 있니? [등등. 더 이상 말하지 않을 때까지 계속한다.]

[주의 사항: 아이가 정신적 외상/상실이 전혀 없다고 한다면 다음 질문을 한다.]

학교에서 가장 힘들었던 때는 몇 학년이었니?
친구들 사이에서 가장 힘들었던 일이 있었던 때는 몇 살이었니?
너와 친했던 누군가가 사망했던 때는 몇 살이었니?
가장 큰 징계나 처벌을 받았던 때는 몇 살이었니?
부모님이나 다른 어른들이 가장 크게 말다툼하거나 싸우는 것을 본 때는 몇 살이었니?

이제 사건이 얼마나 고통스러웠는지 0~10점 점수로 질문할 거야. 10점은 네가 상상할 수 있는 최고로 고통스러운 것이고, 0점은 고통스러운 것이 전혀 없는 것이야. 사건이 일어났을 때의 고통이 아니라, 지금 그 사건을 머릿속에 떠올릴 때 현재 고통스러운 정도를 말하는 거야. 그렇다면 [그 자동차 사고]는 지금 현재 0~10점 사이에서 몇 점 정도로 고통스러울까? [목록에 있는 기억마다 SUDS—0~10점의 주관적인 고통 척도—를 질문한다.]

심호흡하는 방법 기억나지? 그게 긴장을 푸는 데 도움이 될 거야. 잠깐 내가 심호흡하는 것을 보여 줄테니 보고 나서 따라 해 보자. 내가 1에서 3까지 셀 동안 천천히 깊게 숨을 들이마시고, 다시 3까지 셀 동안 숨을 참고, 다시 3까지 셀 동안은 천천히 숨을 내쉬면 돼. 그럼 시작할까?

숨을 들이마시면서 하나, 둘, 셋. 숨을 참고 하나, 둘, 셋; 천천히 숨을 내쉬면서 하나, 둘, 셋. 다시 한 번 더 숨을 들이마시면서 하나, 둘, 셋; 숨을 참고 하나, 둘, 셋; 천천히 숨을 내쉬면서 하나, 둘, 셋.

이제 숨을 내쉴 때 몸 어느 부위가 긴장되는지, 고통스러운 생각이나 장면이 떠오르는지 살펴볼래? 숨을 내쉴 때 네가 말한 그곳에서 나쁜 감각, 생각, 장면이 함께 빠져나간다고 상상해 보자. 준비됐니?

숨을 들이마시면서 하나, 둘, 셋; 숨을 참고 하나, 둘, 셋; 나쁜 것들을 내뱉으며 하나, 둘, 셋. 다시 한 번 숨을 들이마시면서 하나, 둘, 셋; 숨을 참고 하나, 둘, 셋; 나쁜 것들을 내뱉으며 하나, 둘, 셋.

지금은 어떠니? 좀 전보다 기분이 좋아졌니, 나빠졌니, 혹은 똑같니?

이제 너에게 있었던 일들 중에서 가장 좋았던 일이나 즐거웠던 때를 한번 생각해 볼까? 어떤 아이들은 기분이 최고로 좋았던 생일파티를 말하기도 해. 또 자랑하고 싶은 일, 가 봤던 특별한 장소, 또는 진짜로 재미있었던 어떤 일을 말하곤 했어. 네가 기억할 수 있는 가장 좋았던 일은 무엇이니?

연습 후 질문

의뢰인 역할을 했다면

아이 역할을 할 만했는가? 가능하면 당신의 경험을 기록해 놓기 바란다. 사람마다 느낌이 다를 수 있기 때문에 서로 의견을 교환하면 많이 배울 수 있다. 당신이 편안하게 느낄 수 있게 치료자가 진행했는가? 나쁜 기억들을 말하는 것이 너무 힘들지는 않았나? 심호흡이나 즐거웠던 기억을 말하는 것은 어떤 효과가 있었나?

치료자 역할을 했다면

치료자 역할을 할 만했는가? 가능하면 당신의 경험을 기록해 놓기 바란다. 아이가 더 얘기하도록 격려해 보았는가? 만약 했다면 어떤 식으로 격려했는가?

모든 참여자들에게

치료자 역할을 한 분 중에 아이의 얘기를 듣기가 힘들거나 고통스럽거나 견디기 어려웠던 분이 있다면 손을 들어 보기 바란다. 그런 느낌이 들었을 때 어떤 생각을 했는가? 어떻게 그런 감정을 처리했는가? 아직도 고통이 남아 있는가? 지금 그 고통을 처리하기를 원하는가?

외상 치료를 처음 시도하는 많은 치료자들은 사건 목록을 만드는 작업을 힘들어 한다. 당신이 외상/상실 병력을 질문했을 때, 사건 전체를 바로 얘기하려는 아이들도 있다. 그때 당신은 아이들이 말하게 그냥 두고 싶은 충동을 느낄 것이다. 대부분은 의뢰인이 '마음을 열고 말을 할 때'가 훌륭한 치료시간이라는 교육을 받았을 것이다. 아이는 말하려고 하는데 치료자가 중단시키는 것은 아이를 무시하는 행동은 아닐까? 그렇게 하면 아이는 어떻게 느낄까?

아이가 말하도록 그대로 두고 싶은 유혹을 놓고 여전히 논란이 있지만, 치료 초기에 과도한 노출 허용은 잘못되었다는 것이 현재의 결론이다. 다음은 치료자가 아이를 위해 노출의 한계를 설정해야 하는 이유들이다.

- 아이들은 외상/상실 병력의 노출에 대해 양가감정적이다. 그들은 사건을 표현하고 싶으면서 동시에 그 사건을 직면하고 싶지 않거나 또는 질문에 대한 답변

식으로 노출하기를 원하지 않는다. 아이가 당신에게 어느 한쪽만 보여 주기 때문에 양가감정이란 뜻이 아니다. 당신은 항상 양면을 모두 고려해야 한다. 아이에게 "그것이 중요한 부분이란 것을 나도 알고 있어. 근데 지금은 시간이 없으니 이 정도로 하고, 자세하게 다시 대화할 시간이 있을 거야."라고 말하면 양가감정의 두 면을 모두 다루게 된다. 아이가 모두 털어놓도록 허용하는 것은 단지 한 면만을 다루는 것이 된다. 그렇게 되면 이후에 다른 면이 갑자기 나타날 가능성이 있다. 아이가 과도하게 노출했다고 느끼거나 치료자가 고의로 과잉노출로 유도했다고 생각할 위험도 있다. 그러면 아이는 안전감을 상실하고 위축될 가능성이 크다.

- 외상을 너무 빨리 과도하게 표현하도록 허용하면 치료시간이 끝난 후에 부작용이 나타날 가능성이 커진다. 아직 아이에게 혼란스러운 감정들을 처리할 수 있는 자기관리 교육을 하지 않은 시점이다. 그래서 치료 후에 아이가 혼란되거나 행동화하거나 기능 수준의 저하가 나타날 위험성이 증가된다. 그렇게 되면 아이에게 나쁜 경험이 될 뿐만 아니라 당신도 나쁜 명성을 얻게 된다.
- 아이가 외상을 너무 많이 표현하도록 허용하면 필요한 다음 활동을 할 시간이 부족하게 된다. 다음 활동은 외상 기억의 회상에 따른 활성화된 감정들을 아이가 정리하고 수습할 수 있게 하는 필수적인 과정이다. 그래서 진정 활동을 못하게 되면 치료시간 이후에 부작용이 나타날 가능성이 커진다.
- 아이가 외상을 너무 많이 표현하면 치료시간 내에 외상/상실 병력을 모두 얻을 시간이 부족해서 결국 다음 시간까지 연장된다. 외상/상실 병력은 사례 요약에 필수적인 요소다. 그래서 외상/상실 병력을 빨리 정리해서 사례 요약과 치료 계약을 마치고 나면 치료 진행이 더 자연스럽게 되기 때문에 곧 사건의 내용에 대해서 자세히 파악할 때가 있을 것이다.
- 당신은 외상근거 치료를 잘 알고 있는 정신건강 전문가다. 당신의 역할은 안전하고 지지적이며 예측 가능한 환경을 제공해서 아이들의 안정감을 유지해 주는 것이다. 당신이 만나는 아이들은 대부분 충동조절 문제를 어느 정도 가지고 있을 것이다. 그럴 때 당신은 누구의 결정을 신뢰할 것인가? 당신인가, 아니면 아이들인가? 아이가 과잉노출을 하고 싶은 충동을 허용한다면 치료시간과 프로그램은 엉망이 되고, 결국 치료 실패로 이어질 것이다. 그리고 당신은 자신

의 암묵적 약속을 지키지 않은 것이 된다.

이 회기를 잘 마친 아이는 매우 의미 있는 경험을 했을 것이다. 아이는 과거에 한 번도 말한 적이 없던 어떤 사건을 표현했을 것이고, 그래서 치료자의 반응이나 말하고 나서 어떻게 해야 할지 몰라 두려운 감정을 느꼈을 것이다. 당신은 침착하고 지지적인 태도로 반응했고, 아이는 당신과 함께라면 충분하게 고통을 이겨 낼 수 있다는 희망을 가지게 되었을 것이다. 얼마나 큰 발전인가? 아이는 중요한 사실, 즉 자신과 당신에 대해서 그리고 치료를 통해 무언가를 배울 수 있다는 사실을 알게 되었다. 아이는 이전보다 더 강해졌고 희망을 가질 수 있는 이유를 발견하였다.

외상/병력의 질문 자체는 오래 걸리지 않지만 질문 후에 필요한 작업이 많다. 아이가 평정을 찾고 좋은 경험을 안고 떠날 수 있게 하는 심호흡, 좋은 일들에 대한 목록, 일상적인 마무리 대화 등과 같은 다음 활동들이 매우 중요하다. 이런 진정 활동에는 충분한 시간이 필요하다. 그래서 치료시간이 10~15분 정도 남았을 때는 외상 병력을 물어서는 안 된다! 진정 활동으로 마무리하지 못했을 때의 위험이 너무 크다. 치료시간이 충분(1시간 정도)하다면 중간 정도에 시작한다. 치료시간이 짧다면(30분 정도) 치료 초기에 외상 병력을 질문하는 것이 더 좋다.

Chapter 07

정신적 외상근거 사례 요약

진단이 평가의 목적이라면 당신이 해야 할 일은 많지 않다. 선택할 치료가 약물이나 의학적 시술이라면 의뢰인이나 가족의 이해는 별로 필요하지 않고 진단명만으로 충분할 것이다. 그러나 외상 치료에서는 아이와 부모 모두 에너지와 인내력을 요구하는 도전적인 일련의 과제들을 수행해야만 한다. 아이와 가족은 대개 한 번 이상의 치료를 받은 적이 있겠지만 문제가 더 악화된 경험을 했을 수 있다. 그래서 당신의 설명이 중요하다. 잘 요약된 설명은 당신의 지식과 신뢰성의 증거가 되고, 당신이 권유하는 치료 활동을 수용하게 하는 설득력 있는 근거가 된다.

그래서 외상근거 사례 요약이 중요하다. 사례 요약은 평가의 결과이며, 아이의 문제가 어떻게 발생하게 되었다는 치료자의 설명이다. 사례 요약은 전체 치료 과정의 초석이고 지침이다. 실제로 내가 자문을 해 보면 치료자가 무엇을 해야 할지 모르는 문제의 대부분은 치료를 안내할 사례 요약이 없었던 것이 원인이었다. 훌륭한 사례 요약은 어떤 아이인지, 어떻게 해서 문제가 발생했는지, 어떤 요소들이 문제를 지속시키는지, 무엇을 해야 하는지에 대한 깊고 자세한 이해를 제공한다.

평가 면담의 다음 시간에 공식적으로 사례 요약을 제공하긴 하지만, 사실 사례 요약을 하기에는 빠른 시점이다. 치료자가 아이와 부모에게 축약형 사례 요약을 먼저 제공하고, 피드백을 받아 다양한 측면에서 가설을 검증해야 한다. 이렇게 할 때, 치료자는 잘못된 견해를 수정하고 중요한 부분에 대해서는 필요한 정보를 더 많이 얻을 수 있다. 아이와 부모 역시 점차 치료자의 관점을 이해해서 사례 요약에 대한 피드백을 주려고 한다. 즉, 평가는 가족을 위한 상호작용식 학습 경험이어야 한다는 것이다. 완전한 사례 요약을 설명할 무렵이면, 아이와 가족은 이미 알고 이해하고 있던 내용을 듣는 것처럼 느낄 수 있다.

치료자는 또한 축약형 사례 요약을 전달하고 피드백을 받는 상호작용식 과정을 통해 특정 부분에 대한 구체적이고 상세한 설명이나 아이의 의견을 직접 들을 수 있다는 장점이 있다. 그래서 치료자는 다음에 완성본 사례 요약을 제공할 때 아이의 표현을 활용해서 아이에게 가장 적합한 구체적인 예들을 적재적소에 사용해서 설명할 수 있다.

사례 요약은 아이와 가족에게 문제에 대한 설명 그리고 아이의 외상/상실 병력과 문제의 관련성을 교육하는 것이다. 사례 요약을 통해서는 다음과 같은 목적들을 달성할 수 있다.

- 사례 요약은 아이를 보는 성인의 시각을 '나쁜 아이'에서 슬프거나 화나거나 두려움이 있는 아이 쪽으로 수정한다. 부모나 다른 양육자가 아이를 나쁜 아이로 보면 화나고 배척하고 포기하고 싶은 유혹을 느낀다. 그러나 실제로 나쁜 아이가 아니라 상처받은 아이라면? 사람들은 상처받은 아이에게 어떻게 반응할까? 당연히 누구나 도움을 주려고 할 것이다. 부모가 자신의 아이에 대해 나쁜 아이가 아닌 상처받은 아이라는 시각을 가지게 될 때 아이를 공감하고 사랑을 주려 할 것이다.
- 사례 요약은 아이의 좋은 점은 받아들이고, 문제 행동은 외적 원인으로 돌린다. 부모와 마찬가지로, 많은 아이들이 흔히 스스로 나쁘고 결함이 있고 타락했다고 생각한다. 사례 요약은 아이들에게 좋은 부분이 근본적인 바탕이고, 문제는 그들을 방해하는 요소이지 핵심 요소가 아니라는 시각을 가지게 한다. 즉, 용이 문제이지, 왕국 자체가 문제는 아니라는 것이다.
- 사례 요약은 문제와 부적절했던 해결책을 모두 정상적인(그리고 비병리적인) 방향으로 돌린다. 외상후 스트레스 증상을 겪으며 '문제아' 취급을 받은 아이들

은 스스로 정상이 아니고, 낙인찍히고, 망가지고, 불량하다고 생각하는 경향이 있다. 사례 요약을 통해 아이들은 자신은 정상이고 사건에 대한 정당한 반응을 한다는 시각을 획득하고, 단순하고 정상적인 반응(더 강해지는 것, 나쁜 기억을 말하는 것 등)을 하게 된다.

- 사례 요약은 역량과 자원들을 강조한다. 사례 요약은 용이나 문제/증상에서 시작하지 않고, 옛날 옛적 용이 나타나기 전에 왕국의 생활과 빛나는 갑옷을 입은 기사에서 시작한다. 용을 죽이려면 왕국과 기사(또는 가족/지역사회와 아이)가 함께 노력해야 한다. 역량과 자원들은 치료 성공의 기초이기 때문에 치료자는 아이의 역량과 자원들을 반드시 파악해야 한다.
- 사례 요약은 아이와 가족 모두에게 긍정적인 치료 활동에 참여할 동기를 부여한다. 아이와 가족 모두 문제의 발생 원인을 이해하는지, (분노와 배척 대신에) 서로 공감하고 연대를 느끼고 아이를 보호하는지, 문제를 해결할 수 있다는 자신감을 가지는지, 호전될 희망이 있다고 느끼는지 등을 지켜봐야 한다!

외상근거 사례 요약은 기본적으로 아이가 살아온 이야기이며, 아이가 특별한 외상 경험을 통해 학습되어 증상이 나타나게 되었다는 이야기다. 사례 요약은 심리학적인 지식이 없는 부모와 아이들이 이해할 수 있는 평이한 언어로 전달해야 한다. 이야기의 구조는 행동의미 평가표 양식과 같지만, 첫 부분에 아이의 역량과 자원을

의미하는 '옛날 옛적에' 부분이 포함되어 있다. 내용은 개인마다 다르겠지만, 모든 외상근거 사례 요약에는 다음과 같은 필수 요건이 있어야 한다.

- 긍정적인 애착, 건강한 발달, 성공적인 기능, 좋은 특성, 친사회적 목표들, 지지적인 주변 사람들, 기타 역량과 자원들에 대한 증거로 시작한다.
- 아이의 병력 중에서 구체적인 외상 경험에 초점을 맞춘다.
- 다른 아이들이 그런 경험을 했을 때 어떻게 반응하는지를 기술한다.
  - 부정적 믿음: 아이들은 나쁜 일이 생길 것 같아 세상은 안전하지 않고 계속 경계해야 한다고 생각한다. 그리고 스스로 무력하고 가치가 없고 나쁘다고 생각한다.
  - 축적된 감정: 사건과 관련된 나쁜 감정들(예, 슬픔, 분노, 걱정)들이 너무 커서 처리되지 않고 내부에 갇혀 축적되기만 한다.
- 과거 사건과 연관된 자극인자가 급소를 건드리면 축적된 강한 나쁜 감정이 폭발하고, 그런 감정에 압도당한 아이는 막다른 골목으로 몰려 증상이 발생한다는 과정을 설명한다. 아이들은 흔히 나쁜 감정을 제거하려고 문제를 일으키며, 대개 감정이 가라앉고 나면 자신의 행동을 후회한다.

행동의미 평가표 양식을 연습할 때 나온 사례를 생각해 보자. 처음에 '옛날 옛적에' 부분(역량, 성공, 자원들)을 넣으면 외상근거 사례 요약이 된다. 아이의 입장에서 문제 행동이란 강하게 압박하는 어떤 문제에 대한 해결책이란 점을 기억하라.

> 케이시는 8세 소년으로 학교와 동네에서 잦은 다툼을 일으켜 의뢰되었다. 아버지가 어머니를 강압하고 때리는 가정 폭력을 경험했고, 아버지가 어머니를 때리는 것을 막아 보려 했지만 번번이 실패했다. 케이시는 먼저 싸움을 건 적은 없고, 다른 친구들이 집단으로 욕하고 공격해서 방어했을 뿐이라고 말한다.

다음은 평가표를 작성하는 간략한 예다.

1. 역량/성공/자원들: 자신과 가족을 지키려 했다. 싸움을 걸지는 않는다. 친구들을

원한다.

2. 정신적 외상/상실 사건: 아버지가 어머니를 강압하고 때리는 것을 목격했다.
3. 학습된 것(부정적 믿음): 나는 무력하다.
4. 축적된 감정들: 분노, 공포, 수치심
5. 자극 상황-주제: 위협받거나 공격받는다는 느낌(예, 다른 친구들이 괴롭힐 때)
6. 문제 행동: 싸움

다음은 당신이 해 줄 이야기(설명)다. 이야기 순서는 평가표의 순서와 동일하다.

1. 케이시는 진심으로 가족을 돌보려 한다. 케이시보다 크고 힘센 사람을 만나더라도 용감하게 자신과 가족을 지키려 할 것이다. 그는 학교생활을 열심히 한다. 친절한 소년이며 다른 친구들에게 잘 대해 준다. 치료자에게 친구들과 사이좋게 지내고 친구들이 더 많아지길 바란다고 말했다.
2. 케이시는 아버지가 어머니를 때리는 장면을 여러 번 목격하였다. 자신이 중단시키려 했지만 그럴 수 없었다. 그는 너무 작았다.
3. 아이들은 경험을 통해 배운다. 이런 경험을 한 아이들은 흔히 스스로를 무력하고 자신이나 사랑하는 사람을 보호해 줄 수 없고, 자신이 좋은 사람이 아니라고 생각한다.
4. 이런 느낌을 자극하는 어떤 일을 만나면, 아이들은 흔히 그 일을 중단시키지 못해 누군가가 다치거나 화를 내거나 또는 수치심을 느낄 것 같은 강한 두려움을 느끼게 된다. 이런 감정들은 너무 강해서 내부에 축적되고, 그래서 급소는 더 커진다.
5. 놀림 받는 것을 좋아할 사람은 아무도 없고, 겉으로 보기에 괜찮은 듯해도 큰 고통을 느낀다. 케이시는 놀림을 받을 때 내부에 축적되었던 오래된 생각과 감정들로 구성된 급소가 자극될 것이다. 그래서 그의 반응은 주변 사람들이 예상한 것보다 훨씬 더 강하다. 나쁜 감정들이 너무 강하고 견딜 수 없어 케이시는 발산할 수밖에 없다.
6. 케이시의 해결책은 놀리는 친구들을 공격하는 것이다. 그가 친구를 때리는 행동의 의미는 나쁜 감정들을 제거하려는 것일 뿐이다. 즉, 분노를 제거하는 것

이다. 그렇게 해야 무력감을 또다시 느끼지도 않고 자신을 지킬 수 있다고 느낄 수 있다.

'옛날 옛적에' 부분에 아이들의 목표들을 포함시킨다. 케이시의 목표는 친구를 더 많이 사귀는 것이다. 아이들은 긍정적이고 친사회적인 목표가 있을 때 정상이란 느낌을 가진다. 케이시는 '나쁜' 소년도 아니고 '될 대로 되라' 는 식의 아이도 아니다. 이 점을 명료하게 설명하는 것이 중요하다. 케이시에게 친사회적인 목표는 공주이며, 당신과 함께 치료를 시작할 수 있는 동기가 된다. 사례 요약에 이어 치료 권고 사항을 전달할 때, 당신의 조언을 따른다면 목표들을 달성할 수 있다고 설명한다.

연습: 스스로 연습하기

이 연습은 소그룹(이상적이라면 3~4명)이면 좋지만 혼자 해도 된다. 사례를 읽고 순서대로 연습하면 된다.

1. '정신적 외상근거 사례 요약' 평가표를 순서대로 완성한다. 1번 문항을 완성한 후에 2번 문항으로 넘어간다.
2. 그룹의 다른 사람들에게 먼저 사례를 읽고 나서 평가표를 발표한다. 부족한 부분이 있더라도 걱정하지 말고 최선을 다하면 된다. 사례 요약은 많은 연습이 필요하기 때문이다.
3. 사례 요약을 듣고 다른 사람들은 피드백을 준다. 요약이 잘되어 다음에도 그렇게 요약하면 될 부분은 어디인가? 더 잘 요약했으면 하는 부분이 있는가? 있다면 왜 그렇다고 생각할까?
4. 다음 사람이 발표하고 피드백을 받는다. 순서대로 계속 발표하고 피드백을 받는다.
5. 사례 요약을 잘하는 요령이 있다. 발표 전에 아래 요령을 참조하기 바란다. 물론 사례 요약은 풍부한 경험이 필요해서 한 번에 다 습득하기는 어렵다.

- 평가표를 순서대로 작성한다. 그러면 순조롭게 진행될 것이다.
- 아이, 교사, 고졸 학력의 부모가 이해할 수 있는 쉬운 말을 사용한다.
- 표현을 라벨화하지 말고 일상적인 언어로 표현한다. 예를 들어, '그는 가정 폭력을 목격했다.' 보다는 '그는 아버지가 어머니를 때리는 것을 보았다.' 란 표현이 더 좋다. 라벨화를 하지 말고 사실을 전달하는 것이 목적이다(참석자들 일부에게 비밀 유지가 필요한 내용이 있다면 숨기는 방법보다는 '어떤 나쁜 일이 있었다.' 는 식으로 막연하게 표현하고 넘어가는 것이 더 좋을 때가 많다. 그러나 상황에 따라 당신의 판단에 맡긴다.).
- 아이의 생각이나 감정을 비난해서는 안 된다. 다른 아이들이라면 비슷한 상황에서 가질 수 있는 생각이나 감정들을 말해 주는 것은 도움이 된다. 그중에 맞는 말이 있으면 아이들은 더 쉽게 선택하고 이런 방식을 편하게 느낀다. 또한 아이들은 비슷한 경험을 한 다른 아이들이 있다는 것을 알면 자신만 이상한 경험을 하는 것이 아니고 자신의 경험이 '정상' 임을 이해해서 안정된 상태로 당신의 말을 경청하게 된다.
- 아이에게 어떤 자극인자가 외상 기억에 축적된 부정적인 믿음과 감정들을 자극하면 결국 급소가 자극되어 과잉반응이 나타난다는 반응 과정을 설명한다. '급소가 자극된다.' 는 말을 그대로 사용해도 대부분은 잘 이해한다. 문제 행동은 나쁜 감정들을 제거하려는 시도이고, 그래서 아이에게 문제 행동은 해결책이란 점을 설명한다.

다음은 사례 요약을 작성하기 위한 몇 가지 사례들이다.

사례 1: 존

현 병력 정보

존은 4학년의 10세 소년이다. 몇 개월 전 읽기장애로 진단되어 지금 읽기 특수교육을 받고 있다. 그는 몇 년간 성적이 계속 하락했고, 공격적인 행동들이 증가하였다. 그리고 몇몇 교과목에서 낙제점을 받았고, 시험 중에 책상을 넘어뜨리고 교실을 나간 일이 있어 의뢰되었다.

사례 요약

- 소개: "존에 대한 평가를 말씀드리겠습니다. 그리고 왜 이런 문제가 발생했는가에 대한 제 의견도 함께 말씀드릴 예정입니다. 마지막에 평가 결과에 대해 상의할 시간을 가지고, 앞으로 어떻게 해야 할지에 대해 대화할 겁니다."
- 옛날 옛적에: "중요한 점은 제가 만난 모든 사람들이 존을 진심으로 좋아한다는 것입니다! 존은 여동생을 돌보고, 종종 집안일을 돕고, 학교생활을 잘하길 원하고, 친한 친구들도 있습니다."

  "그러나 읽기장애 때문에 글을 잘 읽지 못하고, 학업을 따라가지 못하는 문제가 있습니다. 부모님께서는 존을 데려온 이유가 학교에서 말썽을 많이 부리고, 할 일을 하지 않고, 시끄럽게 떠들고, 다툼이 잦아서라고 하셨습니다. 그리고 집에서 말을 듣지 않는다고 하셨지요. 존이 왜 그런 행동을 하는지 제 생각을 말씀드리겠습니다."
- 그리고 용이 나타났다: "읽기장애가 심한 아이들은 흔히 학교생활에서 큰 어려움을 겪고, 잘못된 행동을 계속 반복하곤 합니다."
- 부정적 믿음: "그래서 존과 같은 어려움을 가진 아이들은 자신이 못하는 어떤 것을 다른 친구들이 잘하는 것을 보면 자신이 바보 같다는 느낌을 받는다고 말했습니다. 물론 사실은 그렇지 않은데 말입니다."
- 축적된 나쁜 감정: "그런 아이들은 바보 같다는 느낌을 받을 때마다 큰 좌절감이 들었다고 말합니다. 읽기가 잘 안 되면 다른 과목도 따라가기 어렵습니다. 아시겠지만 요즘은 수학도 읽기가 되지 않으면 이해하기 어려운 문제가 나옵니다."
- 자극인자: "그래서 존은 어떤 일을 하다 잘 안 되면 지금까지 경험했던 힘든 상황이 연상되면서 수년간 좌절감이 축적된 급소가 자극되는 느낌을 받습니다. 이때 느껴지는 좌절감은 너무 강해서 감당하기 어렵습니다."
- 문제 행동과 그것의 해결책 역할: "그래서 존은 스스로 못한다고 생각해서 즉시 포기하게 됩니다. 존은 좌절감을 견딜 수 없기 때문에 다시 좌절하느니 시도하지 않는 편이 더 낫다고 생각하는 것 같습니다."

연습: 정신적 외상근거 사례 요약

마커스는 14세 소년으로 싸움 때문에 한 달간 정학을 받았으나, 그 기간 동안 친구를 심하게 구타한 사건으로 두 번째 정학을 받아 의뢰되었다. 초등 2학년 때 실시한 지능검사에서 전체 지능지수는 95(평균은 90~110)였고, 언어성 지수보다 동작성 지수가 더 우수하였다. 그 당시 읽기 곤란—읽기장애가 의심되었지만 진단받은 적은 없었다.—이 있었고, 학습량을 줄이고 개인수업을 하면 이해를 잘했다. 그러나 4학년이 되자 70점 이상 점수를 받지 못했다. 반에서 대체로 조용한 편이었고, 마지못해 공부하였고, 간신히 탈락을 면하는 성적을 받았다. 싸움 때문에 일 년에 한두 번 정학을 받았고, 교감선생님에게 친구들이 자신이나 가족을 비난할 때만 다투었다는 사실을 말하지 않았다(그러나 당신에게는 말한다.). 집에서는 조용하고 예의 바르나 화를 자주 폭발했다. 부모가 별거하다 결국 이혼한 7세 때까지 심한 체벌을 받았고 가정 폭력도 목격했다. 이혼 후로는 아버지를 만난 적이 없었고, 마커스도 만나고 싶은 마음이 없었다.

1. 옛날 옛적에(관계, 능력, 성공, 자원을 포함한 긍정적인 역량들을 소개한다.):

2. 그리고 나쁜 일이 일어났다:

3. 보통 어떤 일이 발생하는가(비슷한 정신적 외상을 경험한 다른 아이들의 반응, 즉 부정적 믿음이나 축적된 감정들에서 유래하는 과잉반응을 기술한다.)? :

4. 축적된 감정들:

5. 자극인자(또는 '고위험' 상황)가 있을 때마다(자극 상황과 자극인자가 어떻게 과잉반응을 유발하는지 기술한다.):

6. 그리고 나쁜 생각과 감정들이 너무 강해져서(과잉반응의 긴급성과 문제 행동의 일시적 안정 효과에 대해서 기술한다.):

연습: 정신적 외상근거 사례 요약

마이클은 10세 소년이며, 2년 동안 충동/공격적 행동, 친구와 다툼, 불량한 수업 태도 등과 같은 문제가 지속된 후에 ADHD로 진단받았다. 9세 때 약물치료를 시작하여 초기에는 도움이 되어 몇 주간 학교생활을 잘하다가 다시 점차 악화되었다. 가정에서 여러 번 지시를 해야 할 일을 했고, 동생과 종종 다툼은 있지만 사이좋게 지내는 편이었다. 현재 부모는 별거 중이고, 마이클은 어머니와 살고 있고 일주일에 몇 번 아버지를 만난다. 정신적 외상 병력은 5세 때 가벼운 자동차 사고와 6세 때 삼촌의 사망이 있었다.

1. 옛날 옛적에(관계, 능력, 성공, 자원을 포함한 긍정적인 역량들을 소개한다.):

2. 그리고 나쁜 일이 일어났다:

3. 보통 어떤 일이 발생하는가(비슷한 정신적 외상을 경험한 다른 아이들의 반응, 즉 부정적 믿음이나 축적된 감정들에서 유래하는 과잉반응을 기술한다.)?:

4. 축적된 감정들:

5. 자극인자(또는 '고위험' 상황)가 있을 때마다(자극 상황과 자극인자가 어떻게 과잉반응을 유발하는지 기술한다.):

6. 그리고 나쁜 생각과 감정들이 너무 강해져서(과잉반응의 긴급성과 문제 행동의 일시적 안정 효과에 대해서 기술한다.):

사례 2: 조디

현 병력 정보

조디는 7세인 2학년 여학생이며 별 문제 없이 지냈으나, 세계무역센터 폭발 사건의 1주기 기념일 후부터 소변을 못 가리고 악몽을 꾸는 증상이 나타났다. 최근에는 여동생을 괴롭히는 행동도 나타났다. 3년 전 화재로 집이 전소된 일이 있었다(그때 조디는 집에 없었다.). 그는 시험문제를 다 풀지 않아 교사가 이유를 묻자 울부짖는 행동을 해서 의뢰되었다.

사례 요약

- 소개: "조디에 대한 평가를 말씀드리겠습니다. 그 후에 제 설명에 대해 대화할 시간을 드리겠습니다."
- 옛날 옛적에: "무엇보다 조디는 원래 정상적인 아이였고, 놀이를 좋아하고 친구들과 어울리기를 좋아했습니다. 그리고 학교생활도 잘하고 부모님 말씀도 잘 듣는 장점이 있었습니다."

  "그렇지만 최근에 조디가 달라져서 도움을 요청하게 되었습니다."
- 그리고 용이 나타났다: "아마도 세계무역센터 폭발 사건과 관련이 있는 듯합니다. 다른 아이들의 반응에 대해서 설명드리겠습니다만, 조디도 비슷한 경험을 하는 것 같습니다."

  "아이들은 화재로 집을 잃거나 큰 건물이 무너지는 일과 같은 아주 무서운 일을 경험하면 성인과는 매우 다르게 받아들입니다."
- 부정적 믿음: "좋은 부모의 도움으로 안전하고 보호받는다는 분위기에서 성장한 아이들은 이런 무서운 일을 경험하면 세상이 그렇게 안전하지 않다는 생각을 하게 됩니다. 그래서 나쁜 일이 또 일어날지 모른다는 걱정을 심하게 합니다. 또 이상하게 들릴 수 있겠지만 나쁜 일을 자책하기도 하며, 모두들 그 아이 때문이 아니라고 얘기해도 그런 생각을 계속하는 아이들도 있습니다. 그런데 아이들은 어떤 일로 화가 났을 때 마침 나쁜 일이 발생하면 마치 자신의 화 때문에 그것이 일어났다고 믿게 됩니다."
- 외상후 스트레스 증상에 대한 간략한 치료교육 추가: "아주 무서운 경험을 한 아이

들은 악몽을 꾸거나 소변을 못 가리기도 합니다."

- 축적된 나쁜 감정: "이런 사건을 경험한 아이들은 무력하고 슬프고 화난 느낌을 가집니다. 공포, 걱정, 무력감, 슬픔, 분노, 죄책감 등과 같은 감정들이 마음속에 축적되어 내부에 갇히게 됩니다."
- 자극인자: "그 후에 이런 감정 중 하나가 어떤 일로 연상될 때 축적된 감정들이 자극되어 강한 반응을 보이게 됩니다. 아주 사소한 일이라도 가능합니다. 과거라면 학교에서 사소한 실수를 해도 분노나 무력감을 약하게 느꼈겠지만, 지금은 급소가 자극되어 축적된 강한 감정이 폭발해서 그것을 처리할 수 없는 상태입니다."
- 문제 행동과 그것의 해결책 역할: "급소가 자극되면, 조디는 바로 포기하고 울부짖게 됩니다. 그렇게 할 때 나쁜 감정들의 일부가 발산될 뿐더러, 좌절감을 느끼지 않으려고 즉각 포기하면 주변 사람들이 조디를 진정시키려 관심을 가지게 됩니다."

사례 3: 칼라

다음은 복합적 외상을 잘 설명해 주는 사례 요약으로, 외상, 부정적 믿음들, 축적된 감정들과 관련된 부분을 발췌한 것이다.

> 칼라는 4학년인 10세 여학생이다. 3~5세 때 가정 폭력에 노출되었고, 6세 때 교통사고로 사촌이 사망하였다. 칼라는 2개월 전에 읽기장애를 진단받았다. 성적이 떨어지고 공부를 하지 않으려 해서 의뢰되었다.

"한 부모가 다른 부모(또는 아이가 좋아하는 누군가)를 때리는 장면을 경험한 아이들은 흔히 스스로 안전하지 않고, 나쁜 일들이 일어날지 모른다는 생각을 가지게 되며, 무력하고, 자신이 하는 일은 무엇이든지 아무 가치도 없다고 믿게 됩니다. 흔히 아이들이 느끼는 나쁜 감정들은 너무 강해서 마음속에 축적되어 내부에 갇혀 버리게 됩니다. 어떤 일이 일어날 때, 아이들은 화나고 슬프고 심지어 그 일을 중단시키지 못한 것을 수치스러워하기도 합니다. 칼라는 몇 년 전에 가정에서 봤던 무서운 사건 때문에 이런 반응을 보이게 됩니다."

"그 후 사촌이 죽었을 때, 첫 번째 상처에 또 다른 외상이 쌓이게 되었습니다. 더 큰 무력감, 나쁜 일이 일어날 수 있다는 더 강한 믿음, 더 강한 분노, 슬픔, 수치심을 느꼈고, 축적된 감정은 점점 커졌습니다."

"칼라가 읽기장애가 있다는 것을 겨우 2개월 전에 발견했습니다. 읽기장애를 진단받기 전에, 이런 아이들은 친구들처럼 열심히 노력해도 실패하는 경험을 하루에도 몇 번이나 경험합니다. 그래서 그들은 흔히 자신에게 무언가 잘못된 것이 있고, 자신이 무력하며, 노력해도 성공하지 못하고, 아무리 노력해도 계속 나쁜 일만 일어난다는 생각을 하게 됩니다."

"그래서 칼라도 다른 아이들처럼 계속 이런 종류의 학습을 받았습니다. 즉, 나쁜 감정들이 축적되기만 했을 겁니다. 그래서 현재 [자극인자]가 나타나면……."

실제로 사례 요약을 하다 보면 아이와 가족이 앞으로 치료를 위해 해야 할 일을 설명하고 싶은 강한 충동을 느끼게 된다. 이런 충동은 당연하지만, 사례 요약을 모두 설명한 후에 하는 것이 좋다. 이에 대해서는 8장에서 설명할 것이다.

사례 요약은 외상 관련 주제에 초점을 맞춘다. 그렇다고 해서 외상만이 문제를 발생시키거나 유지시키는 원인이라는 뜻은 아니다. 그 외에도 많은 원인이 있을 수 있다. 예를 들어, 부모의 습관적인 반응 태도가 아이의 문제를 강화시키는 원인일 때도 있다. 사례 요약의 목적은 외상이 아이의 문제와 관련되어 있다는 이해를 도우려는 것이다. 이런 이해를 가질 때, 아이를 도와주고 상황을 호전시키려는 동기를 유발할 수 있다. 앞으로 다뤄지는 다른 영역에서도 이해, 관심, 결심은 꼭 필요한 요소다.

Chapter 08

치료 계약하기

외상근거 사례 요약 다음은, 치료 방침을 만들고 아이와 가족이 그것을 수용하기를 기대하는 단계다. 사례 요약의 내용에 근거한 치료 방침은 아이에게 더 안전하고 보호받는 느낌과 더 강하고 유능해지는 방향에 초점을 맞추며, 그런 방식을 통해 아이들이 외상 관련 증상들에서 벗어날 뿐만 아니라 외상 기억을 직접 직면해서 숙달하고 해결하게 하려는 목적이 있다. 치료 방침에 포함될 내용은 다음과 같다.

- 특별한 문제, 증상, 상황들에 대한 구체적인 개입법
- 아이에게 더 안전하고 보호받는 느낌을 줄 수 있는 부모(그리고 다른 양육자) 활동들
- 아이에게 더 안전하고 강하고 조절한다는 느낌을 줄 수 있는 아이 활동들
- 아이가 외상 기억을 직면하고 숙달할 수 있게 도와주는 아이 활동들(치료 후반부)

치료 계약을 '끝내기' 전에 아이(그리고 가족)에게 동기를 충분하게 부여하는 과정이 필요하다. 성취할 목표인 공주가 없다면 아무 효과가 없다는 것을 기억해야 한다.

동기 강화

사례 요약은 과거와 현재뿐만 아니라 미래에 대한 것이기도 하다. 여기서 동기가 핵심 요소이며, 동기가 없으면 어떤 치료도 가능하지 않다. 사례 요약 단계 동안에 동기를 강화시킬 수 있는 방법에는 두 가지가 있다.

- 공주를 잊지 말라! 아이를 위한 부모의 목표뿐만 아니라 아이가 바라는 아이 자신의 목표를 파악하는 것이 결정적으로 중요하다. 아이가 어떤 사람이 되기를 바라는가? 더 나이가 들었을 때 어떤 사람이 되길 원하는가? 현재, 다음 주, 다음 달에 어떤 사람이 되길 바라는가?
- 공주라 하더라도 단지 환상 속의 공주라면 안 된다. 아이와 가족이 볼 때 조금이라도 성공 가능성이 있어야 한다. 희망을 기억하는가? 이미 희망을 가질 만한 많은 변화가 있었다.
  - 치료관계가 형성되면서 아이는 이미 안전과 애착이 가능하다는 희망을 가지게 되었다.
  - 주 문제에 대한 치료자의 명확하고 깊이 있는 이해는 치료자에 대한 신뢰성을 높이고, 치료 방침이 현실적으로 가능하다는 인상을 준다.
  - 치료자의 '다른 아이들은 이렇게 말했다.' 라는 설명은 아이에게 다른 아이들의 치료가 성공했다는 의미를 전달해서 자신도 성공할 수 있다는 믿음을 갖게 한다.
  - 평가 단계 동안 가족의 애착 수준이 증가되어 가족 사이에 있었던 과거의 친밀감이 완전히 손상된 것은 아니라는 것을 알게 된다.
  - 아이가 외상/상실 병력에의 노출을 견딘 것은 더 큰 어려움도 성공적으로 해결할 수 있다는 희망의 징조다.
  - 치료 방침은 문제 해결을 위한 일련의 실제적인 단계로 구성되어 있어, 문제가 많은 현재에서 각 단계를 거쳐 바람직한 미래로 나아갈 수 있다는 현실적인 가능성을 느끼게 한다. 목표를 단계별로 성취하는 방법을 알게 될 때, 아이는 더욱 현실적인 기대를 가진다.

말하자면 당신의 모든 시도 자체가 희망을 북돋아 주는 역할을 한다. 당신과의 작업을 통해 아이와 가족은 자신과 서로에 대해 더 긍정적인 감정을 느끼고, 당신의 지식과 전문적인 판단을 존중하게 되었을 것이다. 사례 요약과 치료 방침 단계를 거치면서 아이와 가족이 충분한 치료 준비를 하게 되었기를 바란다!

동기유발 면담

동기유발 면담(motivational interviewing: MI)은 아이가 스스로 목표를 설정하고 그것을 성취하기 위한 치료 계획에 최선을 다하게 하는 잘 정립된 면담 기법/접근법이다. 동기유발 면담은 주로 물질남용 문제가 있는 성인에게 사용되었지만, 최근에 와서는 외상후 스트레스장애 환자와 청소년들에게까지 광범위하게 사용되고 있다. 청소년을 대상으로 한 동기유발 면담 연구들은 한 번의 동기유발 면담 치료로 다음과 같은 효과가 있다고 보고하였다.

- 6개월 추적관찰을 했을 때 10%가 금연을 했다.
- 동기유발 면담 집단에서 대조집단에 비해 37% 더 많이 치료에 참석했다.

이 접근법에서는 문제 행동을 가진 사람들은 일반적으로 자신의 문제 행동에 대해 양가감정을 가지고 있다고 본다. 그래서 문제 행동은 또 다른 문제를 야기한다는 단점이 있지만 숨겨진 다른 문제를 해결하는 효과(예, 나쁜 감정들을 제거하는)도 있어 지속된다.

양가감정적인 아이에게 문제 행동을 직접 지적하면, 아이는 "내가 하고 싶어서 하는데 왜 그래요. 신경 쓰지 마세요!"라며 반항한다. 반면에 그에게 그런 행동을 할 만한 권리가 있고 그런 행동을 계속할 때는 어떤 의미가 있겠다는 이해를 전달하면, 아이는 "그래요, 내가 생각해도 내 행동에는 좀 문제가 있는 것 같아요."라며 양가감정의 다른 면을 드러낸다.

당신이 아이에게 무엇이 옳다고 말하고 아이가 그 말을 받아들였다 하더라도, 아이는 당신이 말한 것을 수용한 것이다. 그러나 아이가 스스로 옳다고 생각하는 것을 말하도록 당신이 잘 이끌어 주면 아이는 자신의 생각이기 때문에 자부심을 느낀다. 그것이 자신이 말한 것이고, 자신의 것이기 때문이다. 당신은 이런 역량증진 모델을 사용해서 가능하면 아이에게 주도권을 넘겨 주어야 한다. 아이가 스스로 목표를 정하고 그것을 성취하겠다는 결정을 해서 치료 활동에 참여하기를 기대한다. 당신은 안내자나 코치 역할에 머물러야지, 목표와 성취 결정을 대신해서는 안 된다. 목표와 성취 결정이 바로 아이의 공주이기 때문이다.

다음은 동기유발 면담 접근법의 핵심적인 원칙과 방법이다.

자유의지: 어떤 행동을 하느냐는 아이에게 달렸다

치료자는 아이에게 모든 행동은 자신의 선택이란 점을 분명히 설명한다. 치료자는 "이것은 네 인생이야. 뭘 선택하느냐는 너에게 달려 있어."라고 말한다. 이런 표현은 아이의 자율성을 존중하면서 동시에 진실을 전달하는 표현이다. 행동뿐만 아니라 결과 역시 아이가 선택한 것이다. 이때 치료자가 주의할 점은 일정한 거리를 유지하거나 중립성을 지키면서 아이의 선택을 반박하지 않고 지지하는 것이다. 예를 들어, 치료자가 "나는 네가 자신의 목표를 이룰 수 있는 선택을 하길 바란다. 네가 무엇을 선택하건 간에, 나는 오늘부터 60일째 되는 저녁에 뭘 하고 있을까? 다른 날과 마찬가지로 저녁을 먹고 있을 거야."라고 말할 수 있다(또는 적어도 마음속으로 생각해도 좋다.). 팀 성적은 신경 쓰지 말고 팀을 응원하라는 뜻이다. 즉, 아이의 선택은 신경 쓰지 말고 지지하라는 의미다. 자신의 선택을 치료자와 싸우는 무기로 사용할 필요가 없다는 것을 알 때, 아이들은 자기 자신과 싸우도록 남겨지며 결국 훌륭한 결과가 나온다.

공감: 아이의 세계관을 포용하라

공감은 효과적인 정신치료의 핵심 요소이며, 동기유발 면담 접근법에서도 가장 중요한 요소다. 당신이 아이의 세계관을 포용할 때, 아이는 지지받고 존중되는 느낌을 가진다. 즉, 아이는 당신이 함께 있어 준다는 느낌을 받는다. 그렇다고 아이가 말하는 전부를 반드시 믿는다거나 또는 당신도 아이가 생각하는 방식대로 생각해야 한다는 뜻은 아니다. 공감은 아이를 이해하고 수용한다는 의미이며, 적극적인/사려 깊은 경청을 할 때 가능하다. 예를 들면, 아이가 사건을 설명할 때 "너는 장난이었을 뿐인데 친구는 진짜 싸우려 했다는 말이니?" 와 같은 치료자의 반응이다. 반면에 "네가 먼저 자극한 것 아니야?" 라는 반응은 다른 사람들이 이미 했던 반응을 되풀이하는 것일 뿐이다. 이런 반응은 아이에게 전혀 도움이 되지 않는다. 또 그렇기에 아이가 당신에게 의뢰된 것이다. 아이의 세계관에 대한 공감과 수용을 할 때, 대화가 가능하며 아이도 관심과 이해를 받는 느낌을 갖게 된다.

지적하지 마라

아이의 얼굴을 보며 네 잘못이라고 지적하는 것은 영화에서나 통하지 현실에서는 통하지 않는다. 직면해서 얻을 수 있는 것은 그다음 주에 아이가 오지 않아 당신의 시간이 낭비될 뿐이라는 것이다. 연구 결과에 따르면 타인의 감정을 고려하지 않고 거리낌 없이 말하는 태도는 치료 순응도를 떨어뜨리고 탈락률을 증가시킨다(Sommers-Flanagan & Sommers-Flanagan, 1995). 아이들은 '고함치는 듯이 말하는' 것을 좋아하지 않는다. 그런 상황에서 아이들은 마음의 문을 닫고 관계를 단절하려 한다. 동기유발 면담은 지적을 하지 않고 의뢰인이 스스로 직면할 때까지 기다린다.

목표를 정하고 그곳에 에너지를 집중하라

치료자는 의뢰인의 목표, 다시 말해 의뢰인이 원하고 관심 있는 부분을 파악하도록 이끈다. 그러나 이는 외상 경험 때문에 희망까지 회피하려는 아이들에게는 힘든 작업일 수 있다. 이런 아이들은 실망하지 않으려고 습관적으로 목표를 정하지 않으려 한다. 치료자는 또한 의뢰인이 목표에 집중하고 헌신하도록 격려해야 한다. 그래서 치료자는 아이가 진심으로 원해서 정한 목표라는 점을 자주 일깨워 주고, 목표를 성취할 수 있는 실제적인 단계를 설명해서 아이가 단지 상상 속의 목표가 아니라 더 현실적이고 실현 가능한 목표라는 것을 느끼게 해 준다.

목표와 행동 사이의 모순을 강조하라

동기유발 면담의 핵심은 의뢰인의 목표와 현재 행동 사이의 모순을 강조하는 것이다. 물론 공감적이고 지적하지 않는 태도로 진행해야 한다. 치료자는 "나는 그렇게 되기를 원한다는 네 말을 믿고 또 네가 진심으로 원한다고 생각해. 그렇지만 이해하기 어려운 점이 있어. 너는 목표를 방해하고 네가 원하는 것을 얻을 수 없는 문제 행동까지 하고 있어. 그래서 나는 네가 진심으로 원하는지 혼란스럽단다."라고 말한다. 이런 딜레마를 강조해서 의뢰인이 그 모순을 진지하게 고려하게 되면 큰 변화가 일어날 수 있다.

구체적인(특정 행동에 대한) 조언을 제공하라

의뢰인이 긍정적인 목표를 수용하고 그것이 자신을 위한 목표임을 알게 되면 목표를 성취할 수 있는 구체적인 행동을 조언한다. 그러나 그것이 의뢰인 자신의 목표이고 의뢰인이 주도권을 가지도록, 치료자는 계속 지지적인 중립성을 유지할 필요가 있다. 치료자는 "네가 진정으로 목표를 원한다는 것을 알겠어. 네가 말한 것과 비슷한 목표를 가졌던 다른 아이들이 어떻게 성취했는지 이야기해 줄게."라고 말한다. 그리고 목표를 달성할 수 있는 치료 계획을 설명한다.

신속하고 작은 성공을 계획하라

초기 치료 계획에 크지 않고 신속하게 성공할 수 있는 치료 활동을 두는 것이 중요하다. 목록에 있는 한 가지 목표를 실제로 해결할 수 있다는 것을 알게 되면 아이는 어떤 생각을 하게 될까? 아이는 자신이 실제로 해결 가능하고, 성공할 수 있는 길로 이미 접어들었다는 사실을 더 강하게 믿게 된다. 그래서 더 자신감을 가지고, 더욱 희망적이 되며, 치료에 더 헌신적으로 참여한다.

공주 찾기

아이들이 스스로 목표를 정하고 자발적으로 참여하게 할 수 있는 데에는 다양한 전략들이 있다. 아이의 연령과 발달 단계를 고려해서 전략을 결정한다. 연령에 따라 아이들의 관심과 미래에 대한 개념이 다르고, 생각할 수 있는 미래 시점도 각각 다르다.

취학 전 아이들은 오직 현재에 관심이 있고 안전과 행복을 원한다. 부모가 적절한 권위를 유지하고 아이들이 부모를 두려워하지 않는 상황이라면, 대부분의 아이들은 부모의 지시를 잘 따른다. 아이들이 부모와 함께 있는 것이 가장 큰 동기 요소이기 때문에 부모는 큰 영향력을 가진다. 부모를 위한 동기유발 접근법에 대해서는 10장에서 다룰 것이다.

학령기 아이들은 하루 정도를 잘 보내기를 기대할 수 있을 뿐만 아니라 가까운 미래까지 고려할 수 있다. 예를 들어, 친구 집에서 하룻밤 자면서 소변을 잘 가리기를 바라거나, 게임방에 가고 싶어 시험공부를 열심히 한다. 또는 좋아하는 장난감을 사려고 저축하거나, 운동 팀에 들어가려고 연습을 열심히 한다. 그러나 이 연령대 아이들이 스스로 치료를 결정할 수 있다는 뜻은 아니다. 아이의 의견이 타당한지 보호자를 통해 확인해야만 한다.

치료에 협조할 사람도 아이이고 방해하는 사람도 아이다. 그렇기에 우선적으로 아이의 관심사와 바람이 무엇인지 파악한 후에 치료 목표를 정해야 한다. 아이의 목표가 치료받지 않는 것일 수도 있음을 기억해야 한다. 치료 중단 역시 선택할 수 있는 정당한 목표임을 수용하고 기타 치료 목표들에 집중하게 하면 치료 과정을 더 빨리 마칠 수도 있다. 아이는 부모 역시 목표 달성을 진심으로 바란다는 것을 알면 큰 힘을 얻는다. 자신의 증상이 부모에게 어떤 도움이 된다고 생각하는 아이들은 이런 부모의 진심을 알면 호전되어도 좋다는 부모의 승낙을 받은 것으로 느낀다. 부모와 자녀가 함께 협력하는 이런 과정은 손상된 부모-자녀 관계를 회복시키기도 한다. 다음은 아이의 동기를 촉진시킬 수 있는 효과적인 개입을 위한 단계들이다.

1. 아이가 원해서 치료하는 것이 아닐 수도 있음을 인정한다. “부모님은 네가 매

주 치료받으러 올 거라고 하시던데 네 생각도 같니, 아니면 네 생각은 다르니?"

2. 다른 아이들이 선택했던 목표를 정리한 '표준 목록'을 사용해서 아이의 목표들을 확인한다. 아이에게 필요하다고 추정되는 목표가 포함되어 있는지 미리 살펴본다. "이 목록은 지금까지 다른 친구들이 원했던 내용을 정리한 거란다. 너에게 맞는 항목이 있다면 말해 줄래?"
   - 악몽을 안 꾸고 싶어요.
   - 성적이 오르기를 원해요.
   - 친구가 더 많아졌으면 좋겠어요.
   - 괴롭힘을 당하지 않았으면 좋겠어요.
   - 부모님에게 꾸중 듣지 않았으면 좋겠어요.
   - 밤에 소변을 싸지 않았으면 좋겠어요.
   - 말썽을 부리지 않았으면 좋겠어요.
3. 아이의 목표와 부모가 아이를 위해 바라는 목표가 일치한다는 점을 알려 준다. "너는 성적이 오르고 어머니께 꾸중 듣지 않기를 원하는구나. 어머니도 네가 원하는 것과 같은 것을 바라고 계시던데, 알고 있었니?"
4. 선택한 목표를 위해 노력하기로 합의한다. "네가 정한 목표를 이루도록 같이 노력해도 괜찮겠니? 성적을 올리고 어머니 꾸중을 덜 듣기 위한 치료를 해 보는 것은 어때?"

12~13세경 아이들은 어른이 되었을 때 자신이 어떤 사람이 되고 어떤 인생을 살고 싶은지 등과 같이 먼 장래를 생각할 수 있다. 그러나 10대는 현재나 가까운 미래에 더 관심이 있어 먼 장래보다는 눈앞의 즉각적인 만족을 선택하기도 한다. 특히 외상을 입은 10대들이 그러해서 "나에게 좋은 일이 생길 리 없어요. 그럴 리 없으니 지금 하고 싶은 대로 할래요."라고 말한다. 목표가 크면 클수록(미래가 멀면 멀수록), 외상에 의한 '미래를 비관적으로 보는 시각'은 성취 가능성이 낮다거나 목표를 절대 이룰 수 없다고 느끼게 만든다. 아이가 계획, 희망, 꿈을 회피할수록 미래의 목표에 집중하기 어려운데, 이는 곧 미래에 대한 작업이 더 필요하다는 뜻이다.

미래영화 각본

'미래영화(future movies)' 기법(Greenwald, 2004, pp. 8-11)은 10대 아이들이 목표 설정과 목표 달성을 위해 최선을 다하도록 이끌어 주는 방법이다. 이 기법은 예비 연구들과 충분한 임상 경험을 통해 그 효과가 밝혀져 있다. 미래영화 기법은 동기 유발 면담 원칙에 근거한 구조화된 방법으로, 판매 상담처럼 반론에 대한 예상되는 답변이 있고 원하는 반응을 얻을 수 있도록 구성되어 있다. 10대 아이들이 희망이나 꿈에 대해 말하는 동안 객관성을 유지시키기 위해 영화라는 은유를 사용하며, 현실과 일정한 거리를 유지하게 해서 추가적인 후유증을 낮출 수 있다. 이후에 현재가 아닌 원하는 목표 시점을 직접 다루는 단계가 되면 상상이 아닌 현실적인 실현 가능성이란 목표로 변경한다.

과거와 현재에 대해서 알아봤으니 지금부턴 네 미래에 대해서 생각해 보자. 이렇게 한번 상상해 볼까? 지금부터 10년 뒤-그때가 되면 너는 몇 살일까?-에 내가 퇴근길에 비디오 가게에 들러 [아이 이름] 스토리라는 영화를 빌리는 장면을 떠올려 볼래? 그 영화는 아이가 어떤 도시에서 성장하는 과정을 그린 영화이고, 시작은 괜찮은 편이야. 좋은 학생인 듯했으나 불행한 일을 겪은 후로는 자주 화를 내고, 스트레스를 잘 받고, 마음속에 나쁜 느낌이 계속 들게 되었어. 그래서 스트레스가 계속 쌓이다 보니 결국은 나쁜 행동까지 하게 되었지. 다툼이 늘고, 스스로 "나는 나쁜 아이들과 어울리는 불량학생이야. 좋은 학생이 되기는 이미 글렀어."라고 생각해. 그러나 얼마 지나 아이에게 어떤 변화가 일어나기 시작했어. 좋은 행동이 하나 나타나더니, 그 후 또 다른 좋은 행동을 하고 그다음에는 더 좋은 행동이 나타나고……. 영화가 끝날 때까지 그렇게 진행되었지. 음악이 흐르고 감독 등 만든 사람들의 이름이 나오는 마지막 장면을 보면서 나는 웃음 지으며 이렇게 말하는 거야. "아! 감동적인 영화구나." 만약 이것이 너에 대한 영화이고 영화처럼 네가 원하는 대로 될 수 있다면 네 미래는 어떨 거라고 생각하니?

(주의 사항: 실제 치료에서는 영화 스토리에 아이의 병력을 첨가해서 더 생생

한 이야기를 만든다. 문제 행동의 발생이나 악화와 외상/상실 병력 간의 관련성을 직접 시사하는 내용, 과잉반응이나 문제 행동과 '스트레스 축적'의 관련성을 삽입한다. 영화 기법은 우화 모델을 따른다. 이것은 외상근거 사례 요약을 설명하는 방법이 되기도 한다.)

필요시의 추가 질문: 어떤 직업을 가질 것 같니? 어디에 살고 있을까? 지금 살고 있는 동네에 계속 살고 있을 것 같니? 아니면 다른 도시, 다른 나라에? 주택이나 아파트 중에 어떤 곳에 살고 있을까? 독신으로 또는 남자친구나 여자친구와 살고 있을까? 그때쯤 결혼은 했을까? 결혼했다면 부인은 어떤 사람일 것 같니? 차는 가지고 있을까? 있다면 어떤 차를 가지고 있을까? 차 색깔은 어떨까?

영화 각본에 근거한 대화 예시

치료자: 만약 그 영화가 너에 대한 이야기라면 마지막 장면은 어떨 것 같니?

청소년: 아이들, 부인과 함께 집 앞에 서 있는 장면일 거예요.

치료자: 그 장면을 머릿속에 떠올리면 어떤 느낌이 들지?

청소년: 좋은 기분이고 행복해요.

치료자: 그 느낌이 네 몸의 어디에 느껴지지?

청소년: 몸 전체에서요.

치료자: 그 장면처럼 되기 위해서 너 자신을 격려할 수 있는 말이 있다면 어떤 말일까? 예를 들어, "나는 할 수 있어."라거나 "나는 자신 있어." 같은 말처럼.

청소년: "하면 돼!"

치료자: 좋아. 그 장면을 머릿속에 떠올려 집중해 보자. 눈을 감고 싶으면 그렇게 해도 괜찮아. 그리고 그 장면, 느낌, 느낌이 느껴지는 신체 부위, 스스로를 격려하는 말에 다 같이 집중해 보자.

치료자: 영화는 중간에서 마지막 장면으로 건너뛰지 않고 순서대로 진행되어야 해. 너에 대한 이야기, 즉 네가 주인공인 영화라면 영화 스토리가 어떻게 될까? 내일, 다음 주, 다음 달, 내년에는 어떤 장면이 나올까?

청소년: 내가 주인공이란 말인가요?

치료자: 그렇지. 너에 대한 미래 이야기라면 어떤 식으로 전개되기를 바라니?

청소년: 음, 더 이상 다투는 일은 없을 거예요.

치료자: 좋아. 그 말은 네가 어떻게 행동한다는 말이지?

청소년: 먼저 학교생활을 잘하고 졸업을 해서 어머니를 기쁘게 해 줄 거예요.

치료자: 학교생활을 잘한다는 것은 어떻게 한다는 말이지?

청소년: 매일 학교에 잘 가고, 집중해서 수업을 듣고, 숙제를 잘하는 것이에요.

치료자: 만약 친구들과 충돌할 일이 생긴다면?

청소년: 그냥 피하고 지나칠 거예요.

치료자: 졸업하고 나서 보통 직장을 다니거나 군대에 가거나 대학교에 갈 텐데 영화 속의 너는 어떻게 되니?

청소년: 삼촌 가게에 취직해서 차를 매매하고, 야간에는 대학에 다닐 것 같아요. 컴퓨터도 배울 거예요. 컴퓨터를 잘하면 돈을 많이 벌 수 있을 테니까요.

치료자: 자, 그럼 지금부터 마음속으로 영화의 처음부터 끝까지 떠올려 볼까? 내 말은 태어난 날이 아닌 지금 시점부터 마지막 장면까지 네가 말한 모든 것을 생각해 보는 거야. 네가 말한 모든 장면을 영화처럼 떠올리면 돼. 눈은 감아도 되고 떠도 돼. 오늘부터 시작해서 떠올려 볼까? 끝까지 다 봤으면 말하면 돼.

할 만했니? 영화 속에서 어떤 일들이 있었니?

네가 말한 대로 영화가 진행되었으면 좋겠지만, 혹시 얘기한 것과는 다르게 흘러가지 않았니? 혹시 과거의 나쁜 사건이 계속해서 떠오른 것은 아니니? 마지막 장면은 무엇이었니?

치료자: 그렇구나. 철창에 갇혀 있는 모습이 마지막 장면이란 말이지?

청소년: 맞아요. 교도소처럼 콘크리트 방이었어요.

치료자: 그 장면을 떠올리면 어떤 느낌이 드니?

청소년: 기분이 나쁘고 슬퍼요.

치료자: 어디에 그 느낌이 느껴지지?

청소년: 가슴에요.

치료자: 그 장면에서 '그럴 가치가 없다.' 는 말이 진실처럼 느껴질 수 있을까?

청소년: 그 말이 딱 맞는 말처럼 느껴지네요.

치료자: 좋아. 지금부터 잠시 마지막 장면, 나쁜 느낌, 나쁜 느낌이 느껴지는 신체 부위, '그럴 가치가 없다.' 는 말에 집중해 볼까? 그렇게 될 필요는 없다는 말이 더 진실처럼 느껴지니? 아니면 처음보다 더 거짓으로 느껴지거나 이전과 똑같을까? 자, 그럼 한 번 더 마지막 장면, 나쁜 느낌, 느낌이 드는 신체 부위, '그럴 가치가 없다.' 는 말에 집중해 보자. 지금은 '그럴 가치가 없다.' 는 말이 더 진실처럼, 좀 더 거짓처럼, 또는 이전과 똑같이 느껴지니?

목표에 집중하기

치료자: 0점은 전혀 원하지 않는 것이고 10점은 100% 원하는 점수일 때, 너는 네가 원했던 해피엔딩 장면을 0~10점 사이에서 몇 점 정도로 진정 원하니?

청소년: 8이나 9점 정도 진심으로 원해요.

치료자: 좋아. 0~10점에서 철창에 있는 장면을 떠올리면 현재는 몇 점 정도로 기분이 나쁠까?

청소년: 5점 정도예요.

치료자: 진심으로 좋은 결말을 원하니?

청소년: 네, 그래요.

치료자: 그렇지만 흔히 작은 것이 커져서 모든 것이 다 엉망이 될 때도 있겠지?

청소년: 그럴 수도 있을 거예요. 나도 그렇게 생각해요.

역량과 장애물

치료자: 어느 팀이 우승할지 내기할 때, 네가 특정 팀을 선택하는 이유는 뭘까? 알겠어. 너는 너 나름의 판단 기준이 있으니, 나는 네 판단을 믿고 네가 이긴다는 데 100달러를 걸겠어. 나는 왜 이런 결정을 할까?

잘했어. 내가 그런 결정을 하게 된 이유가 있어. 내 생각이 맞는지 틀린지 한번 들어 볼래?

너는 고등학교를 졸업한 후에 농구선수 장학금을 받아 대학교에 가기를 원한다고 말했어. 너는 우수한 농구선수이니?

청소년: 맞아요. 팀에서 탈퇴하기 전에는 우리 고등학교에서 가장 우수한 선수였어요.

치료자: 그렇구나. 그럼 '훌륭한 농구선수' 라고 기록해 놓을게. 이것은 네가 목표를 이룰 수 있는 장점 중 하나가 될 수 있을 거야. 또 다른 장점은 뭘까?

청소년: 나는 한번 결심하면 포기하지 않아요.

치료자: 좋아! 그것도 적어 놓자. 그리고 가족끼리 화목하다고 하지 않았니?

청소년: 예, 서로 배려하고 위해 줘요.

치료자: 그럼 '화목한 가정' 도 적어 놓자. 가족이 든든하게 뒤를 지켜 주면 목표를 더 쉽게 이룰 수 있어. 또 다른 건?

다시 한 번, "나도 이 친구에게 걸고 싶어."라며 너에게 돈을 거는 사람들이 많다는 쪽에 내가 돈을 걸지. 그 사람들은 왜 그런 결정을 했을까?

목표 달성을 위해 네 노력을 방해하는 방해물로는 어떤 것이 있을까? 무엇이 걸림돌이 될 수 있을까?

네가 순조롭게 목표를 달성할 수 있는 긍정적인 이유도 있겠지만, 무언가 방해하는 것도 있다고 생각하는 것이 맞을 거야.

지금 너는 목표를 달성할 수 있는 자신감이 0~10점 중에 어느 정도일까?

그렇다면 6점에서 7점이 되도록 조금 더 자신감을 가지려면 무엇이 필요할까?

어떻게 하면 될까? (필요하다면 추가 질문이나 의견을 제시한다.)

목표 설정 다음에 동기유발 면담을 하고 미래영화 각본을 시도하면, 문제 행동이 발생할 가능성이 높은 나쁜 결말에 초점을 맞추게 해서 심리적 갈등을 부각시킨다.

그다음에 역량과 장애물을 탐구하는 과정을 통해 갈등을 더욱 강조하게 한다. 단계마다 갈등을 강조함으로써 문제 행동이 (타인만이 아니라) 자신에게 미칠 수 있는 부정적인 영향을 자각해서 긍정적인 목표를 설정하도록 한다. 각 단계를 통해 아이는 목표를 이루기 위해서 해야 할 일과 진짜 성공할 수 있는 이유를 점점 이해하게 된다. 마칠 무렵, 아이들은 영화에 대한 이야기에서 자신의 계획에 대한 대화로 변화되었음을 거의 의식하지 못한 채 할 수 있다는 자신감을 가지게 된다.

목표 달성을 방해하는 장애물을 파악해야 하는 중요한 이유가 있다. 장애물에 대한 평가 과정을 거치지 않으면, 어떤 아이들은 그것이 있다는 사실을 전혀 알지 못한다. 목표를 가로막는 장애물이 없는데 무엇 때문에 당신의 도움을 받으려 하겠는가! 아이들은 혼자 하겠다고 할 것이다. 당신이 중요한 장애물이나 난관을 파악하고 이해할 때 아이를 더 강하게 만들고 장애물을 극복할 수 있는 방법을 제공할 수 있다. 장애물 찾기를 건너뛰거나 회피하지 않기 바란다. 결국은 대가를 치르게 될 것이기 때문이다.

많은 청소년들은 모든 치료를 끝낸 후에 미래영화 기법이 가장 마음에 드는 치료였다고 한다. 이 기법은 아이들 스스로 목표를 파악하고 자신의 역량과 자원을 깨닫게 하고, 긍정적인 느낌과 자신감을 북돋아 치료 동기를 높인다. 이런 특성 때문에 아이들은 이 기법을 좋아한다.

동기유발 면담은 우화 모델 원칙에 근거한다. 그것은 아이의 역량을 증진시키고, '공주' 를 알아내고, 그 후에 자신감을 북돋아 용을 죽일 수 있는 실력을 겸비하게 한다. 사례 요약을 설명하고 동기를 파악해서 최대로 발전/증진시켰다면, 다음은 구체적인 조언을 제공할 차례다.

치료 계획과 계약

사례 요약이란 정확한 이해를 제공하는 것이다. 그것은 '어떻게 해야 하는가?' 란 질문으로 이어진다. 그래서 치료자는 치료 계획—아이 주변에 안전성과 보호를 위한 울타리를 치고, 아이를 더 강하게 만들고, 용을 죽이는 계획—을 권고한다. 치료 계획은 다음과 같은 사항을 포함해야 한다.

- 치료 계획은 과거와 문제를 정리한 사례 요약이란 지도를 미래까지 확대한다. 문제를 이런 식으로 이해하고 해석한 사람은 분명 당신이 처음일 것이다. 그래서 치료 계획은 치료자의 신뢰를 높이고, 가족이 제안하는 계획을 수용할 가능성도 커지게 한다.
- 치료 계획에서는 모든 사람마다 필요한 역할을 할당해야 한다. 특히 죄책감 또는 잘못했다는 생각을 가지거나 의욕을 상실한 부모에게 매우 중요하다. 아이가 가정에서 규칙적인 생활을 유지하고 더 안전하고 보호받는다는 느낌을 갖도록 울타리를 쌓고 일관된 양육을 제공할 수 있는 사람은 바로 부모다. 교사나 그 밖의 가까운 사람들도 각자의 역할이 필요하다. 그렇게 될 때 아이는 외상 기억을 직면하고 처리할 수 있을 만큼 강해진다.
- 사람들은 과거와 다른 행동을 할 수 있을 때 긍정적인 느낌을 받는다. 많은 유형의 정신치료에서 부모는 아이를 데려오고, 아이는 무엇을 하라는 지시를 받거나 행동 또는 말에 대한 느낌을 표현하는 역할을 할 뿐이다. 그래서 흔히 부모나 아이 모두 무력감을 경험한다. 그러나 단계마다 구체적인 역할을 설정하는 분명한 치료 계획을 제공한다면 사람들은 중요한 무언가를 하고 있다는 자신감을 가지게 된다.
- 치료 계획은 치료에 대한 신뢰성을 높인다. 목표를 달성할 수 있다고 예상되는 구체적인 행동을 요구할 때, 사람들은 그런 행동을 해야 할 필요성을 이해한다. 치료 활동을 하는 배경을 이해할 때, 사람들은 믿고 치료를 지속한다. 그러면 치료에 적극 참여하고, 성공 가능성은 커지고, 치료 탈락은 줄어든다.

초등학교 고학년/청소년

초등학교 고학년 이상 아이들에게 미래영화 기법(Greenwald, 2004)을 사용할 때는 문제점(외상 포함)과 해결책을 도식화하면 효과적이다. 이 방법은 특히 하나의 문제 행동을 선택해서 해결할 때 도움이 되며, 그 결과로 아이가 자기조절을 잘하고 안정되면 아이와 주변 사람들은 치료가 효과적이라고 느끼게 된다. 과잉반응에 미치는 외상의 영향을 도식화해서 설명할 때는 더욱 효과적이었다(Nancy Smyth, 개인적 교신, 2002. 9). 뒤에 나오는 **'문제 행동의 악순환과 치료 방침'** 의 도식(Greenwald,

2004)처럼, 종이에 원을 그리고 대화하면서 각 부분을 채워 나간다.

이 책에 제시된 모든 실습 양식과 각본의 문장은 매우 신중하게 고려해서 선택되었다. 그래서 수정해서는 안 된다는 것이 아니라, 습관적으로 바꾸지 말고, 아이에 따라 조심스럽게 수정하라는 뜻이다. 예를 들어, 각본에 있는 "내가 네 어깨를 가볍게 쳐도 되겠니?"라는 치료자의 표현을 건너뛰어 바로 "내가 네 어깨를 가볍게 칠게."라고 하는 것은 좋지 않다. 항상 아이의 동의를 구하려고 노력해야 한다. 더 조심스럽게 하고 싶다면, "내가 네 어깨를 이 책으로 가볍게 때려도 되겠니?"라고 말해도 된다.

대화 예시

치료자: 지난 시간에 네가 원하는 목표와 네 인생에 대해 얘기했고, 또 네가 원하는 것을 이루도록 하는 너의 장점과 방해하는 장애물에 대해서도 알아보았어. 너에게 화가 폭발하는 것이 가장 큰 방해물이라고 말한 것 기억나니? 요즘은 화가 얼마나 자주 나니?

청소년: 다른 사람이 화나게 할 때만 간혹 그래요.

치료자: 어떨 때 화를 참을 수 없다는 말이니?

청소년: 다른 사람이 우리 가족에 대해서 수군거리거나 나를 무시할 때는 참을 수 없어요.

치료자: 그래? 화를 참을 수 없는 상황이 따로 있었구나. 여기 '고위험 상황들' 아래에 그 말을 내가 적을게. 마지막으로 화가 폭발했을 때는 언제지?

청소년: 어제 그랬어요.

치료자: 무슨 일이 있었니?

청소년: 버스에서 어떤 남자와 부딪쳤는데, 꼭 내 잘못이라는 듯이 쳐다봤어요. 나보고 사과하라는 것처럼 쳐다봤어요.

치료자: 그 장면을 떠올리면 어떤 생각과 느낌이 드니?

청소년: 미칠 것 같은 느낌이 들어요.

치료자: 생각은, 어떤 생각이 머릿속에 드니?

문제 행동의 악순환과 치료 방침

제안:

1. 고위험 피하기
2. 자기조절 기술 기르기
3. 스트레스 줄이기
   - 일상생활의
   - 과거 상처에서 오는
4. 작은 성공 쌓기

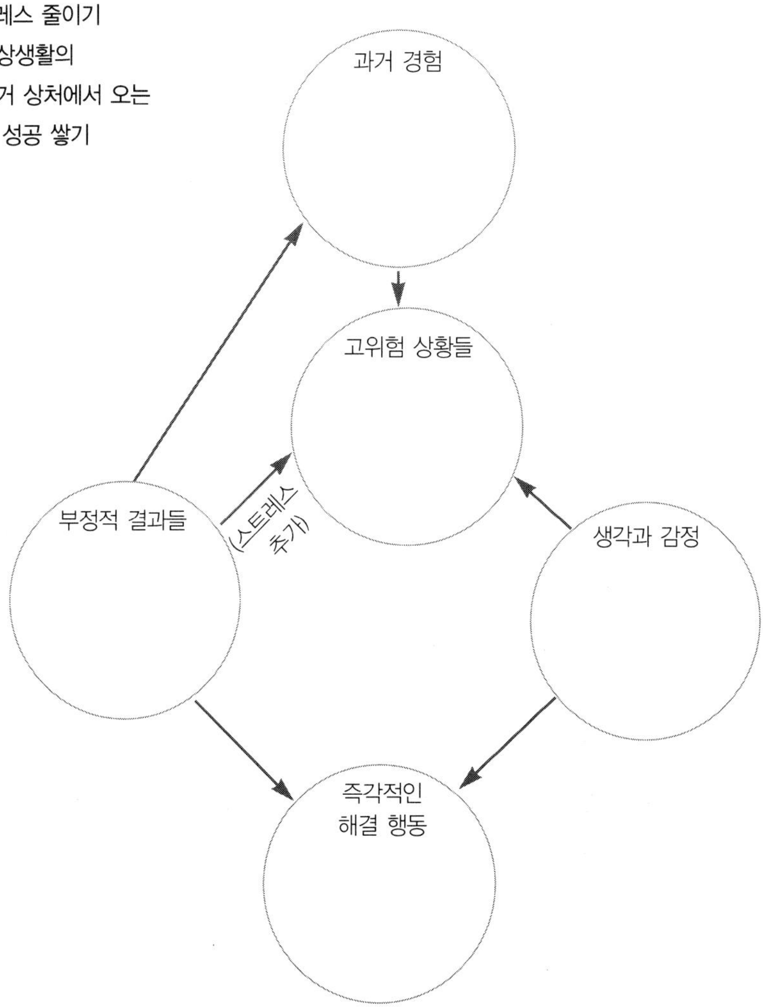

청소년: 그 사람을 때리고 싶어요.

치료자: 네 몸에는 어떤 느낌이 들지? 미칠 것 같다는 느낌이 몸 어느 부위에 느껴질까?

청소년: 심장이 뛰고 주먹을 쥐게 되요.

치료자: 아주 강한 반응을 느끼는구나. 그런 느낌이 들면 어떻게 하고 싶니?

청소년: 그 남자를 치고 싶어져요.

치료자: 지난 시간에 그렇게 하면 너에게 나쁜 결과가 있을 거라고 말한 것 생각날 거야. 만약 그 남자를 때린다면 너에게 어떤 나쁜 일이 발생할까?

청소년: 학교에서 처벌받고 다시 교도소로 가게 되겠죠. 그 남자가 보복을 하려고 할지도 모르고…….

치료자: 이제 다른 질문으로 넘어가 보자. 네가 말한 고위험 상황에 대해서인데, 누군가가 그런 행동을 하면 항상 참을 수 없는 거니?

청소년: 그렇진 않아요. 대개는 참을 수 있어요.

치료자: 기분이 좋거나 편안할 때와 이미 스트레스를 받은 상황 중에서 더 잘 참을 수 있을 때는 언제일까?

청소년: 이미 스트레스를 받았다면 폭발할 겁니다.

치료자: 학교에서 처벌받거나 누군가가 복수하려는 나쁜 결과가 발생하면 그 때는 너는 편안한 상태일까, 아니면 스트레스를 받는 상태일까?

청소년: 당연히 매우 스트레스를 받는 상태죠.

치료자: 고위험 상황에서 싸우면 결국 스트레스를 더 받는 결과가 초래된다는 말이니?

청소년: 당연하죠. 음…… 아! 알았어요. 악순환된다는 말이군요.

치료자: 그렇지! 재밌는 얘기를 하나 할게. 너는 그런 일이 고위험 상황이라고 했지? 그런데 다른 아이들은 그런 일은 거의 신경 쓰지 않지만 다른 상황이 되면 견딜 수 없어 해. 그런데 너는 또 그 일은 별일 아닌 것으로 생각하거든? 왜 특정한 상황을 네가 고위험 상황으로 느끼는지 설명해도 될까?

청소년: 좋아요, 해 주세요.

치료자: 그래? 설명하기 전에 내가 네 어깨를 가볍게 쳐도 괜찮을까?

청소년: 괜찮아요.

치료자: 좋아. 자, 내가 칠 때 0~10점 사이에서 몇 점 정도로 아프게 느껴지는지 집중해 볼래? (어깨를 가볍게 친다.) 몇 점이지?

청소년: 전혀. 0점이요.

치료자: 이제는 실제로 내가 할 수는 없는 일을 머릿속으로 한번 상상해 보자. 내가 야구 방망이를 힘껏 휘둘러 네 어깨 이곳을 때린다고 상상해 보자. 한 번이 아니라 10분 동안 계속 때리고, 그다음 날에도 계속 때리는 것을 상상해 볼래? 2주 동안 매일 맞은 어느 날 복도를 지나다 누군가와 맞은 어깨 부위를 부딪쳤어. 내가 다시 그쪽 어깨를 쳐도 될까?

청소년: 예.

치료자: 야구 방망이로 2주간 맞고 난 다음 누군가와 어깨를 부딪친다면 몇 점 정도로 아프게 느껴질까? (그 부위를 전과 같이 가볍게 친다.)

청소년: 10점!

치료자: 왜 그럴까?

청소년: 이미 너무 맞아 통증이 있으니까요.

치료자: 맞아. 나는 이것이 고위험 상황에서 너에게 일어나는 현상과 같다고 생각해. 너에게 있었던 최악의 일들이 무엇인지 질문했던 것 기억나니? 그리고 내가 그 장면들을 생각할 때 0~10점 사이에서 몇 점으로 느껴지는지 물었던 것도 기억나니? 네 목록의 몇 개는 아주 높은 점수였어. 만약 그 몇몇 사건들이 네 마음속에 급소를 형성했다면, 내 생각에 어떤 일로 그때와 비슷한 느낌이 든다는 것은 그 일이 네 급소를 때려 아주 강한 반응을 나타내게 한다는 거야.

청소년: 그럴 수 있겠네요. 나도 그렇게 생각해요.

치료자: 이해가 되니?

청소년: 예.

치료자: 잘했어. 이제 무엇이 너를 방해하고, 목표 달성에 지장을 주는지 생각해 볼까? 장애물을 어떻게 처리하고, 그래서 너 스스로 잘 조절하면서 네가 바라는 대로 생활할 수 있는 방법에 대해서 생각해 보자.

청소년: 알았어요.

치료자: 너에게 한 명의 친구가 있다고 가정해 볼게. 21세에 알코올중독이지만 술을 끊으려고 노력 중인 친구야. 지금까지는 술을 무사히 끊고 지내고 있고, 직장을 구하는 중이야. 어느 날 그 친구가 너에게 "길 건너 술집에서 바텐더를 구하는데 그곳에 취직하고 싶어."라며 네 의견을 묻는다면 뭐라고 조언할 거니?

청소년: 절대로 안 된다고 할 거예요.

치료자: 왜 그렇지?

청소년: 술집이니 결국 얼마 지나지 않아 다시 술을 마시게 될 거예요.

치료자: 그래, 정답이야. 내가 너에게 말하려는 첫 번째 조언을 이미 알아차렸을 거야. 고위험 상황을 피하라는 것이지. 문제가 발생할 가능성이 높은 상황을 알면 그 상황을 피할 수 있어. 그 친구는 네 조언을 받아들여 옷가게에 취직했어. 그러던 어느 날 생일파티에 갔어. 어떻게 되었을까?

청소년: 술을 마실 것 같네요.

치료자: 그렇겠지. 건강하게 잘 지낸다고 하더라도 고위험 상황을 피할 수 없을 때도 있다는 거야. 그래서 두 번째 조언은 너도 이미 알고 있듯이 바로 자기조절 기술을 기르는 것이야.

청소년: 그렇군요.

치료자: 너도 스트레스를 받으면 자기조절 기술을 사용하기 어렵다고 했듯이, 세 번째 조언은 스트레스를 줄이는 것이지. 두 부분으로 나누어 설명할 수 있는데, 첫째는 스트레스가 적은 생활을 하도록 노력하고 스트레스가 있으면 그때그때 풀어야 한다는 거야. 둘째는 과거 상처에서 비롯되는, 즉 네 마음속에 급소를 형성한 과거 외상에서 오는 스트레스를 감소시킬 필요가 있어. 다른 것과 달리 과거 기억은 좀 특별한 문제여서, 과거 기억을 사라지게 할 수는 없지만 급소를 작게 만들 수는 있어. 과거 기억은 지금 바로 치료하지 않고 어느 단계가 되면 시도할 거야.

마지막 조언은 너무 당연하지만 '성공'하는 경험이 중요하다는 것이야. 작은 것을 성공하다 보면 점점 더 강해진 느낌이 들고, 자신감이 더 커지고, 더 열심히 노력하고 싶어질 거야.

내 조언에 대해 어떻게 생각하니? 이해가 되니?

청소년: 네, 무슨 말인지 알겠어요. 내가 이미 그렇게 노력하고 있는 것도 있어요.

치료자: 그럼 앞으로 함께 노력해 볼까?

청소년: 알겠어요.

초등학교 저학년 이하 아이와 부모

대부분의 부모는 사례 요약과 치료 계획을 받아들인다. 이 단계에서 가장 중요한 것은 부모 역할의 중요성을 강조하는 것이며, 부모가 아이를 치료자에게 맡겨 놓았다는 느낌이 들게 해서는 안 된다.

치료자: 자녀를 도와줄 수 있는 방법은 여러 가지가 있습니다. 먼저 학업을 잘 따라가도록 읽기 특수교육을 계속하고, 가정에서도 아이가 안정되고 불안하지 않게 도와줄 방법들이 있습니다. 그렇게 하면 아이는 많이 안정될 겁니다. 저는 해결되지 않고 남아 있는 과거의 나쁜 감정들을 처리하도록 도와주려 합니다. 좋은 습관을 교육하려고 행동 차트 등을 사용하고 싶으시더라도 아직 그럴 단계가 아니니 사용하지 않는 것이 좋습니다.

부 모: 잘 알겠습니다. 우리 아이에게는 개인상담이 꼭 필요하다고 생각합니다.

치료자: 저도 개인상담이 틀림없이 도움이 되리라 생각합니다. 그러나 가장 중요한 것은 부모님께 달려 있습니다. 부모님께서 아이가 가정에서 더 안정되도록 도와주신다면 치료는 훨씬 쉬워지고, 그래서 저도 더 많은 도움을 줄 수 있을 것입니다. 아이에게는 저보다 부모님이 훨씬 더 중요합니다. 저는 특정 기간 동안만 치료하는 사람일 뿐입니다. 하지만 당신은 아이의 엄마잖아요.

부 모: 내가 뭘 어떻게 해야 한다는 말인가요?

치료자: 이전에 말씀드린 내용을 포함해서 몇 가지를 다시 말씀드리지요. 아버

님은 아이에게 너무 엄하시고, 어머님은 아이 의사대로 한다고 말씀하셨습니다. 부모님 사이의 양육 태도가 너무 다르면 아이는 보호받지 못한다는 느낌을 받습니다. 또 아이에게 자주 화가 나서 결국 고함을 치거나 혹은 참지 못하고 심한 처벌을 하기도 한다고 하셨습니다. 부모님이 조절력을 잃으면 결국 마음과는 다른 행동을 하시게 됩니다. 어머님이 그렇게 행동하면 아이는 보호받지 못하고 불안하게 됩니다. 아이는 진심으로 어머님의 관리감독을 원합니다. 그래서 어머님이 책임지고 자신을 보호하고 안전하게 지켜 주기를 바랍니다.

부 모: 말씀하시는 내용은 알겠지만 실천하기가 어려워요. 아이가 화나게 하는 행동을 자주 하거든요.

치료자: 저도 쉽지는 않다고 생각합니다. 그래서 몇 가지 조언을 해 드리지요. 한번 시도해 보시고 어머님께 도움이 되는지 혹은 다른 어려움은 없는지 다시 상의할 겁니다. 처음에는 힘들겠지만, 익숙해지면 부모님의 태도에 따라 아이들이 빨리 안정되고 건강하게 행동하게 된다는 것을 이해하시게 될 겁니다. 대부분의 부모님들이 그러하셨습니다.

어떤 부모는 자신의 능력으로 아이의 문제를 해결할 수 없다는 심한 좌절감에 빠져 있다. 치료자가 부모를 치료에 적극적인 협조자로 끌어들일 때, 부모는 자신감을 얻고 바람직한 방향으로 노력한다. 또한 치료자는 기회가 있을 때마다 부모님의 노력 덕분이라는 격려를 표현한다. 아이가 한 번의 치료로 극적으로 좋아졌을 때라도, 치료자는 부모님의 협조 덕분이라고 감사를 전달한다. 치료자의 목표는 자신이 칭송받는 것이 아니라 가족을 도와주는 것이다.

치료자: 아이가 무릎을 다쳤을 때 부모님은 어떻게 하십니까?

부 모: 깨끗하게 닦고 일회용 밴드를 붙여 주겠지요.

치료자: 그렇겠지요. 그런데 만약 다리가 부러졌다면 부모님이 부목이나 깁스를 해 주실 건가요?

부 모: 아닙니다. 응급실이나 병원에 가야지요.

치료자: 당연합니다. 대부분의 일은 부모님이 알아서 처리하실 수 있지만, 아

주 큰 문제가 발생하면 전문가의 도움을 받으실 겁니다. 그래서 좋은 부모님이라면 부모님 힘만으로 처리할 수 없는 큰 문제의 경우 전문가의 도움을 요청할 겁니다. 지금처럼 말입니다.

치료 계약의 마지막은 부모가 아이에게 치료를 시작하고 아이가 호전되기 바란다는 승낙을 분명하게 전달하는 것이다. 부모가 직접 아이가 원하는 목표(예, 학교생활을 잘하고 문제를 일으키지 않는 것)를 살펴본 후에 아이가 치료자에게 협조하기를 바란다고 말하는 간단한 절차만으로 부모의 지지는 충분히 전달된다. 부모가 치료에 따른 부정적인 결과를 걱정한다면 추가적인 설명과 해결이 필요하다.

치료자: 아버지는 네가 자기조절을 잘해서 다투지 않고 학교생활을 하기를 원한다고 하시더구나. 지난주에 너도 그렇게 하고 싶다고 말했지? 같이 노력해서 그렇게 되면 좋겠다. 너는 나이가 많아지고 더 강해지면 자기조절을 더 잘하게 될 거라 생각하니?

아 이: 내가 더 크면 그렇게 될 것 같아요.

치료자: 지금은 누군가 화나게 하면 참기 어렵겠지만, 네가 더 크고 강해져서 감정을 잘 조절할 수 있도록 같이 노력해 보자. 시작해도 될까?

아 이: 예, 알겠어요.

치료자: 그럼 먼저 네가 알아야 할 몇 가지를 설명해 줄게. 아버지는 네가 해야 할 일을 배울 수 있게 가정에서 좀 더 엄하게 대하겠다고 하셨어. 또한 우리는 일주일에 한 번씩 만나게 될 거야. 그리고 나는 네가 자기조절을 잘할 수 있는 방법을 알려 주는 친절한 코치 역할을 할 거야. 태풍이 몰아쳤거나 부모님이 다툰 일처럼 과거에 일어난 나쁜 사건과 관계 있는 불쾌한 느낌이 마음속에 갇혀 버린다는 설명이 기억나니?

아 이: 예, 기억나요.

치료자: 우리는 또 과거에 일어난 나쁜 사건들에 대해서도 얘기하게 될 거야. 그러다 보면 나쁜 느낌이 너를 힘들게 하지 않을 정도로 줄어들게 될 거야.

당신은 치료 계약 안에 마지막 치료 단계인 재발 방지와 손상 감소에 대한 설명이 빠졌다는 것을 알아차렸을 것이다. 나는 의도적으로 그렇게 했다. 이 시점에 아이와 부모의 주된 관심사는 현재 보이는 문제를 해결할 수 있는 방법을 알고자 하는 것이기에 우리도 그 부분에 초점을 맞출 필요가 있다. 외상이 처리되어 아이가 원래의 생활로 되돌아가게 되면 자연스럽게 미래에 대해 대화할 기회가 있을 것이다. 그 단계가 되면 아이와 가족은 자발적으로 건강한 생활을 유지할 수 있는 방법—미래의 문제를 예상하고 처리할 수 있는 방법—을 알고 싶어 한다. 그래서 지금은 따로 설명할 필요가 없다.

치료 계약의 방해물

마지막은 가족과 함께 치료 방해물을 예상해서 대처방법을 준비하는 것이다. 치료를 저해하는 일반적인 방해물들은 다수 있다(Greenwald, 1999). 자신의 증상이 부모에게 도움이 된다고 믿는 아이들은 증상 호전보다 가족에 대한 신의를 더 중요하게 느낀다. 치료하러 아이를 규칙적으로 데려오기 어려운 가족도 흔히 있다. 역설

적이지만, 종종 아이가 회복될수록 치료에 대한 동기는 줄어드는 것이 사실이다. 다음은 방해물을 해결하는 방법이다.

방해물: '치료는 위험하다'

자신의 증상이 가족을 유지하는 핵심적인 부분이라고 생각하는 아이들이 있다. 심한 가족문제에서 자신의 증상으로 가족의 관심을 돌릴 수 있다고 생각하기도 하고, 문제 행동을 그만두면 부모의 관심이나 애정을 받지 못할 것 같은 두려움을 느끼기도 한다. 이런 방해물을 가진 아이들은 말로는 치료에 동의하지만 진심으로 치료에 참여하지 못한다.

이런 문제를 해결하려면 치료자는 아이에게 치료 성공을 두려워하는 생각은 없는지 질문하고 그 주제로 대화해야 한다. 아이들은 흔히 '더 좋아지면' 원하지 않는 나쁜 결과가 있을 것 같다는 걱정을 표현한다. 아이가 이런 걱정을 인정하면(흔히 구체적인 질문을 할 때) 그 두려움을 주제로 진지하게 상의할 수 있다. 부모가 증상이 호전되면 가족관계가 더 좋아질 거라고 설명하거나, 가족관계가 어떤 식으로 변할지 구체적으로 하나씩 토의하거나, 이 문제를 주제로 가족 전체와 대화하면 대개 해결된다.

각 본

치료자: 다음 단계로 넘어가기 전에 치료가 너에게 도움이 될지 한번 상의해 보고 싶어. (아이에게) 네가 좋아졌을 때 생길 수 있는 제일 나쁜 일이 있다면 무엇일까?

아 이: 전혀 없어요. 잘 모르겠어요.

치료자: 다른 아이들이 걱정하던 일을 몇 개 말할 테니 혹시 너에게 해당되는 것이 있는지 생각해 보자. 어떤 아이들은 문제가 사라지면 부모님 사이에 갈등이 더 커지지 않을까 걱정해. 또 어떤 아이들은 부모님이 아이의 문제에 신경 쓰지 않아도 되니 사랑을 주지 않거나 부모 사이도 나빠지지 않을까 불안하다고 했어.

아 이: 나도 비슷한 걱정이 있어요.

치료자: (부모에게) 부모님도 걱정하시는 부분이 맞습니까?

부 모: 전혀 아닙니다. 증상이 없어지면 가족끼리 더 화목한 시간을 보낼 수 있게 되겠지요.

치료자: 어떤 식으로 말인가요?

부 모: 같이 영화를 보거나 공원에 놀러 가거나 게임을 하거나…….

치료자: 증상이 사라지면 아이와 재밌는 시간을 더 많이 보낼 수 있다는 말이군요.

부 모: 물론입니다.

치료자: (아이에게) 그렇게 되면 너도 좋으니?

아 이: 저도 좋아요.

치료자: 나도 그렇게 생각하지만 좀 걱정되는 점은 있어. 선생님과 약속을 하나 할까? 문제가 사라진 후에 다시 만나 가족 사이에 아무런 문제가 없는지 상의해 보는 것은 어떨까? 진짜 재밌게 지내는지 확인도 해 보고. 그때 만약 무슨 문제가 발생한다면 함께 해결하면 될 거야.

아 이: 좋아요.

부 모: 저도 찬성합니다.

치료자: (아이에게) 증상이 좋아지면 너에게 생길 수 있는 가장 좋은 일은 무엇일까?

해 설

- 치료자가 이 문제를 진지하게 생각한다는 점을 전달하고 아이들이 흔히 걱정하는 목록을 준비하는 것이 중요하다.
- 이런 대화를 통해 아이는 증상 소실에 대한 승낙, 지지, 안전감을 느낄 수 있다. 치료 성공에 대한 치료자의 역설적인 걱정은 치료 동기를 증가시키고 치료에 '활기' 를 불어넣기도 한다. 또한 대화를 통해 표출되는 가족 역동을 부모가 이해하면 아이의 변화를 지지하는 방향으로 가족 구조를 재조정하기도 한다.
- 부모와 아이가 치료 목표를 서로 다르게 생각하고 있다는 점을 지적할 수 있는 좋은 기회가 된다.

이런 개입만으로는 큰 효과가 없는 경우도 종종 있다. 예를 들어, 부모가 치료에 대해 양가적인 메시지를 전달하거나 또는 부모의 안전이나 행복에 대한 걱정이 아이의 주 증상일 때 흔히 그렇다. 학교 공포증 아이들 또한 부모의 외로움, 자살 시도, 갑작스러운 건강 악화, 폭력 등에서 부모를 지키기 위해 집 밖으로 나가지 못하는 두려움이 있다. 그럴 때 치료자는 부모도 치료에 동의한다는 의사를 아이의 공포를 실제로 줄일 수 있는 구체적인 행동을 통해 표현하도록 한다. 다음 예를 참조하라.

각 본

치료자: 아이는 어머님을 집에 혼자 두고 학교를 가도 진짜 괜찮은지 알고 싶어 합니다. 아이가 학교에 갔을 때 어머님이 우울해지면 도움을 청할 사람이 있습니까?

어머니: 언니에게 전화할 수 있어요.

치료자: 언니 되시는 분은 낮시간에 항상 연락이 가능합니까?

어머니: 예, 자주 전화 통화를 해요.

치료자: 다른 성인이 어머님을 언제라도 도와줄 거라고 진짜로 믿을 수 있을 때까지 아이는 어머님 상태를 계속 신경 쓸 겁니다. 그래서 아이가 학교에서 돌아왔을 때 어머님이 술을 마시고 있거나 울고 있다면 자녀는 어떻게 생각할까요?

어머니: 내 상태가 더 나빠졌다고 생각하겠군요.

치료자: 맞습니다. 그렇게 되면 아이는 학교에 가지 않고 집에서 어머님을 돌봐드려야겠다고 생각할 겁니다. 반면에 학교에서 돌아왔을 때 집이 깨끗하게 정리되어 있고 아이를 위해 어머님이 과자를 준비해 놓는다면 아이는 어떻게 느낄까요?

어머니: 그러면 나 혼자서도 잘 지낼 수 있다고 생각하겠지요.

치료자: 맞습니다. 그러면 자녀는 어머님에 대한 걱정 없이 학교에 갈 수 있게 될 겁니다.

해 설

- 이 개입에서는 부모에게 다른 성인에게 전화로 도움 요청하기, 아파트 문 관리하기 등과 같은 자기관리와 안전 행동을 교육한다. 먼저 부모에게 실제로 실천할 수 있는 행동을 파악하게 한다. 그다음에 그런 행동이 가진 특별한 의미, 즉 부모가 안전하고 자녀의 치료를 지지한다는 의미를 이해하게 한다.
- 이 개입은 또한 치료 과정과 직접 관계가 있다. 예를 들어, 치료자는 부모에게 치료시간을 지켜 아이를 데려오는 행동은 부모가 자녀 치료를 지지한다는 뜻을 전달한다고 설명한다.
- 이 개입은 부모의 협조를 얻는다는 일반적인 치료 원칙-부모의 행동이 자녀에게 미치는 영향 이해하기, 자녀 치료를 위한 부모 역할 담당하기-과 일치한다. 부모의 행동이 자녀에게 미치는 영향력과 중요성에 대한 이해를 바탕으로 방해물을 극복해서 문제를 해결하는 경험을 통해 부모의 능력은 차츰 증가된다.

방해물: '지각이 잦다'

복합적인 문제를 가진 가족은 치료시간에 지각하거나 오지 않는 경향이 있다. 일관성과 규칙성이 치료 계획에 포함되어 있기 때문에, 외상 치료자는 이런 혼란과 예측 불허 행동이 나타나면 그 자체를 치료 목표로 간주한다.

치료자는 규칙적인 치료가 치료 효과에 매우 중요한 요소임을 설명하고, 약속을 지키기 힘든 이유를 파악하도록 노력해야 한다. 흔한 방해물로는 자녀 양육 문제, 약속을 깜박 잊어버림, 이동 수단의 부재 등이 있을 수 있다. 철저하게 검토해서 부모가 각각의 방해물을 해결할 수 있는 구체적이고 현실적인 계획을 세울 수 있게 도와주어야 한다.

방해물: '이제 괜찮아요'

역설적이지만, 성공적인 평가와 준비 단계는 가족에게 치료를 조기에 중단하고 싶은 충동을 유발한다. 실제로 외상의 회복까지는 원하지 않는 가족들이 많다. 아이의 문제가 호전되고 증상이 감소되면 아이도 어느 정도 병전 상태로 돌아가 위기를 넘긴 상태가 된다. 그러면 흔히 아이들이 '다 좋아졌다.' 고 하기 때문에 부모는 치료의 지속 여부를 고민한다. 문제는 회피다. 아이들이 과거 나쁜 사건의 언급을 회피할 뿐만 아니라 부모 역시 아이들이 과거 사건을 상기하기를 원하지 않는다. 아이들은 종종 "이제 괜찮아요. 그 일은 더 이상 말하고 싶지 않아요."라고 말한다.

이런 방해물은 그 출현을 예상하고 미리 교육해 놓으면 해결 가능하다. 외상 기억을 그대로 두면 앞으로도 계속 스트레스와 취약성의 원인이 될 수 있다는 설명이 중요하다. 아이가 지금은 괜찮은 듯 보이지만, 외상 기억을 처리하지 않으면 급소가 그대로 남아 있게 되어 앞으로 스트레스에 취약해질 수 있다. 이런 방해물이 있을 수 있어 사례 요약 때 아이 문제의 핵심은 외상이란 점을 충분하게 설명하는 것이 특히 중요하다.

치료를 결정할 권한은 아이가 아닌 부모에게 있다는 점을 분명하게 설명해 놓는 것도 한 방법이 될 수 있다. 책임감 있는 부모조차 여러 이유로 정신건강 치료는 아이가 원할 때만 해야 한다는 생각을 하는 경향이 있다. 아이가 치료받지 않으려 한다고 해서 필요한 신체 치료를 중단하지 않는 것처럼, 신체질환 치료와 정신건강 치료는 다르지 않다는 설명은 도움이 된다. 아이가 말하고 싶지 않은 것은 언제라도 말하지 않아도 되지만, 필요한 치료는 지속해야 한다.

참고문헌

Colby, S. M., Monti, P., Barnett, N. P., Rohsenow, D. J., Weissman, K., Spirito, A., Woolard, R. H., & Lewander, W. J. (1998). Brief motivational interviewing in a hospital setting for adolescent smoking: A preliminary study. *Journal of Consulting and Clinical Psychology, 66*, 574-578.

Greenwald, R. (2000). A trauma-focused individual therapy approach for adolescents with conduct disorder. *International Journal of Offender Therapy and Comparative Criminology, 44*, 146-163. 이 논문에 미래영화 기법이 소개되어 있다.

Greenwald, R. (2002). Motivation-Adaptive Skills-Trauma Resolution (MASTR) therapy for adolescents with conduct problems: An open trial. *Journal of Aggression, Maltreatment, and Trauma, 6*, 237-261.

James, B. (1989). *Treating traumatized children: New insights and creative interventions.* Lexington, MA: Lexington Books. 치료 초기에 필요한 기법의 훌륭한 예가 나온다.

Lawendowski, L. A. (1998). Motivational interviewing with adolescents presenting for outpatient substance abuse treatment. *Dissertation Abstracts International, 59-03B*, 1357.

Miller, W. R. & Rollnick, S. (2002). *Motivational interviewing: Preparing people for change* (2nd ed.). New York: Guilford Press. 동기유발 면담에 대한 고전적인 책이다.

Monti, P. M., Colby, S. M., Barnett, N. P., Spirito, A., Rohsenow, D. J., Myers, M., Woolard, R., & Lewander, W. (1999). Brief intervention for harm reduction with alcohol-positive older adolescents in a hospital emergency department. *Journal of Consulting and Clinical Psychology, 67*, 989-994.

Newman, E. (2002). Assessment of PTSD and trauma exposure in adolescents. *Journal of Aggression, Maltreatment & Trauma, 6*, 59-77. 외상 평가 기법을 고찰한 논문이다.

제3부

안전성과 역량증진

사례 요약과 치료 계약의 다음 단계는 치료 방침이다. 3부에서는 안전성, 기술 발달, 역량증진(정동 내성 증가)에 중점을 둔다. 이런 과정을 통해 아이는 외상을 직면하고 처리할 수 있는 준비를 갖춘다.

우화 모델에서 일차적 목표는 아이 주변에 울타리를 쌓는 것이다. 울타리 쌓기는 안전성과 보호를 확보해서 목표에 집중할 수 있게 하고, 더 강해지고 기술을 발달시켜 용을 죽일 수 있는 준비를 완수시킨다. 3부의 과제는 다음과 같다.

- 안전성과 문제 해결을 위한 사례관리
- 안전성과 보호를 위한 부모(또는 다른 성인)교육
- 안전성과 자신감을 위한 자기조절 기술 훈련
- 정동 혼란의 점진적인 조절: '더 강해지기'

외상을 바로 처리하지 않고 이 단계를 거치는 이유가 있다. 외상 해결 단계로 진입하려면 아이가 외상에 대해 "나쁜 일이었지만 지나간 일이니 지금은 괜찮아요."라고 말할 수 있어야 한다. 이런 상태는 사건이 실제로 지나가 버렸고, 현실에서 모든 것이 좋아졌을 때만 가능하다. 그래서 외상 해결은 아이가 최대한 안전하고, 지지받고, 실제로 그런 느낌을 가질 수 있는 준비

단계가 필수적이다.

안전과 안정감에 대한 위협은 항상 같지는 않으나 대개 일치한다. 예를 들어, 장기간 신체 학대를 했던 가해자를 계속 만나야 하는 상황은 실제로 불안전할 뿐만 아니라 불안한 느낌을 주는 상황이고, 가해자가 감옥에 있다면 현실적 안전은 확보되었으나 불안하다는 느낌은 계속될 수 있다. 부모가 몰래 마약을 하거나 또는 무책임한 사람에게 아이를 맡기는 경우는 현실적으로는 불안전한 상황이지만, 불안한 느낌이 없는 드문 경우도 있을 수 있다.

아마도 안전성이 장기간 문제가 될 때 발생할 수 있는 가장 흔한 문제는 자극인자에 반복적으로 노출된다는 것이다.

아버지가 더는 때리지 않지만 고함을 치면 겁을 먹고 저절로 손으로 얼굴을 가리곤 하는 어떤 소녀가 있다. 그 소녀는 고함을 위험한 신호, 즉 과거에 그랬듯이 곧 폭력이 뒤따른다는 경고로 해석하였을 것이다. 치료자는 아버지에게 고함은 자녀의 불안을 자극한다는 설명을 했고, 이에 아버지가 고함치는 것을 줄이자 소녀에게 안전감이 증가하였다.

최근에 읽기장애로 진단된 한 소녀는 몇 년간 숙제가 너무 어렵다고 느낄 때마다 고통스러운 감정을 느꼈다. 숙제가 힘들 때면 '너무 힘들어. 이렇게 어려운 것을 어떻게 해! 더는 못하겠어.' 라고 생각했다. 학교에서 아이가 도움을 요청하면 좌절감을 느끼지 않고 숙제를 잘할 수 있다는 느낌을 주기 위해 교사가 즉각적인 도움을 주었다. 더불어 읽기장애를 위한 특수교육도 시행하였다.

이 단계의 또 다른 목표는 부모가 아이의 보호자와 조력자라는 역할을 재정립하도록 도와주는 것이다. 아이의 상처는 부모에게 항상 자신의 잘못이라는 느낌을 남긴다. 부모의 책임이 사실이건 우연이건 관계없이, 전형적으로 모든 부모는 자신이 더 신경 썼어야 한다는 자책을 한다. 그래서 부모는 다음과 같은 심리적 고통을 겪는다.

- 자녀에게 발생한 사건과 자신의 책임감 때문에 심리적 충격을 받을 수 있다. 다양한 외상후 스트레스장애 증상이 나타날 수 있고, 몇몇 증상이 두드러지기도 한다.
- 죄책감이 과도한 부모는 아이가 나쁜 행동을 해도 가만히 두고, 방임하며, 엄격하고 일관되게 규칙을 적용하지 않는다.
- 부적절한 기분이나 우울한 부모는 더 위축되어 일반적인 부모 역할인 훈육, 숙제와 준비물 확인, 놀이 등과 같은 양육 행동이 감소된다.
- 아이의 문제 행동—아마도 외상의 급소에서 유래하는 과잉반응 때문에 발생한—에 대해 부모도 외상에서 오는 과잉반응을 보이는 것은 부모가 죄책감과 실패감에서 벗어나지 못했다는 뜻이다. 이런 부모는 적절한 반응을 하지 못하고 조절력을 잃고 아이에게 강한 과잉반응을 한다.

부모는 아이가 회복될 때 심리적 안정을 찾는다. 부모에게 자녀 치료를 위해 적극적이고 건강한 역할을 요청하는 것은 부모 자신의 치료에도 도움이 된다. 부모가 사건 이전의 양육 태도로 회복되거나 더 좋아지면 결국 아이에게 도움이 된다. 그렇게 될 때 부모가 자녀를 더 효과적으로 보호하고 지도하고 양육할 뿐더러, 가장 중요한 애착관계가 튼튼한 기초 위에 재수립된다.

치료의 마지막 단계인 용 죽이기에는 큰 역량, 기술, 결심이 필요하다. 준비되기 전에 외상을 직면시키면, 아이는 압도되어 재외상(retraumatization)을 입는다. 그러면 아이는 외상을 직면하는 것(그리고 치료를 신뢰하는 것)은 위험하다는 생각을 가진다. 아이는 정서적 고통을 직면할 수 있도록 역량과 기술을 서서히 증진시키면 더 강해진 느낌과 외상을 처리할 수 있다는 자신감을 획득하게 된다. 또한 아이는 능력을 증진시키는 과정을 통해 성공 경험을 쌓는다. 이런 성공 경험은 미래의 성공에 대한 더 큰 희망을 가지게 하고, 목표를 향해 더 열심히 노력해서 성취하겠다는 결심을 더욱 굳건하게 한다.

Chapter 09

사례관리

당신이 해야 할 첫 번째 일은 아이의 주변에 울타리를 쌓아 아이가 안전과 안정감을 가지게 하는 것이다. 그리고 부모교육과 자기기술 훈련도 중요하지만 더 일차적으로 필요한 것은 사례관리다. 사례관리는 치료자가 직접 해도 되고, 가족 중 누군가가 맡아도 된다. 사례관리는 과거의 외상에서 벗어나려는 아이의 회복력에 매우 중요하기 때문에 가능하면 신속하게 시도해야 한다.

사례관리에서 해결해야 하는 주요 과제는 다음과 같다.

- 가해자에 대한 지속적인 노출
- 긴급하게 해결할 일(예, 의학적 치료, 거주지)
- 피해 위험성이 높은 부모(예, 가해 부모와 함께 있는 상황, 자살 위험성)
- 불필요한 자극인자에의 지속적인 노출
  - 학습장애가 있지만 특수교육을 받지 못하는 상황
  - 따돌림
  - 부적절한 감독
  - 비상식적인 훈육 또는 훈육의 부재

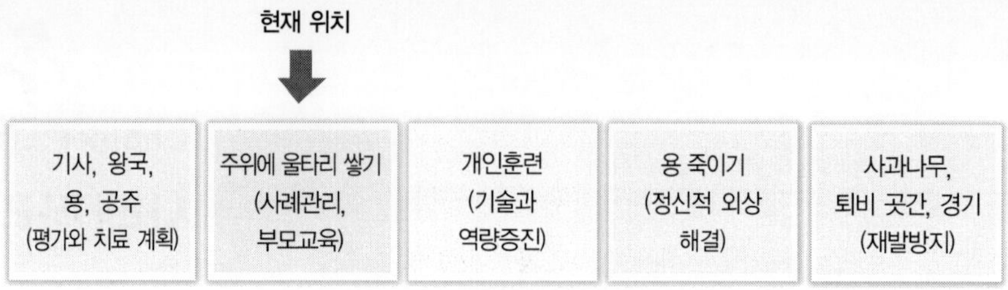

[그림 9-1] 우화 모델의 단계

사례관리의 목적은 생존이나 기타 절박한 상황 때문에 아이가 치료에 집중할 수 없는 현실적인 문제를 실제로 해결하는 것이다. 그래서 사례관리는 아이의 생활환경을 변경하는 방향으로 진행된다.

어느 날 밤, 10대 여학생이 아파트에서 쥐에 물린 후에 외상후 스트레스장애 증상이 나타나 어머니와 함께 왔다. 그 여학생은 불안해 하고 짜증스러워하고 잠들기를 무서워하였다. 그 아파트는 오래전부터 쥐가 설쳤으나 집주인이 해결해 주지 않았다. 치료자는 "또 물릴 것 같으니 잠들기가 무서운 것은 당연하겠구나. 네가 안전하다고 느낄 수 있는 장소에서 먼저 지내 보고 증상 변화를 보면 좋겠다."라고 말해 주었다. 주택협회 담당자의 도움을 받아 새 아파트로 이사하자 외상후 스트레스장애 증상은 상당히 감소하였다.

6학년 남학생이 숙제를 하지 않고, 수업 중에 떠들고, 친구를 괴롭히고, 교사에게 반항하는 등의 문제 행동으로 왔다. 소년은 부모가 이혼하기 전까지 가정폭력을 자주 목격하였고, 가장 친했던 고모가 사망한 경험을 했다. 그는 마음속으로는 교사를 좋아하고 학교에서 잘 지내기를 원했다. 그리고 집중하지 못하고 숙제를 끝내지 못하는 등의 문제는 ADHD 때문이었다. 학업과 관련된 좌절감은 급소를 건드리는 외상/상실과 관련된 무력감과 상처에 대한 자극인자로 작용했다. 소년의 문제 행동은 자신은 무력하지 않다는 느낌과 상처받지 않으려는 의도가 포함되어 있었다. 약물치료를 통해 집중력이 호전되었다. 아직 학교생활이 어렵고 화를 내는 행동은 남아 있지만, 소년은 자극받는 횟수가 줄고 처음으로

"나도 학교생활을 잘할 수 있을 것 같아요."라며 자신감을 표현하였다.

사례관리의 목표(문제 해결)는 단순하게 보이지만, 현실에서 항상 그렇지는 않다. 현실적인 변화를 책임질 수 있는 사람의 최선의 노력이 있을 때 가능하게 된다. 쥐에 물린 여학생의 어머니는 빨리 안전한 아파트를 찾고 자신이 해 줄 수 있는 모든 노력을 하였다. 그러나 ADHD 소년의 부모는 약물치료에 대한 거부감이 많아 치료자가 여러 번 설득을 해야 했다. 그러나 설득이 항상 쉬운 일은 아니어서 효과가 금방 나타나지 않을 때도 있다.

만약 설득에 실패하면 원하는 만큼 튼튼한 울타리를 만들지 못한 채 치료가 계속된다. 그렇지만 기회는 또 있다.

ADHD 자녀를 가진 다른 부모는 약물치료의 필요성을 설명했지만 거부했다. "부작용이 걱정되어 약물을 사용하고 싶지 않아요. 다른 방법으로 치료할 수 없을까요?"라고 말했다. 치료자는 "부모님 심정을 충분히 이해합니다. 많은 부모님들이 약이 아닌 다른 방법을 사용하고 싶어 합니다. 나는 전문가로서의 의견을 말할 뿐이고, 결국 부모님이 결정하실 문제입니다. 그래서 약물치료 없이 치료를 시작할 겁니다. 그렇지만 약물의 도움이 없으면 더 많은 노력과 이해가 필요할 겁니다. 지금은 이해하시기 어렵겠지만, 아이들은 좋아졌다는 느낌만으로도 많은 문제들이 사라지곤 합니다. 어쨌든 최선을 다해 보도록 합시다."라고 설명했다.

다양한 치료적 접근이 이루어졌다. 어머니는 가정에서 더 일관된 태도를 취하고, 아버지는 일정한 시간에 퇴근해서 아이와 함께 있는 시간을 늘렸다. 교사는 좋은 행동과 성적에 대해 적절한 격려와 상을 주었다. 개인치료를 통해 자기조절 기술, 문제해결 능력, 외상과 상실 기억에 대한 처리를 했다.

치료 4개월 후, 치료자는 부모에게 다음과 같이 설명했다. "그동안 수고하셨습니다. 아이는 많이 호전되었습니다. 더 행복한 것 같고 노력도 열심히 하더군요. 이제는 나쁜 기억 때문에 힘들어 하지도 않습니다. 화를 내지도 않고 안정된 느낌을 가지고 있습니다. 다만 학교생활은 과거보다 좋아졌어도 학업문제는 해결되지 않고 있습니다. 우리가 할 수 있는 모든 노력을 다 했지만, ADHD에서 오는 문제는 그대로 남아 있습니다. 한 번 더 약물치료를 고려하실 의향은 없으십니까?"

그제서야 부모는 동의하고 약물치료를 시작하였다. 그리하여 학교에서 문제 행동이 즉각 사라졌고 숙제도 잘하게 되었다. 정서적 문제가 이미 해결되었기 때문에 약물 효과는 더욱 빠르게 나타났다. 사례관리는 조기에 신속하게 시행하는 것이 원칙이지만, 치료 시점의 어느 때라도 사례관리 문제를 처리할 수 있다는 점을 명심해야 한다.

사례관리 목표를 위한 협조를 얻어 낼 수 있는 비결은 외상근거 사례 요약에 있다. 간혹 예외도 있지만, 대부분의 부모, 교사, 가족들은 아이를 진심으로 걱정하고 도와주려고 한다. 그러나 마음과 달리 실제로 아이에게 최선의 도움을 주지 못할 때가 많다. 사례 요약을 통해 아이를 이해하고 아이에게 꼭 필요한 일을 이해할 때 치료 방침을 실천하게 된다.

11세 소년의 어머니는 아버지가 아이를 학대해서 불쌍하다는 이유로 적절하게 아이를 통제하지 않았다. 어머니는 "나까지 아이를 힘들게 하고 싶지 않아요."라고 말했다. 사례 요약을 통해 어머니는 자녀가 불안할 때 문제 행동을 하고, 앞으로 문제 행동은 점점 심해져 결국 어머니가 적절한 통제를 할 수밖에 없을 때까지 악화될 것이라는 점을 이해하게 되었다. 어머니는 훈육이 아이에게 부모 역할을 재인식시키고, 작은 잘못을 교육해야 심한 처벌을 피할 수 있다는 점을 이해하였으며, 자녀를 위해 일관된 양육을 자발적으로 선택하였다.

교감선생님은 수년간 친구를 괴롭히는 14세 여학생을 처벌하지 않고 대화로 해결하려고 노력했다. 사례 요약을 통해 교감선생님은 친구를 괴롭히는 행위는 사회적 환경에서 불쾌한 느낌을 해결하려는 행동이며, 그런 행동으로 불편한 느낌이 일부 감소하고 나쁜 결과도 거의 없기 때문에 그 행동의 이득만 생각하고 친구를 괴롭히는 행동을 계속한다는 점을 이해하게 되었다. 사례 요약을 이해한 교감선생님은 그 여학생의 행동에 대해 다른 반응을 보였다. 그는 (괴롭히는 행동에 대한 보상은 줄이고) 처벌을 하였고, 부모를 만나 단체생활에서 느끼는 불편한 감정을 처리할 수 있도록 치료를 권유하였다.

연습: 교감선생님 또는 부모 설득하기

만약 당신이 혼자라면 지시대로 뒤의 '연습: 사례관리를 위한 사례 요약' 양식을 작성한다. 집단이라면 소그룹(4명 권장)으로 나누어 사례를 읽고 우화 모델을 활용한 사례 요약과 치료 방침을 만들기 위해 이 평가표를 완성한다. 동료와 역할을 나누어 시행하고, 평가표를 기초로 아이를 도와줄 수 있는 최선의 방법이 무엇인지 동료를 설득하고 확신시킨다. 집단의 모든 사람이 돌아가면서 역할을 해 보아야 한다.

당신은 이것이 이미 배운 내용과 상당히 비슷하다는 것을 알게 되었을 것이다. 이 양식은 사례 요약을 근거로 작성하는 것이다. 다만 사례 요약을 근거로 해서 다음 단계로 넘어가는 준비 단계다. 다음은 몇 가지 실시 요령이다.

- 전문용어를 피하고 쉬운 언어를 사용해서 스토리를 말한다.
- 아이들은 경험을 통해 배우기 때문에 역시 새로운 경험을 하면 새로운 학습을 할 수 있다는 점을 강조한다. 당신(교감선생님 또는 부모)은 아이가 무엇을 배우기를 원하는가?
- 이미 상처받은 보호자를 비난하지 않는다. 지나가는 투라도 비난하지 말라. 당신이 보호자를 깎아내리거나 무시하면 보호자는 당신을 방해하려 할 것이다. 돌봐 주고 아이를 위해 시도했던 보호자의 노력을 인정해 주라. 행동은 잘못되었더라도 좋은 의도가 있었다면 인정해 주라. 지금까지 아이를 위해 힘써 온 보호자를 도와주려는 의도가 전달될 때, 보호자는 당신의 치료 방침을 더 잘 수용한다.
- 이것은 복잡한 개입법이다. 당신이 단순화해서 설명할수록 보호자가 더 쉽게 이해한다. 단순화하는 좋은 방법은 순서대로 진행하는 것이다. 평가표의 처음부터 끝까지 순서대로 대화해 보라.

데미안

데미안은 13세 소년이다. 7세 때 부모가 이혼하였고, 이혼 전까지 신체 학대와 부부 폭력을 경험하였다. 어머니는 데미안이 자신을 존경하고 집에서 동생을 잘 보살핀다고 했다. 데미안은 친근한 느낌을 주는 아이였고, 친구가 많고 활동적인 성격이었다. 그러나 친구를 괴롭히거나 욕을 하고 교사에게 불량스럽게 행동하는 문제가 있었다. 최근 여교사의 얼굴을 때리려는 행동을 해서 의뢰되었고, 실제로 때리거나 욕을 하지는 않았다고 했다. 데미안과의 면담을 통해 ① 데미안은 교사를 실제로 때리려는 의도는 없었고, ② 여교사가 답을 모른다며 꾸중할 때 친구들 앞에서 망신을 준다는 느낌이 들어 그런 행동을 했다는 것이 밝혀졌다. 교감선생님은 '데미안은 마음은 착한 괜찮은 학생'이라는 긍정적인 감정을 가지고 있어 이번 사건을 그냥 넘어가려고 했다. 그래서 당신이 지금 교감선생님, 어머니, 데미안을 만나고 있다.

평가표를 간결하고 쉽게 정리하고, 이번 여교사 사건과 관련된 자극인자에 초점을 맞추기 바란다. 데미안의 사례 요약을 마치면 다음 사례로 넘어가 친어머니에 대한 신뢰성 상실의 영향을 감소시킬 수 있는 전략을 수립하기 위해 이모와 만날 예정이다.

안젤라

안젤라는 9세 소녀이며, 정서문제와 행동문제로 치료 중이다. 친구들에게 잘난 척하고, 순서를 지키지 않고, 게임에서 지면 참지 못해 속이거나 게임판을 뒤집기도 했다. 5~6세경에 양아버지가 성폭력을 해서 아동보호 전문기관에서 분리했지만, 어머니가 양아버지와 헤어지지 않아 안젤라는 이모와 함께 살고 있고 현재 입양 수속 중이다. 매주 목요일 방과 후에 2시간씩 친어머니와 만난다. 어머니가 돌아간 날 저녁만 되면 안젤라는 울고, 고함치고, 발을 구르고, 반항하는 등 혼란된 행동을 보였다. 어머니가 약속을 어기고 오지 않은 날-반 정도는 약속을 어겼다-은 더욱 혼란되었고 다음날까지 그런 행동이 지속되었다. 치료 2개

연습: 사례관리를 위한 사례 요약

1. 옛날 옛적에(관계, 능력, 성공, 자원을 포함한 긍정적인 역량들을 소개한다.):

2. 그리고 나쁜 일이 일어났다:

3. 그래서 어떻게 되었나(각각의 정신적 외상 사건에 대해 아이가 어떻게 반응했는지 기술한다: 부정적 믿음들, 축적된 감정들)?:

4. 이제 자극(또는 '고위험') 상황이 될 때마다(자극 상황—핵심 주제와 상황—과 과잉반응을 어떻게 했는지 기술한다.):

5. 그리고 나쁜 생각과 감정들이 너무 강해져서(과잉반응의 긴급성과 문제 행동이 아이에게 어떤 진정 효과가 있는지를 기술한다.):

6. 그 상황에서 아이를 도와줄 수 있는 것은 무엇인가(치료 단계와 각 단계의 목표를 대략적으로 수립한다)?:

7. 당신이 할 수 있는 것은 무엇인가(현재 상황이 아이에게 미칠 수 있는 영향과 당신의 치료 방침이 가져올 수 있는 효과에 대해서 우화 모델에 근거해서 설명한다.)?:

월 후 안젤라와 관계가 형성되어 외상처리를 하기로 계획 중이다. 부모 역할을 하고 있는 이모와 치료자는 좋은 관계를 형성하였다. 당신은 지금 이모와 만나고 있다.

평가표를 간결하고 쉽게 정리하고, 친어머니와 관련된 자극인자에 초점을 맞추기 바란다.

연습 후 집단 토론

치료자의 어떤 설명이 보호자 역할을 맡은 분들에게 혼란스럽고 비난받고 불쾌한 느낌을 주었는가? 이해하기 쉬웠던 설명은 어떤 것이었나? 어떤 설명이 당신의 역량을 증진하거나 또는 치료자의 방침을 따르고 싶은 마음을 들게 했나? 치료자 역할을 하신 분들이 스스로 잘했다고 생각하는 구체적 행동은 무엇인가? 스스로의 생각으로 그런 행동을 했는가?

답안 예시

답이 똑같지 않더라도 당신이 틀렸다는 뜻은 아니다. 다음의 답은 지침으로 참조하기 바란다.

데미안

1. **역량/자원들**: 착한 마음, 친구들이 많고, 어머니를 도와주고 존경하며, 학교에서 잘 지내고, 그를 위해 정성을 다하는 어머니가 있다(치료를 위해 직장에서 시간을 내는 것도 포함). 데미안을 위한 최선의 방법을 찾으려는 교감선생님
2. **정신적 외상/상실 병력**: 아버지가 어머니를 구타하는 장면을 여러 번 목격, 심하게 다투는 소리를 들음, 아버지가 여러 번 데미안을 구타, 부모 이혼 후 아버지의 가족 버림
3. **부정적 믿음들**: 나는 안전하지 않다. 나는 나 자신을 보호할 수 없다. 나는 부적절하다. 나에게는 무언가 잘못된 부분이 있다; **축적된 감정들**: 수치심, 공포, 분

노, 슬픔

4. 자극 상황들-핵심 주제들: 조금이라도 무시하거나 비난받는 느낌(예, 여교사가 친구들 앞에서 꾸중하는 것)
5. 문제 행동과 그것이 해결책이 되는 이유: 다른 사람을 위협하거나 괴롭히는 행동은 데미안에게 강하고 자신을 보호할 수 있다는 느낌을 준다.
6. 치료 방침/계획 개요: 외적 조절이 있을 때 더 안전하고 안정감을 느끼게 해 줄 수 있으며, 그럴 때 데미안은 더 이완되어 자신이 상처받는 상황을 이해하고 극복하는 데 집중할 수 있다. 데미안이 진심으로 원하는 것과 현재의 문제 행동이 도움되지 않는 이유를 설명해서 변화에 대한 동기를 만든다. 그렇게 되면 치료에 더 적극적으로 참여하고 이런 주제에 대해 대화하려고 할 것이다.
7. 당신이 지금 도와줄 수 있는 것: '나쁜 행동에는 대가가 따른다.' 는 것을 알면 다른 건강한 행동을 선택할 필요성을 이해하게 될 것이다. 문제 행동을 줄이면 줄일수록 자신에게 도움이 된다는 것을 배우게 될 것이다. 처벌을 통해 폭력에는 대가가 따른다는 점을 배울 수 있다. 처벌은 또한 다른 사람(학생과 교사들)뿐만 아니라 데미안에게 위협적인 행동은 앞으로는 묵인되지 않는다는 것을 전달하고, 처벌이 모든 사람들에게 더 안전하다는 느낌을 준다는 것을 배우게 한다. 자극 상황에 노출될 가능성을 줄일 수 있는 방법; 교사에게 데미안을 개인적으로 교육하라는 협조를 구하는 방법은?

안젤라

1. 역량/자원들: 친구를 사귀고 싶어 하고, 성인들에게 호감을 주고, 자신을 돌봐 줄 성인을 찾는 능력이 있고, 애착/관계를 형성할 수 있으며, 학교에서 열심히 노력하고, 학교생활을 잘하며, 관심이 많고, 비밀스럽게 숨기려는 성향이 없고, 자신의 감정을 드러내고, 활발하며, 리더 역할을 하고, 어머니 역할을 해 주고, 안젤라를 최선으로 돌보는 유능한 이모가 있고, 안젤라를 도와주려는 치료자가 있다.
2. 정신적 외상/상실 병력: 양아버지의 성폭력, 친어머니의 배척/유기
3. 부정적 믿음들: 나는 무력하다. 나는 가치가 없다. 나는 사랑받을 자격이 없다. 나에게는 무언가 잘못된 부분이 있다. 나는 나쁜 감정을 참을 수 없다; 축적된

감정들: 애도, 분노, 수치심, 절망, 혼란

4. **자극 상황들:** 버림받거나 배척되는 것(예, 친어머니가 방문했다 돌아갈 때, 친어머니가 약속을 어기고 방문하지 않을 때)
5. **문제 행동과 그것이 해결책이 되는 이유:** 분노발작을 통해 견딜 수 없는 감정을 표현함으로써 일시적 진정 효과를 얻는다. 처벌은 방어막과 부모 역할의 재인식을 제공할 수 있다.
6. **치료 방침/계획 개요:** 나는 먼저 자기조절 기술을 교육하고, 그 후에 성폭력과 친어머니의 배척/유기와 관련된 외상 기억을 처리할 계획이다. 그렇지만 일차적으로 필요한 것은 더 나쁜 일이 일어나지 않을까라는 걱정에서 벗어날 수 있게, 지금 현재 이만하면 괜찮다는 정도의 안전하고 안정된 느낌을 가지는 것이다.
7. **당신이 지금 도와줄 수 있는 것:** 친어머니에게서 매주 버림받고 배척당하는 상황이기 때문에 안젤라가 치료에 집중할 수 있는 환경이 아니다! 반복되는 분노발작과 점점 심해지는 공포 때문에 혼란스러운 상황의 연속이다. 매주 똑같은 식으로 상처받는 이런 상황을 해결하는 방법을 찾을 수 있을까?

당신의 의견을 고수하라

사례관리 개입은 종종 힘들고 논란이 되기도 한다. 당신의 일차적 의무는 당신이 가진 기술, 이해, 전문적인 기준에 따라 아이를 위해 최선을 다하는 것임을 명심하라. 규정 위반에 따른 법률적 책임을 피하고 소신을 지키기 위해서 당신의 결정을 잘 견지하기 바란다.

> 성인 남성에게 성폭력을 당한 5세 여아가 남자만 보면 불안해해서 병원에 왔다. 의사는 여성 치료자가 적합하다는 내용이 담긴 초기 면담 결과를 작성했다. 그러나 면담 결과를 제출하기 전에 우연히 다른 남성 치료자가 아이를 이미 몇 번 치료했고 결과도 좋다는 말을 들었다. '문제를 만들고' 싶지 않아, 그 의사는 여성 치료자 추천 문구를 삭제하고 서류를 제출하였다. 1주일 후 아이는 갑자기 그 치료자와의 약속을 거절했다.

학교에 근무하는 의사가 경도 정신지체와 정서적 문제를 가진 10세 소년을 평가하였다. 소년은 수업을 이해하지 못하고 학교생활이 어렵다 보니 소란을 부리는 등 문제 행동이 많았다. 의사는 소년에게 특수교육이 필요하다는 의견을 제시하였다. 교장선생님은 "그 의견은 받아들일 수 없습니다. 우리는 특수교육을 제공하기 어려운 형편입니다."라고 말했으나, 의사는 자신의 의견을 고수하고 소년의 생활기록부에 권고 사항을 기록하였다. 몇 주 후에 아이를 위한 특수교육반이 만들어졌고, 같은 도움이 필요한 다른 친구들도 도움을 받게 되었다.

어느 소읍에 있는 아동보호 전문기관의 근무자가 아버지에게 신체 학대를 받은 아이의 진술을 받았다. 아버지는 수양부모였고 지역의 경찰관이었다. 보통 이런 경우에 아버지에게 분노조절 프로그램에 참여할 것을 요구하는 것이 원칙이었다. 그러나 그 근무자는 아버지의 '직업을 고려하여' 프로그램 참여를 강하게 요구하지 않고 단지 권유만 하였다. 결국 아버지는 프로그램에 참여하지 않았고, 아이에 대한 학대는 계속되었다.

사례관리가 어려울 때

당신은 많은 사례에서 협조를 이끌어 내고 아이를 위한 사례관리 목표를 달성할 수 있을 것이다. 그러나 실패한다면 추가적인 선택을 고려해야만 한다.

겸허하게 실패를 받아들여라

그 사례를 계속 담당하면서 아이를 위해 당신이 바라는 모든 것이 성취될 수 없다는 것을 수용하는 것이 한 방법이다. 이것은 현실적으로 선택안이 전혀 없을 때 택할 수 있는 방법이다. 그렇지만 사례관리 방침을 권고하고 시도는 계속해야 한다. 씨앗을 뿌려 놓으면 흔히 다음 기회가 나타나기도 한다.

초등학교 4학년 소년이 문제 행동과 흥미 상실로 의뢰되었다. 소년은 가족관계가 매우 나빴다. 치료자는 규칙적인 가족 모임, 학교의 보상 프로그램 시도, 정신치료를 권유했다. 그러나 부모가 정신치료를 거절하였다. 그 이유는 이전 정신치료자가 너무 과도하게 간섭했다는 것이었다. 평가자는 부모의 의견에 동의하지 않았지만, 바로 지적하지 않고 정신치료 대신에 학교 상담교사와의 면담을 권유하였다. 부모가 동의해서 담당교사와 담임교사와의 면담을 주선하였다.

자주 지저분한 옷차림으로 학교에 오고 수업 중에 잠자곤 하는 학생 때문에 담임교사는 걱정이었다. 상담교사가 부모에게 전화했지만 부모는 대화를 거절했다. 아동 방임을 의심한 상담교사가 지역의 아동보호 전문기관에 신고했으나 그 기관은 조사가 필요하지 않다는 의견이었다. 할 수 없이 상담교사와 담임교사는 학교 방문에 대한 부모의 부담 줄이기, 아이에게 더 세심한 관심 주기, 가족을 도울 수 있는 다른 방법 찾기, 추가적인 방임의 지속적 확인과 같은 노력을 하였다.

아이를 대변하라

즉각적인 변화가 어려운 상황이라 할지라도 당신이 할 수 있는 일은 있을 것이다. 당신의 주장이 성공할 수도 있다. 아이를 대변한 효과가 없더라도, 아이와 가족이 자신들을 위해 당신이 노력하고 있다는 사실을 아는 것만으로도 도움이 된다. 당신은 아이가 안전을 보장받을 자격과 존중받는 분위기에서 치료받을 자격이 있다는 점을 이해해 주는 유일한 사람일지도 모른다.

학교에서 지속적인 따돌림을 받다 얼마 전 심한 구타까지 당한 12세 소년은 학교에 대한 공포가 심했다. 학교는 가해 학생을 처벌하지도 않고 피해 학생을 보호할 어떤 조치도 하지 않았다. 부모와 치료자의 반복된 시정 요구도 아무 소용이 없었다. 그래서 치료자는 교장선생님에게 학교에 요구하는 내용과 가해 학생과 피해 학생 사이에 있었던 그간의 사건들을 포함해서 사건의 전 과정을 정리한 편지를 보냈다. 학교는 학생을 보호할 의무가 있으며, 위험이 분명하다면 특히 그러하다는 내용도 있었다. 편지 사본은 부모, 경찰, 아동보호 전문기관에도 발송되었다. 편지가 학교의 법적 책임을 강조했기 때문인지, 가해 학생과 피해 학생이 만날 수 없도록 하는 조치가 취해졌다.

어머니의 예전 남자친구가 어머니를 수차례 칼로 찌르는 장면을 목격한 9세 소녀가 외상후 스트레스장애 증상으로 병원에 왔다. 어머니는 자신을 정서적으로 학대하고 괴롭히는 새 남자친구를 만나러 저녁마다 나갔기 때문에 아이의 불안과 사건 장면의 침입적 회상은 저녁에 특히 심해졌다. 치료자는 어머니가 자녀에게 남자친구가 어떤 사람인지를 충분히 설명했는지 파악하지 못했지만, 어머니를 해친 사람을 연상시킬 누군가와 어머니가 같이 있을 때 아이는 어머니의 안전을 걱정한다는 설명을 했다. 어머니는 자녀가 잠들기 전에 전화로 안전하게 잘 있다고 연락해서 안심시켜 주기로 동의하였다. 몇 주 후, 어머니는 자발적으로 1주일에 두 번은 저녁에 집에 있겠다고 약속했다. 그리고 2개월 후 어머니는 남자친구와 결별하였다.

다음의 대화는 두 번째 사례의 어머니에게 행동 변화를 가져오게 한 기법을 잘 보여 주는 것이다. 이 사례에서 치료자가 사례 요약을 중심으로 아이의 안전감 문제에 초점을 맞춘 점을 잘 보기 바란다. 또한 치료자가 어머니의 노력과 자녀를 돌보는 어머니의 방식을 최대한 존중했다는 점에도 주의하기 바란다. 이런 바탕 위에서 치료자가 제안을 할 때, 어머니는 그 제안을 가볍게 보지 않고 자신이 이미 하고 있는 역할을 더 잘 하도록 도와주려 한다는 의도임을 이해하고 수용한다.

치료자: 작년의 그 사건 후로 자녀는 또 다른 사건이 일어나지 않을까 걱정을 많이 합니다. 지금은 안전하다는 느낌이 자녀에게 매우 중요하고, 그럴 때 사건의 충격을 극복할 수 있다는 점을 설명드렸습니다. 아이가 안전하다는 느낌을 가질 수 있게 어머니께서 도와주실 일이 있다면 어떤 것이 있을까요?

어머니: 나를 해친 남자는 지금 감옥에 있기 때문에 걱정할 필요가 없다고 생각됩니다.

치료자: 하지만 어머니께서도 아시다시피 아이는 여전히 걱정하고 있습니다. 어머니께서 아이에게 가족 모두가 안전하다는 사실을 확인시켜 줄 다른 방법은 없을까요? 어떤 일을 해 주실 수 있는지요?

어머니: 아이를 집에 두고 나갈 때 나는 항상 문을 잘 잠갔는지 확인합니다. 누가 문을 두드리거나 전화를 해도 문을 열지 말고 전화도 받지 말라

고 얘기해 놓지요. 아이도 잘 따라 합니다. 다른 부모처럼 방과 후에 다른 곳에 가지 말고 집에 바로 오도록 합니다.

치료자: 좋습니다. 제가 조언할 것을 이미 꽤 많이 하고 계시는군요. 그렇지만 어머니의 안전에 대해서는 어떻게 생각합니까? 어머니께서 안전하니까 어머니의 안전성 여부를 걱정할 필요 없다는 점을 알려 줄 방법은 없을까요? 밤에 어머니께서 집에 없으면 아이는 아주 불안해하더군요.

어머니: 남자친구가 휴대폰이 없어 연락하기가 어렵고, 아이는 언니와 같이 있기 때문에 안전하지 않을까 싶습니다.

치료자: 그런 면도 있지만 어머니의 안전이 걱정된다고 아이는 말합니다. 현재로서는 학교를 마치고 집으로 돌아올 때 저녁에 어머니께서 나갈지 집에 있을지 아이가 예측할 수 없는 상황이고, 나가서 한밤중까지 아무 연락이 없으면 아이는 틀림없이 무서운 생각을 하게 될 겁니다.

어머니: 알겠습니다. 아이가 잠들기 전에 공중전화로 내가 잘 있고 안전하니 걱정하지 말고 자도 된다는 전화를 해 보지요.

치료자: 감사합니다. 그리고 저녁 외출 여부를 아이에게 일찍 말해 주는 것도 가능할까요? 아이들은 무슨 일이 있을지 미리 알면 훨씬 안정된 느낌을 가집니다.

아이의 안전과 안전감과 관련된 현실적인 문제를 가족과 상의하고 해결하는 과정을 통해 외상근거 사례 요약에 대한 이해가 증가한다. 두드러진 현실적 문제를 잘 해결하는 것은 이후에 일관된 한계 설정을 하라거나 고함을 치지 말라는 더 추상적인 안전성 문제로 넘어갈 수 있는 좋은 토대가 된다.

수정을 요구하라

극단적인 상황이라면 부모의 의견에 상관없이 변화가 필요하다. 대개 아이의 안전을 보호할 수 있는 법률이 필요한 상황이다. 이런 극단적 상황일지라도 부모가 자녀를 도와주도록 관여시키고 역량을 강화시킬 수 있는 기회는 있을 수 있다.

초등학교 2학년 남학생이 학교 결석을 너무 많이 해서 부모를 교육 방임으로 신고할 정도가 되었다. 교장선생님은 부모에게 말했다. "이번 학기에 2일만 더 결석하면 교육 방임으로 신고할 수밖에 없습니다. 그렇지만 나도 그렇게까지 하고 싶지 않기 때문에 협조를 부탁합니다. 부모님이 아이를 양육하고 계시니 아마도 결석할 수밖에 없는 이유가 있을 듯한데 그것이 무엇입니까? 아이가 학교에 잘 다닐 수 있도록 우리가 도와줄 수 있는 길이 있다면 무엇이든 말씀해 주시기 바랍니다."

중학교 1학년 여학생이 치료자에게 계부가 학대해 왔다고 말했다. 여학생은 치료자가 어머니를 만나도 된다는 것에 동의했다. 아동보호 전문기관에 신고해야 할 의무가 있다는 점과 자녀를 보호하기 위해 즉각적인 조치가 필요하다는 점 등의 문제를 어머니와 상의했다. 어머니도 신고에 동의하였고, 치료자와 어머니는 아동보호 전문기관의 직원과 전화로 여학생을 보호할 수 있는 계획을 함께 상의하였다.

사례관리의 뜻하지 않은 위험과 해결책

가정으로부터의 분리 등과 같은 큰 변화를 겪는 아이를 지켜보는 것은 가슴 아픈 일이다. 특히 담당자의 실수로 그렇게 되었다면 더욱 마음이 아플 것이다. 실제로 많은 아이들이 원래보다 개입 후에 일어난 변화가 더 큰 충격을 주었다고 말하고, 몇 년이 흘러도 충격이 남아 있다고 한다. 원래의 생활을 변경할 수밖에 없을 때도 있지만, 흔히 필요한 정도보다 더 큰 변화가 일어나곤 한다.

생활환경을 바꿀 때 전문가들이 충격을 최소화하는 것으로 권하는 방법을 찾아봐야 한다. 그런 방법 중 하나가 RICH 관계다. 이것은 아이(그리고 부모, 전문가들)를 최대한 존중하고, 정보를 제공하고, 연대를 유지하고, 더 나은 미래가 있다는 희망을 가지게 하는 방법이다. 아이와 관련된 사람들을 이런 방식으로 대할 때, 과거의 상처에 새로운 충격을 추가하지 않고서 실제적인 도움을 줄 수 있다. 다음은 아이를 도와주는 사람들이 상처를 주게 된 실제 사례들이다. 안타깝지만 학대당한 아이를 담당해 본 분들이라면 이런 상처들을 많이 경험했을 것이다. 그런 의미에서 제시된 사례에서의 상처들은 흔히 있을 수 있는 것이다. 사례마다 관련 전문가를 위한 구체적 조언을 남겨 놓았다.

경찰/형사

13세 여학생이 농구 코치에게 어머니의 남자친구가 자신을 강간하도록 어머니가 허용했다고 말했다. 그날 저녁 경찰이 예고 없이 집을 방문해서 어머니 앞에서 그 여학생을 몰아세우는 질문을 하였다. 여학생은 큰 충격을 받았고, 경찰이 만약 거짓말이면 체포하겠다고 협박했을 때는 '범죄자로 취급당하는' 느낌을 받았다. 그래서 그녀는 강간 사실을 부인했다.

조 언

- 심문하려는 사람에 따라 면담 기법을 달리하라. 모두 피의자가 아니다.
- 아이를 학대하지 않은 부모라면 이미 잘못을 느끼고 있다. 그들은 도움을 필요로 한다. 최대한 존중하라.
- 피해자가 안전감을 느낄 수 있도록 따로 분리하거나 비가해 부모와 함께 면담하라.
- 피해자가 당신을 두려워하지 않을 때 진실을 말할 가능성이 높다. 공격적인 목소리는 그 자체로 공격적이다! 피해자는 당신이 괴롭힌다고 느끼면 자신을 방어하려고 한다.
- 아이가 어릴수록 쉽고 간단한 말을 사용하라.
- 아이들은 처음부터 당신을 편안하게 느끼지 못하고 이야기 전부를 말하지 않는다는 점을 이해하라. 인내심을 가져라.

아동보호/아동복지 담당자

12세 여학생이 성폭력 경험을 진술하였다. 3주 후 아동보호 전문기관 직원이 한밤중에 들이닥쳐 자는 아이를 깨워 검사를 하자며 병원 응급실로 데려갔다.

어머니의 동거남이 세 자녀를 학대한다는 증거가 있어 자녀를 가정에서 분리하였다. 어머니는 즉시 동거남을 쫓아내고 금지명령을 받아 내었다. 그러나 그때 담당 직원은 휴가 중이었고, 직원의 지도감독자는 어머니의 전화를 받지 않았다. 2주 후 담당 직원이 휴가에서 돌아왔으나 업무가 손에 잡히지 않아 전화 답신, 가정 방문, 서류 작업을 천천히 처리했다. 어머니는 이틀 만에 가정문제를 해결했지만, 아이들이 집으로 돌아오기까지는 8주나 걸렸다.

담당 직원이 가정 위탁 중인 10세 소년을 새로운 가정으로 데려가기 위해 학교에 찾아갔다. 그 소년은 직원의 방문 일정과 이유-현재 위탁가정 부모가 소년의 행동을 더 이상 견딜 수 없는-를 몰랐다. 몇몇 소지품을 넣은 허름한 가방이 직원 차에 실려 있었고, 아이가 좋아하는 애완용 거북이를 하루 종일 차에 두어 더위로 죽어 있었다.

조 언

- 기간을 적절하게 조절하면 추가적인 외상을 최소화할 수 있다. 예를 들어, 가정 분리는 몇 달보다는 며칠이나 몇 주가 더 적절하다.
- 담당자들 간의 의사소통과 협력을 통해 검사, 면담, 서비스의 중복을 피하라.
- 꼭 필요할 때가 아니면 극적인/긴급한 접근법은 피하라.
- 가능한 한 아이들에게 앞으로의 진행 과정을 알려 주라.
- 가능한 한 아이들이 자신의 물건과 기존의 인간관계를 유지하도록 도와주라.
- 가능하다면 한 명의 직원이 사례를 담당하라. 그럴 때 아이와 가족이 당신에게 의지하려 할 것이다. 당신은 누구도 대신할 수 없는 중요한 인물이다. 당신이 그들을 이해하면 그들도 당신을 이해한다.

검찰/변호사

9세 소녀가 이웃 사람에게 성폭력을 당했다. 처음에는 경찰, 다음에는 신체검사를 했던 병원의 사회사업가, 마지막에는 새로운 치료자와 매우 자세하게 성폭력에 대해 면담하였다. 그러는 동안 몇 달이 지나갔다. 그런데 검사가 다시 같은 질문을 소녀에게 하였다.

조 언

- 가능하면 빨리 피해자/목격자와 대화하라. 그럴 때 그들은 사건을 더 잘 기억하고, 당신(그리고 '조직')이 사건을 중요하게 생각하고 처리한다고 느낄 것이다. 또한 신속한 처리 과정은 외상의 장기화를 최소화한다. 왜냐하면 아이들은 당신과의 만남을 두려워하기 때문이다.
- 관련 전문가와 협진하면 반복적인 질문과 면담을 줄일 수 있다.

의사/소아과 의사/응급실

교사가 6세 소년의 다리에 멍을 발견해서 아동보호 전문기관에 의뢰했다. 학대 피해자 치료 경험이 부족한 응급실 당직의사는 전문가의 의견을 구하지 않고 신체 학대로 진단했다. 소년은 6개월 동안의 가정 위탁 후에야 멍이 자주 생기는 것이 혈액질환 때문이라는 진단을 받았다.

소아과 의사가 5세 여아를 진찰하던 중에 오래된 멍자국을 여러 개 발견했다. 의사는 복잡한 문제에 휘말리고 싶지 않아 멍이 생긴 이유를 묻지 않고 넘어갔다. 한 달 후에 여아는 갈비뼈가 여럿 부러진 상태로 응급실에 왔다.

조 언

- 아는 척하지 마라. 당신의 전문 영역이 아니면 자문을 구하거나 다른 전문가에게 의뢰하라.
- 사건을 숨기지 말라. 학대 사례를 담당하고 싶지 않으면 해결할 수 있는 전문가에게 인계하라.

정신건강 전문가/상담가/치료자

13세 소년이 치료자에게 아버지가 여러 번 정서 학대와 신체 학대를 했다고 말했다. 아동보호 전문기관에 신고하면 상황이 더 악화될 거라 생각한 치료자는 아버지를 만나 협조를 부탁했다. 1년 뒤에도 학대는 계속되어 학교에서 아이의 문제 행동은 더욱 커졌다.

성폭력을 당한 4세 여아가 현재 치료 중이다. 어머니는 자녀를 도와주고 싶다며 치료 중에 일어난 일을 알고 싶어 했으나, 치료자는 비밀성을 유지해야 한다며 설명하지 않았다. 치료자는 어머니에게 아무런 조언도 하지 않았고, 어머니는 아이를 치료에 데려오고 가는 역할만 했다. 1년이 지나도 외상후 스트레스 증상은 전혀 호전되지 않았다. 어머니는 치료를 중단하고 다른 치료자에게 아이를 데려갔다.

성폭력을 당한 9세 소년이 성폭력 피해 아동을 위한 특별 프로그램을 운영하는 치료자에게 의뢰되었다. 소년은 이웃에 의해 성폭력을 두 번 당한 적이 있었으나 2년 전 할아버지의 사망과 친구관계에 대한 걱정이 더 많았다. 치료자는 성폭력에 초점을 맞춘 6개월 집단치료와 개인치료를 진행했다.

10세 소녀가 오빠에게 성폭력을 당했다고 보고했다. 치료자는 표현해 주어 고맙다고 말하고는 관련 기관에 그 사실을 보고했다. 그날 저녁 낯선 성인이 갑자기 집을 방문해서 위협적인 질문을 한 후에 소녀를 데려가 버렸다! 그 소녀는 전혀 예상하지 못한 일을 당했고, 결국 '안전성' 개입은 성폭력보다 더 큰 충격을 주었다.

조 언

- 결론을 내리기 전에 더 많은 질문을 하라. 그리고 진심으로 경청하라. 아이의 가족과 사회적 환경이 포함된 시스템 모델을 활용하라. 개인치료도 중요하지만, 학대당하는 아이의 안전을 확보하기에는 개인치료만으로는 불충분하다.
- 당신이 아이를 이해하는 방식대로 관련 전문가들도 생각할 수 있도록 책임감을 가지고 솔선해서 설득하라. 관련 전문가들은 사례 요약을 이해할 때 아이에게 더 효과적인 도움을 주게 될 것이다.

- 반복 진술을 피하고 신속한 도움을 위해 관련 전문가들과의 대화를 주도하라.
- 당신의 안정을 위해 자신을 검토하고, 자기관리를 하고, 자문을 구하라.
- 효과적인 외상치료 기법을 활용하라.
- 피해 아이와 가족에게 진행과정을 알려 주어 마음 준비를 할 시간을 주라.

이상의 조언은 아이들을 위한 개입에 혁신을 요구한다. 당신이 근무하는 시설의 시스템이나 관련 전문가들과 협조하는 방식을 변혁하기 위해 많은 노력이 필요하다. 기억하라! 당신에게 편리한 방법이 아니라 아이들을 더 잘 도와줄 수 있는 방법을 찾는 것이 일차적인 목표다. 다음은 개혁을 시도한 다양한 기관과 조직이 사례관리와 기타 개입을 통해 아이들에게 더 효과적인 도움을 주었던 사례들이다.

- 어떤 아동복지기관에서는 한 직원이 아동 학대 사례를 조사하고, 조사가 끝나면 다른 사람이 사례관리를 하고, 위탁가정이나 입양될 가정은 또 다른 사람이 평가하고, 위탁 이후의 아이 관리는 또 다른 사람이 담당하고, 또 다른 직원이 입양 후의 아이를 관리한다. 전문서적을 통해 피해 가족은 한 명의 직원과 지속적인 관계를 유지할 때 더 신속한 도움(문제가 더 커지기 전에)을 받을 수 있다는 사실을 알게 되어 조직을 개편했다. 그래서 지금은 일차 평가가 완료되면 한 명의 직원이 사례를 담당해서 아이와 관련된 모든 일을 도와준다. 이런 변화를 위해 추가적인 교육이 필요했지만, 그 결과는 직원의 이직 그리고 가정위탁과 입양 실패율의 감소로 나타났다.
- 아동 학대가 자주 의뢰되는 한 병원은 필요한 도움을 한 번에 제공할 수 있는 학제 간 '원스톱' 센터를 시작하였다. 아울러 학대를 전공한 소아과 의사, 간호사, 사회사업가, 심리학자로 구성된 팀을 만들었다. 이 센터를 도와주는 아동보호 전문기관과 경찰의 담당 직원도 정했다. 센터 직원이 법의학적 면담을 할 때 아동보호 전문기관과 경찰은 일방경 뒤에서 관찰을 하였다. 센터 직원이 심리치료와 의학적 치료를 모두 담당하였다. 다양한 전문가들 사이의 원활한 협조 체계를 유지하기 위해 학제 간 교육 프로그램뿐만 아니라 정기적인 회의와 의사소통이 필요했다. 피해 가족들은 훌륭한 도움을 받았다고 평가했고, 전문가들도 더 나은 서비스를 제공했고, 불필요한 반복 진술을 줄였고, 치료 순

응도가 호전되었고, 기소 성공 기회가 더 높아졌다고 평가했다.

- 한 지역사회 정신건강센터의 사례회의는 아동복지 담당 직원, 보호관찰 담당자, 교사, 기타 관련자들이 피해 아이와 가족들을 어떤 식으로 잘못 처리했는지 불평으로 가득 차 있었다. 어느 날 그들은 불평을 중단하고 그런 문제를 해결하기로 결정했다. 그 후부터 사례가 접수되면 조기에 모든 관련자들(아이, 부모, 관련 전문가들)이 참석하는 회의를 소집하였다. 이어 사례 요약을 발표하고 치료 계획을 수립했다. 모든 참여자는 팀의 일부분이 되어 각자가 담당할 역할을 정하였다. 항상 모든 사람이 참석하거나 협조하기 어려워서 매번 성공할 수는 없었으나 과거보다 향상된 것은 사실이었다.

Chapter 10
부모교육

이 장은 부모를 위한 내용이지만 아이들과 함께 생활하는 위탁가정 부모, 교사, 공동주택 담당자 등에게도 같은 원칙과 방법을 적용할 수 있다.

부모교육과 사례관리는 아이 주변에 울타리를 세운다는 점에서는 비슷하다. 그러나 부모(그리고 기타 양육자들)는 아이에 대한 책임감, 아이에게 있어서의 중요성, 아이와의 일상적인 상호작용을 고려할 때 비교할 수 없는 위치에 있다. 부모는 아이의 현실적 안전을 수립하고 안정감을 느끼게 도와주며, 치료를 격려하고 지지할 수 있는 결정적인 인물이다. 다음은 부모가 해 줄 수 있는 도움들이다.

- 아이의 안전을 지켜라.
- 아이에게 학교와 기타 장소에서 잘 행동하도록 도와주라.
- 아이를 규칙적으로 치료시간에 맞추어 데려오라.
- 아이를 포기하지 말라.
- 아이를 더 즐겁게 해 주고 긍정적인 행동을 강화하라.
- 아이를 때리거나 꾸중하는 행동을 중단하라.
- 안정적이고 합리적이며 확고하고 일관된 훈육을 사용하라.

부모는 대개 이러한 사항의 중요성을 잘 알고 있지만 실행하기 어려워하거나 하지 않으려 하기도 한다. 이는 자녀에게 관심이 없다는 것이 아니라 부모 나름의 어려움이 있다는 것을 의미한다. 다음은 부모가 흔히 '알아요, 그렇지만……' 이라고 표현하는 이유들이다.

- (때리지 않고 타임아웃과 같은 방법을) 시도했지만 아무 소용이 없었다.
- (외상 기억을) 떠올리게 하고 싶지 않다. 그것은 아이를 혼란스럽게 할 뿐이다.
- (규칙 엄수와 같은) 엄격한 방법을 사용하고 싶지 않다. 아이는 이미 너무 엄한 훈육을 받아 왔다.
- 화나게 하는 행동을 하기 때문에 (고함치거나 때리는 행동을) 참을 수가 없다.
- 아이가 될 대로 되라는 식이어서 도와줄 방법이 없다.
- 내가 너무 지쳐서 도와줄 에너지가 없다.

부모교육은 좋은 양육 기술과 기법을 교육하기에는 적합하지만 '알아요, 그렇지만' 문제는 해결하지 못한다. '알아요, 그렇지만' 문제를 가진 부모는 배운 기술을 활용하기가 어렵다. 우리는 부모교육의 기초 자료인 우화 모델을 활용해서 '알아요, 그렇지만' 문제를 해결할 것이다.

안정되고 일관된 훈육과 같은 지지적인 양육방식을 가르치는 부모교육은 소아치료 기법에 흔히 포함되어 있듯이 외상근거 치료에서도 핵심 요소다. 외상근거 치료의 부모교육이 다른 치료와 구별되는 가장 큰 차이점은 외상에 근거한 사례 요약과 치료 방침을 따르고 아이의 안전감을 강조한다는 점이다. 부모를 존중하고 부모의 역량증진을 강조하는 것은 또 다른 차이점이다. 부모가 자녀를 양육하고 사랑을 주는 방식을 검토해서 부모가 이미 하고 있거나 시도하고 있는 행동을 더 잘 하도록 도와주는 방법을 제공하는 것이 부모교육이다.

이런 접근이 필요한 이유는 부모가 이미 하고 있는 어떤 행동을 '교육' 하겠다고 하면 대부분의 부모는 매우 기분 나빠 하기 때문이다. 지위, 교육 수준, 사회경제적 지위, 인종, 성별이 다른 사람의 조언 역시 부모를 자극하는 요소가 되기도 한다. 무시하거나 강압적인 '시스템' 이라면 부모는 더 과민한 반응을 보인다.

한마디로 당신의 조언은 거절될 가능성이 높다. 당신은 지식이 많은 사람이고 부모는 문제 있는 사람임을 역설하면 거의 확실하게 거절당할 것이다. 당신이 실제로 그런 생각을 가지고 있다면 그런 메시지가 전달된다. 선의를 가진 전문가조차 흔히 이런 메시지를 전달하기도 하고, 진심을 숨기고 완곡하게 표현하더라도 결국 전달된다.

문제 파악도 중요하지만, 우화 모델을 기초로 당신이 집중해야 할 부분은 부모의 장점이다. 사례 요약은 부모의 장점을 파악하는 데도 도움이 된다. 당신이 소아를 상처받은 아이로 보는 시각과 같은 방식으로 부모가 자녀를 볼 수 있도록 도와주어야 한다. 은연중에라도 부모에게 "당신의 잘못된 양육 때문에 이런 문제가 발생한 겁니다."라는 뜻을 전달해서는 안 된다. 반면에 분명하게 "자녀에게 이 문제가 없었다면, 나는 부모님의 양육방식에 아무런 관심이 없었을 겁니다. 그렇지만 외상/상실 경험으로 생긴 자녀의 상처를 회복시키려면 일정 기간 동안 특별한 것을 해 줄 필요가 있습니다."라는 뜻을 전달해야 한다. 그래서 자녀의 문제로 비난받게 하는 것(부모는 이미 스스로 죄책감을 느끼는 경향이 있다.)이 아니라 자녀의 치료를 도와줄 수 있는 보호자로서의 기회를 주어야 한다.

'알아요, 그렇지만' 이라고 하셨나요

심포지엄이라면 이 시점에서 많은 분들이 의아해하며 "말은 좋지만, 당신은 우리가 만나는 부모가 어떤 사람들인지 잘 모르시는 것 같군요."라고 말한다. 자녀의 문제를 악화시키기만 하는 잘못된 행동을 하는 부모를 만나면 누구라도 당연히 최악의 부모라고 생각하기가 쉽다. 게다가 부모에게 다른 문제들까지 겹쳐 있다면 더욱 그렇게 생각할 것이다. 그러나 자문해 보기 바란다. 어떤 아이를 진짜 나쁜 아이라고 생각했을 때 '나' 는 그 아이에게 어떤 반응을 했는가? 고의로 그런 반응을 했을까, 아니면 도와주고 싶지 않아서 그랬을까?

지금부터 문제가 많고 비협조적이며 무능한 어느 부모를 생각해 보자. 그 부모의 자녀가 팔이 부러졌다고 가정해 보자. 부모는 자녀를 응급실로 데려가 깁스를 해 주었다. 3주 후 깁스를 풀며 의사는 "집에서 이런 식으로 운동을 시켜 주기 바랍니다. 매일 아침과 저녁에 10번씩 이렇게 해 주면 됩니다. 일주일 뒤에 다시 와서 괜찮은지 확인하도록 합시다. 이 경우 '문제 부모' 의 대부분 또는 모두가 의사의 지시를 따르지 않을까? 아마도 완벽하지 않더라도 그만하면 괜찮을 정도로는 할 것이다.

치료자가 자신을 비난하고 무시하고 공격한다고 느낄 때, 부모는 자신을 방어하고 치료자를 배척하려고 하게 된다. 부모가 자녀를 나쁜 아이라고 생각하고 고의로 나쁜 행동을 하며 부모-자녀 관계를 중요하게 생각하지 않는다고 느낄 때도 부모는 자신을 방어하고 자녀를 배척하려고 한다. 다른 말로 하면, 부모는 존중받고 지지받는다고 느낄 때 당신의 조언에 마음의 문을 열게 된다. 그리고 부모는 자녀를 '나쁜 아이' 가 아닌 상처받은 아이로 볼 때 회복에 필요한 도움을 적극적으로 주게 된다. 물론 당신이 아무리 최선을 다하더라도 모든 부모가 호응하는 것은 아니다. 그러나 당신이 부모를 이해하고 무언가를 할 수 있는 방법을 제시할 때, 당신의 예상보다 빨리 부모가 자녀를 위해 노력할지 어떻게 알겠는가?

사례 요약 활용하기

부모의 협조를 얻는 열쇠는 사례 요약과 우화 모델이다. 두 가지를 통해 부모는 자녀가 착하지만 상처를 받아 그럴 뿐이라는 시각을 가지게 되고, 치료 방침의 의미와 지침을 따라가면 치료가 가능하다는 것도 이해하게 된다. 아울러 부모 역할의 중요성도 이해하게 될 것이다. 사례 요약을 통해 당신이 할 수 있는 것은 다음과 같다.

- 부모가 다른 식으로 행동하도록 조언할 수 있다. 부모가 과거에 '잘못' 해서가 아니라 자녀에게 특별한 도움이 필요하기 때문에.
- 부모가 '차단 믿음(blocking beliefs)' 을 극복해야 할 이유를 받아들일 수 있게 한다.
  - "(규칙을 강화해서) 아이를 힘들게 하고 싶지 않아요. 그 애는 이미 충분히 힘들었어요."라고 말하는 부모에게 치료자는 "규칙 강화는 안전감을 줄 겁니다. 안정되면 아이는 당신이 바라는 것을 알고 당신에게 의지하게 될 겁니다."라고 말한다.
  - "(외상 기억을) 떠오르게 하고 싶지 않아요. 아이가 혼란스러워질 뿐이에요."라고 말하는 부모에게는 "아이는 부모님이 자신의 외상 기억 표현을 감당할 수 있다고 느낄 때 사건을 드러내고 부모님의 도움을 요청하게 됩니다. 지금 아이는 부모님을 힘들게 하고 싶지 않기 때문에 마음속에만 넣어두고 혼자서 감당하려고 하는 상태입니다."라고 말한다.
- 부모가 자녀의 치료와 회복에 적극적인 참여자가 되게 한다.
- 자녀를 도와주려는 데 방해가 되는 부모의 심리적인 장애물을 파악해서 극복하도록 도와줄 수 있다.

부모에게 치료가 필요한 경우도 종종 있다. 그렇지만 당신이 너무 앞서 지적하는 것은 (아이에게 초점을 두어야 하는) 당신의 권한을 넘는 것이기도 하고, 부모는 그에 대해 공격당한다고 느낀다. 반대로 어떤 노력을 하고 왜 해야 하는지 이해하는 부모는 "말씀하신 대로 노력해 보겠지만 화를 참지 못하고 폭발할지도 모르겠습니다."라고 말한다. 그때 당신은 "아이를 위한 부모님의 노력을 방해하는 것에 대해 대화해 보면 어떻겠습니까?"라고 말해 준다. 부모의 자세한 발달력을 모르는 상황이라 하더라도, 외상근거 사례 요약을 활용해서 자녀의 행동으로 부모의 급소가 자극되어 일어나는 과잉반응을 설명하고 해결할 수 있는 방법을 찾을 수 있다. 이 정도 진행하면 대부분의 부모는 자기조절 기술 훈련에 참여하고 싶어 하고, 일부 부모는 외상 해결까지 시도하기도 한다.

존중과 역량증진 연습

우화 모델을 이용한 외상근거 사례 요약은 '왕국'의 역량과 자원에 중점을 둔다. 그래서 이 접근은 역량증진 접근법이라 부른다. 이를 위해서 당신은 부모의 장점을 파악하고 이해해야 한다. 울타리를 세울 수 있는 사람이 부모임을 명심하라. 치료자는 전력을 기울여 부모를 지지하고 존중하며 부모의 적극적인 협조를 얻도록 노력해야 한다.

이 장을 통해 아무리 특이하고 무능한 부모일지라도 그 부모에게 내재된 긍정적인 의도를 알고 있다는 뜻을 전달하는 방법을 배우기를 바란다. 예를 들어, 거짓말한 자녀를 때리는 부모에게 치료자는 "아이에게 사실대로 말해야 한다는 점을 가르치길 원하시는군요."라고 말할 수 있다. 그리고 부모에게 태도를 수정하라는 의견을 말할 때는 비난이나 무시당한다는 느낌을 주지 않고 부모가 이미 행하는 어떤 행동을 더 효과적으로 할 수 있는 요령을 알려 준다는 식으로 표현한다.

부모교육 개입법

뒤의 '긍정적 양육' 자료는 우화 모델에 근거해서 부모교육을 위한 사례 요약을 만드는 방법에 대한 것이다. 부모에게 이 자료를 그냥 주지 않고, 치료자와 하나씩 충분히 토의하는 시간을 가진다.

긍정적인 양육방식(그리고 부모교육 접근법)의 핵심 원칙은 다음과 같다.

긍정적 양육

문제 행동을 하는 아이들은 흔히 무섭고, 불안하고, 불안정한 상태입니다. 아이들은 따뜻하지만 확고하고 일관된 훈육을 필요로 합니다. 부모님이 그런 태도를 취할 때 아이들은 부모님에게 의지해도 된다고 생각합니다. 이런 양육 태도는 아이들에게 강한 안정감을 주고 진정 효과가 있습니다. 다음은 당신의 자녀에게 안정감을 줄 수 있는 방법들입니다.

1. 약속을 지키십시오.
지킬 수 없는 약속은 하지 마십시오. 그렇게 할 때, 자녀는 당신에게 의지하고 싶어 합니다. 칭찬이나 처벌 등 어떤 약속을 했더라도 항상 지켜야 합니다.

지킬 수 있을지 확신하기 어려운 너무 큰 약속은 하지 마십시오. 약한 처벌을 정해서 당신도 반드시 지킬 수 있도록 하십시오.

될 때는 된다고 하고 안 되면 안 된다고 말한다는 것을 자녀에게 교육하십시오.

2. 문제를 빨리 중단시키십시오.
자녀와 논쟁하지 마십시오. 당신과 아이는 동등하지 않습니다. 당신이 책임지는 위치에 있습니다. 당신까지 흥분해서는 안 됩니다. 당신이 흥분하면 아이는 화를 돋우는 행동을 더 하고, 결국 당신은 폭발하게 됩니다. 그래서 자녀는 당신이 자제하고 책임감을 유지하기를 바랍니다. 특히 흥분하면 고함을 치거나 지킬 수 없는 약속(너무 큰 처벌과 같은)을 하게 됩니다. 이런 분위기가 되면 자녀는 공포를 느끼고 불안하게 됩니다.

문제가 확대되기 전에 빨리 해결하면 감정 폭발을 피할 수 있습니다. 당신이 원하는 것을 자녀에게 한 번만 말하십시오. 그래도 안 되면 경고를 한 번 하십시오. 그래도 안 되면 짧은 타임아웃을 지시하십시오. 타임아웃이 지나면 아이는 당신이 말한 것을 하고 있을 겁니다. 바로 그것입니다. 당신은 논쟁 없이 해결할 수 있습니다.

문제를 빨리 해결할 때, 당신은 좌절하거나 화낼 필요가 없어집니다. 좋은 기분으로 문제를 해결할 수 있습니다.

3. 자녀와 즐겁게 지내십시오.
어떤 아이들은 당신의 관심을 받고 싶어 나쁜 행동을 하기도 합니다. 좋은 행동에 관심을 준다면 어떻게 될까요?

당신이 훈육을 신속하고 효과적으로 할 때, 자녀는 진정되고 문제를 일으키지 않게 될 겁니다. 그렇게 되면 더 많은 시간과 에너지를 자녀와 즐거운 시간을 보내는 데 사용하기 바랍니다. 자녀가 특별히 기억할 만한 일을 함께 하기 바랍니다. 산이나 바닷가에 놀러 가는 멋진 여행도 좋고, 같이 무엇을 고치거나 음식을 만드는 것과 같이 사소한 일이어도 괜찮습니다.

기억하십시오. 훈육과 즐거움은 모두 하나에서 나옵니다. 바로 자녀를 위한 당신의 사랑과 관심 말입니다.

- 문제 행동은 자녀가 당신에게 부모 역할을 재확인하려는 것이다. 안심해도 된다는 당신의 설명은 자녀를 안정시킨다.
- 당신은 부모다. 당신은 자녀 안전의 원천이다.
- 당신은 책임을 지겠다고 생각할 때 강하고 보호할 수 있다.
- 약속을 지켜라.
- 지킬 수 있는 약속만 하라.
- 문제는 빨리 해결할 때 작아지고 다루기 쉽다.
- 부정적인 표현은 최소화하고 긍정적인 부분을 강화하라.

다음의 개입법들(Greenwald, 1999)은 부모가 문제를 이해하고 장애물을 극복하고 효과적인 훈육에 필요한 구체적인 행동들을 습득하도록 도와주려는 것이다. 치료자는 사례에 따라 적합한 개입법을 사용하면 된다(이러한 개입법들은 Greenwald, 1999,

*Eye Movement Desensitization and Reprocessing*에서 발췌한 것으로 Jason Aronson 출판사의 동의하에 게재한다.).

문제 행동은 부모 역할을 재확인하려는 것이다

이 주제는 부모에게 사례 요약을 설명하는 것과 비슷하다.

치료자: 자녀를 다루기 무척 어려울 때가 자주 있다는 말이군요.

어머니: 맞습니다. 그 애는 화를 돋우죠. 마치 때려 달라고 하는 것 같아요. 그러다 보면 결국 내가 때리고 나서야 나쁜 행동을 멈추게 됩니다.

치료자: 부모님이 다투다가 아버님이 집을 나가 버리는 것을 자녀가 여러 번 보았던 사건에 대해 대화했던 것이 기억나시죠? 그런 일을 경험하면 아이들은 심한 공포를 느낍니다. 더는 세상이 안전하지 않고 무슨 일이 곧 생길 것 같은 느낌을 가집니다. 그러면 시간이 한참 지난 후에도 나쁜 일이 생길 것 같은 느낌이 들어 계속 두려워합니다.

어머니: 그렇군요. 아이에게 걱정이나 무서움이 많다는 것은 나도 알아요.

치료자: 그래서 불안할 때 아이는 나쁜 행동을 통해 어머님에게 모든 것이 안전한지 아닌지 묻고 있는 겁니다. 그때 어머님이 감정을 조절해서 책임감을 보여 준다면 아이는 안전감을 느끼게 될 겁니다.

안전감을 가진 아이 뒤에는 튼튼한 부모가 있다

이 개입법은 아주 어린아이를 가진 부모에게 책임감을 가지고 소신 있게 행동하면 자녀에게 안전감을 준다는 설명을 할 때 도움이 된다. 특히 이것은 아이가 부모 역할을 대신하는, 즉 아이가 부모의 친구, 보호자, 상사처럼 행동(부모가 책임감 있는 태도를 보여 주지 않으면 아이가 상사 역할을 하게 된다.)하는 경우 가장 적합한 방법이다. 치료자는 역할 혼동의 불합리성을 지적해서 가족의 상호관계에 대한 새로운 시각을 제시한다. 먼저 역할 혼동이 있다는 점을 지적하고, 이어서 그 해결책을 순서대로 제안한다. 더 크고 나이가 많고 더 강한 사람이 부모라는 사실을 보여 주기만 해도 부모는 책임지는 위치로 되돌아간다. 부모는 감정을 조절하는 책임성이 그들에게 있음을 깨달으면 자녀를 안전하고 보호하는 부모 역할을 받아들인다.

치료자: 너 스스로 바보 같다고 생각하는 것 같은데 잘 이해가 안 되는구나. 두 사람 중에 실제로 엄마는 누구지?

아 이: 당연히 엄마죠!

치료자: 그런데 내가 볼 때는 그렇지 않은 것 같구나. 엄마가 너에게 걱정거리를 말할 때 보면 마치 네가 엄마인 것처럼 보인단다. (그러고는 어머니에게) 사라가 엄마 역할을 하지 않도록 걱정거리를 얘기할 만한 친구가 없는지요?

어머니: 있어요. 이웃 사람과 언니와 종종 얘기를…….

치료자: 좋습니다. 어머님이 성인과의 대화를 통해 문제를 해결하려고 노력한다면 사라는 아이 역할로 되돌아가게 될 겁니다. 그렇지만 누가 진짜 엄마인지 아직도 궁금하네요. (어머니에게) 어머님이 장난감을 치우라고 했을 때 사라가 계속 가지고 놀았다고 했지요? 그때는 사라가 상관이 되었군요. 나는 책임자가 진짜 엄마라고 생각합니다. 그렇기 때문에 내가 아직도 누가 엄마인지 잘 모르겠다고 한 겁니다. (아이에게) 종종 네 마음대로 행동하니? 그때 엄마는 가만 있기도 하고?

아 이: 한 번씩 말을 듣지 않을 때도 있어요.

치료자: 그래? 너는 엄마와 아이 역할을 한 번씩 혼동하는 것 같구나. 그러니 내가 아직 잘 모르겠다는 것도 당연한 것 같아.

어머니: 사라는 항상 말을 잘 듣는 것은 아니에요.

치료자: 알겠습니다. 그것이 우리가 혼란스러운 이유겠군요. 가장 중요한 것은 누가 엄마이고, 누가 결정권을 가지고 있느냐는 것입니다. 어머니는 더 크고 나이가 많고 더 강한 사람일 테니……. (아이에게) 어머님, 잠시 일어나 보시겠어요?

아 이: 나는 사라예요!

치료자: 그래? 미안해! 내가 실수했어. 어머님, 아니 사라야, 일어나 볼래? (어머니에게) 어머님도 일어서 보시죠. 좋습니다. (아이에게) 누가 키가 더

크지?

아 이: 당연히 엄마죠.

치료자: (손을 아이 머리에 대고) 네 키가 엄마 여기쯤 있으니 엄마가 더 큰 것이 맞구나. 그럼 누가 더 나이가 많을까?

아 이: 엄마죠.

치료자: 확실하니? 너는 몇 살이지?

아 이: 여섯 살이에요.

치료자: 어머님은 나이가 어떻게 되시죠?

어머니: 27세예요.

치료자: 어머님이 더 크고 나이가 더 많군요. 그럼 어머님이 진짜 엄마가 맞는 것 같네요. 그렇지만 누가 더 힘이 셀까요? (아이에게) 엄마를 한번 들어 볼래?

아 이: 못 들어요.

치료자: 글쎄, 아닐지도 모르지. 네가 엄마라면 할 수 있을 텐데. 한번 해 볼래?

아 이: (시도해 보고) 안 돼요.

치료자: 알았어. (어머니에게) 이제 사라를 한번 들어 보실래요? (어머니가 아이를 들어 올린다.) 어머님이 더 크고 나이도 많고 더 강한 것이 맞네요! 어머님이 진짜 엄마가 맞군요. 그렇지만 누가 더 높은 사람인지 한번 볼까요? (아이에게) 엄마에게 풀쩍 뛰어 보시라고 해 볼래? 엄마가 하시는 것을 한번 보자. (어머니에게 속삭이는 목소리로) 뛰지 마세요.

아 이: 엄마, 뛰어 봐.

어머니: 싫어. (웃는 표정으로 움직이지 않는다.)

치료자: (어머니에게) 잘하셨어요. 그런데 어떻게 사라가 마음대로 행동했을까요? 그렇지! (아이에게) 한번 더 말해 봐. 이번에는 엄마가 움직일지도 모르잖아. (어머니에게 속삭이는 목소리로) 하지 마세요.

아 이: 엄마, 뛰어.

어머니: 아니. (웃는 표정으로 움직이지 않는다.)

치료자: 예, 모두 수고하셨습니다. (아이에게) 엄마에게 계속 말해 보렴. 그럼 엄마가 뛰실지도 모르잖니? (어머니에게 속삭이는 목소리로) 하지 마세요.

이런 역할놀이는 권위 있는 부모 역할을 교육할 수 있는 좋은 기회다. 아이들은 이런 활동을 매우 즐거워하고, 언어로 표현하지는 못하더라도 부모가 책임 있는 결정을 할 때 안정감을 더 강하게 갖는다. 즐거워하는 아이와 함께 단계적으로 하나씩 시도해 봄으로써 부모는 자녀의 고집에 어느 정도 면역성을 획득하게 된다.

치료자: 효과가 없는 것 같구나. 어떻게 하면 될까? 아하! 화난 듯이 얼굴을 찡그리면 어떨까? 이렇게……. (아이는 얼굴을 찡그린다.) 아니, 더 세게. 그래 맞아. 그런 얼굴로 엄마에게 다시 말해 볼까?

아 이: (화난 표정으로) 엄마, 일어나서 뛰어 봐.

치료자: 엄마가 아주 강한 것 같은데? 엄마를 움직일 수 있는 다른 방법은 없을까?

아 이: 내가 울면 될지도……?

치료자: 그렇구나. 한번 해 볼래? (이때쯤 어머니는 부모의 역할을 이해하고, 아이와 말로 논쟁할 필요가 없다는 사실을 이해한다.)

아 이: 울고 싶지 않아요.

치료자: 알겠어. 그렇지만 우는 척해 보는 것은 어때?

아 이: (훌쩍이며) 엄~마, 뛰어 보세요.

치료자: 잘했어. 그래도 엄마가 꿈쩍하시지 않는구나. 그럼 이제 고함을 치는 것은 어떨까? 효과가 있을까?

아 이: 그것도 소용없을 것 같아요.

치료자: 마지막으로 한 번만 더 해 보자. 이번에는 쿵쿵 뛰면서 소리를 질러 보자. (아이는 발을 구르며 소리친다.) 드디어 엄마가 진짜 엄마처럼 보이는구나. 엄마가 더 크고 나이가 더 많고 더 강하니까 책임자이고 결정하는 사람이구나. 네가 대장이 될 수는 없겠어.

부모가 부모-자녀 관계에서 더 강한 사람이 되면 즉각 보호하는 분위기가 형성된다. 이것은 대화나 역할놀이를 통해 얻을 수 있다. 그 방법은 아이가 가진 특정한 공포를 고려해서 수정해도 된다. 치료자는 “나는 엄마가 매우 강한 사람처럼 보이는구나. 엄마가 괴물을 이길 수 있을 만큼 힘이 셀 것 같니?”라고 말하기도 한다.

그 후에 부모가 성공적으로 공포 대상으로부터 아이를 보호할 수 있다고 생각되는 역할놀이를 지시하면 된다.

치료자: (팔을 벌리고 으르렁거리며) 나는 괴물이다! 나는 어린이를 잡아먹는 괴물이다. 너도 잡아먹어야 되겠다. (천천히 아이에게 다가간다.) (작은 목소리로, "엄마가 너를 구할 수 있을까?")

어머니: 저리 가! 아니면 내가 총을 쏠 거야!

치료자: 으~흥! 쏠 테면 쏴 봐!

어머니: 빵! 빵!

치료자: (쓰러지며) 윽! 총을 쏘다니……. 나는 죽었어.

치료자가 직접 괴물 역할을 하기 어렵다면 장난감이나 소도구를 활용해도 된다. 장난감 권총이나 방패 등을 사용하면 된다. 역할놀이는 "큰일 났다. 괴물 두 명이 나타났어!" 라는 식으로 변형해서 몇 차례 반복해도 된다.

이 방법은 아이에게 가장 큰 도움이 되지만, 부모에게도 튼튼한 부모 역할의 중요성을 깨닫게 한다. 그래서 부모가 책임을 떠맡는 것에 대한 양가감정을 극복하도록 도와준다.

약속을 지켜라

부모가 알아야 할 가장 중요한 개념 중 하나는 일과와 규칙도 부모와 아이 사이의 약속이라는 점이다. 이런 사실을 잘 이해하면 그동안 자신의 행동이 아이의 안정감을 얼마나 많이 손상시켰는지 자각하게 된다. 신중하게 부모가 상처받지 않게 설명해야 하며, 뜻은 좋았지만 상황에 맞지 않았다는 식으로 전달한다.

치료자: 질문을 하나 하겠습니다. 아이에게 "10분 안에 방을 청소하면 아이스크림을 줄게."라고 말하고 나서 9분 뒤에 아이가 깨끗이 청소한 방을 보여 준다면, 부모님은 "아주 잘했어. 그렇지만 아이스크림 준다는 말은 농담이었어."라고 말하실 건가요?

부 모: 그럴 리가요. 그렇게 한 적은 한 번도 없습니다. 약속대로 아이스크림을 줘야지요.

치료자: 맞습니다. 약속을 지켜야 아이가 실망하지 않겠지요. 이런 경우는 어떻습니까? 아이가 어떤 작은 일을 약속대로 하지 않아 부모님이 화를 내며 "너는 내일 공원에 못 가!"라고 말하셨다고 합시다. 그런데 다음 날 화가 가라앉고 보니 그 말이 너무 큰 처벌이었고, 날씨까지 좋은 날이었습니다.

부 모: 그러면 아마 아이를 공원에 데리고 갈 겁니다. 대부분 시간이 지나면 내가 져 주곤 하지요.

치료자: 그럼 약속을 어긴다는 건가요?

부 모: 그렇게 되는군요. 그렇지만 깊게 생각해 보진 않았습니다.

치료자: 부모님이 말하신 대로 하지 않으면 아이는 실망할 겁니다. 많은 부모님이 이 점을 잘 이해하지 못합니다. 부모님이 어떻게 하겠다고 했을 때, 아이는 부모님이 그렇게 하실 거라고 생각합니다. 아이는 부모님

이 언제라도 기댈 수 있는 튼튼한 바위이길 바랍니다. 부모님도 의지할 수 있는 사람이 없을 때 어떤 기분이 드는지 잘 알고 계실 겁니다. 아주 불안해집니다. 부모님은 규정을 정할 때 어떤 분명한 이유가 있겠지요?

부 모: 그렇게 생각합니다.

치료자: 도로에서 놀면 안 된다는 지시를 했다고 칩시다.

부 모: 집 앞에 차들이 빨리 달리곤 해서 자주 하는 지시입니다.

치료자: "도로에서 놀지 말고 집에서 놀아."라고 지시했는데, 아이가 "엄마, 한 번만 봐 줘."라고 해서 도로에서 놀도록 어머님이 허용한다면 아이는 어떻게 생각할까요?

부 모: 내 마음대로 해도 된다고 생각하면서 도로에서 즐겁게 놀겠군요.

치료자: 아이는 즐거워하기도 하지만 마음 한편으로는 불안하고 초조해합니다.

부 모: 내가 아이에게 신경 쓰지 않는다는 생각도 든다는 말이군요.

치료자: 맞습니다. 자녀의 안전을 생각하지 않는 것처럼 보일 겁니다. 부모님이 자녀의 안전을 지키고 건강한 사람이 되기를 바라는 등의 규칙을 정했다면, 스스로 그 규칙을 지키면서 자녀를 보호하고 있다는 것을 보여 주셔야 합니다. 부모님의 말과 행동이 일치하면 아이는 항상 부모님에게 의지하려고 할 겁니다. 언행일치는 아이를 안정시키고 진정시키는 효과가 있습니다.

왜 규칙을 만드는가

부모가 원래의 긍정적인 의도를 유지하지 못하고 화를 내거나 폭발하면 부모의 좋은 뜻이 전달되지 않는다는 사실을 교육한다. 화를 내지 않고 훈육하는 구체적인 개입법은 다음과 같다.

치료자: 당연한 질문일 수 있지만, 왜 자녀에게 규칙을 정해 줄까요? 아이를 보호하고, 안전을 지키고, 건강한 사람이 되도록 하려는 건가요? 아니면 규칙을 어길 때 처벌하고 보복하려는 목적인가요?

부　모: 안전을 지키고, 좋고 나쁜 것을 구분하도록 교육하려는 것입니다.

치료자: 그렇다면 부모님은 사랑과 좋은 의도로 규칙을 정하는 것이 맞군요.

부　모: 당연합니다.

치료자: 저도 동의합니다. 그렇다면 부모님처럼 사랑으로 자녀를 교육하는 사람이 되려면 부모님의 마음이 안정되어야 할까요? 아니면 화가 난 상태일 때 그렇게 될까요?

부　모: 안정될 때겠지요.

치료자: 너무 화가 나서 화를 폭발할 때도 있으신가요?

부　모: 화를 도저히 참을 수 없으면 종종 고함치거나 심한 처벌을 내렸습니다.

문제를 빨리 중단시켜라

이 전략은 다양한 효과가 있다. 부모에게 효과적인 훈육을 할 수 있는 실제적인 방법을 제시하고, 아이가 지킬 수 있는 가벼운 처벌을 활용해서 부모 스스로 약속을 지킬 수 있게 하고, 문제가 확대되기 전에 분노 폭발을 피할 수 있게 한다. 부모가 빨리 개입하여 후유증을 최소화할 때, 아이의 문제 행동은 확대되지 않고 안정되어 양육 갈등이 사라진다.

치료자: 흔히 부모님이 보이는 가장 큰 약속 관련 문제는 화날 때 너무 큰 처벌을 내리고는 진정된 후에 그 약속을 지키지 못하는 것입니다.

부　모: 나도 그런 적이 있습니다.

치료자: 그런 방식이 반복되는 이유는 처벌을 너무 빨리 결정하기 때문입니다. 누구나 화가 나면 생각을 할 수 없어 판단력이 흐려집니다.

부　모: 나도 그런 것 같아요.

치료자: 타임아웃을 자주 사용하시나요?

부　모: 화가 나서 아이가 보기 싫으면 종종 방에 가 있으라고 합니다. 30분 뒤에 나오라고 하지요.

치료자: 타임아웃에 대해 잠시 설명하겠습니다. 먼저 부모님이 보이는 곳에 있는 의자나 벽과 같은 어떤 장소를 정합니다. 타임아웃 동안 아이에게

말하지 못하게 하고, 장난감을 가지고 놀지 못하게 하거나, 발로 벽을 차서는 안 된다는 등 몇 가지 규정을 정할 수 있습니다. 타임아웃은 1분 정도면 됩니다.

부 모: 1분이라고요? 너무 짧지 않나요?

치료자: 30초 정도라도 괜찮습니다. 부모님이 후회하지 않을 정도로 가벼운 처벌이면 충분합니다. 1분 정도 타임아웃이라면 어렵지 않겠지요?

부 모: (웃으며) 당연하지요.

치료자: 됐습니다. 그렇지만 필요할 때 항상 그렇게 해야 합니다. 우리는 지금 아이 때문에 화났을 때 어떻게 해야 하는지에 대해 대화하고 있다는 점을 다시 한 번 기억하기 바랍니다.

부 모: 알고 있습니다.

치료자: 아이가 엉뚱한 행동을 할 때 바로 화를 냅니까, 아니면 꽤 지나서 화를 냅니까?

부 모: 말해도 아이가 같은 행동을 계속하고, 멈추지 않고, 듣지도 않으면 결국 실망하고 화를 냅니다.

치료자: 나도 그렇게 생각합니다. 이렇게 한번 해 보세요. 한 번만 말하고, 듣지 않으면 한 번 더 말하고 나서 셋까지 셉니다. 하나, 둘, 둘 반, 둘 반에 반이 아니라 하나, 둘, 셋으로 말이에요. 그래도 하지 않으면 즉시 1분 타임아웃을 시행합니다. 그렇게 하면 부모님이 지시한 대로 따르게 될 겁니다. 논쟁하지 말고 이런 식으로 하면 됩니다.

부 모: 그렇게 말인가요? 너무 단순한 것 아닌가요?

치료자: 결정을 오래 끌지 않아 부모님이 화내지 않게 하려는 것이 목적입니다. 큰 잘못은 아니기 때문에 가벼운 처벌로 끝내려는 것입니다. 사실 타임아웃은 처벌이라고 보긴 어렵습니다. 선수가 규칙을 어겼을 때 잠시 벤치로 나갔다가 나중에 다시 경기하러 나오는 것과 같습니다.

부 모: 그 정도라면 할 수 있을 것 같습니다.

치료자: 이번 주에 필요할 때는 계속 시도해 보기 바랍니다. 상황이 애매하다고 생각될 때는 타임아웃을 내리세요. 부모님이 실망감이나 화가 난 경우라면 결정을 너무 미룬 시점이기도 하지만, 바로 타임아웃을 시도

해 보기 바랍니다. 이 기법의 독특한 점은 엄격하게 적용하면 할수록 큰 처벌은 내리지 않게 된다는 것입니다.

아이가 치료실에 있다면 타임아웃 역할놀이를 몇 번 해 보는 것도 좋다. 처음에는 치료자가 아이 역할을 해서 부모에게 지시를 해 보라고 하고, 그다음에는 부모와 아이가 함께해 본다. 아이들은 흔히 부모 역할을 해 보고 싶다고 말하곤 한다. 이런 역할놀이의 장점은 다음과 같다. 첫째, 부모에게 관찰하면서 연습할 수 있는 기회를 준다. 아이는 역할놀이에 적극적이고 즐거워하며 처벌로 느끼지 않는다. 둘째, 지시를 잘 따르거나 반항하는 역할놀이를 통해 아이는 문제 행동을 극복할 수 있는 조절력을 키울 수 있다. 결국 치료자는 이 역할놀이를 통해 부모-자녀 관계의 흐름을 변화시킬 수 있는 자극을 주는 것이다.

치료자: 엄마와 상의해 보니, 앞으로 엄마가 더 책임 있게 행동하겠다고 결정하셨단다. 집에서 네가 더 편안한 느낌이 들 수 있게 말이지. 연습을 한 번 해 보고 싶은데 괜찮겠니?

아 이: 좋아요.

치료자: 내가 장난감을 치우라고 말해도 너는 계속 가지고 놀면 돼. 자, 그럼 장난감을 치우도록 해. (아이에게 속삭이듯이 "따라 하지 마."라고 지시한다.)

아 이: (장난감을 가지고 계속 논다.)

치료자: 장난감을 치우지 않고 뭐해? (아이에게 속삭이듯이 "따라 하지 마."라고 지시한다.) 하나, 둘, 셋. 안 되겠어. 타임아웃을 해야겠어. 저쪽 구석에 가서 서 있어. 그래 그곳에. 장난감을 가지고 놀면 안 돼. 타임아웃 동안 장난감은 내가 가지고 있을 거야. 그래, 그곳에 가만히 서 있으면 돼. 1분 후에 움직여도 된다고 말해 줄 거야. 이제 끝났어. 참 잘했어. 이제 이것을 엄마와 같이 해 볼래? 내가 한 것처럼 엄마도 잘할 수 있는지 볼까? 엄마와 한 번 더 해 보자.

슬롯머신

슬롯머신 은유를 통해 약속의 중요성을 설명한다. 또한 부모에게 의견을 준수하고 약속을 끝까지 지키는 것이 얼마나 중요한지를 깨닫게 도와준다.

치료자: 이제 부모님이 말로 표현한 모든 것이 자녀와의 약속이란 점을 이해하셨을 것입니다. 그렇기에 말한 것을 지키는 것은 매우 중요합니다. 가게 계산대 앞에서 자주 "엄마, 이것 하나만 더, 엄마…… 제발."이라고 말하는 아이를 보셨을 겁니다.

부 모: 맞아요. 엄마들이 결국 "알았어. 그러니 그만해!"라고 말하곤 하지요.

치료자: 부모님도 보신 적이 있군요. 특이한 점은 그게 '너는 골칫거리처럼 그런 식으로 행동해라.' 라고 교육한다는 겁니다.

부 모: 무슨 뜻이지요?

치료자: 라스베이거스가 어떻게 그렇게 큰돈을 버는지 설명하겠습니다. 원리는 같습니다. 그러니까 집에서 그것을 그대로 적용하면 됩니다. 슬롯머신에 100원을 넣으면 500원이 나온다고 합시다. 그럼 부모님은 어떻게 하시겠습니까?

부 모: 그럼 계속 100원을 넣겠지요.

치료자: 맞습니다. 그런데 어느 날 100원을 넣었는데 아무것도 나오지 않는다면?

부 모: 그만둘 겁니다.

치료자: 저도 곧 그만두겠지만, 일단 돈을 더 넣어 보고 "기계가 잘못되었나?" 라고 말하기도 하고 기계를 치기도 할 겁니다. 그러나 결국 돈을 다 잃으면 "이 기계로 돈 따기는 글렀어."라며 그만두고, 다른 게임을 하러 갈 겁니다. 그럼 이런 경우는 어떨까요? 넣은 돈의 대부분은 잃지만 한 번씩 잭팟을 터트린다면?

부 모: 슬롯머신이란 게 원래 그런 것 아닙니까?

치료자: 맞습니다. 한 번씩 터지는 원리를 적용해서 만들었을 겁니다. 잭팟 후에, 100원을 넣어 돈을 따지 못하면 어떻게 하게 될까요?

부　모: 계속하겠지요.

치료자: 그렇게 될 겁니다. "계속하다 보면 잭팟을 터트릴 거야."라며 10번 더 넣기도 하고, 100번까지 계속하기도 하겠지요.

부　모: 백만장자가 되면 멈출 겁니다.

치료자: 그게 아이들이 계산대 앞에서 하는 행동과 똑같습니다. 아이는 "엄마, 제발."이라 말하고 어머님은 "안 돼."라고 말하시겠죠. "한 번만" "안 돼" "엄마" "안 돼" "제발" "안 돼"라는 식으로 10번 정도 계속 됩니다. 그럼 아이는 혼자서 '계속하다 보면 결국 잭팟을 터트릴 거야.' 라고 생각하면서 그와 같이 하게 될 겁니다.

부　모: 아이가 고집 부리면 결국 내가 지고 말지요.

치료자: 맞습니다. 잭팟이 터진 겁니다.

부　모: 무슨 말인지 알겠어요.

치료자: 여기에서 중요한 점은 해 줄 것은 해 주고 안 되는 것은 안 된다는 것입니다. 한 번 말했으면 그대로 지켜야 합니다. 그렇지 않으면 엄마를 귀찮게 하면 결국 잭팟이 터질 거라고 교육하는 셈이 됩니다.

부　모: 알겠습니다.

치료자: 기억해야 할 점은 처음 시작이 가장 힘들다는 것입니다. 이는 슬롯머신으로 돈을 조금 잃을 때와 마찬가지입니다.

부　모: 아이가 더 고집을 부리겠군요.

치료자: 그렇지요. 돈을 더 넣고, 기계를 치고……. 엄마를 못살게 굴 겁니다. 엄마가 그냥 한번 해 보는 말인지, 아니면 진짜로 하는 말인지 확인하기 위해 고집을 부릴 겁니다. 그런데 엄마가 지쳐서 포기한다면 어떻게 될까요?

부　모: 잭팟이 터집니다.

치료자: 정확합니다. 아이의 행동을 수정하려면 약속을 끝까지 지켜야 합니다. 아이는 어머님이 말한 대로 행동한다는 것을 알게 되면 동전을 전부 넣으려 할까요? 당연히 다른 게임을 찾을 겁니다.

에이-젠장-씨발 코스

이 기법은 빠른 개입의 중요성과 원칙을 특히 강조해야 할 때 도움이 된다. 극적인 단어는 부모에게 요지를 전달하기 쉽게 한다. 또한 아이의 문제 행동과 불안한 느낌 사이의 관련성을 이해시키고, 아이를 처벌로 배척하기보다는 부모의 역할을 재확인시킬 동기를 유발할 수 있다. 물론 말이 욕설이어서 상황을 잘 보고 타이밍을 잘 조절해서 표현해야 한다.

치료자: 아이가 잘못된 행동을 하는 것은 도움을 요청하는 것이라고 생각합니다. 아이는 안전하다는 느낌을 받으려고 자신을 바로잡아 달라고 요청한다고 볼 수 있습니다. 스스로 조절하기 어려울 때, 아이들은 조절력을 다시 얻을 때까지 부모님의 도움을 필요로 합니다. 그런데 부모님이 화를 내고 마음대로 하라는 식으로 방치하면 아이는 점점 더 불안해집니다. 그렇게 되면 결국 어떻게 될까요?

부 모: 음, 점점 더 심해지겠지요.

치료자: 맞습니다. 나는 아이 행동이 점점 심해지는 과정을 에이-젠장-씨발 코스라고 부릅니다. 아이가 '에이' 라고 했을 때 아무런 도움이 없으면 불안이 더 커지고 더 크게 도움을 요청합니다. 그래서 '젠장' 이라고 욕하고는 부모님이 자신을 도와주려고 하는지 살핍니다. 그래도 안 되면 더 심한 욕설로 넘어갑니다.

부 모: 그런 적이 있었습니다. 결국 감당할 수 없게 되더군요.

치료자: 아이들은 불안할 때 부모님이 꽉 잡아 주고 부모님이 감정을 잘 조절하고 있는지 알고 싶어 합니다. 그래서 부모님이 타임아웃을 할 때 아이는 부모님이 감정을 조절하고 있다는 것을 재확인하게 되어 진정됩니다. 그렇지 않으면 아이는 부모님이 도와줄 때까지 계속 다음 단계로 넘어갑니다.

신체 억제

간혹 부모님이 "타임아웃 동안 한자리에 있질 않아요."라고 말한다. 치료자는 "그 자리에 있도록 지시하세요. 부모님이 책임자입니다."라고 말한 다음, 대처할 수 있는 '방법'을 설명한다. 대부분은 부모가 지적하거나 움직이지 못하도록 옆에 있으면 해결된다. 그러나 신체 억제 개입이 필요한 아이가 있다면 부모가 그것을 효과적이고 안전하게 적용하도록 가르친다. 아이에게 공격하는 것이 아니라 안전하다는 느낌을 주고, 부모는 단순한 반응이 아니라 아이를 보호하고 권위 있는 태도를 유지해야 한다. 신체 억제는 소아 외상 치료에서 매우 중요한 부분이지만 이 책의 범위를 벗어나는 주제이니 전문가에게 정식으로 배우기 바란다.

타임아웃의 대안 기법

과민한 부모들은 앞서 설명한 표준적인 타임아웃을 잘 적용하지 못한다. 어떤 아이는 타임아웃에 대해 말로 따지고, 못마땅한 표정을 짓고, 발을 쿵쿵 구르고, 항의하거나 미친 듯이 날뛰기도 한다. 부모가 아이를 진정시키지 못하면 타임아웃은 문제 행동을 강화하고, 그렇게 되면 타임아웃의 목표와는 정반대로 전개된다. 대안 기법은 부모의 신체적인 억제력을 증가시키고, 부모를 한발 물러서게 해서 아이의 부정적인 행동을 강화시키지 않게 하려는 것이다.

부모는 아이의 침실 등을 타임아웃 방으로 정하고, 그 방에는 가구 외에 위험한 물건은 치운다. 방에 장난감은 괜찮지만 TV나 게임기 등을 두지 않는다. 아이가 타임아웃 지시를 즉시 따르지 않을 때는 부모가 아이를 안고 그 방으로 데려간다. 만약 아이가 밖으로 나오려 하면 문을 잠근다. 아이가 일정 시간 동안 조용하게 있으면 타임아웃을 중단한다. 조용히 있는 시간은 대개 5분 정도 또는 아이의 나이와 비슷하게(예, 7세면 7분 정도) 하는 것이 좋다.

타임아웃 동안 방에서 무슨 일이 일어나든지 가만히 둔다. 아이가 몇 분 또는 몇 시간 동안 고함을 치고 무언가를 부수어도 무시한다. 일정 시간 동안 조용해지면 부모가 들어간다. 그리고 마지막 몇 분 동안 했던 차분한 행동을 칭찬하고 타임아웃을 끝낸다. 주의할 점은 아이에게 가만히 앉아 있거나 꼼짝하지 말라고 하지 않고 방에 조용히 있으라고만 해야 한다는 점이다.

이 기법은 부모의 모든 관심은 아이의 행동을 강화한다는 원리에 근거한다. 문제 행동을 할 때, 즉시 타임아웃 방으로 보내면 강화가 일어나지 않는다. 아이가 성공적으로 타임아웃을 마치면 긍정적인 행동이 강화된다. 아이의 부정적인 행동은 강화되지 않으면 감소한다. 부모가 규칙을 잘 지키기만 하면 이 기법은 다루기 힘든 아이들에게도 매우 효과적이다.

타임아웃을 넘어서: 자연스러운 결과

고집부리거나 반항하는 행동에 대한 타임아웃을 넘어서, 치료자는 부모에게 외상 치료 원칙을 다양한 상황에 적용할 수 있도록 한다. 그 목표는 적절한 한계와 (긍정적인 경험을) 학습할 기회를 제공해서 아이가 안정감과 보호받는 느낌을 획득하게 하려는 것이다. 원칙은 다음과 같다.

- 약속을 지켜라. 당신이 말한 약속을 끝까지 지켜라.
- 보복이나 분풀이를 하지 말라. 이는 부모의 조절력 상실을 뜻할 뿐이다.
- 음식, 수면, 학교 또는 (가능한 한) 기타 중요한 활동은 금지하지 마라.
- 공정하고 합리적인 대가를 정하라. 그래서 긍정적인 성과를 얻을 기회를 제공하라.

이 원칙들은 부모가 자신의 훈육방식을 평가할 수 있는 지침이 된다. 예를 들어, 체벌(예, 때리는 것)은 일반적으로 권장하지 않는데, 그 이유는 부모가 보복—조절력 상실—을 한다는 뜻이고 아이에게 공포를 심어 주기 때문이다. 배상 기법은 처벌이 아닌 원상 복구의 뜻이 되기 때문에 공정하고, 잘못을 만회해서 손상된 자존심과 관계를 회복시킨다.

많은 부모가 '자연스러운 결과'라는 개념을 통해 훈육에 포함된 건설적인 의미를 깨닫는다. 부모의 역할은 정확히 말해 처벌을 가하는 것이 아니라 아이가 잘못에 대한 책임을 지고 실수를 통해 배울 수 있는 기회를 제공하는 것이다. 자연스러운 결과의 예는 다음과 같다.

- 어지럽히면 치워야 한다.
- 부수었으면 고치거나 새것으로 배상해야 한다. 배상은 현금이나 노동(예, 집안일)으로 대신할 수 있다.
- 믿음을 깨면 다시 신뢰가 쌓일 때까지 믿음을 잃는다. 예를 들어, 늦게 들어오면 내일 저녁에는 나갈 수 없다. 1시간 30분 늦게 오면 부모가 그동안 걱정했으니 아이도 1시간 30분 동안 집안일을 도와야 한다.
- 할 일을 먼저 하고 놀아야 한다. 이는 특히 할 일을 미룰 때 중요하다. 성적이 떨어지면 숙제를 마칠 때까지 TV를 보지 못한다.

행동에 대한 대가는 항상 필요하지만, 당신의 목적은 아이에게서 기대하는 행동을 유발하려는 것이다. 부모가 특정한 문제 행동에 과도하게 집착하면, 치료자는 아이를 격려할 수 있는 인센티브 프로그램을 소개한다. 종종 긍정적인 보상과 부정적인 처벌을 동시에 제공하는 당근과 채찍 기법도 도움이 된다. 예를 들어, 시간에 맞추어 학교를 가지 않으면 그날 저녁에 15분 일찍 잠자러 가게 한다. 만약 매일 아침에 시간을 맞추어 학교에 간다면 방과 후에 즐거운 시간을 보낼 수 있다.

표준적인 행동수정 프로그램이건 일반적인 양육방식이건 간에, 중요한 요소는 부모의 태도이며 지지적인 중립성을 유지해야 한다는 점이다. 아이가 정해진 대가를 받을 때, 부모는 아이 스스로 행동에 대한 대가를 선택했다는 사실을 이해시키도록 노력해야 한다. 그렇게 하면 부모는 나쁜 부모라는 느낌이 줄고 부담감이 감소한다. 또한 그럴 때 부모는 감정적으로 반응하지 않으면서 아이의 감정에 더 관심을 가질 수 있다.

치료자: 빨리 잠자러 가라고 했을 때 너무하다고 아이가 말한다면 부모님은 어떤 느낌이 들까요?

부 모: 화가 나기도 하고, 내가 야박한 것 같아 아이 말에 상처를 받을 겁니다.

치료자: 그럼 이렇게 말하면 어떨까요? "일찍 잠자러 가겠다고 네가 말했잖니. 오늘 아침에 말이지. 이것은 내가 시키는 것이 아니고 네가 선택한 거야." 한번 따라 해 보시겠어요?

부 모: 네가 선택했어. 학교에 늦었으니 정당한 대가일 뿐이야.

치료자: 그렇게 말하니 어떤 느낌이 듭니까?

부 모: 내 문제가 아닌 것 같은 느낌이 드네요.

치료자: 맞습니다. 부모님은 약속을 지키고, 자녀가 잘못을 스스로 깨우쳐 더 건강한 아이가 되도록 노력하는 좋은 부모님입니다.

부 모: 그렇지만 내가 그렇게 말하면 그 애는 더 투덜거릴 겁니다.

치료자: 그래도 역시 부모님의 문제가 아니라는 뜻입니다! 불평도 아이의 문제라는 말이지요. 아이는 부모님을 진짜 믿어도 될지 시험하고 있습니다. 아이는 당신 마음속에 있는 무언가를 자극하려고 하는 겁니다. 그것이 무엇일까요? '죄책감'과 '나쁜 부모'라는 감정입니다. 그 밖에 다른 것은 없을까요?

부 모: 그럼 아이가 내 마음을 다 알고 있다는 말이군요.

치료자: 부모님이 해야 할 첫째는 약속을 지키는 것입니다. 둘째는 아이의 선택으로 그렇게 된 것임을 설명하고 교육하는 것입니다. 아이가 더 나은 선택을 한다면 더 행복하게 될 거라고 설명해 주세요. 그래도 아이가 계속 투덜대고 부모님도 아이에게 무언가를 해 주고 싶다면, "일찍 자러 가게 되어 마음이 상한 모양이구나." 정도로 말하면 됩니다. 한번 말해 보시겠습니까?

부 모: 일찍 자러 가게 되어 마음이 상한 것 같구나.

치료자: 잘하셨습니다. 부모님은 아이가 하기 싫어하는 어떤 행동을 극복하도록 도와주긴 하지만 그것은 부모의 문제가 아닙니다.

당신이 책임자다

행동을 자제하지 못하는 아이라면 스스로 조절할 수 있을 때까지 아이를 조절해 주고 수습해 줄 수 있는 누군가가 필요하다는 점을 부모가 반드시 이해해야 한다. 여러 가지 방식으로 이 원칙을 설명하고, 부모교육 시간에 반복해서 설명한다. 먼저 부모는 아이의 안전감은 책임감 있는 성인에게 달렸다는 것을 이해해야 한다. 또한 부모는 부모의 권위를 포기하고 싶은 특수한 상황을 파악해서 그런 상황에서 권위를 회복시킬 수 있는 방법을 배워야 한다.

치료자: 아이가 왜 마음속으로 무서워하고 사소한 일에도 짜증을 내는지, 또 과거의 무서운 느낌들이 어떻게 폭발하는지에 대한 설명을 기억하실 겁니다.

부 모: 기억납니다. 태풍처럼 몰아닥친다고 하셨지요. 이전에는 그런 줄 전혀 몰랐습니다. 서로 사이가 나빠 다툰다고만 생각했지 그런 감정이 아이를 계속 힘들게 하는지 전혀 몰랐습니다.

치료자: 아이들의 생각을 다 알기는 어렵지만, 아이들 마음속에 과거 감정들이 축적되었다가 사소하지만 급소를 자극하는 사건을 만나면 무서웠던 감정들이 되살아나는 겁니다. 아이가 무서워할 때 어떻게 말하면 되는지 알고 계시나요?

부 모: 잘 모르겠어요. 그 애는 물어도 그런 일에 대해서는 전혀 말을 하지 않아요.

치료자: 아이들은 그런 느낌을 어떻게 말해야 할지 잘 모를 때도 있습니다. 아이들은 무서워한다는 것을 부모님이 알고, 자신이 생각하지 못한 해결책을 부모님이 제시해 주기를 기대합니다. 그래서 아이는 자신이 아이 역할을 하고 부모님은 책임자 역할을 하게 되면 안전감을 느끼게 됩니다. 그럴 때 아이는 부모님을 믿고 따르게 될 겁니다.

부 모: 잘 알겠습니다. 필요할 때는 타임아웃도 사용하면서 말이지요.

치료자: 그 밖에도 더 있습니다. 부모님이 아이와 논쟁하거나 고함치거나 화를 폭발하면 아이에게 아무런 도움이 되지 못합니다.

부 모: 그냥 소리만 쳐도 말인가요?

치료자: 맞습니다. 부모로서 책임진다는 것은 말한 대로 행동한다는 뜻입니다. 그럴 때 불필요한 다툼은 사라집니다. 반대로 부모님이 아이 행동을 보고 자극되어 논쟁하고 협상하면 책임자의 위치를 지키지 못하고 자녀와 똑같이 아이처럼 행동한다는 뜻이 됩니다. 아이 때문에 부모님이 화를 폭발한다는 것은 부모님이 과거처럼 주도권을 아이에게 넘겨 준다는 것과 같습니다. 아이가 부모님께 소리를 질러 부모님이 아이에게 화를 폭발하는 순간, 부모님은 아이가 된 것입니다. 부모 역할을 원하신다면 그렇게 해서는 안 됩니다. 아이는 스스로 감정을 자제할 수 없

을 때 부모님이 감정을 잘 조절하는 책임자 역할을 해 주길 바라고 있습니다.

조절력을 상실하거나 습관적인 논쟁, 고함, 체벌을 그만두지 못하는 부모들도 있다. 이런 부모에게는 다음과 같은 전략들이 도움될 수 있다.

- 아이의 문제 행동이 공포 감정 때문에 발생한다는 점을 이해하면 모욕당한 감정을 느끼지 않고 아이를 공감할 수 있다.
- 약한 처벌을 신속하게 사용하면 부모의 좌절감을 미연에 방지할 수 있다.
- '내 문제가 아니다' 란 접근을 통해 부모-자녀 갈등을 객관적으로 볼 수 있다.

아이에게 초점을 맞춘 이런 접근법이 부모의 조절력 회복을 향상시키지 못하면 부모에게 개인치료가 필요하다. 이런 경우 자기조절과 분노조절 기법이 부모에게 도움이 될 수 있다. 또는 아이의 문제 행동이 부모의 외상 기억을 자극하는 상황도 있을 수 있다. 아이의 문제 행동이 외상과 관련된 부모의 급소를 자극하는 상황을 말한다. 이럴 때는 자녀와의 갈등에 초점을 맞춘 부모 자신에 대한 사례 요약을 시도해서 부모의 외상을 처리하면 된다.

재혼가정 함정

많은 가정에서 한 부모(대개 아버지)는 과도하게 엄격한 양육을 하고, 다른 부모(대개 어머니)는 지나치게 방임하는 역할을 한다. 특히 어머니가 친모이고 아버지가 양부일 때는 거의 대부분 이런 상황이다. 그렇지만 많은 친부모나 동성애 부모 가정도 유사한 역동을 보인다. 문제는 아버지가 엄격할수록 어머니는 아이를 더 멋대로 두고 보호하게 된다는 사실이다. 또한 어머니가 방임할수록 아버지는 더 심하게 간섭하고 싶은 충동을 느낀다. 그러나 그럴 경우 시간이 갈수록 더 극단으로 대립하는 피드백이 형성되어 가족 간에 심한 긴장 상태가 형성된다. 아버지는 처벌적이고 어머니는 방임적일 때, 아이는 부모 누구에게도 적절한 지도와 지지를 받을 수 없는 상황에 처하게 된다.

치료자는 이런 역동을 부모에게 설명하고 어머니(또는 '허용적인' 부모)가 자녀 양육을 주도하는 역할을 하라는 해결책을 제안한다. 어머니가 권위적으로 바뀌어도 자녀와 어머니의 관계가 손상되지 않을 가능성이 높고, 실제로 대부분은 권위가 강화된다. 어머니가 주된 부모 역할을 담당하면, 아버지는 한발 물러서서 자녀와 긍정적인 관계를 형성할 수 있는 기회를 얻게 된다.

부모 분열 예방하기

아이들이 자신의 말을 잘 들어주는 부모에게 요구하는 식으로 부모를 갈라놓는 경우도 있다. 이는 각 부모가 허용하는 부분이 너무 다를 때 발생할 수 있다. 예를 들어, 한 부모는 특권을 잘 허용해 주고 다른 부모는 돈을 잘 주는 경우다. 아이가 부모를 분열시키는 상황이 되면 이미 규칙은 아무런 의미도 없고 부모도 책임자가 되지 못한다. 즉각적인 만족을 위해 부모를 분열시키는 행동을 할수록 아이는 더욱 불안하고 보호받지 못한다는 느낌을 받는다. 부모가 서로 비난하고 아이의 관심을 끌기 위해 다른 부모보다 더 허용적으로 된다는 것도 또 다른 부정적인 결과다.

치료자는 이런 가족 역동을 설명하고, 부모가 서로 협조할 수 있도록 도와준다. 가족마다 다를 수 있지만 기본 원칙은 다음과 같다.

1. 부모가 대화를 통해 공개적으로 규칙을 정하고 다른 부모가 없을 때도 반드시 규칙을 지키겠다고 서로 약속하라.
2. 아이가 무언가를 요구할 때, 부모가 서로 상의해서 결정하고 다른 부모가 이미 해 주겠다고 약속한 것은 아닌지 확인하기로 규칙을 정하라.
3. 한 부모가 아이에게 이미 해 주겠다는 약속을 했다면 그 약속대로 하라. 만약 아이가 허용적인 한 부모에게 계속 요구한다면 그다음부터는 1~2번 원칙을 준수하면 된다.

부모가 같은 원칙을 적용할 때, 부모 스스로 아이에 대한 애정경쟁을 중단하고 부모의 권위를 무너뜨리지 않게 된다. 그 결과로 아이는 책임 있고 약속을 지키는 부모를 얻게 될 것이다.

긍정적인 행동에 초점 맞추기

부모가 문제 행동에 관심을 보이기보다는 아이의 긍정적인 행동을 자주 칭찬하게 한다. 부모가 다른 아이들의 행동을 관찰할 수 있는 상황이 된다면, 먼저 다른 아이들에 대해 부정적인 행동은 무시하고 긍정적인 행동을 평가하도록 연습한 후 자녀를 그 집단에 들어가게 해서 관찰하게 한다. 또한 부모가 규칙적으로 시간을 내어 자녀와 즐거운 시간을 보내도록 조언한다. 효과적인 양육 기법과 더불어 즐거운 시간을 함께 보낸다면 가족의 에너지는 더욱 긍정적인 상호작용을 하는 데 사용될 수 있다. 앞에서도 말했지만, 보상을 적절히 활용하면 아이의 특정한 행동을 격려하고 발달시킬 수 있다.

치료자는 부모의 개인 코치다

부모교육의 초기에는 긍정적인 양육방식에 대한 자료와 앞서 소개한 개입법 중에서 일차적으로 필요한 몇 가지를 교육한다. 한 번에 모든 것을 해결하려고 할 필요는 없다. 현실적으로 달성 가능한 몇 개의 목표를 정하고 성공을 경험하는 것이 중요하다. 충분한 시간을 투자하여 교육하고 연습을 해서 부모가 집에서 시도할 수 있는 준비를 갖추게 한다. 부모에게 너무 큰 기대는 하지 말고 시도해 본다는 심정을 가지라고 설명한다. 그러면 부모는 작은 변화에도 자신감을 느끼고 성공 경험을 하게 된다.

Chapter 11
자기조절 기술 교육

아이들 스스로 안전감과 강해진 느낌을 가질 수 있게 하는 방법들이 있다. 이런 방법들은 다음 몇 가지로 분류된다.

• 고위험 상황 피하기
• 불안 증상을 위한 자기관리
• 행동 선택을 위한 자기조절

고위험 상황 피하기

두 가지 고위험 상황이 있다. 하나는 행동화가 자극될 수 있는 상황이며, 다른 하나는 실제로 위험한 특별한 상황이다. 두 번째 고위험 상황은 피하면 실제로 안전하기 때문에 안전감을 얻는다. 고위험 상황을 피하는 방법은 모든 아이들에게 큰 도움이 된다. 고위험 상황을 구체적으로 파악해서 그것을 예상하고 피할 수 있는 방법을 계획하고 연습한다. 가족의 협조가 필요하거나 생활 습관을 바꿔야 할 때도 있다. 예를 들면 다음과 같다.

- 보모가 아이를 잘 돌보지 못하면 부모가 보모를 바꾼다.
- 부모가 늦게 퇴근하는 날 아이가 밤에 무서워하면 아이가 잠들기 전에 자주 전화를 한다.
- 아이를 폭행하고 도망간 어머니의 남자친구가 아직 붙잡히지 않았다. 그래서 어머니는 현관문 열쇠를 바꾸고, 이웃사람들에게 낯선 남자가 집 근처에서 어슬렁거리면 경찰에 신고해 달라고 부탁한다.
- 건강이 나쁜 아버지는 아이가 학교에 있는 동안 친척이 자신을 돌보도록 한다.
- 아이가 친구들과 수업을 빠지고 놀러 가는 등 학교에서만 '고위험' 행동을 보인다. 아이, 부모, 교사가 함께 상의해서 수업마다 교사가 카드에 사인을 하고, 아이는 카드를 매일 부모에게 전달하기로 한다.

아이가 원해서 고위험 상황에 빠질 때도 있다. 치료자는 아이와 직접 대화해서 고위험 상황을 파악하고 피할 수 있는 효과적인 방법을 제시해야 한다. 그리고 대처 전략을 처음에는 상상으로, 그다음에는 실생활에서 연습하게 한다. 다음은 그 예다.

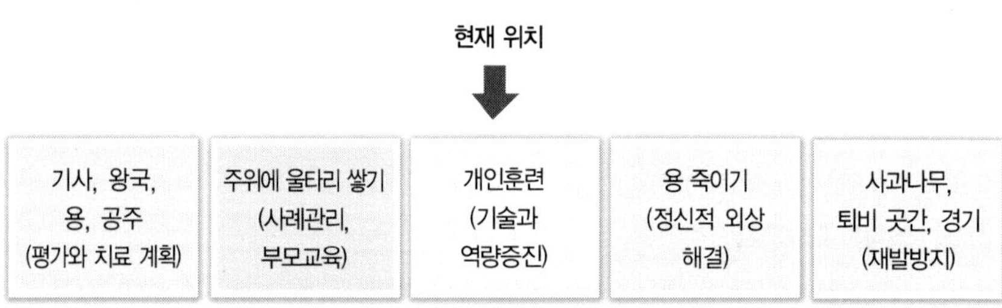

[그림 11-1] 우화 모델의 단계

치료자: 네가 여기에 오는 이유는 네가 안전과 안전감을 가질 수 있기 위해서라는 것을 이해하게 되었어. 그럼 이제 말해 볼래? 너는 어디에 있을

때 가장 불안하게 되지?

아 이: 모르겠어요.

치료자: 학교, 집, 도로에 있을 때 가장 불안해질까, 아니면 다른 곳에서?

아 이: 학교에서 그래요.

치료자: 수업 중, 쉬는 시간, 점심시간 중 언제 최고로 불안해지니?

아 이: 학교에서 돌아올 때, 그다음은 학교 복도와 쉬는 시간에 그래요. 남자애들이 그때 제일 심하게 놀리거든요. 그래서 나는 점심도 미술실에서 혼자 먹어요.

치료자: 그렇구나. 쉬는 시간이나 복도에 있을 때와 학교에서 돌아올 때, 다른 때보다 덜 불안할 때도 있었니?

아 이: 친한 친구와 같이 있을 때는 좀 덜해요.

치료자: 대개 친구와 같이 있니, 아니면 혼자 있니?

아 이: 대개 혼자 있어요. 항상 그런 것은 아니지만.

치료자: 학교에서 안전한 느낌을 가지려면 혼자보다는 친구와 함께 있으면 도움이 되겠구나.

아 이: 맞아요.

치료자: 너는 학교에서 항상 친구들과 같이 다닐 수 있니? 혹은 그렇게 하기 어려운 점이 있을까?

아 이: 친구들과 같이 다니고 싶지만, 내가 행동이 느려서 준비를 다 마치기도 전에 친구들이 다른 교실로 가 버려요.

치료자: 그럼 친구들과 같이 움직이려면 네가 어떻게 하면 될까?

아 이: 가방을 더 빨리 챙기면 될 것 같아요.

치료자: 한 과목을 마치고 다른 반으로 옮길 때 가방을 더 빨리 챙기는 것 말이니?

아 이: 예.

치료자: 그럼 가방을 빨리 챙기려면 어떻게 하면 되지?

아 이: 숙제를 적고, 책과 노트를 챙기고, 학용품도 가방에 넣고…….

치료자: 너는 보통 수업종이 치고 나서 준비를 시작하니?

아 이: 아, 그렇군요. 일찍 준비를 시작하면 종이 치자마자 나올 수 있겠네요.

해 설

외상근거 치료 접근법과 같은 방법을 사용했다.

- 아이가 가장 불안한 장소를 말하지 못했을 때, 치료자는 아이에게 대답을 잘 못하고 어리석다는 느낌을 주지 않으려고 같은 질문을 다시 하지 않았다. 대신 연상을 도와주는 '목록'을 제시하며 질문을 했다.
- 성인이 가해 학생들을 교육할 때 쓰는 방법을 사용해도 괜찮다. 초기 사례관리 때 그 방법을 사용했기 때문에 다르게 접근했다.
- 치료자가 아이에게 해결책을 직접 제시하지 않았다. 오히려 아이(또는 부모) 스스로 목표를 정하고 해결책을 찾도록 도와주는 질문을 했다.
- 만약 아이가 해결책을 찾지 못하면, 치료자는 "그럴 때 다른 아이들에게 도움이 되었던 방법을 내가 말할 테니 그중 너에게 맞는 방법을 찾아볼래?"라고 말하며 목록을 제시한다.

계속되는 각본

치료자: 빨리 준비해서 친구들과 같이 다른 반으로 간다면 불안하지 않겠구나.

아 이: 그래요.

치료자: 그 상황을 상상으로 한번 연습해 볼까? 어느 수업을 마치는 시간부터 해 볼까?

아 이: 수학시간을 하고 싶어요.

치료자: 수학 수업은 몇 시에 마치지?

아 이: 10시 10분에요.

치료자: 종이 울리고 바로 일어나려면 몇 분 전에 준비하면 될까?

아 이: 수업이 마치기 전 5분 정도면 될 것 같아요.

치료자: 잘했어. 머릿속으로 영화처럼 상상해 볼까? 영화에서 너는 지금 수학 수업을 듣고 있고, 시계를 보며 수업이 끝나는 10시 10분이 되면 바로 일어나야겠다는 생각을 하고 있어. 벨이 울리면 너는 바로 일어나 친

구들과 같이 다음 반으로 가는 중이고 편안한 느낌이 들어. 눈은 뜨거나 감아도 괜찮아, 자, 시작해 볼까? 너는 지금 수업 중이고, 시계를 보고 있어. 그리고 친구들과 복도를 따라 다음 교실까지 가는 과정을 끝까지 상상해 볼래? 다 끝났으면 끝났다고 말하면 돼.

아 이: 다 했어요.

치료자: 어땠니?

아 이: 시계를 보고 나서 가방을 준비했고, 다른 친구들과 같이 일어났어요.

치료자: 그러고는? 복도에서는 어땠니?

아 이: 친구들과 같이 걸어갔고, 아무도 나를 괴롭히지 않았어요.

치료자: 잘했어!

해설

- 아이들은 대개 어떻게 하면 된다는 해결책을 이미 가지고 있다. 다만 그렇게 행동하지 못할 뿐이다. 그래서 연습이 중요하다. 연습을 통해 능력과 자신감이 생기고 실제로 그렇게 행동할 수 있는 동기와 가능성이 커진다.
- '특정 상황에 딱 맞는 방법' 을 연습해야 한다. 일반적인 방법이어서는 안 된다. 상세하고 구체적인 대처 행동을 (시각적으로) 상상해야 한다. 만약 아이가 '영화' 를 시각적으로 분명하게 떠올리지 못하면 내용을 더 자세하게 찾아볼 필요가 있다.
- 아이가 구체적인 내용을 생각해 내지 못한다면, 치료자는 "TV 속에 나오는 너를 내가 보고 있다고 생각해 보자. TV에서 나는 네가 어떻게 행동하는 것을 보게 될까?" 라고 질문한다. 이런 질문은 아이에게 구체적이고 시각적으로 볼 수 있는 행동을 연상하게 한다.
- 다음은 상상 예행 연습을 할 때의 단계들이다.
  - 문제/상황, 해결책/대처 행동들 그리고 강화/결말을 자세하게 면담한다.
  - 영화의 내용을 순서대로 자세하게 말해 준다.
  - 영화의 시작, 과정, 결말 순으로 요약해 준다.
  - 첫 장면에서 시작해서 결말까지 영화를 쭉 돌려 보라고 지시하고, 마치면

치료자에게 말하라고 한다.

- 해결책뿐만 아니라 전 단계와 결말까지 연습하는 것이 중요하다. 전 단계(예, 수학 수업, 10시 10분)는 해결책을 시작하는 신호 역할, 결말은 강화 역할을 한다. 연습으로 대처 행동이 강화되면 현실에서 그것을 실행할 가능성이 커진다.

불안 증상을 위한 자기관리

아이들은 현실적인 고위험 상황에서 벗어나면 일단 안정된다. 그러나 표면적으로는 위험해 보이지 않는 자극 상황들이 급소를 자극해서 불안이나 공포 증상을 만들 수 있다. 그런 상황에서 발생하는 정서적·생리적 반응들을 조절할 수 있게 되면 자극인자에 대한 취약성에서 벗어날 수 있다. 그렇게 되면 실제로는 안전한 광범위한 상황을 더는 회피하지 않게 된다.

불안 증상을 위한 자기관리 훈련은 자극인자들을 구체적으로 파악해서 효과적인 대처 기술을 연습하는 것이다. 다음은 이런 목적으로 진행하는 면담의 예(앞의 예시가 계속된다)다.

치료자: 불안을 느끼는 또 다른 장소는?

아 이: 엄마와 버스를 타고 갈 때, 남자 아이들이 있으면 초조해지고 마치 그들이 나를 놀리는 느낌이 들 때가 간혹 있어요.

치료자: 실제로 아이들이 뭐라고 하니?

아 이: 아니요.

치료자: 그런데도 불안하다는 말이구나.

아 이: 맞아요. 나에게 뭐라 하지 않는다는 것을 알지만 그냥 겁이 나요.

치료자: 그렇구나. 겁이 날 때는 어떤 느낌이 드니? 머릿속에 떠오르는 단어가 있을까? 또 몸에는 어떤 감각이 느껴지지?

아 이: 잘 모르겠어요.

치료자: 너 혼자 생각을 말해 볼래? '또 이런 일이?' '나는 무서워.' '나는 조심해야 해.' '나는 바보 같아.' 와 같은 생각을 말하는 거야.

아 이: 그냥 머릿속에 '안 돼, 안 돼.' 라는 말이 떠올라요.

치료자: 그럴 때 다른 아이들은 몸에서 어떤 느낌이 든다고 해. 내가 말할 테니 비슷한 것이 있는지 찾아볼래? 어떤 아이들은 심장이 빨리 뛰고 벌떡벌떡거린다고 하고, 다른 아이들은 땀이 심하게 난다고 해. 또 배가 아프다는 아이들도 있어.

아 이: 심장이 빨리 뛰고, 배가 아프고, 몸에 힘이 없고, 꼼짝 못할 정도로 긴장이 돼요.

치료자: 몸과 마음이 어떻게 움직이는지 내가 잠시 설명해 줄게. 네가 위험을 느끼면 머리는 몸에 위험하다는 신호를 보내고, 몸은 위험을 해결하기 위해 네가 말한 그런 상태를 만든단다. 너는 위험을 느낄 때마다 나쁜 일이 생기지 않도록 그런 몸 상태가 되고, 그래서 네 몸은 안전을 지키려고 그런 반응을 하게 되는 거야. 심장이 빨리 뛰거나 네가 말한 그런 신호들이 느껴지면 뇌가 금방 알아차리고는 '몸에 위험하다는 신호가 왔어! 큰 위험에 빠졌어.' 라는 생각을 만들어 내. 그러면 뇌가 다시 몸에 위험을 알리고, 또 몸은 다시 더 강하게 머리로 위험을 전달하는 거야. 무슨 말인지 이해하겠니?

아 이: 알겠어요.

치료자: 버스에서 너는 머리로는 네가 안전하고 아무 일도 일어나지 않을 거란 걸 잘 알고 있어. 그렇지만 네 몸에 위험 신호가 느껴지면 위험에 빠졌다고 생각하고, 네 생각과는 다르게 심한 불안을 느끼게 되는 거야. 그런 것 같니?

아 이: 심장이 빨리 뛰는 것이 나를 불안하게 만든다는 뜻인가요?

치료자: 그래, 바로 그거야. 금방 이해하는구나. 그리고 말이지, 너 스스로 불안을 조절할 수 있는 방법이 있어. 네가 네 몸을 조절하고 몸이 머리에 다른 신호를 보낼 수 있다면 말이지.

아 이: 어떻게 말인가요?

치료자: 지난주에 심호흡 연습한 것이 기억나니?

아 이: 예.

치료자: 좋아. 천천히 심호흡을 하면 너 스스로 몸을 진정시킬 수 있어. 몸이

진정되면 머리는 이제 괜찮고 안전하다는 생각을 하게 될 수 있어. 그렇게 되면 어떤 일이 일어날까?

아 이: 어떻게 되지요?

치료자: 머리가 안전하고 괜찮다고 생각하면 몸에 다시 영향을 주어 더 진정될 거야. 그럼 실제로 그런지 한번 해 볼까? 버스에서 마지막으로 무서웠던 때가 언제였지?

아 이: 어제 그런 일이 있었어요.

치료자: 그럼 어제 버스에 있던 장면을 기억해 볼래? 가장 무서웠던 장면을 찾아 머릿속에 사진처럼 떠올려 볼까? 그 장면에 집중할 때 어떤 생각이 떠오르고, 어떤 느낌이 들고, 몸에 어떤 감각이 느껴지지? 느낌이 오니?

아 이: (고개를 끄덕인다.)

치료자: 그 장면에 집중해 봐. 10점이 최고로 나쁜 느낌이고 0점은 나쁜 느낌이 전혀 없다고 할 때, 지금 무서운 느낌은 0~10점 사이에서 몇 점이니?

아 이: 5~6점 정도예요.

치료자: 잘했어. 지난주에 연습한 것처럼 천천히 심호흡을 해 보자. 천천히 숨을 들이마시면서 하나, 둘, 셋. 잠시 멈추고 하나, 둘, 셋. 이제 천천히 내뱉으며 하나, 둘, 셋. 다시 천천히 들이마시면서 하나, 둘, 셋. 잠시 멈추고 하나, 둘, 셋. 천천히 내뱉으며 하나, 둘, 셋. 다시 천천히 들이마시면서 하나, 둘, 셋. 잠시 멈추고 하나, 둘, 셋. 천천히 내뱉으며 하나, 둘, 셋. 잘하는구나. 지금은 0~10점 사이에서 몇 점 정도지?

아 이: 3점이에요.

치료자: 좋아. 숨을 내뱉을 때 머릿속에 떠오르는 불쾌한 장면, 무서운 생각이나 느낌, 이상한 감각이 느껴지는 몸 부위가 있는지 살펴보면서 지금부터 심호흡을 몇 번 더 해 보자. 숨을 뱉을 때는 그런 장면, 느낌, 감각이 호흡을 따라 빠져나간다고 생각하면서…….

해설

• 치료자가 아이가 느끼는 현실의 실제적인 공포를 인정하고 진지하게 대할 때,

아이는 비현실적인 공포까지 노출하려고 한다. 치료자가 첫 단계를 건너뛰면 아이는 치료를 믿지 않고 신뢰할 수 없다고 느낄 수 있다.

- (이 사례에서는) 공포와 관련된 신호들을 파악하는 것이 핵심이다. 어떤 상황에 사용해야 할지 모르는 대처 행동을 배우는 것은 아무 소용이 없다. 교실 상황에서와 마찬가지로, 여기에서는 생리적인 공포 반응을 대처 행동을 시작하는 신호로 활용했다. 이 사례에서 치료자는 공포 상황에 집중한 채 심호흡을 하는 상상 연습을 잘 이끌었다.
- 치료자는 자신에 대한 긍정적인 표현, 시각화, 점진적 이완 등을 활용해서 아이에게 자기안정 기법을 교육할 수 있다. 이런 기법을 반복하면 특정 상황에서 효과적으로 자기안정 기법을 시도할 수 있다.

심한 공포와 불안 증상이 있다면 고통스러운 상황/장면에 반복적으로 집중시켜 SUDS를 일정 수준으로 떨어뜨린 후 주의 분산, 자신에 대한 긍정적인 표현, 이완 기법을 사용해 SUDS를 더 저하시킨다. 이런 과정을 한 회기의 치료시간 중에 반복하다 보면 아이가 불안을 처리할 수 있다는 자신감을 얻게 된다.

치료자: 실제로는 안전한 상황이지만 불안이 느껴질 때 진정할 수 있는 방법을 연습할 시간이야. 지금 0~10점 사이에서 몇 점 정도의 불안까지 생각해 볼 수 있겠니?

아 이: 6점까지는 되겠지만 더 높으면 힘들 것 같아요.

치료자: 그럼 어제 버스 일에서처럼 불안이 느껴지는 다른 일을 하나 선택해서 너 스스로 불안을 줄이고 진정하는 연습을 해 보자. 안정이 필요할 때 처음에 해야 할 일이 뭐지?

아 이: 심호흡을 하는 것 말이죠?

치료자: 그래, 맞아. 지난번처럼 효과가 있을 거야. 혹시 다른 방법은?

아 이: 버스에서 실제로는 위험하지 않다는 것을 아는 거요.

치료자: 잘했어. 자기 자신에게 어떤 것을 알려 주는 것도 좋은 방법이 될 수 있어. 너 스스로 어떤 생각을 하면 도움이 될까?

아 이: 무섭지만 나는 안전하다.

치료자: 틀림없이 그것도 도움이 되겠구나. 잘했어. 또 다른 방법으로 전에 연습했던 안전지대를 떠올리거나 개를 안고 있는 장면을 생각하는 아이들도 있어. 아이들마다 안전한 느낌이 드는 생각들이 다른 것 같아.

아 이: 나도 우리 개를 생각하면 편안해질 것 같아요.

치료자: 이제 너는 스스로 불안을 줄일 수 있는 방법을 많이 가지게 되었구나. 하나 더 연습해 보자. 어제 버스에 있던 장면을 다시 떠올려 볼까? 그 장면이 떠오르면 말해 줄래?

아 이: 생각하고 있어요.

치료자: 지금은 0~10점 사이에서 몇 점이니?

아 이: 4~5점 정도예요.

치료자: 지금부터 그 장면에 계속 집중해서 6점 정도 될 때 멈추는 거야. 그 장면과 그때 떠오른 생각과 느낌을 떠올리면서 6점이 될 때까지 집중해 보자. 다 되면 말하면 돼.

아 이: 지금 6점이에요.

치료자: 이제 너 스스로 불안을 줄이는 방법을 시도해 볼까? 2점이 되면 멈추면 돼.

불안이 증가하고 줄어드는 과정을 여러 번 반복해서 아이가 불안 점수를 줄이는 방법을 익히게 한다. 다른 장면과 사건으로 더 연습해도 좋다. 이 연습을 마치면 아이들은 불안을 조절할 수 있다는 강한 자신감을 얻는다.

행동 선택을 위한 자기조절

자기조절 기술은 흔히 독립된 치료 프로그램으로 활용된다. 외상근거 치료에 포함했던 분노조절 교육의 효과 실패는 반사회적 청소년에게서 분노조절 프로그램의 효과가 부족했다는 보고(Kazdin, 1997)와 일치하는 결과다. 그래서 효과적인 치료기법이 적절한 순서로 구성될 필요가 있다(Greenwald, 2002a). 즉, 아이들이 스스로 자신을 위한 목표를 설정하고, 목표 달성을 위해 필요한 기술을 습득하고, 외상에

의한 고통과 급소 과잉반응을 감소시키는 외상 해결 치료를 하는 순서로 진행해야 한다.

그렇지만 자기조절 기술 프로그램 단독만으로도 외상후 스트레스 증상들이 줄어들기도 한다. 예를 들어, 외상후 스트레스장애(PTSD)와 심한 분노조절 문제를 가진 상이군인에 대한 무작위 연구에서 PTSD 치료와 분노조절 교육을 받은 환자 집단은 침입적 이미지가 감소하였으나 PTSD 치료만 받은 대조군은 그렇지 않았다(Chemtob, Novaco, Hamada, & Gross, 1997). 치료받기 전, 환자들은 주변 사람들이 자신을 위협한다고 느꼈고 사람들을 공격(방어적인 공격)할 때 그런 위협이 사실이라고 확신했다. 환자들의 공격적 행동을 보고 실제로 주변 사람들이 적대감을 드러냈기 때문에 환자들은 위협이 실제한다고 느꼈다. 이런 경험을 반복하면서 세계는 위험한 곳이란 지각이 강화되고, 방어하려면 내가 먼저 공격해야 한다는 패턴이 생성되었다. 그러나 자신의 반응을 조절하면서 타인의 호의적인 반응을 경험하였고, 긍정적인 경험이 축적되면서 세계는 더는 위험하지 않다는 사실을 받아들이게 되었다. '전쟁' 을 벗어났다는 사실을 느끼게 되면 외상 기억의 의미가 소실되어 침입적 이미지들도 감소하는 것 같다.

이런 연구 결과는 아이들에게도 적용할 수 있다. 아이들은 예측 가능하고 지지적이고 적대적이지 않은 환경, 즉 실제로 안전한 환경에 있을 때 안정감을 느낀다. 아이들은 외상과 관련된 과잉반응을 하는 고위험 상황에 성공적으로 대처하게 되면 자신이 더 강해졌다는 느낌을 받는다. 충동적이고 행동화 문제를 가진 아이들은 자기조절 기술을 습득하면 더 안전하고 강해진 느낌을 갖는다고 한다.

자기조절 기술 프로그램은 여러 접근법의 효과적인 요소들을 통합한 것으로서 이전 단계들을 획득한 후에 시도한다. 아이는 스스로 목표를 정하고 치료 계획에 동의했을 때 자기조절 기술 교육에 최선으로 노력한다. 또한 자기조절 기술 교육은 현재 문제를 장기 목표와 연결 짓는다. 그것은 다음과 같은 방법으로 현재와 미래를 통합한다.

- 치료를 시작할 때 지난 치료시간 후에 일어난 좋은 일과 나쁜 일에 대해 질문한다.
- 일상생활에서 일어난 자기조절 문제—자기조절에 성공했건 실패했건—를 선

택하게 한다.

- 선택한 사건이 아이를 힘들게 하는 적절한 상황임을 강조한다. 그래서 그 경험을 조절하게 되면 정해 놓은 목표들을 달성할 수 있음을 말해 준다. 그리고 당신이 현재와 미래 문제를 동시에 처리하려 한다고 설명한다.

치료자는 장기간 지속된 충동적인 행동문제를 해결하려면 외상에 의한 충동적인 과잉반응뿐만 아니라 문제 행동을 유지시키는 강화의 역할까지 이해해야 한다.

개가 쓰레기를 뒤져 어지럽혔다고 가정해 보자. 만일 3일 후에 개를 꾸짖는다면 그 개는 이렇게 생각하지 않을까? 첫째, 쓰레기를 뒤지는 것은 재밌는 일이다! 둘째, 주인은 대개 신경 쓰지 않다가 간혹 잠깐 화를 낸다. 재밌기만 한 걸!

문제 행동을 하는 아이들도 유사한 경험을 반복했을 것이다. 재미는 현재 경험하고, 나쁜 결과는 한참 뒤에 일어난다. 결과가 문제 행동이나 상황과 관련성을 잃어버리기 때문에 고쳐지지 않는다. 학습은 결과—강화든 처벌이든 간에—와 행동이 밀접하게 연결될 때 가장 큰 효과가 일어난다.

아이들은 견디기 힘든 생각과 감정을 잠시 잊기 위해 문제 행동을 반복한다. 그것이 어느 정도는 마음을 진정시키는 효과가 있기 때문이다. 이럴 때 주어지는 부정적인 결과는 아무런 효과가 없다. 설상가상으로 더 곤란한 것은 아이가 상황에 적절한 행동을 하고서도 처벌받는 느낌을 갖게 된다는 것이다. 왜냐하면 그런 행동으로는 일시적인 감정적 위안조차 없어서 좌절감은 즉각적이고 보상은 먼 미래에 있기 때문이다. 그래서 문제 행동은 즉각적인 위안을 주지만 적절한 행동은 심리적 위안이 없어 처벌로 느낀다. 먼 미래의 보상은 너무 멀어서 어떤 영향도 주지 못한다.

아이의 습관을 수정하려면 강화를 차단하는 방법을 찾아야 한다. 문제 행동에는 관심을 줄이고, 기대하는 행동에는 관심을 더 가질 수 있는 방법을 찾아야 한다. 문제 행동이 일어나는 상황에서 다른 방식의 행동을 연습하고, 선택한 행동과 미래의 결과를 연결 짓는 방식을 사용한다. 첫 번째 목표는 '수프에 침 뱉기(spit in the soup)' 란 방법으로, 문제 행동이 바람직하지 못한 결과를 낳기 때문에 관심을 줄이게 하는 것이다. 둘째 목표는 '그릇 씻기(sweeten the pot)' 란 방법으로, 원하는 행동은 바람직한 결과를 낳기 때문에 좋은 행동에 관심을 증가시키는 것이다.

어린아이에게는 역할놀이가 좋고, 초등학교 고학년 이상은 상상 연습으로 충분하다. 방법에 관계없이 중요한 점은 선택한 행동을 연습하고, 그 행동을 미래의 결과와 즉각적으로 연결시켜 선택과 결과를 강화하는 것이다.

선택이 결과를 결정한다

'선택이 결과를 결정한다(Choices Have Consequences)' 는 초등학교 고학년 이상 아이들(그리고 간혹 부모)에게 사용할 수 있는 상상 연습이다. 이 기법은 자기조절 기술 교육이 필요한 시점에 사용하면 된다. 우화 모델은 사례 요약, 치료 계약, 사례관리 순으로 진행한다. 지금까지 아이와 보호자는 환경을 안전하고 지지적이고 안정적으로 만들었으며 고위험 상황을 줄이기 위해 노력했다. 이제는 쉽게 회피하기 어려운 고위험 상황을 처리할 시점이다. 모든 개입법과 마찬가지로, 이 역시 아이가 정한 목표들과 직접 관련을 지어 시도해야 한다.

아이의 고위험 상황이나 문제 상황은 치료 계획에 포함된 '문제 행동의 악순환과 치료 방침' 도식에서 이미 파악한 바 있다. 앞에서는 일반적인 내용을 파악했지만, 여기에서는 자기조절 기술을 연습할 수 있는 특수한 상황/예가 필요하다. 치료는 대개 "지난 시간 후에 일어난 좋은 일과 나쁜 일은 무엇이었니?" 란 간단한 질문으로 시작한다. 아이들은 자기조절에 실패했거나 성공한 사건을 얘기한다. 그중의 하나를 선택하면 된다. 치료자가 "지난 시간에 너 자신을 위해 바라는 것과 어떻게 행동하면 그것을 얻을 수 있는지에 대해 대화했어. 그때 너는 계속 싸운다면 네가 원하는 목표를 이룰 수 없을 거라고 말했지. 그동안 혹시 다투거나 비슷한 일은 없었니?" 라고 질문해도 좋다.

아이가 답을 하지 못하면 치료자가 구체적으로 질문하면 된다. "지난 시간에 네가 바라는 것이 무엇인지, 그리고 어떻게 하면 그렇게 될 수 있는지 얘기했어. 너는 계속 싸운다면 네가 원하는 목표를 이룰 수 없을 거라고 말했어. 마지막으로 다투거나 비슷한 일이 있었을 때는 언제였니?" 라고 질문한다. 아이가 "며칠 전이에요." 라고 대답하면, 치료자는 "그때 다툰 이유는 너 자신을 조절하지 못해서였니?" 라고 묻는다.

이런 질문의 목적은 일상생활에서 일어날 수 있는 대표적인 문제 상황을 찾으려는 것이다. 지금은 큰 외상 사건이나 외상을 자극하는 상황을 찾으려는 것은 아니다. 개인 코치처럼 조금씩 무게를 올리려는 것이다. 압도적인 사건이 아니라 아이에게 처리했다는 성공 경험을 제공하려는 것이다. 그래서 보통 친구들이 놀린 일이나 교사와 같은 권위적인 대상과 관련된 사건이 효과적이다. 가족은 피해야 하며, 특히 부모와 관련된 사건을 대상으로 해서는 안 된다.

문제 상황이 선택되면 원과 화살표로 도식을 만든다. 아이에게 다음의 내용이 포함된 '영화' 를 상상하라고 한다.

- 문제 행동이 일어나기 직전 친구의 놀림이나 문제 상황: 특정 시점에 일어난 상세하고 구체적인 장면들
- 그 장면과 관련된 생각, 감정, 신체 감각들. 이는 문제 행동을 유발하는 신호들이다.
- '나쁜' (행동화) 행동 선택
- '나쁜 결과' 나 부정적인 결과를 '그럴 가치가 없다' 란 말과 연결 짓는다.

아이에게 나쁜 결과 대신에 좋은 결과로 끝날 수 있는 대처 전략을 묻는다. "그 상황에서 좋은 결과로 끝나려면 네가 어떻게 하면 될까?" 아이들은 대부분 답을 알고 있다. 그러나 답을 찾지 못하면 치료자가 그런 상황에 대해 '다른 아이들이 말했던' '목록'을 제공한다. 그리고 영화에서 나쁜 문제 행동만을 좋은 행동으로 변경해서 좋은 결과로 끝나는 영화를 상상하게 한다.

마지막으로 결과는 선택한 행동에 따라 달라진다는 설명 후에 원하는 결과를 선택해서 상상하게 한다. "좋은 선택은 좋은 결과를 낳고, 나쁜 선택은 나쁜 결과를 낳는단다." 아이가 좋은 결과를 계속해서 두 번 시도할 때까지 연습을 반복하게 한다.

다음은 이 개입법이 어떻게 적용되는지를 보여 주는 각본이다.

선택이 결과를 결정한다 각본

치료자: 지난 시간에 네가 자주 싸우는 것이 문제라고 말했지. 누가 너를 귀찮게 하면 다투게 되고, 예를 들어 너를 째려보거나 네게 불쾌한 말을 하면 싸운다고 했지? 최근에 그런 일이 있었니? 사소한 일이라도 괜찮아.

아 이: 오늘 아침에 어떤 친구가 귀찮게 해서 한 대 때리려다 그만두었어요.

치료자: 왜 그만두었지?

아 이: 선생님이 옆에 있었고, 나도 문제를 만들고 싶지 않았거든요.

치료자: 어떻게 해서 그렇게 할 수 있었니? 너 자신을 어떻게 조절했지?

아 이: 그냥 그 친구를 무시하고 다른 일에 집중하려고 했어요.

치료자: 우리가 대화했던 좋은 결과 만들기에 성공했다는 말이구나.

아 이: 예, 맞아요.

치료자: 잘했어. 축하한다. 네가 바라는 목표를 위해 더 강해질 수 있는 방법을 찾아보았으면 해. 지금부터 오늘 아침 상황과 같은 경우에 네가 자신을 더 잘 조절할 수 있는 방법을 연습해 보자. 짧은 영화를 상상으로 떠올리는 방법이야. 그 친구 이름이 뭐지?

아 이: 제프예요.

치료자: 제프가 어떻게 했니? 무슨 말을 했지?

아 이: 잘난 체하면서 내가 뜻도 모르면서 말한다고 했어요. 사실 멍청한 건

제프예요.

치료자: 좋아. 영화의 시작은 오늘 아침처럼 제프가 네 앞에 나타나는 장면으로 하면 되겠구나. 다음 장면은 마음속에서 일어나는 신호를 말하는 건데 생각과 느낌을 말하면 돼. 네 마음속에 어떤 생각과 느낌이 들었지?

아 이: 미칠 것 같았어요.

치료자: 미칠 것 같았다는 것이 어떻다는 말이니? 어떤 신호를 말하니? 어떤 말이 떠오르진 않았니? 네 몸에서 이상한 감각이 느껴지지는 않았니?

아 이: 팔에 힘이 들어가고, 주먹이 쥐어지고, 아무 생각도 들지 않았어요. 머리가 텅 빈 것 같았죠. 화가 머리끝까지 났어요. 그러다 참지 못하면 폭발했어요.

치료자: 잘했어. 영화에서 제프가 네 앞에 나타나고, 너는 점점 더 화가 나서 네가 하고 싶은 대로 그를 때리는 장면 순으로 해 보자. 마지막 장면은 지난 시간에 네가 말한 나쁜 결과로 네가 감옥에 있고 "그럴 가치가 없어."라고 말하는 장면으로 하면 되겠구나. 처음부터 끝까지 머릿속으로 영화를 돌려 보고 끝나면 얘기하면 돼.

이것이 자기조절 기술 교육의 실제적인 방법으로, 다양한 종류의 문제 상황에 적용할 수 있다. 다음은 도움이 되는 실시 요령이다.

- 구체적인 상황을 찾는 것이 핵심이다. 치료자가 상황을 TV로 보는 것처럼 선명하게 시각적으로 볼 수 없다면 아직 충분하게 구체적이지 않다는 뜻이다. 누가 무슨 말을 했는지 등 더 많은 정보가 필요하다.
- 이 개입법은 오직 행동 수정을 위해 고안되었다. 선택한 행동이 문제를 만들어서 해결할 필요가 있을 때만 사용해야 한다.
- '영화를 상영' 하기 전에 선택한 나쁜 결과에 대해 '그럴 가치가 없다' 는 말이 진실처럼 느껴지는지 확인해야 한다. 그렇지 않다면 '그럴 가치가 없다' 는 말이 진실처럼 느껴지는 다른 나쁜 결과를 찾아야 한다. 예를 들어, 사례에 나오는 아이는 문제 행동으로 특권을 잃는 것은 신경 쓰지 않지만 감옥에 가는 것은 실제로 무서워했다.

- 치료자는 아이가 선택한 결과에 중립적인 반응을 보여야 한다. 많은 아이들은 좋은 결말로 끝나는 영화보다 나쁜 선택으로 시작하는 영화를 연습하려고 한다. 이런 아이의 선택에 치료자가 감정적인 반응을 보여선 안 된다. 아이 스스로 내린 결정이어야 하지, 치료자를 위한 선택이 되어서는 안 된다.
- 이 개입법은 아주 구체적인 목표를 위해 시도하는 간결한 방법이다. 감정을 자세하게 묻거나 문제의 원인은 파악하지 않는다. 그것은 사례 요약에서 이미 했다. 지금은 실제적인 대처 기술에만 초점을 둔다. 치료하려고 하지 말고 아이가 기술을 익히도록 도와주라.

이어지는 두 가지 연습은 당신이 '선택이 결과를 결정한다' 개입법의 과정을 설정하고 단계별로 바꾸는 것을 도와줄 것이다. 과정 설정이 좀 더 복잡한 부분이다. 이 개입법에 익숙한 분은 어렵지 않겠지만, 그렇지 않다면 몇 차례 연습해 보기를 권유한다.

연습: 문제 도식화

동료와 짝을 지어 연습한다. 이는 역할놀이가 아니다. 당신은 치료자와 아이 역할을 짝과 번갈아서 한다. 혼자라면 기록지를 스스로 완성하면 된다. (뒤에 나오는 '변화가 필요한 행동을 위한 문제 도식화' 기록지는 신시아 쿠시먼[Cynthia Cushman]의 도움을 받았다.)

치료자 역할을 한다면

치료자 역할은 기술을 요구하고 숙달이 필요한 힘든 역할이다. 자세한 내용을 파악하려면 각본에 없는 것도 물어봐야 할 때가 있다. 실제로 아이를 치료할 때보다 더 힘들 수도 있다. 물론 실제 치료도 힘들지만 말이다.

원 안에 내용을 작성할 때 도움이 되는 몇 가지 요령이 있다. 글을 적기 전에 다음 요령을 다시 읽어 보기 바란다. 미처 몰랐던 것을 깨달을 수 있고, 정확한 연습이 중요하기 때문이다.

- **고위험 상황**은 앞서 연습한 자극인자 상황과 대개 같지만 그렇지 않을 때도 있다. 여기서 고위험 상황이란 일시적인 위안을 주는 문제 행동이든, 좋은 결과를 맺는 긍정적인 행동이든 어떤 행동을 결정하기 직전의 상황을 말한다. 예를 들어, TV를 보는 어머니에게 고함치는 문제 행동을 했을 때 고위험 상황은 고함치기 직전에 어머니가 "지난 일요일에 왔어야지."라고 말하는 구체적인 장면을 말한다. 만약 바람직한 행동이 산책이라면, 고위험 상황은 거실에서 신문을 볼 것인지 혹은 산책 나갈지를 고민하는 순간이 된다. 구체적으로 기록해야 한다. 예를 들어, '부엌, 아침 7시, 커피 잔을 씻고 싱크대에 빈 컵을 두는 장면'과 같이 자세하게 파악한다.
- **생각과 감정** 그리고 신체 감각은 행동을 결정하기 직전의 신호다. 앞에서 설명했던 부정적인 믿음이나 축적된 느낌과 같을 수도 있지만 전혀 다를 수도 있다. 여기서는 그 순간의 주관적인 경험을 말한다. 당신의 목표는 즉각적인 해결 행동을 재촉하는 생각, 감정, 감각을 파악하는 것이다.
- **즉각적인 해결 행동**은 진심으로 원하는 행동이 아니라 충동적인 행동을 말한다. 나쁜 결과로 이어지는 일련의 단계적인 행동을 말하는 것이 아니라 결정의 순간에 일어나는 특정한 행동을 말한다.
- **바람직한 행동**이란 문제 상황에서 목표를 달성할 수 있다고 기대되는 행동을 말한다. 역시 일련의 연속적인 행동이 아니라 특정 순간의 행동을 말한다. 즉각적인 해결 행동과 바람직한 행동은 양립할 수 없다. 즉, 어느 하나를 선택해야 한다. 예를 들어, "엄마! 잔소리 좀 그만 해!"라고 고함치거나 또는 "잠시 나갔다 올 테니 좀 있다 얘기해."라고 말하는 것, 문을 열고 산책 나가거나 또는 신문을 들고 자리에 앉는 것처럼 둘 중 하나를 선택해야 한다. 이 예에서처럼 하나는 즉각적인 해결 행동이고, 다른 하나는 바람직한 행동이다.
- **부정적 결과**(영화에서는 '나쁜 결과')는 최악의 상황을 가정한 시나리오로 극단적인 대가를 말한다. 아이 역할을 맡은 사람이 일반적인 상황을 선택하면, 각본에 있는 상황을 대표할 수 있는 시각적인 장면을 얻기 위해 추가 질문을 한다. 당신이 영화를 보듯이 생생하게 떠올릴 수 없다면 아직 충분히 구체적이

지 않다는 뜻이다. 아이가 최악의 상황에서 자신을 보고 있는 장면을 찾아야 한다.

'그럴 가치가 없다'는 말이 아이에게 진실처럼 느껴지는지도 확인해야 한다. 그 말이 진실처럼 느껴지지 않는다면 더 미래까지 확장해서 최악의 나쁜 결과를 찾게 한다. '그럴 가치가 없다'는 말이 진실처럼 느껴질 때만 행동을 수정할 이유가 될 수 있기 때문이다.

- 긍정적 결과(영화에서는 '좋은 결과')는 최상의 시나리오로 최고로 바람직한 결과를 말한다. 아이 역할을 맡는 사람이 일반적인 상황을 선택하면 각본에 상황을 대표할 수 있는 시각적인 장면을 얻기 위해 추가 질문을 한다. 당신이 영화를 보듯이 생생하게 떠올릴 수 없다면 아직 충분히 구체적이지 않다는 뜻이다. 그럴 때는 "어디에 있니? 뭘 하고 있을까? 어떤 옷을 입고 있니? 누구 다른 사람도 있니? 몇 시쯤일까?" 등과 같은 질문을 한다. 항상 이런 질문을 할 필요는 없고, 단지 구체적인 이미지를 얻는 것이 목적이다.
- 생각과 감정의 원은 결정을 막 내리려는 적신호, 즉 내적 신호들을 말한다. 다른 원에는 구체적인 장면을 기록한다. 치료자가 TV로 보듯이 생생하게 떠올릴 수 있는 구체적인 장면이어야 한다. 장면은 (날짜와) 시간, 장소, 행동이 포함될 때 구체적이 된다.

아이 역할을 한다면

지금 당신이 해결하기를 원하는 문제를 떠올려라. 당신의 힘으로 변화시킬 수 있는 행동을 선택하는 것이 원칙이다. 연습 목적으로 흔히 선택하는 행동은 다음과 같다.

- 분노 반응 조절하기
- 특정 상황에서 자기주장을 더 잘하기
- 과식을 줄이고 운동량 늘리기
- 미루는 습관 고치기
- 일상적인 일을 더 효과적으로 처리하기

변화가 필요한 행동을 위한 문제 도식화

1. 항상 그런 행동을 하니? 아니면 특정한 상황에서만 그러니? 가장 마지막 사건은 어떤 것이었니? 큰 사건일 필요는 없어. (또는 다음에 언제 또 이런 일이 있을 것 같니?)

2. 그 장면에 집중할 때, 머릿속에 어떤 생각, 단어가 떠오르지? 어떤 느낌이 드니? 몸에는 어떤 신호가 느껴질까?

3. 그런 생각, 단어, 느낌, 몸의 신호가 더 강해지면 어떤 행동을 하게 되니? (문제 행동을 말한다.)

4. 문제 행동이 계속되고 점점 더 악화되면 어떤 나쁜 결과로 이어지게 되니? 나쁜 결과를 상징하는 이미지는 무엇일까? '그럴 가치가 없다'는 말이 진실처럼 느껴지니? 그 장면에서 그 말이 진실처럼 느껴져야 해.

5. 네가 그런 상황에 잘 대처하고 자신을 조절하려면 (문제 행동) 대신에 어떤 행동을 하면 될까?

6. 만약 긍정적인 행동을 몸에 익히게 된다면 어떤 좋은 결과가 있을 것 같니? 좋은 결과를 상징하는 장면은 어떤 것이지?

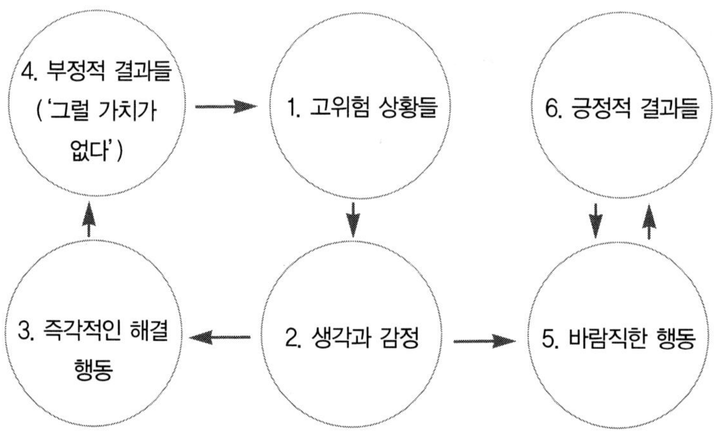

• 당신 인생에서 더 중요한 것부터 실천하기

연습: 선택이 결과를 결정한다
(Greenwald, 2004)

이 연습은 문제 도식화에 이어지는 단계다. 실제 치료에서 몇 분 정도 문제 도식화를 완성한 다음에 바로 이 단계로 넘어간다. 문제 도식화 때 연습한 짝과 계속 실습한다. 혼자라면 치료자와 아이 역할을 번갈아 가면서 해 본다.

치료자 역할을 한다면

이미 완성한 문제 도식화 기록지와 함께 아래의 각본을 따라 한다. 각본의 고딕체 부분은 읽는다. 그리고 나머지는 당신을 위한 지시 사항이다.

아이 역할을 한다면

더 긍정적이고 건설적인 방식으로 행동하기를 원하는 당신 자신의 문제 행동을 생각하라. 그것은 분노 폭발이나 과식과 같은 행동화 문제일 수도 있고, 자기주장을 잘 못하거나 미루는 행동 같은 숨겨진 문제일 수도 있다. 다음 각본은 치료자를 위한 것이니 읽지 말라. 최선을 다해 솔직하게 하도록 노력하라.

각 본

머릿속으로 영화를 상영하도록 지시한다(상상으로; 눈은 떠도 되고 감아도 된다.). 다음을 읽는다. "지금부터 말하는 것을 영화처럼 머릿속으로 상상하기 바랍니다. [미루는 행동/상황]이 첫 장면이고, 그다음에는 [생각과 감정]에 집중하고, 마지막 장면은 나쁜 결과와 '그럴 가치가 없다' 는 말을 생각하면 됩니다. 영화가 끝나면 말해 주세요. 그럼 '시작' 하면 합니다." 소감을 물어보고, 영화가 잘 진행되어 마지막에 "그럴 가치가 없어."

라는 말까지 했는지 확인한다.

같은 방식으로 좋은 결과인 영화를 진행한다. 문제 상황에서 내적 신호인 생각과 느낌을 자각하고 좋은 선택과 결과로 진행하면 된다. "이 영화도 같은 순서로 진행됩니다. [그 상황]에서 [생각과 감정]을 떠올립니다. 이번에는 좋은 결과가 마지막 장면입니다. 첫 장면에서 시작해서 다 되면 말해 주세요. 시작할까요?" 소감을 물어보고, 영화가 잘 진행되었는지 확인하라.

이번에는 아이 역할을 하는 사람이 결과를 자유롭게 선택하게 한다. 나쁜 선택은 나쁜 결과를 낳고 좋은 선택은 좋은 결과를 낳는다. "이번에도 같은 방식으로 영화를 생각해 봅시다. [그 상황]과 [생각과 감정]을 상상으로 진행해 보세요. 그렇지만 나는 이 영화의 마지막 장면을 모릅니다. 결과는 당신의 선택에 달렸습니다. 나쁜 선택은 나쁜 결과와 그럴 가치가 없다는 장면으로 이어지고, 좋은 선택은 좋은 결과를 낳습니다. 시작할까요?" 소감을 물어보고, 영화가 잘 진행되었는지 확인하라.

아이 역할을 하는 사람이 두 번 연속으로 좋은 결과 영화를 선택할 때까지 반복하게 하라. 매번 "나쁜 선택은 나쁜 결과를 낳고, 좋은 선택은 좋은 결과를 낳습니다."라는 말을 상기시켜라.

연습 후 질문

아이 역할을 한 분은 잘했는가? 당신의 소감은 무엇인가? 치료자 역할은 어떠했는가? 아이 역할을 한 분 중에 문제 상황에서 기대하는 행동이 연습 전보다 더 어려워진 분이 있는가? 있다면 손을 들어 보기 바란다. 전혀 달라진 것이 없는 분? 또는 여전히 비슷한 분은 없는가? 더 좋아진 분은?

많은 분(전부는 아니지만)이 연습 후에 문제 상황에서 바라는 행동을 할 수 있다는 자신감을 얻었다고 말한다. 대부분 그렇지만 아이 역할을 한 분(또는 자신)에게 물어보기 바란다. 수정하려고 하는 그 습관은 얼마나 오래된 습관인가? 그렇다면 새로운 습관을 획득하는 데 얼마나 걸릴까? 새로운 습관을 몸에 익히려면 어떻게 하면 될까? 정답은 바로 연습이다!

변화는 아주 느린 것 같아도 계속 진행된다. 습관이 바뀌려면 시간이 필요하다. 연습을 할수록 더 큰 변화가 있을 것이다.

Chapter 12

더 강해지기

'더 강해지기' 는 외상-근거 치료에서 계속되는 주제이기 때문에 이 장은 이해하기 쉬운 편이다. 더 강해지기 개입법은 모든 치료 단계에서 필요하다. 예를 들어, 치료 계획을 설명할 때 아이에게 "네가 더 크고 강하다면 그 일을 더 잘 해결할 수 있을까?" 라고 질문하고, 아이가 그렇다(일반적인 반응)고 하면 "그렇다면 네가 더 크고 강해지는 것을 목표로 삼으면 되겠구나." 라고 말한다. 더 강해지기는 다음과 같은 장점이 있다.

- 우화 모델과 일치한다. 더 강해지기는 역량을 강조하고 다양한 치료 활동들에 참여할 근거가 된다.
- 치료에 필수적이고 긍정적인 '영향' 을 미친다. "나는 단지 네가 발달상의 어떤 문제를 극복하도록 도와주려고 노력할 뿐이란다."
- 더 크고 강해지고 싶은 그리고 더 크고 강해진 자신을 부모와 다른 사람들에게 보여 주고 싶은 아이들의 자연스러운 욕구("엄마, 이것 봐! 핸들을 잡지 않고 자전거를 탈 수 있어!")를 이용한다.

역량증진 접근법

더 강해지려면 분노를 참아내는 능력(전문 용어로는 '정동 내성' 이다)이 필요하다. 아이들은 나쁜 감정을 참을 수 없을 때 그 감정을 회피하거나 없애려는 행동을 한다. 이런 패턴이 지속되면 결국 만연된 회피 성향, 충동적인 행동 등의 문제가 발생한다. 나쁜 감정을 잠시 견딜 수 있으면 아이가 원하는 방향으로 그 상황을 처리할 수 있는 기회를 가지게 된다.

물론 성공이 성공을 부른다. 아이들은 원하는 방향으로 문제를 해결하면 자신이 더 강해졌다는 느낌을 가진다. 그렇게 되면 그다음 문제를 해결하고 싶어 한다. 이를 우화 모델에서는 '개인 코치' 전략이라 부른다. 아이들은 작은 문제에서 점차 더 큰 문제를 해결하는 방향으로 나아가고, 마침내 용을 죽일 만반의 준비를 갖추게 될 것이다.

다음은 역량증진 접근법의 원칙들이다.

1. 더 크고 강해지려는 자연스러운 욕구에 초점을 맞춘다.
2. 문제를 제시한다. "이것을 처리할 수 있니?"
3. 역량을 증진시켜 성공 경험을 쌓게 한다.
4. 한 번에 한 걸음씩 나아간다.
5. 실패감을 예방하기 위한 조치를 취한다.
   - 미숙하고/제한적인 수행이 예상될 때
   - 기대 이상으로 좋은 수행이 예상될 때

초등학교 고학년 이상 아이들에게

'선택이 결과를 결정한다' 기법(11장에 소개된 자기조절 활동) 후에 실패감을 예방하는 조치를 시도한다.

치료자: 네가 이제는 그 문제를 잘 처리할 수 있다고 생각되는데, 그런 상황에

서 어떻게 하면 되는지 알겠니?

아 이: 그럼요.

치료자: 바꾸려고 하는 그 나쁜 버릇은 얼마나 오래되었지?

아 이: 아마 1년 정도 되었을 거예요.

치료자: 연습한 새로운 습관으로 완전히 바꾸려면 얼마나 걸릴 것 같니?

아 이: 잘 모르겠어요.

치료자: 하룻밤 사이에? 아니면 연습이 더 많이 필요할까?

아 이: 연습이 더 필요할 거예요.

치료자: 나도 그렇게 생각해. 처음부터 잘되지 않아도 걱정할 필요는 없어. 연습을 계속하면 결국은 잘하게 될 거야.

이런 대화를 통해 아이는 실패하기 어렵다는 것을 배운다. 일주일 뒤에 호전이 없어도 치료자는 그 역시 예상된 것이라고 말해 준다. 그렇지만 대개는 어떤 변화가 생긴다. 문제 행동을 하긴 했지만 횟수가 감소했다면, 치료자는 그것도 예상된 것이고 변화가 계속되고 있다는 설명을 다시 한 번 한다. 간혹 문제 행동이 상당히 많이 감소하기도 하는데, 이 경우 치료자는 "그래? 나도 이렇게 빨리 바뀔 줄은 몰랐어. 참 잘했어. 그렇지만 습관처럼 되려면 아직 시간이 더 필요할 거야. 다음 주에 실패한다고 해도 몸에 배려면 시간이 더 필요하다는 뜻일 뿐이란다."라고 설명한다. 이런 설명은 아이에게 기대 이상으로 잘할 수 있다는 생각을 심어 주고, 실패해도 실패가 아니라 단지 좋아지는 과정이란 시각을 가지게 해 준다.

더 어린 아이들에게

어린아이들에 대한 역량증진 접근법은 약간 다르다. 그들은 신체 역량과 내적 역량을 아직 구분하지 못하기 때문에 신체 역량을 강조할 때 쉽게 받아들이고 내적 역량이 강화된다. 신체가 강해진 느낌은 고통스러운 감정을 직면할 수 있는 자신감을 증가시킨다. 이는 다음과 같은 순서로 진행된다.

1. 어떻게 하면 더 강해질 수 있는지 상의한다. 예를 들어, 걷기, 운동, 적절한 식

사, 충분한 수면 등등.

2. 머릿속으로 선택한 활동을 하는 장면과 함께 '나는 더 강해지고 있다.'는 말에 집중하게 한다. 마지막에는 역량이 더 커진 장면에 집중하게 한다.
3. 아이에게 운동을 하나 하게 한다. 예를 들어, 팔굽혀펴기를 하고 횟수를 센다. "다음번엔 더 많이 하게 될 거야!"
4. 운동 연습 후, "네가 게임에 졌을 때 솔직하게 진 것을 인정할 3분 동안 나쁜 사건에 대해 말할 정도로 충분히 강해졌는지 알고 싶구나."라고 말한다.

다음은 치료자와 아이가 이 주제로 대화를 하는 예시다.

치료자: 우리는 어떻게 하면 네가 더 강해질 수 있는지 대화했어. 너는 얼마나 강할까? 팔 근육을 한번 보여 줄래?

아 이: (힘을 주며 팔 근육을 보여 준다.)

치료자: 힘이 세구나. 팔굽혀펴기를 몇 번이나 할 수 있니?

아 이: 다섯 번 정도 할 수 있어요.

치료자: 한번 보여 줄래?

아 이: (팔굽혀펴기를 할 때 치료자가 큰 소리로 횟수를 센다. 아이는 여덟 번을 한다.)

치료자: 여덟 번이나 했구나. 잘하는데! 평소에 무슨 운동을 한 거니?

아 이: 운동을 하지는 않았어요.

치료자: 너는 식사를 잘하니? 아니면 포테이토칩만 좋아한다거나 그러진 않니?

아 이: 포테이토칩도 좋아하지만 식사를 규칙적으로 해요.

치료자: 좋아. 식사를 잘하면 빨리 크고 더 강해질 거야. 잠은 충분히 자니? 아니면 밤에 아주 늦게 자기도 하니?

아 이: 9시에 자러 가요. 잠자는 시간이거든요.

치료자: 충분히 자는 것도 빨리 크고 더 강해질 수 있는 방법이니 좋은 습관이구나. 누가 너를 업고 다니니, 아니면 혼자 걸어 다닐 수 있니?

아 이: 당연히 혼자 걷지요. 학교와 상점에도 걸어서 가는 걸요.

치료자: 그래? 운동도 너를 더 강하게 해 줄 거야. 자전거를 타거나 다른 운동을 하지는 않니?

아 이: 친구와 자전거를 타기도 하고 술래잡기도 해요. 공원에서 농구하기도 하고요.

치료자: 튼튼해질 수 있는 좋은 운동을 많이 하는구나. 그러니 여덟 번이나 팔굽혀펴기를 할 수 있겠지. 운동을 많이 하면 할수록 더 튼튼해질 거야. 네가 더 강해진다면 무엇을 하고 싶니?

아 이: 집을 들어 올리고 싶어요.

치료자: 네가 두 가지를 동시에 생각할 수 있는지 한번 볼까? 너라면 할 수 있을 거야. 네가 집을 들어 올리는 장면을 생각해 보자. 생각할 수 있니? 그래 잘했어. 그 장면을 생각하면서 천천히 심호흡을 해 보자. 어렵진 않니?

아 이: 쉬운 걸요.

치료자: 잘했어. 그럼 이제 좀 더 어려운 것을 해 볼까? 집을 들어 올리는 장면을 다시 떠올리고, '나는 더 강해지고 있어.' 라는 말을 동시에 생각해 볼래? 그러고는 천천히 심호흡을 해 보자. 어때? 두 가지 모두에 집중할 수 있니?

아 이: 괜찮아요.

치료자: 잘했어! 어려운데도 잘하는구나. 네가 더 튼튼해질 수 있는 행동으로는 뭐가 있었지?

아 이: 식사 잘하는 것과 자전거 타는 것, 또……. 농구요.

치료자: 그럼 이제 그 세 가지와 '나는 더 강해지고 있다.' 라는 말을 생각하면서 천천히 심호흡을 해 볼까? 잘했어. 이제 큰 소리로 "나는 더 강해질 거야."라고 한번 말해 볼까?

아 이: 나는 더 강해질 거야.

더 강해질 가능성이 높은 이미지와 말을 연결 짓는 것은 중요하다. 더 강해졌다는 경험을 직접 하면 그 말을 더욱 신뢰하게 된다. 팔굽혀펴기가 좋은 예다. 팔 벌리고 뛰기, 윗몸일으키기, 멀리 달려갔다 돌아오기 등과 같은 운동도 같은 효과가 있다. 아이가 강해졌다는 것을 보여 줄 수 있고 또 강하다는 느낌을 받는 것이 핵심이다. 그러고 나면 아이가 문제에 직면할 수 있도록 역량을 증진시킨다.

치료자: 친구들이 계속 괴롭힌다는 말이구나. 그래도 지난주는 학교에서 꽤 잘 지낸 편이네. 친구들과 사이좋게 지내고 싶어 치료하러 온다고 했지?

아 이: 게임해도 돼요? (보드게임 장난감을 손에 쥔다.)

치료자: 몇 가지만 더 확인하고 보드게임을 할까? 지난주에 팔굽혀펴기를 여덟 번 했는데, 지금은 몇 개나 할 수 있을까? 한번 해 볼까?

아 이: (열 번 한다.)

치료자: 열 번이나! 더 강해졌구나.

아 이: 맞네, 더 강해졌어요. 저녁마다 채소를 먹어요. 아빠가 채소에는 비타민이 많다고 하셨어요. 아빠와 자가용까지 달리기 하면 내가 이길 때도 있어요.

치료자: 지난주에 내가 보드게임을 이겼을 때 네가 어떻게 했는지 기억나니?

아 이: 예?

치료자: 내가 이겼을 때, 너는 싫은 표정을 짓고 네가 이길 때까지 계속하자고 했는데…….

아 이: 기억나요.

치료자: 그때 했던 말도 기억나니? 친구들은 진 것을 인정하지 않는 친구를 싫어하지 않을까?

아 이: 친구들은 규칙을 잘 지키는 친구와 놀고 싶어 할 거예요.

치료자: 나도 그렇게 생각해. 너는 게임에 져도 잘 참아 내고 받아들일 수 있을 정도로 강해졌다고 생각하니?

아 이: 그런 것 같아요.

치료 후반부의 과제는 아이가 외상 기억에 직면하는 것이다. 초등학교 고학년 이상 아이들 중에서 '순응도'가 낮고 정동 내성이 약한 아이들은 이 과제를 매우 힘들어 한다. 이전 치료 단계를 잘 따라온 아이들조차 마지막 과정은 아주 힘들어 할 수 있다. 지금 잘 지내는데, 왜 나쁜 기억을 떠올려야 한단 말인가?

여러분은 치료 계획과 문제 도식화를 이전 단계에서 연습했고, 다음 과제는 '과거 기억과 관련된 스트레스 줄이기'다. 지금까지 치료 프로그램을 성공적으로 완수한 아이들이라도 외상 기억을 직면하는 것은 싫어할 경우가 많다. 그래서 이 시

점에 추가적인 훈련이 필요하며, 도식으로 다시 돌아가 목표를 위해 이 단계의 치료가 왜 도움이 되는지 설명한다. 여기서도 역량증진 접근법이 효과적이다. 다음은 아이에게 외상 해결 과제에 대한 동의를 구하기 위해 운동 은유를 사용하는 대화다.

치료자: 잘했어. 목록에 있는 다음 순서는 과거 기억과 관련된 스트레스를 줄여서 과거 기억을 해결하는 거야. 그렇게 되면 넌 더 이상 고위험 상황에서 강한 반응을 하지 않게 될 거야.

아 이: 과거 사건은 생각하고 싶지 않아요. 지금도 잘 지내고 있고, 그 일은 말하고 싶지 않아요.

치료자: 하나만 생각해 볼까? 네가 농구선수인데 감독 선생님이 연습하러 모이라고 했어. 그때 너는 "나는 연습 필요 없어요. 우리 팀이 지면 그때부터 연습할 거예요."라고 할 거니, 아니면 연습하러 갈 거니?

아 이: 연습을 해야지요.

치료자: 왜?

아 이: 감독 선생님이 팀에 계속 남고 싶으면 연습하라고 할 테고, 또 연습을

해야 실력이 늘어 경기에 이기겠지요.

치료자: 나도 그렇게 생각해. 너도 지금까지 연습을 했고, 그래서 힘든 상황을 잘 해결할 수 있게 되었어. 그런데 네가 지금까지 모든 경기를 다 이겼으니 이제는 연습이 필요 없다고 하면, 감독 선생님은 "그래도 더 일찍 연습하고 더 늦게까지 연습해야 해."라고 말할 거야. 그래서 네가 "왜요? 지금까지 경기를 다 이겼잖아요?"라고 하면, 선생님은 "결승전에게 맞붙을 팀은 알 수 없어!"라고 할 거야. 그때 너는 운동을 더 열심히 연습할 거니, 아니면 그래도 안 하겠다고 할 거니?

아 이: 연습을 해야지요. 나도 결승전에서 이기고 싶으니.

치료자: 그렇지? 그것이 내가 과거 기억을 처리하는 치료를 하자고 말하는 이유와 같아. 네가 오늘만이 아니고 내일도 잘 지내기를 원하고, 네 미래를 위한 계획이 많다고 했기 때문이야. 나는 자기조절을 잘하고 생활도 잘하지만 과거 기억을 그대로 두고 싶다는 아이들을 많이 만났어. 그 애들도 몇 달에서 길게는 1~2년 정도까지는 잘 지냈지. 고위험 상황에도 잘 이겨 내는 것 같았고. 그렇지만 여자친구와 헤어지거나 가족의 사망과 같은 큰 문제에 부딪혔을 때 너무 큰 스트레스를 받더구나. 너무 강한 충격을 받아서 다시 나빠지기 시작했단다. 이것이 지금 네가 잘 지내고 강한데도 과거 기억을 해결하자고 말하는 이유야. 그렇게 하면 너는 더 강해져서 어떤 어려운 문제를 만나도 해결할 수 있게 될 거야.

아 이: 알았어요. 해 볼게요.

치료자: 다 하고 나면 잘했다고 생각할 거야. 이 단계를 마친 아이들은 과거 사건을 생각해도 옛날처럼 괴롭거나 강한 느낌이 들지 않는다고 했어. 규칙은 항상 똑같아. 네가 더 이상 진행하기를 원하지 않는다면 언제라도 중단하고 싶다고 말하면 돼.

역량증진의 위험

여러분은 개인 코치 전략을 사용해서 아이들이 최선을 다하고, 다음 단계와 문제로 넘어가길 권유한다. 또한 아이들은 다음 단계에 동의하고 또 성공하기를 희망한다. 그러나 여러분이 최선을 다해도 문제는 나타날 수 있다. 어떤 아이들은 다음 단계로 가지 않으려 하고, 또 어떤 아이들은 다음 단계로 넘어가긴 하나 고통을 심하게 호소한다. 그래서 이런 문제에 대한 대비가 필요하다.

흔한 문제는 아이가 힘들어 포기하겠다고 하거나 과거 사건의 해결은 '관심 없다' 고 하는 것이다. 이때 치료자는 아이를 격려(강요가 아닌)하고, 아이의 결정을 존중해야 한다. 아이의 목표와 치료가 필요한 이유를 재검토하는 것이 최선의 선택이며, 이 문제로 논쟁해서는 안 된다. 그렇게 할 때 아이 선택에 관계없이 치료자는 아이의 지지자로 계속 남을 수 있다. 다음은 이 접근법을 진행하는 방법이다.

- 지난주에 일어난 일을 검토하고 아이에게 목표를 다시 한 번 상기시킨다. 그리고 목표의 다음 과제를 소개한다. "지금까지 우리는 목표를 정했고, 너 자신을 위해 목표를 성취할 수 있는 방법에 대해 알아봤어. 지난 시간에는 고위험 상황을 피하는 방법에 대해 배웠고, 오늘은 자기조절 기술을 연습할 거야."
- 만약 아이가 다음 과제를 하지 않겠다고 한다면 치료자는 아이의 의사를 일단 받아들이고 아이의 상태에 초점을 맞춘다. "지금까지 열심히 했는데, 오늘은 좀 다른 것 같구나. 피곤해서 그러니? 아니면 어떤 다른 생각 때문에 힘들어서 그러니?"

다른 흔한 문제는 아이가 고통스러운 사건에 과도하게 노출되는 것이다. 외상 치료에서 과도한 노출의 위험성은 항상 조심해야 할 문제로 치료 중 언제라도 발생할 수 있다. 특히 과다노출의 위험성이 높은 시점은 다음과 같다.

- 세 가지 소원 또는 마술 지팡이가 있다면 무엇을 할 것인가란 질문에 답할 때
- 가족에 대한 질문에 답할 때
- 지난주에 있었던 좋은 일과 나쁜 일에 대한 질문에 답할 때
- 외상/상실 병력에 대한 질문에 답할 때
- 좋은 결과로 끝나는 '미래 영화' 에 대해 의논(그리고 시각화)할 때(나에게 좋은 일이 있을 리 없다는 회피 성향이 자극될 수 있다.)

- '영화'가 어떤 나쁜 결과로 끝날지에 대해 의논(시각화)할 때
- '선택이 결과를 낳는다'는 설명과 함께 선택한 나쁜 결과에 대해 의논(시각화) 할 때
- 현재의 걱정(예, 또래 갈등, 여자친구 문제, 가족의 건강 등)에 대해 의논할 때
- 고통스러운 기억에 대해 대화할 때

여러분은 아이가 고통스러워하는지 어떻게 알 수 있을까? 많은 신호가 있을 수 있고, 그 신호를 알아차려야 한다. 여러분이 빨리 알아차리지 못하면 결국 악화되어 매우 심해진 후에야 알게 된다. 다음은 아이들이 고통스러워하고 있다는 신호들이다.

- "그 일은 더 이상 말하고 싶지 않아요."라고 말할 때
- 울 때
- 대화 주제를 다른 쪽으로 바꾸려고 할 때
- 너무 장황하게 설명하거나 또는 전혀 다른 답을 할 때
- 안절부절못하거나 이리저리 왔다 갔다 하거나 또는 치료실에 있는 물건만 만지작거릴 때
- 말하는 내용과 어울리지 않는 유머나 내용과 '일치하지 않는' 감정을 보일 때
- 화낼 때
- 침묵할 때
- 시선을 아래로 보거나 눈길을 놀릴 때
- 치료시간이 남았는데도 갑자기 치료를 중단하려 할 때

문제 해결하기

무언가 잘못되었다는 것을 알아차렸다면 어떻게 해야 할까?

먼저 예상치 못한 어떤 일이 발생했다는 느낌이 맞는지 확인한다. 확인은 질문으로 충분하다. 너무 직접적인 질문이나 상처를 파헤치는 식의 질문은 안 된다. "그

일은 말하기 어려운 것 같은데, 그 사건에서 최악의 장면은 무엇이었니?"라는 질문은 안 된다. "아래만 보고 아무 말도 없는데, 무슨 말을 해야 할지 생각하는 거니 혹은 말하기 어려운 내용이어서 그러니?"라고 질문한다면 아이의 감정을 존중하고 지지하면서 답을 얻을 수 있다.

이런 문제가 해결되어 그다음 단계로 넘어가는 것은 단지 격려해서 그렇다기보다(그럴 때도 있지만) 문제를 파악해서 해결했다는 의미다. 아이와 함께 상의해서 결정할 때만 계획대로 진행할 수 있다. 다음은 이런 문제를 해결하는 전략들이다.

- 아이가 힘들다고 말한다면: "네가 진심으로 목표를 이루고 싶어 한다고 알고 있어. 지금부터는 내가 더 신경 써서 관찰하다가 너무 힘들어 보이면 도와줄게."
- 아이가 너무 지루하다고 말한다면:
  - 아이가 압도된 것은 아닌지 생각해 보고, 그런 느낌을 줄이는 시도를 하거나 치료를 잠시 중단한다. 화가 났거나 말 그대로 지루해서 그럴 수도 있다.
  - 자기조절 기술 교육 중일 때: "너도 진심으로 원하는 것이잖니. 연습을 계속해서 이 기술이 몸에 완전히 스며들었으면 해. 그런 일을 또 만나면 그 순간에는 생각할 틈이 거의 없기 때문이야. 연습을 많이 하면 그런 순간에 바로 대처할 수 있게 될 거야."
  - 외상/상실 기억에 대해 대화 중일 때: "너도 진심으로 원하는 것이잖니. 지루한 느낌을 충분히 느끼고 나면 그 기억에서 오는 고통이 줄어들게 될 거야. 한 번 더 [사건을 말]해 볼래?"
- 여러 가지 노력에도 불구하고 아이가 그만하겠다고 한다면: 아이의 의견을 받아들이고 치료를 마무리하는 수습 조치로 넘어간다.

수습 조치

다음은 아이에게 '불쾌한 생각과 감정들을 수습해서' 다시 안정을 찾게 하는 개입법들이다.

- 이제 힘든 과정은 끝났다고 말하기
- 나쁜 기억들을 튼튼한 금고 안에 넣는 장면을 시각화하기(14장의 각본 참조.)
- 심호흡 교육하기(1장의 각본 참조.)
- '안전지대' 교육하기(뒤의 '안전지대 각본' 참조.)
- 장난감/물건 정리하기
- (대처 기술과 함께) 더 긍정적인 행동을 할 수 있는 계획 상의하기
- 그날 또는 그 주에 있는 계획에 대해 대화하기

외상/상실 병력을 질문한 다음에 위의 몇 가지를 항상 시도해야 한다. 예컨대, 심호흡을 한 후에 오늘 치료 중에 가장 좋았던 경험에 대해서 물어본다. 실제 치료 때도 매 치료시간의 끝에 규칙적으로 이런 마무리 작업을 해야 한다. '불쾌하거나' 격렬한 감정이 없는 것처럼 보이더라도 치료 과정 중에 겪은 경험은 아이의 일상생활 경험과는 다를 수밖에 없다. 여러분은 아이가 안전하고 편안한 느낌을 느끼고 자신의 다른 면을 보여 준 유일한 대상이다. 치료를 마치기 전에 규칙적으로 마무리 작업을 할 때, 아이는 치료 중에 일어난 부정적인 생각과 감정들을 정리해서 안정된 상태로 일상생활로 돌아갈 준비를 갖출 수 있다.

특히 고통이 심하고 격렬한 감정을 경험했던 치료시간이라면, 평소의 마무리 작업 외에 추가적인 수습/이완 기법이 반드시 필요하다. 안전지대는 그런 방법 중 하나다.

연습: 안전지대

서로 짝을 지어 안전지대(Safe Place) 시각화를 연습한다. 한 사람이 마치면 역할을 바꾸어 시도한다.

치료자 역할을 한다면

뒤에 나오는 각본을 사용한다. 고딕체로 된 부분을 읽는다. 나머지 부분은 당신에

게 대한 지시 사항이며, 추가적인 설명이 필요할 때만 사용하면 된다. 답이 적절하면 다음 질문으로 넘어간다. 먼저 간단한 질문을 하고 반응을 기다리고 다음 질문으로 넘어가는 대화식으로 진행하면 된다.

아이 역할을 한다면

당신 스스로 아이라고 생각하고 실제로 아이 역할을 하라.

안전지대 각본

안전하고, 기분이 좋아지고, 이완되며, 나쁜 어떤 것도 떠오르지 않는 장소를 찾으면 돼. (지시 사항: 오래전에 갔던 장소일 수 있고, 상상의 장소일 수 있고, 어릴 때 놀던 장소일 수 있다; 주변에 누군가가 있을 수 있고, 방이나 집일 수도 있다.)

찾았니? 어떤 장소지?

자, 그럼 그 장면을 머릿속에 떠올리고, 같이 있는 사람, 주변 경치, 느껴지는 감정에 집중해 보렴.

그 장면을 떠올리면 어떤 느낌이 드니? 네 몸의 어느 부위에 그 느낌이 들까?

그 장면에서 '나는 안전하다.' 또는 '나는 괜찮다.' 는 말이 사실이니? 아니면 (그 장면에 맞는) 더 좋은 말이 있을까?

다시 그 장면과 말, 느낌(느낌이 느껴지는 신체 부위)에 집중해 보렴. 그리고 몇 번 천천히 심호흡을 해 보자.

토 론

아이/치료자 역할을 해 본 경험에 대해 서로 대화해 보라.

문제 해결식 안전지대 개입법

안전지대는 자신을 진정시키고 자기 안정을 찾는 널리 알려진 시각화 방법이다.

치료시간 중에 사용해도 되고, 치료시간 이후에 언제라도 필요하면 사용할 수 있다. 아이들(그리고 성인들)은 대부분 안전지대를 쉽게 배우고 좋아한다. 어떤 아이들은 그것을 친구들에게 가르치기도 한다. 그러나 안전지대를 연습할 때 주의해야 할 부분은 다음과 같다.

간혹 안전지대를 찾지 못하는 아이들이 있다. 그럴 때는 기분이 좋아지고 편안해지는 활동을 생각하게 한다. 롤러스케이트 타는 장면이나 또는 성인이라면 모닝 커피를 마시는 장면을 떠올리기도 한다. 중요한 점은 머릿속으로 볼 수 있는 기분 좋고 안정되고 이완되는 장면을 찾는 것이다.

더 흔한 문제는 찾은 안전지대가 전혀 안전하지 않은 경우다. 친구들에게 괴롭힘을 당한 어떤 아이의 안전지대는 공원에서 축구를 하는 장면이다. 그 장면에 집중할 때 어떻게 되었을까? 곧 나쁜 친구들이 나타나서 안전지대는 엉망이 되었다. 또 학대당한 아이가 안전지대로 집이나 침실을 선택한다면 비슷한 일이 일어날 수 있다.

안전지대가 실제로 안전하지 않고 안전하다는 증거조차 없다면 전혀 도움이 되지 않는다. 그래서 이 기법을 안전지대라고 부르는 것이다. 선택한 장면이 안전지대로 충분한지 고려해야 하며, 부족하다고 생각되면 추가적인 질문이 필요하다. "그 장면은 실제로 안전한 것 같지 않구나. 다른 장면을 한 번 더 찾아볼까?"

마지막 핵심으로 아이가 진정되고 나쁜 생각과 감정들을 정리하고 안정을 찾는 과정을 시도할 때 충분하게 안정되었는지는 어떻게 알 수 있을까? 질문과 관찰을 통해 알 수 있다. 고통스러운 장면을 다시 떠올리게 해서 확인해서는 안 된다. 그렇게 하면 다시 혼란될 뿐이다. "0~10점 사이에 지금은 몇 점 정도로 안정되었니?"라고 질문하고, 고통스러운 표정이나 신체 언어를 잘 관찰하면 된다. 목표는 아이가 괜찮은 척하는 것이 아니라 실제로 안정된 상태로 치료실을 나가는 것이다. 그럴 때 아이는 오늘 치료를 통해 긍정적인 성과가 있었다는 느낌을 가질 수 있고, 당신과 치료를 계속하고 싶다는 마음을 지니게 될 것이다.

참고문헌

Child Welfare League of America. (2004, February). *Creating parenting rich communities.* Available online at 〈http://www.cwla.org/programs/r2p/biblioparenting.pdf〉. 양육과 관련된 연구 그리고 부모교육과 부모를 위한 정보를 선별한 참고문헌 목록이며, 각 문헌 아래에 요약된 핵심 내용이 잘 소개되어 있다.

Kazdin, A. E. (1987). Treatment of antisocial behavior in children: Current status and future directions. *Psychological Bulletin, 102*, 187-203. 문제 행동 소아에게 자기관리 기술을 교육할 수 있는 기법을 고찰한 논문이다.

제4부

정신적 외상 해결

외상 해결 단계의 목표와 과제들은 다음과 같다.

- 처리해야 할 기억 순서 정하기
- 외상 기억 중에서 고통스러운 요소들을 파악하기
- 고통스러운 기억 요소들을 직면하고 처리하기
- 외상의 자극인자들—외상과 관련된 반응을 자극하는 신호들—을 파악하기
- 자극인자들을 직면하고 처리하기

외상 해결의 목표는 치료 후에 아이가 "그 사건은 나쁜 일이었지만, 이제 끝난 일이고 지금은 괜찮아요."라는 말을 하는 것이라고 할 수 있다. 그래서 외상 해결을 하기 전에 지금은 상당히 괜찮다거나 또는 그런 상태에 가깝게 되어 있어야 한다. 달리 표현하면, 아이가 지금은 '전쟁터'를 떠났기 때문에 집착했던 생존 양식을 버려도 된다고 믿을 만한 이유가 있어야 한다. 그래서 다음 과제를 해결하기 전에 외상 해결을 시도해서는 안 된다.

- 가장 중요한 사례관리 과제들을 해결해야 한다.
- 아이가 안전하고 안정되고 지지받고 있다고 느끼도록 부모가 맡은 바 역할을 해야 한다.
- 아이가 적절한 자기관리 기술들을 습득해서 고통이 심할 가능성이 높은 외상 기억을 처리할 준비를 갖추어야 한다.

4부와 이전 치료 단계는 같은 부분도 있고 다른 부분도 있다. 또한 동일한 방법을 사용할 때도 많다. 예를 들어, 치료 시작 때, 일주일 동안 잘 지냈는지 묻고 역량을 확인하는 질문("얼마나 강해졌는지 보여 줄래? 오늘은 팔 벌리고 뛰기를 몇 개나 할 수 있니?")을 하고 "그만큼 강해졌으니 2분 정도 자동차 사고에 대해 얘기해도 되니?"와 같이 말한다. 또는 아이가 표현하는 최근의 힘든 사건(예, 학교에서 곤란을 겪었던 일)에 대해 노출 기법(13장 참조)을 시험적으로 한번 시도해 볼 수도 있다. 아이가 더 강하고 능력이 더 커졌다는 성공 경험을 쌓으면 점점 더 큰 문제를 제시한다.

일반적으로 '정신적 외상 치료' 또는 '정신적 외상 작업'이라고 할 때는 정신적 외상근거 접근법 중에서 정신적 외상 해결 부분을 의미하는 경우가 많다. 그러나 이전 단계를 거쳐 준비가 되지 않으면 외상 해결을 시도해서는 안 된다. 13장에서는 정신적 외상 해결방법에 대해서 설명할 것이다. 그중에서도 노출 기법에 대해서 더 상세하게 다루게 될 것이다.

Chapter 13

정신적 외상 해결방법

아이들의 외상 기억 치료 기법에 대한 많은 통제 연구가 있다. 결과는 모든 기법들이 동등한 효과가 있지는 않다는 것이다. 효과가 느리고 우연한 결과를 보여 준 기법도 있고, 효과가 신속하고 우수한 기법도 있었다. 치료 기법은 크게 두 종류로 나눌 수 있다. 하나는 놀이치료, 예술치료, 정신치료와 같은 '전통적' 치료 기법이다. 다른 하나는 장기노출(prolonged exposure [PE]; Foa & Rothbaum, 1997), 인지처리치료(cognitive processing therapy [CPT]; Resick & Schnicke, 1993), 안구운동 민감소실 및 재처리 기법(eye movement desensitization and reprocessing [EMDR]; Shapiro, 2001)과 같은 '구조화되고 집중적인' 외상 해결 기법이다. 구조화되고 집중적인 치료 기법은 그 효과가 훨씬 더 우수했고(Chemtob & Taylor, 2002), 변화가 더 빠르면서도 몇 달에서 몇 년까지 장기간 효과가 지속되었다.

정신건강 분야에서 이해하기 힘든 특성 중 하나는 환자가 아닌 치료자 중심의 치료다. 당신은 "나는 놀이치료사다."라거나 "나는 가족치료사다." 또는 "나는 정신역동적 접근법을 사용한다."라고 말하는 치료자를 자주 보았을 것이다. 융통성 없이 한 가지 치료 기법으로 치료하려는 것은 옳지 않다. 이는 정신건강 영역의 큰 문제 중 하나다. 당신은 효과가 증명되거나 또는 최선이라 알려진 치료법을 고려하지 않고 특정 기법만 사용하려는 의사에게 치료하러 가겠는가? 치료자는 "나는 문제 행동을 보이는 아이들을 치료합니다." 또는 "나는 불안장애가 있는 아이들을 치료하지요."라고 말해야만 한다. 치료자라면 선호하는 치료 기법만 사용하고 그 기법이 환자에게 맞기를 기대해서는 안 된다. 치료 과정을 설명하는 1차적인 방침이나 이론이 불필요하다는 뜻이 아니라 환자를 진정으로 도와주려면 효과적인 방법을 사용해야 한다는 뜻이다.

당신은 용을 죽일 수 있는 훌륭한 검이 필요하다. 지금까지의 연구 결과에 기초한다면, 이제 비구조화된 접근법으로 외상 해결을 시도하는 것은 비윤리적이다. 그것은 막대를 들고 용을 죽이겠다는 것과 같다. 환자에게 공정하지 않을 뿐더러 그렇게 해서 해결되지도 않는다. 아이들에게 놀이치료, 예술치료, 정신치료를 하지 말라는 것이 아니라 외상 치료는 신중하게 구조화되고 집중적인 방식으로 시도해야 한다는 것이다(이에 대해서는 뒤에서 자세히 설명한다.).

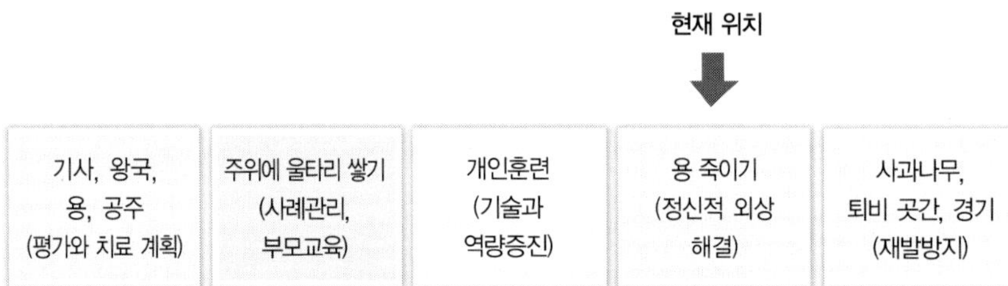

[그림 13-1] 우화 모델의 단계

구조화되고 집중적인 외상 해결 기법 중 어느 접근법이 더 효과적인지는 아직 밝혀져 있지 않다. 또 효과가 증명된 다수의 기법들이 있지만, 최상의 기법이 어느 것인지는 알려져 있지 않다. 중요한 두 가지 외상 치료 기법과 그 밖의 방법들이 설명될 것이다. 외상 해결 기법의 선택은 각 기법의 효과, 효능, 의뢰인의 선호도에 대한 연구 결과를 고려해야 하기 때문에 다른 장에 비해 전문적이고 학술적인 내용으로 구성되어 있다.

모든 구조화되고 집중적인 방법은 앞에서 설명한 준비 단계를 거칠 때 효과적이다. 외상 해결 기법 중 몇몇이 준비 단계까지 포함하고 있지만, 이 장에서는 그 부분까지는 설명하지 않는다. 어떤 외상 해결 기법을 사용하든 간에 이 책에 나오는 모든 단계를 실시하기 바란다. 이 장에서는 각 기법 간의 차이점을 중심으로 설명할 것이다.

노출 기법

노출 기법은 효과가 증명된 많은 장기간 연구가 있는 오랜 전통을 가진 방법이다. 다양한 노출 기법들이 있지만, 그 핵심은 환자에게 반복적으로 외상 병력을 자세하게 말하게 하는 것이다. "사건의 첫 장면부터 시작해서 지금 벌어지고 있는 일처럼 현재형으로 말하기 바랍니다. 장면마다 떠오르는 생각과 느낌들을 말해 주십시오. 끝까지 다 말하고 나면 처음부터 다시 시작할 겁니다. 그리고 몇 번 더 반복하겠습니다." 대부분의 노출 기법은 예를 들어 치료시간에 녹음한 내용을 매일 듣거나 하루에 한 번 전체 사건을 글로 적어 보게 하는 것 등의 숙제가 있다.

노출 기법의 효과를 설명하는 이론 중 하나는 노출이 '정보처리' 를 촉진한다는 것이다(Foa, Steketee, & Olasov, 1989). 이 모델은 앞에 나온 외상 기억을 '소화시킨다' 는 비유와 같은 설명이다.

다른 이론은 노출 기법의 효과는 습관화 또는 민감소실에 있다고 한다. 즉, 외상 기억을 반복해서 직면하면 고통이 점차 소실된다는 이론이다. 이 이론은 환자에게 외상 기억을 오랫동안 직면하게 하는 노출 기법의 핵심 이론이다. 환자는 기억을 직면시키고 회피를 차단하면 새로운 경험을 하게 된다. 기억을 회피한 기간이 길면 길수록 회피는 강화되고, 공포로 가득찬 후광이 기억을 둘러싼다. 그러나 안정된 환경에서 기억을 직면하면 환자는 그 기억이 더 이상 위험하지 않다는 새로운 경험을 하게 된다. 습관화/민감소실과 회피 차단은 노출치료의 주요 원칙들이다.

회피와 관련된 문제는 '떨어진 말에 다시 올라타기' 란 조언과 같은 맥락이다. 말에서 떨어졌을 때 바로 올라타지 않으면 말타기에 대한 공포가 장기간 지속된다는 사실은 널리 알려져 있다. 즉, 다시 말에 올라 즐겁게 말을 탄 경험을 하게 되면 나쁜 경험은 전체 기억에 흡수되어 말타기를 억제할 힘을 잃어버린다.

노출 기법은 충분하게 오랫동안 지속할 때 효과적이다. 짧게 직면하면 불안하고 혼란된 상태로 중단하게 되어 그 기억을 다시 떠올리지 않으려는 회피가 강화된다. 말이 한 발도 떼기 전에 말에서 내려 버리는 것과 같다. 노출 기법의 단점은 환자들이 외상 기억의 직면을 너무 고통스럽고 견딜 수 없어 그 기억을 회피하려 한다는 것이다. 그래서 회피를 극복해서 새로운 경험을 할 때까지 기억을 오랫동안 견디는 방법을 찾는 것이 중요하다.

다음 사례에 나오는 '실제 상황에의 노출 기법(in vivo exposure)' 을 통해 노출의 원칙과 전략을 살펴볼 것이다. 실제 상황에의 노출 기법은 상상이 아니라 '실제 상황' 에서 공포 대상에 직면하는 방법이다.

제이미

제이미는 9세 소년이다. 개에게 물린 후 개를 생각만 해도 불안하고 개 근처에도 가지 않으려 했다. 이전에 친하게 놀았던 사촌의 개까지 무서워했다.

치료자는 제이미에게 불안하거나 공포를 주는 개와 관련된 모든 것—개가 다가오는 것, 개가 짖는 것, 개 사진을 보는 것 등—을 적어 보라고 했다. 각 장면을 떠올릴 때 0~10점 사이에서 몇 점 정도로 무서운지 확인했다. 그런 후 낮은 점수에서 높은 점수 순으로 목록을 정리했다.

- 개 사진을 보는 것 (1)
- 짖는 개 사진을 보는 것 (3)
- 애완동물 가게 유리창으로 귀여운 개를 보는 것 (4)
- 묶여 있는 사촌의 개를 보는 것 (4)
- 사촌의 개와 함께 노는 것 (6)
- 묶인 채 짖는 개를 보는 것 (8)
- 묶이지 않은 채 짖는 개를 보는 것 (10)

치료자는 제이미에게 앞서 소개한 다양한 대처 기술들을 가르쳤다. 제이미는 신체의 '위험 신호' (예, 심장이 빨리 두근거리는 것)와 실제 위험을 구분하는 법을 배웠다. 안전감을 주는 장면(밤에 어머니에게 안겨 있는 장면)과 '나는 안전하다.' 라는 말을 생각하면서 심호흡을 하는 자기안정 기법도 배웠다.

그다음에 공포 목록의 첫 항목을 치료했다. 치료자는 제이미에게 개 사진을 보여 주었다. 목표는 제이미가 대처 기술을 활용하면서 더 이상 무섭지 않을 때까지 개 사진을 바라보는 것이었다. 10분이 지나자, 제이미는 바라보거나 만져도 고통 점수가 0점이었고 전혀 무섭지 않다고 했다.

다음 과제인 짖는 개 사진으로 같은 과정을 시도했다. 이번에는 심장이 빨리 뛰고 무서운 생각이 계속 떠올라, 제이미는 "다음에 하면 안 될까요?" 라고 말했다. 치료자는 제이미에게 지금 그만두면 회피가 강화되고 공포의 힘이 더 강해진다고 다시 설명했다. 제이미가 자신의 자원을 활용할 수 있도록 "너 자신에게 해 주고 싶은 말이 있다면?" 이라고 묻자, 제이미는 "이것은 사진일 뿐이야. 나를 해칠 수 없어." 라고 대답했다. 그 후 제이미는 치료에 집중했고, 사진을 바라보면서 자기 안정을 시도한 지 15분 후에 그 사진을 봐도 편안하다고 했다.

이것이 실제 상황에서 노출을 하는 방법이다. 단계마다 두려운 대상을 직면하고, 회피(일시적인 안정을 주는)를 강화하지 않게 너무 빨리 중단하지 않는다. 대신 대처 기술에 집중하게 한다. 단계마다 실제로 위험하지 않고 더 이상 두려워할 필요가 없다는 새로운 경험을 한다. 물론 실제로 안전한 대상만 사용해야 한다. 치료자는 묶이지 않은 개를 직면하게 해서는 안 된다.

실제 상황에의 노출 기법은 분명한 효과가 있다. 그러나 몇 가지 주의 사항이 있다.

- 환자가 동기, 대처 기술, 치료 원리와 방법을 이해하고 적절한 준비를 갖추는 것이 중요하다. 그렇지 않으면 환자가 치료 도중에 갑자기 중단할 가능성이 크고, 그러면 회피만 강화될 뿐이다.
- 낮은 점수에서 시작해서 서서히 올라가는 것이 중요하다. 너무 높은 점수에서 시작하거나 순서를 건너뛰면 대처 기술이 충분하지 못해 압도당할 수 있다. 그러면 고통이 소실되기 전에 중단하려고 할 것이고, 역시 회피만 강화될 것이다.
- 환자가 개에게 다시 물리지 않는 것이 가장 중요하다! 그렇게 되면 개는 두려운 것이라는 생각이 맞기에 회피가 더욱 강화된다!

상상노출 기법은 실제 상황에의 노출 기법과 유사하다. 상상노출은 개 사진이나 개를 직접 보는 것과 같이 실제 '대상'을 직면하는 것이 아니라 치료실에서 상상과 기억에 의존하는 것이다. 활용하는 대상만 다르고 그 외의 원칙은 동일하다. 대처 기술을 사용해서 공포 기억을 견디고 회피 충동에 굴복하지 않은 채 고통스럽지 않을 때까지 그 기억에 집중하도록 격려한다. 치료자의 역할은 환자가 대처 기술을 적절하게 사용하고, 기억을 처리하며, 압도당하거나 '개에게 다시 물리지' 않게 하기 위해서 환자를 준비시키고, 인도하고, 지지하고, 반응을 관찰하는 것이다. 상상노출 기법은 14장에서 자세히 설명할 것이다. 청소년(그리고 성인)에게 가장 효과적이다.

어린아이들에게는 다른 소아치료 기법과 함께 구조화되고 집중적인 외상 해결 기법들을 변형해서 사용한다. 놀이치료와 함께 구조화되고 집중적인 외상 해결 기법을 사용하는 방법이 있다(Gil, 1991; James, 1989). 어린아이에게 상상노출을 사용할 때는 외상 기억을 그림이나 글로 표현해서 '책'을 만드는 방법도 있다(Deblinger & Heflin, 1996). 어린아이에게 맞게 수정한 노출 기법에 다른 치료 요소들(부모교육, 자기관리 기술 등)을 포함할 때 가장 효과적이었다(Cohen, Berliner, & March, 2000). 어린아이를 위한 노출 기법 또한 14장에서 소개할 것이다.

EMDR

안구운동 민감소실 및 재처리 기법(EMDR)은 중요한 외상 해결 기법이다. EMDR에 대해서는 자세하게 설명할 것이다. 책으로 배울 수 있는 것은 아니지만 EMDR의 원칙을 이해하는 것이 중요하기 때문이다. EMDR은 1987년에 시작되었다. 심리학과 대학원생인 프랜신 샤피로(Francine Shapiro)가 고통스러운 생각이 떠오를 때 자신의 눈이 자동적으로 좌우로 빨리 움직이면서 고통이 소실된다는 것을 발견했다. 샤피로와 동료들은 그 후 수년 동안 노력해서 체계적인 치료 기법을 만들었다.

EMDR은 행동 기법과 환자중심 접근법의 요소를 통합한 복잡한 치료방법이다. 간단하게 말하면, 외상 기억의 가장 고통스러운 장면에 집중하면서 눈을 좌우로 빠르게 움직이는 것이다(치료자의 손가락을 따라). 특정 장면에 집중하고 안구운동을 한 세트(약 30초 동안) 한 후에 이미지, 생각, 느낌, 신체 감각 중에서 무엇이라도 '떠오른 것' 이 있는지 질문한다(흔히 이미지, 생각, 느낌, 신체 감각 모두 떠오른다). 환자가 말한 것에 집중하게 하고 다시 한 세트를 시도한다. 예를 들어, 환자가 "더 화가 나요."라고 한다면 치료자는 그 화에 집중하라고 한다. 환자가 고통이 전혀 없고 긍정적인 시각을 완전하게 받아들일 수 있을 때까지 이런 과정을 반복한다. 샤피로는 EMDR에 관한 두 권의 책(1995, 2001)을 저술하였다. 다른 치료처럼 EMDR 또한 아이들에게 발달 수준에 맞게 수정해서 적용할 수 있다.

샤피로는 EMDR의 이론적 근거로 정보처리 모델을 제안했다. 일부 연구자들(Hyer & Brandsma, 1997; Sweet, 1995)은 효과적인 치료법의 치유인자는 공통적이기 때문에 EMDR의 치유인자들도 다른 구조화되고 집중적인 외상 치료법의 치유인자들과 매우 유사할 수밖에 없다고 했다. 안구운동 자체의 치료 효과에 대한 논쟁은 아직 진행 중이지만, 현재까지의 연구 결과는 우수한 효과를 보였다(예, van den Hout, Muris, Salemink, & Kindt, 2001). 안구운동을 한다는 점 외에도, EMDR은 장시간 고통스러운 기억을 반복해서 생각하도록 요구하지 않는다는 점 또한 노출 기법과 분명하게 다르다. EMDR은 자유연상을 권장하고, (세트 동안) 환자는 생각을 흐르는 대로 가만히 둔다. 노출 기법의 일차적인 치료 효과가 회피의 차단에 있다면, EMDR의 효과는 전혀 다른 방식이다(Rogers & Silver, 2002; Smyth & Poole, 2002 참조). 만약 노출 기법이 정보처리 때문에 효과가 있다고 한다면, 노출 기법과 EMDR은 공통되는 작용기전을 가지고 있다고 볼 수 있으며, 동일한 작용기전이 치료법에 따라 다른 방식으로 활성화된다고 가정할 수 있다.

외상 스트레스 국제학회(International Society for Traumatic Stress Studies)의 치료 지침에 따르면 EMDR은 장기노출과 같은 공인된 PTSD 치료법과의 대조 연구가 없어 공식적인 치료법의 공인은 보류하지만, 연구로 효과가 증명된 우수한 정신적 외상 치료 기법에 포함시켰다(Chemtob, Tolin, van der Kolk, & Pitman, 2000). 이 논문 이후에 포아와 메도우즈(Foa & Meadows, 1997)의 '표준 치료법' 기준을 만족시키는 연구 방법론을 선택하여 PTSD에 대한 EMDR 효과와 인지행동치료(CBT, 노출 기법이 포함된) 효과를 대조한 연구들이 다수 시도되었다. 두 치료법의 효과는 대체로 비슷하였다(Ironson, Freund, Strauss, & Williams, 2002; Lee, Gavriel, Drummond, Richards, & Greenwald, 2002; Power et al., 2002; Taylor et al., 2003). 한 연구(Taylor et al., 2003)에서만 장기노출이 더 효과적이었고, 다른 연구들에서는 EMDR의 효과가 약간 더 우수하였다. 두 연구(Ironson et al., 2002; Power et al., 2002)에서는 EMDR의 효과가 CBT보다 더 신속했다. 한 연구(Ironson et al., 2002)는 치료 중과 치료시간 사이의 고통 수준이 EMDR에서 더 낮았고, EMDR 집단에서 탈락률이 더 낮았다고 보고했다.

최근의 메타분석 논문에서는 '치료시간당 변화'를 분석했을 때 모든 통제된 대조 연구에서 EMDR이 CBT보다 우수하였다(Rogers & Silver, 2003). 이런 연구 결과들에서는 효능 면에서 EMDR이 CBT와 최소한 비슷하였으며, EMDR은 숙제가 거의 없고 몇 회의 치료만으로 효과가 나타나기 때문에 CBT보다 순응도가 매우 우수하였다.

성인에 비해 소아와 청소년에 대한 EMDR 연구는 아직 매우 부족하지만 일부 통제 연구들이 있다. 푸퍼, 그린월드와 엘로드(Puffer, Greenwald, & Elrod, 1998)는 20명의 아동 · 청소년을 대상으로 환자의 사정이 허락하는 순으로 치료하는 대기자 디자인 연구 기법으로 EMDR 치료를 하였다. 1회의 외상이나 상실을 경험한 환자를 대상으로 하였으며, 치료는 1회기였다. 푸퍼가 치료와 평가를 모두 담당하였고, 심리평가를 치료 전, 치료 후, 치료 1~2개월 후에 시행하였다. 치료가 지연된 집단에서 첫 방문과 치료 없이 기다렸던 1개월 이후의 심리평가에는 아무런 차이가 없었고, 치료 전과 치료 1~2개월 후의 심리평가에서는 모든 척도에서 유의한 호전이 있었다. 정신적 외상 증상 평가도구에서는 17명이 임상적으로 유의한 증상을 가지고 있었으나, 치료 후에는 11명이 정상 수준이 되었고 3명은 12점 전후로 감소하였으나 나머지 3명은 점수 변화가 없었다. 무작위 연구가 아니고, 한 사람이 치료와 평가를 해서 주관성을 배제하지 못했으며, EMDR 수련을 충분히 받지 않은 치료자였고, 3명은 호전되지 않았다는 점은 이 연구의 한계다. 그럼에도 불구하고 그 연구 결과는 시사하는 바가 크다.

EMDR과 표준 치료법이나 비특이적인 치료법과의 대조 연구들도 많다. 예를 들어, 소버먼, 그린왈드와 룰(Soberman, Greenwald, & Rule, 2002)은 시설에 거주하거나 주간치료 프로그램에 참석하는 심각한 비행 문제를 가진 10~16세 소년 29명을 대상으로 표준 치료법과 표준 치료법에 3회의 EMDR를 추가한 방법을 비교 연구하였다. 그 결과, EMDR은 특정 기억에 대한 과잉반응과 문제 행동을 모두 유의하게 감소시켰다. 1명의 치료자가 평가와 치료를 시도한 것이 이 연구의 한계점이다.

쉐크, 쉐퍼와 질레트(Scheck, Schaeffer, & Gillette, 1998)는 고위험 행동(물질남용, 위험한 성관계, 범죄, 자살 시도 등)과 외상 병력을 가진 16~24세 여성 60명을 대상으로 2회기의 EMDR과 2회기의 적극적 경청의 효과를 비교하였다. 무작위 연구였고, 24명의 잘 수련된 치료자, 이중맹검 평가, 표준화된 평가도구를 사용했다. 그 결과 치료 후에 두 집단 모두 호전되었지만 5개 평가도구 모두에서 EMDR의 효과가 우수하였고, 평가도구 4개에서는 유의한 차이가 있었다. EMDR 집단의 치료 후 평균 점수는 모든 척도에서 정상 기준의 1표준편차 내에 속해 임상적으로 유의한 호전이 있었으나, 적극적 경청은 1개의 척도에서만 정상 수준에 도달했다. 19일 후에 심리평가를 다시 했을 때, EMDR 집단에서는 효과가 지속하였다. 그리고 청소년과 성인 연령 모두에서 효과가 있었고, 연령 간에 효과 차이는 없었다(J. Schaeffer, 개인적 교신, 1996). 이 연구의 한계점은 행동문제를 평가하지 않은 것이었다.

루빈(Rubin)과 동료들(2001)은 아동상담소를 방문한 아이들(6~15세 39명)을 대상으로 EMDR 치료를 했을 때 통계적으로 유의하지는 않았지만 효과적이었다고 보고했다. 무작위 연구이며, 각 치료 집단은 동일한 치료자가 담당했고, 절충적 치료기법에 EMDR을 포함해서 사용하였다. EMDR을 규정된 방식으로 시도했다. 이 연구의 한계는 외상후 스트레스 증상을 평가하지 않았고 증상의 변화를 잘 반영하지 못하는 하나의 평가도구(아동행동평가척도 [CBCL])만 사용한 점이었다.

아이들을 대상으로 표준적인 치료 기법과 비교한 3개의 연구가 있다. 켐톱, 나카시마, 하마다와 칼슨(Chemtob, Nakashima, Hamada, & Carlson, 2002)은 이니키 태풍으로 피해를 본 카우아이섬의 아동 · 청소년 32명을 대상으로 EMDR의 긍정적인 효과를 보고했다. 소그룹 CBT 프로그램으로 효과가 없었던 아이들을 대상으로 EMDR을 시도했다. 연구의 특징은 지연치료 대조집단, 다양한 표준화된 평가도구로의 맹검 평가, 수련과 경험이 풍부한 5명의 EMDR 치료자 등이다. 구체적인 치료 지침서를 사용했고, 치료 충실도를 유지하였다. 3회 치료 후에 외상 평가에서 평균 58%가 감소하였고, 이는 몇 개월 뒤까지 지속되었다. 이 연구의 한계는 다른 치료 기법을 받은 대조집단이 없다는 점이었다. EMDR이 CBT에 반응하지 않은 아이들에게 효과적인 것은 사실이었지만, 다른 치료법을 추가로 사용했을 때의 반응은 알 수 없다.

조벨가데리, 그린왈드, 루빈, 잔드와 돌라타바디(Jaberghaderi, Greenwald, Rubin, Zand, & Dolatabadi, 2004)는 성폭력 후에 임상적으로 유의한 외상후 스트레스 증상을 가진 14명의 6학년 이란 소녀를 대상으로 EMDR과 CBT의 효과를 비교 연구하였다. 무작위 연구였고, CBT와 EMDR 모두 12회기를 시행했다. 치료 전과 치료 2주 후에 외상후 스트레스 증상과 문제 행동을 평가하였다. 두 치료법 모두 외상후 스트레스 증상에서 효과 크기가 가장 컸고, 행동문제에는 중등도의 효과 크기가 있었으며, 통계적으로 모두 유의한 수준이었다. 자기보고식 외상후 스트레스 증상 척도에서 통계적으로 유의하지는 않았지만 EMDR이 CBT보다 우수했다. 점수의 변화를 치료시간 수로 나누어 치료 효능을 평가했을 때, EMDR의 효능이 더 뛰어났고 각 척도에서 효과 크기가 더 컸다. 이 연구의 한계점은 적은 대상자 수, 치료 기법마다 1명의 치료자, 치료 충실도의 평가 부족, 장기간 관찰이 없었던 점 등이다.

끝으로 드 루스, 그린왈드, 드 종과, 노르톰(de Roos, Greenwald, de Jongh, & Noorthoorn, 2005)은 네덜란드 엔스헤데에서 발생한 화재를 경험한 38명의 아동 · 청소년을 대상으로 지역사회 정신보건센터에서 EMDR과 CBT의 효과를 연구하였다. 두 치료법을 모두 사용할 수 있는 8명의 치료자가 참여하였고, 두 치료법의 전문가가 수련과 지도감독을 하였다. 이 연구의 장점은 규정된 치료 지침서에 따라 치료를 진행하고, 치료 충실도를 위해 회기마다 점검표를 작성한 후 평가하였으며,

표준화된 평가도구를 이용한 맹검 평가, 무작위 연구였다는 점이다. 두 치료 집단 모두 부모치료를 동시에 시행하였다. 두 치료 모두 PTSD 진단, 외상후 스트레스 증상, 문제 행동 모두에서 임상적으로 유의한 감소가 있었고 효과 크기도 컸다. EMDR이 거의 모든 척도에서 회기당 치료 변화가 더 컸고, 치료 종결의 평균 시간은 3.17회기로 CBT(평균 4회)보다 전체적으로 더 짧았다.

즉, 아동 · 청소년 연구 또한 성인 연구 결과와 일치하였다. EMDR은 효과가 증명된 다른 외상 해결 치료법과 동등한 효과가 있다는 점이 분명한 것 같다. 또한 EMDR은 다른 치료법보다 더 효과적이고 신속한 것 같다. 그렇지만 아직 연구 결과가 충분하지 않기 때문에 앞으로 더 많은 연구가 필요하다.

외상 치료를 할 때 EMDR을 사용해서는 안 된다는 어떤 증거도 없다. '부작용'(예, 과도한 고통)이 보고되기도 했지만 EMDR을 부적절하게 적용한 사례 연구들이었다(Greenwald, 1996 참조.). EMDR이 노출 기법보다 고통이 훨씬 적고 치료 중에 고통이 더 많이 소실되기 때문에 다른 외상 치료법에 비해 위험성이 적다는 점은 정식으로 EMDR을 수련받은 치료자들 대부분이 동의하는 사실이다(Lipke, 1994).

가장 큰 결점은 EMDR은 상당히 복잡한 치료 기법이기 때문에 정식 수련과 부가수련 과정을 거쳐야 한다는 점이다(이것이 이 책으로 교육할 수 없는 이유다; Greenwald, 1996). 기본 수련을 받은 모든 사람들도 적절하게 EMDR을 사용하지 못했고(예, Jensen, 1994), EMDR이 적절하게 사용되었을 때 더 우수한 결과를 얻었다(Maxfield & Hyer, 2002).

많은 임상의들이 개인적인 경험과 입소문을 통해 EMDR 수련을 받았다. 많은 치료자들과 환자들은 EMDR에 대해 다른 치료 경험과는 질적으로 다르고 훨씬 더 효과적이라고 묘사한다. EMDR이 일차적인 외상/상실 치료 기법이 되기에는 아직 연구가 부족하지만, 최소한 치료 효과가 분명한 기법인 것은 틀림이 없다.[2)]

2) 역주: 2004년 미국정신의학회에서 PTSD의 효과적인 치료법으로 승인했고, 외상 치료에서 '일차로 추천하는' A군 치료법으로 공인되었다.

공인된 다른 정신적 외상 해결 치료법

인지처리치료(CPT)는 앞서 기술한 준비 과정 그리고 상상노출과 유사성이 많은 공인된 외상 치료법이다. 성인에 대한 CPT 연구는 대부분 강간 피해자를 대상으로 하였지만 더 폭넓게 사용해도 된다. 현재까지 청소년 PTSD 환자를 대상으로 한 통제 연구로는 한 편이 있다(Ahrens & Rexford, 2002).

CPT에서 사용되는 독특한 외상 치료 과정은 주목할 만하다. 환자가 치료자에게 외상 병력을 말하는 대신에 집에서 글로 적어 오라는 숙제가 부여된다. 다음 시간에 환자는 글로 적는 동안의 자신의 경험에 대해 말하고, 치료자는 지지와 지도를 한다. 그다음에는 환자가 집에서 다시 외상 병력을 적는다. 아렌즈(Ahrens)와 렉스포드(Rexford)의 연구에서 이 기법은 외상 기억과 관련된 고통스러운 느낌들을 참지 못하는 비행 청소년들에게 효과적이었다. 아마도 글로 적는 것이 상상노출보다 거리감과 조절력을 더 잘 유지시키는 것 같다.

정신적 외상사건 감소기법(Traumatic Incident Reduction: TIR; Gerbode, 1989)은 통제 연구가 거의 없기 때문에 아직 일차 치료로 고려되지 않고 있고, (내가 알기로는) 아이들에 대한 연구는 전무하다. TIR에는 특이한 외상 해결 기법이 포함되어 있다. 치료자는 환자에게 외상 병력을 말로 하지 않고 머릿속으로 영화를 보듯이 하나씩 순서대로 보기만 하라고 한다. 그 후 머릿속으로 보는 동안 가장 기억나는 장면이 무엇인지 묻고, 환자가 말하면 치료자는 '적극적 경청'을 한다. 그리고 그 기억이 더 이상 고통스럽지 않을 때까지 이 과정은 반복된다.

많은 다른 정신적 외상 치료법들도 있지만, 아직 아이들에게 적용되지 않았고 그 효과를 증명할 만한 통제 연구가 없어 포함시키지 않았다. 그렇다고 이런 치료법들이 효과가 없다는 것은 아니고, 지금으로서는 그것들을 추천할 만한 근거가 없다는 것이다.

논 의

모든 치료법들은 기억을 노출한다는 공통된 요소를 가지고 있지만, 서로 더 유사한 치료법도 있다. 표준적인 상상노출과 아이들을 위한 수정된 노출 기법은 발달 수준에 맞추어 기법을 수정한 점을 제외한다면 그 구조상 매우 흡사하다. 인치처리치료의 노출치료적 요소 또한 말하지 않고 글로 적는 부분을 제외하면 외상 병력의 회상을 반복한다는 점에서 아주 비슷하다.

EMDR의 구조는 본질상 상당히 다르다. 환자는 외상 기억 중에 최악의 장면에서 출발해서 자유연상식으로 떠오르는 장면을 계속 따라간다. 병력 전체를 재검토할 때도 있지만 전혀 하지 않을 때도 있다. 환자는 반복해서 같은 내용을 생각할 필요가 없고, 비교적 짧은 시간 동안 일부만 집중하고 다른 부분에는 집중하지 않는다. 상상노출의 기본적인 이론과 방법에 의하면 EMDR은 효과가 있을 수 없다. 그러나 EMDR은 효과가 있기 때문에 설명할 수 있는 다른 이론이 필요하다. 정보처리 모델이나 소화 모델로 설명할 수도 있지만, 아직은 확실하게 밝혀지지 않은 대뇌 작용 기전의 비유일 뿐이다. 그렇지만 EMDR은 기억에 의한 고통을 소실시키고 환자가 일관된 방식으로 사건을 얘기할 수 있게 한다.

TIR은 상상노출과 EMDR 사이의 중간에 있는 듯하다. 말하거나 글로 적지 않고 단지 머릿속으로 전체 사건을 처음부터 끝까지 바라보라고 한다. 그 후 시각화하면서 가장 마음에 걸린 장면이 무엇인지 묻고, 그 장면에 대해 편안해질 때까지 대화한다. 그래서 TIR은 EMDR의 자유연상식 요소뿐만 아니라 상상노출의 공통 요소인 사건에 대한 말하기 요소를 모두 포함하고 있다.

모든 치료법의 공통적인 요소는 다음과 같다.

- 환자가 적극적으로 참여하고 견딜 수 있도록 신중한 준비 과정이 필요하다.
- 체계적인 방법으로 외상 기억에 직면시킨다.
- 고통이 감소하거나 소실될 때까지 계속한다.
- 환자가 일관되고 편안한 방식으로 사건을 얘기(흔히 치료 이전에는 조각난 형태로 기억한다)할 수 있게 하는 것이 치료 목표다.

Chapter 14

노출에 대한 준비

목표 기억 선택과 기억 분할하기

10대 청소년들에게 표준화된 노출을 사용하건 어린아이들에게 수정된 노출을 시도하건 간에, 이 책에서의 초점은 노출을 외상 해결 기법으로 사용하고자 하는 것이다. 그러나 노출 대신에 다른 외상 노출 기법(예, EMDR, CPT)을 사용할 때도 일반적으로 동일한 전략과 원칙을 적용한다.

노출할 기억 선택

외상 기억 중 첫 번째로 노출할 기억(대부분 외상 기억이 여럿 있기 때문에)을 선택하는 전략에는 여러 가지가 있다. 노출치료의 대부분은 치료하러 오게 된 주요 외상에 초점을 맞춘다. 다른 방법으로는 EMDR 치료자가 흔히 쓰는 방법으로 최초의 기억에서 시작하여 시간 순으로 진행하는 전략이다. 또 다른 방법은 앞의 두 방법을 병행하는 것으로, SUDS가 가장 적은 기억에서부터 높은 기억으로 올라가는 방법이다.

'큰 문제' 부터 처리하기

노출 기법에서 주로 사용하는 전략이다. 이것은 사건의 발생 전에는 생활을 잘했고 기타 주요 외상이나 상실 경험이 없는 아이에게 가장 좋다. 이 전략의 장점—만약 효과가 있다면—은 하나의 외상 기억에만 초점을 맞추기 때문에 외상 해결이 상당히 빨리 진행된다는 것이다. 증상을 직접 '촉발시킨 사건' 의 기억을 다루기 때문에 아이들이 치료 과정을 쉽게 이해한다는 장점도 있다. 사례 요약에서 최근 사건과 증상의 관련성이 분명하다면, 아이들도 그 사건에 대한 기억을 살펴보는 것을 이해하고 잘 따라온다.

그러나 이 접근에는 단점도 있다. '큰 사건' 부터 시작하는 것은 많은 아이들에게 너무 압도적인 (너무 빨리 큰 사건을 직면하니까) 경험이고, 아이들을 혼란시켜 불쾌한 기분을 남기는 역효과를 줄 수 있다. 그리고 외상 해결 치료를 최근의 외상 기억에서 시작하더라도 예상치 못한 미해결된 과거 기억의 영향 때문에 잘 진행되지 않을 수도 있다.

과거 기억의 영향은 이해하기 쉽지 않지만 매우 중요한 개념이다. 아이에게 처리되지 않은 과거 외상 기억이 있다면 미해결된 기억들이 '장벽 뒤에' 숨겨져 있다가 비슷한 주제의 스트레스에 의해 자극될 때 튀어나온다. 이것이 바로 '급소' 과잉반응이다. 새로운 사건에 대한 아이의 반응 중 일부는 장벽 뒤에 있던 기억이 자극되어 나타나는 반응이 포함되기 때문에 전체적으로는 과잉반응으로 보인다. 아이는 자신이 과잉반응을 하고 있다는 것을 자각하지 못하며, 그런 반응을 하는 것은 사건의 특성 때문이라고 느낀다. 이런 식으로 아이는 주변 일에 대한 과잉반응을 계속한다. 특정 사건에 대한 SUDS를 물을 때, 아이는 질문을 받은 특정 사건에 대한 고통 점수라고 느끼지만 실제로는 과거 기억의 급소가 자극되어 발생하는 고통이 그 점수에 포함되어 있다.

이 개념을 분명하게 이해해야 외상 기억을 성공적으로 해결할 수 있다. 기억에 대한 고통이 말하지 않은 어떤 과거 기억과 관련되어 있다면, 당신은 목표로 하는 기억을 처리하기 어렵게 된다. 당신은 이유도 모른 채 최종 목표에 도달하지 못하고 최근 사건만을 반복해서 쳇바퀴 돌 듯 다루게 될 것이다. 즉, 과거의 기억이 먼저 해결되어야 최근의 외상 기억이 더 원활하게 처리될 수 있다.

데이브는 34세 남성으로 최근 3년간 직장에서 받은 스트레스 때문에 치료하러 왔다고 했다. 그러나 지난 8년간 업무도 그대로였고 달라진 것은 아무것도 없었다. 그는 3년 전 숙모의 사망에 대해서, "제가 여섯 살 때 어머니가 돌아가셨기 때문에 숙모는 나에게 엄마 같은 분이셨어요."라고 말했다. 그는 심리적 중요성 점수로 어머니의 사망은 '4점', 숙모의 사망은 '10점 이상'이라고 했다.

데이브는 치료자가 왜 과거의 기억(어머니의 사망)을 먼저 처리하기 원하는지("그 일 때문에 힘든 것 없어요."라고 말했는데도) 완전히 이해하지 못했지만 치료자의 제안을 받아들였다. 어머니의 사망과 관련된 기억에 대해 EMDR을 3회기 시행하는 동안, 처음에 말한 4점보다 더 높은 점수의 강렬한 감정이 여러 번 나타나서 그것 역시 처리했다. 데이브는 "내가 어머니의 사망으로 이렇게 큰 고통을 지금까지 마음속에 간직하는 줄 몰랐어요."라고 하였다.

그 후 그는 자신이 스트레스의 주된 원인이라고 생각했던 최근 기억(숙모의 사망)을 처리했다. 슬픈 일이었는데도 한 회기 만에 해결할 수 있었다. 과거 기억의 급소 반응이 처리되자 이미 남아 있는 것이 많지 않았던 것이다.

순서대로 처리하기

이 전략은 EMDR 기법에서 흔히 사용한다. 목록에 중요한 외상/상실 기억이 여럿 있다면 흔히 0세에서 시작해서 연령 순으로 중요 외상 기억을 처리하는 방법이다. 연대기 순으로 외상 기억을 처리함으로써 각각의 외상은 그 사건에 국한된 고통만 가지게 되어 (축적된 급소 반응이 없도록) 더 쉽게 해결할 수 있다. 그 후에 최근 외상 기억으로 오면 이미 과거 외상들이 해결되었기 때문에 남아 있는 고통은 상당히 감소된 상태가 된다.

개인 코치로서 속도조절하기

어떤 전략을 사용하든지 당신의 최종 목적은 환자가 처음에 목표로 한 기억을 처리할 준비를 갖추게 하는 것이다. 흔히 고통이 적은 외상 기억을 처리해서 치료 기법에 익숙해지고 성공 경험을 쌓은 후에 목표로 하는 외상 기억으로 넘어가는 방법을 사용한다. 만약 연대기 순으로 할 계획일 때 외상 목록에서 초기 기억이 10점이라면 어떻게 해야 할까? 당신은 더 힘든 기억을 처리하기 위한 전 단계로 낮은 점수의 더 최근 기억을 먼저 처리하려고 할 것이다. 개인 코치로서 당신은 환자들이 처리할 수 있을 만한 과제를 제시해야 한다는 것을 기억해야 한다. 너무 무모한 과제를 주어 환자가 실패를 맛보게 해서는 안 된다. 한 번에 한 걸음씩 가는 것이 더 좋다.

임상적인 판단에 근거해서 노출할 외상 기억의 순서를 결정한다. 큰 것부터 처리해서 빠르게 회복시킬 것인가? 연대기 순으로 체계적인 접근을 할 것인가? 작은 것에서 하나씩 쌓는 것이 느리지만 더 안전할까? 다행스럽게도 순서는 성패를 판가름하는 유일한 요소가 아니다. 치료자는 아이가 처리할 만한 과제를 계속 제시하고 아이의 해결 능력을 격려한다. 과제가 너무 쉽게 보인다면 더 큰 과제를 제시하고, 반대로 과제가 너무 어렵다면 그 기억은 금고에 넣어 놓고 이완해서 한발 물러나게 한다. 그래서 치료자는 일시적으로 진행 속도를 줄여서 아이가 성공하고 호전된다는 느낌을 가지도록 도와주어야 한다.

기억 분할하기

노출의 목적은 환자가 외상 기억의 다양한 요소들을 점진적으로 직면하고 처리해서 또는 '소화해서' 그 기억을 민감소실시키고, 사건을 더 성숙하고 적응적인 시각에서 보고 자신의 일부분으로 받아들이게 하는 것이다. 이런 과정을 통해 조각난 기억들(그리고 관련 사고와 느낌들)이 조직화되고 통합되어 일관된 이야기 형태를 갖추게 된다. 이렇게 일관된 이야기를 재구성하면 과거 시점에서 기억을 자세하게 서술하는 데서 멈추지 않고, 현시점에서 환자가 고통과 상실을 받아들이고 사건을 통해 배우고 성장하며 더 새롭고 긍정적인 상태가 된다.

일반적으로 성인에 대한 노출치료는 환자가 사건과 관련된 행위, 사고, 느낌을 포함한 모든 기억을 상세하게 말하게 하고 지금 현재의 느껴지는 감정을 충분하게 마음속에 느끼도록 한다. 치료자는 지지적이면서도 지시적인 역할을 하면서 이런 과정을 여러 번 반복하게 한다. 그러나 성인조차 노출을 매우 고통스러워하기 때문에 노출치료는 탈락률이 높다. 그래서 아이들을 노출시킬 때는 견딜 수 있을 정도로 압도되지 않게 시행하는 것이 중요하다.

과다노출을 방지하는 한 가지 방법은 아이에게 전체 기억을 한 번에 직면시키지 않고 한 번에 한 부분만 보도록 노출할 기억의 '양을 조절하는' 것이다. 기억 분할하기는 기억의 요소들을 목록으로 작성하는 것을 말한다. 이런 방법은 노출의 양을 두 가지 방식으로 조절할 수 있다는 장점이 있다. 사건과 관련된 생각과 느낌을 포함해서 전체 이야기를 하라고 요구하지 않고 기억의 각 요소를 '목록화' 하자고 하면, 환자는 비교적 덜 고통스러운 기억을 먼저 떠올릴 수 있다. 목록화 방법은 신중하게 접근할 수 있는 기법이다. 목록을 다 만들면 외상 기억은 처리하기 쉬운 부분들로 분할된다. 그래서 환자는 전체 기억이 아니라 한 번에 기억의 특정 부분만을 처리할 수 있게 된다. 항상 기억을 목록화해야 하는 것은 아니며, 필요할 때 선택할 수 있는 한 방법이다.

기억 분할하기는 간단한 방법이다. 목록은 기억의 한 요소에 초점을 맞춘다는 점을 제외하면 전체 외상 병력을 얻는 방법과 거의 유사하다. 처리할 특정한 외상 기억을 선택하면 아이에게 사건이 일어난 순서대로 생각나는 기억을 말하게 한다. 그다음 기억 장면마다 1에서 10까지 SUDS 점수를 매기게 한다. SUDS 점수는 다음과 같이 다양하게 활용된다.

- 아이에게는 특정 기억에 대한 자신의 느낌을 자각하는 데 도움이 된다.
- 치료자에게는 노출치료를 위한 전략을 짜는 데 도움이 된다.
- 기준점 역할을 한다. 예를 들어, 치료자가 "처음에는 이 기억이 8점이었다가 지금은 3점이 되었구나. 많이 좋아졌다는 뜻이니?" 라고 말할 수 있다. 기준점이 있을 때, 아이들은 어디에서 시작했고 얼마나 좋아졌는지 더 쉽게 이해하게 된다.

또한 외상 사건 후에 있었던 일과 정보도 증상과 관련되어 있다면 모두 파악해야 한다. 예를 들면, 사건 시점의 일은 아니더라도 가령 폭력 가해자가 감옥에 있거나 아이에게 신체 고통이 소실되었다는 정보는 전체 이야기 속에 포함되어야 할 매우 중요한 정보다.

좋은 결말에 도달하기

아이의 이야기가 좋은 결말로 진행하는 것은 성공에 결정적으로 중요하다. 이것은 기억 분할과 노출치료 모두에 적용된다. 현실에서 행복한 결말이 있을 수 없는 상황이라 하더라도, 적어도 나쁜 일은 지나갔다는 결말은 반드시 필요하다.

> 여덟 살 난 브리슨은 치료시간 중에 자신에게 욕을 한 남자아이를 밀쳐 그날 아침에 휴식시간을 얻지 못했다며 씩씩거렸다. 그 사건에 대한 SUDS는 8점이었다. 그날은 시간이 다 되어 다음날 다시 그 사건을 다루기로 했다. 상담자가 전날의 사건을 말하고 나서 SUDS를 물었다. 그런데 이번에는 0점이었다. 브리슨은 "그 친구와 다시 친하게 되었거든요." 하고 말했다.

노출치료의 목표 중 하나는 아이가 "그것은 나쁜 일이었지만 지나간 일이고 지금은 괜찮아요." 라고 말할 수 있는 상태가 되는 것이다. 나쁜 일이 지나갔다는 것을 진심으로 이해하면(온몸으로), 사람들은 그 사건을 흘려보내고 미래로 나아간다. 외상을 입은 사람들이 사건에 집착하는 이유 중 하나는 나쁜 기억 때문에 기억의 다른 영역이 지나간 사건이라는 것을 깨닫지 못하기 때문이다. 그 기억은 파편처럼 조각나 있고 일관된 이야기로 조직화되지 못한 채로 있다. 최악의 장면이 포함된 조각난 기억으로 인해 아이는 그 사건이 지나간 과거란 것을 아직 모르고 있다.

그래서 당신은 어떤 사람이 이야기를 조직화하도록 도와줄 때, 그 이야기가 좋은 결말까지 가게 해서 나쁜 부분은 실제로 지나갔다는 것을 깨닫게 해 주어야 한다. 이것은 상당히 어려운 일이다. 실제로 많은 이야기에서 좋은 결말을 발견하기 어려울 때가 많기 때문이다. 그러나 '좋은 결말' 이란 실제로 좋은 일이 있었거나 반드시 결말이 좋았다는 뜻은 아니다. 당신의 목표는 환자가 고통스러운 기억의 조각을 처리해서 실제로 그 일이 지나갔다고 느끼게 하는 것이다. 다음은 나쁜 기억에 대한 좋은 결말의 예로, 치료자가 환자를 좋은 결말로 잘 이끈 사례들이다.

> 14세 소녀는 초등학교 시절 내내 친구들에게 괴롭힘을 많이 당했다. 외상 병력의 목록에는 두 개만 기록되어 있지만, 비슷한 종류의 사소한 사건들이 수년 간 거의 매일 있었다. 그래서 소녀에게는 다음날이 되어도 똑같은 괴롭힘을 당한다는 것이 기억의 결말이었다. 치료자가 "넌 지금도 괴롭힘을 당하고 있니?"라고 물었을 때, 다행스럽게도 소녀는 더 이상 괴롭힘을 당하지 않고 친구들과 잘 지낸다고 했다. 괴롭힘에 대한 기억의 결말은 마침 현재에 있었다. 그 기억의 결말은 치료 전날 학교에서 친구와 함께 점심을 먹는 장면이었다.

> 10세 소년은 형의 약혼자가 2년 전에 차 사고로 사망했다. 그녀는 가족과 같이 아주 가까워서, 소년은 그녀를 아직도 잊지 못했다. 좋은 결말은 장례식을 끝낸 다음 주에 학교에서 돌아와 정상적인 활동을 하는 자신을 보는 장면이었다.

> 7세 소녀는 일 년 전에 친구의 아파트 창문에서 떨어졌다. 아이는 다발성 골절로 수개월간 병원 치료를 받았다. 외상 기억에 대한 이야기에는 이러한 병원 치료가 포함되어 있었다. 좋은 결말은 의사에게 작별인사를 하고 친구들과 줄넘기를 하는 자신을 보는 장면이었다.

> 5세 아이가 여름에 할머니 집에 머무를 때 할머니에게 여러 번 심하게 맞았다.

아이는 가족 모임에서 할머니를 만날 수밖에 없지만, 부모님은 다시는 할머니 집에 맡기는 일은 없을 거라고 아이에게 말했다. 좋은 결말은 부모님이 자신에게 그 이야기를 하면서 부모님과 함께 집에 안전하게 있는 자신을 보는 장면이었다.

12세 소녀는 폭발이 일어난 건물 옆에 살았다. 아이의 일상생활에 특별한 변화는 없었으나, 폭발이나 공격이 다시 발생할 수 있는 지역에 살고 있었다. 좋은 결말은 자신이 좋아하는 사람들은 아무도 폭발로 다치지 않았다는 것이었고, 아이는 폭발이 있었던 그날 저녁 가족 모두가 저녁을 먹었던 장면을 떠올렸다.

이런 사례들은 좋은 결말을 선택하는 다양한 전략을 보여 준다. 이상적이라면 좋은 결말은 사건의 완전한 해결을 의미한다. 사건의 완전한 해결은 사건 직후에 이루어지기도 하고 한참 지난 후에 이루어지기도 한다. 불행하게도 불가역적인 사건(예, 가족의 사망, 신체의 영구적인 손상)이나 재발 가능한 사건(예, 범죄자나 테러리스트가 자주 출몰하는 지역)처럼 완전한 해결이 불가능할 때도 있다. 그럴 경우 최선의 좋은 결말은 나쁜 사건과 그 영향이 어느 정도라도 끝난 시점과 생활이 가능한 한 정상으로 회복된 시점이 된다.

좋은 결말이란 특정한 사건이 발생한 그 순간에 실제로 경험했던 이미지를 말한다. 좋은 결말을 질문하면 많은 사람은 자신의 어떤 상태를 말한다. 그래서 치료자는 상태를 상징하는 대표적인 이미지를 선택하도록 도와주어야 한다. 예를 들어, 아이가 좋은 결말에 대해 "나는 버스를 타도 무섭지 않아요."라고 말한다면, 치료자는 "그런 상태를 의미하는 장면으로 어떤 것이 있을까? 네가 더는 두려워하지 않는다는 것을 보여 줄 수 있는 행동이 있다면 무엇일까?"라고 물어본다. 또는 아이가 좋은 결말에 대해 "나쁜 기분도 없었고, 난 그 일을 신경 쓰지도 않았어요."라고 말한다면, 치료자는 "네가 기분도 나쁘지 않고 걱정도 하지 않았다면 그때 무엇을 하고 있었니?"라고 물어본다. 중요한 점은 좋은 결말은 어떤 일이 일어나는 이야기 형태가 되어야 한다는 것이다. 그래서 그것은 실제로 일어난 일이어야 하고 시간, 장소, 행위가 포함되어야 한다. 치료자가 좋은 결말을 TV를 보듯 선명하게 시각화할 수 없다면 아직 충분하지 않다는 뜻이다.

각본 예시

다음은 기억 분할하기를 진행하는 대화다.

치료자: 지금부터 사건에 대해 조금만 대화해 보자. 일어난 일에 대한 목록을 만들 정도만 생각하면 충분해. 그 사건에 대해 어떤 기억들이 있을까? 사건을 영화라고 생각할 때, 처음에 기억나는 장면은 무엇이니?

아 이: 차에 타는 장면이에요.

치료자: 그래, 차에 타는 장면이구나. 또 누가 차에 타고 있니?

아 이: 나 말고, 형과 엄마가 있어요. 가게로 가는 길이에요.

치료자: 좋아, 그다음엔 어떤 일이 있었지?

아 이: 가다가 우리 차가 정지 신호를 받고 섰는데, 뒤에 오던 차가 멈추질 않았어요. 그래서 그 차가 우리 차를 받았죠.

치료자: 차를 타고 가다가 정지 신호에서 섰는데 뒤차가 받았구나. 그다음에는 무슨 일이 있었니?

아 이: 구급차가 와서 병원으로 데려갔고, 난 깁스를 하고 붕대를 감은 후에 집으로 왔어요.

치료자: 좋아. 구급차가 와서 병원에 데려갔고 깁스를 하고 붕대를 감은 후에 집으로 왔구나. 그러고 나서는?

아 이: 그다음 날은 결석하고 이틀 뒤부터 학교에 갔어요. 몇 주 후에 깁스를 풀었고요. 그게 다예요.

치료자: 잘했어. 그런데 엄마와 형은 어떻게 되었니? 어떤 일이 있었지?

아 이: 나와 같이 병원에 가서 붕대만 감았어요. 나만큼 다치지는 않았어요.

치료자: 좋아, 그것도 적을게. 깁스를 풀고 난 후에 차 사고와 관계된 다른 일은 더 없었을까?

아 이: 아뇨, 더는 없어요.

치료자: 네가 악몽을 꾸고 차 타는 것을 무서워한 것은 관계없을까? 그래서 네가 여기에 와서 더 강해지고 그런 증상을 해결해서 원래 상태로 돌아오지 않았니?

아 이: 그러네요. 관계 있어요.

치료자: 네가 정상으로 회복되었다는 것을 보여 줄 수 있는 일이 있다면 무엇일까?

아 이: 잠잘 때 불을 켜놓지 않아도 되고, 전부는 아니지만 불안 없이 차 타고 갈 수 있는 곳도 있어요.

치료자: 불안 없이 차로 갈 수 있는 장소는 어디지?

아 이: 엄마와 가게에 갈 때는 괜찮아요.

치료자: 좋아. 이제 사건 기억에 대한 목록을 다 만들었어. 지금부터 내가 하나씩 말할 테니, 0~10점 중에서 각 항목에 해당되는 점수를 매겨 보자. 10점은 가장 기분이 나쁜 것이고 0점은 전혀 기분 나쁘지 않은 거야. 그날 차에 타는 장면을 잠시 떠올릴 때 어떤 느낌이 들지? 그 장면에 대한 느낌은 1~10점 중에 몇 점 정도니?

아 이: 3점 정도 같아요.

치료자: 잘했어. 그럼 정지 신호에서 서는 장면은 몇 점이지?

아 이: 8점이에요.

치료자: 차가 충돌하는 장면은?

아 이: 10점, 10점 이상이에요.

치료자: 그 후에 구급차가 온 장면은?

연습: 기억 분할하기

혼자서 해야 한다면

연습할 수 있는 대상을 구해서 치료자 지침을 보고 따라 한다. 또는 기억 분할하기를 감당할 만한 환자에게 직접 실시해 보거나 그 개입이 필요한 사람에게 실시해도 된다.

아이 역할을 한다면

- 이것은 역할놀이가 아니다. 당신 자신이 실제 아이가 되어야 한다.
- 0~10점 척도에서 6점 이하인 기억(당신의 외상 기억 목록이나 다른 기억 중에서) 중에 오늘 선택하고 싶은 기억을 정한다.
- 각본은 보지 말라. 그것은 치료자를 위한 것이다.
- 당신이 잠시 멈추고 싶거나 말하고 싶지 않을 때 어떻게 해야 할지 알고 있어야 한다. 처음에 동의했더라도 나중에 달라질 수 있다. 자기 자신을 먼저 보호하라.

치료자 역할을 한다면

- 뒤에 제시한 '기억 분할하기' 기록지를 사용하라. 적힌 그대로 읽어야 한다.
- 사건에서 기억나는 장면들을 목록으로 만든다. 자세한 기억은 필요하지 않고, 사건의 중요한 장면이면 된다. 기록지의 빈칸에 각 장면을 기록한다. 여백이 부족하면 뒷면에 기록한다.
- 지금은 목록만 만들려는 것이다. 아이 역할을 하는 분에게 사건과 관련된 생각이나 느낌을 질문해서는 안 된다. 아이 역할을 하는 분에게 각 장면을 자세하게 설명하라고 하지 말라. 그냥 일어난 일을 묻고 기록하고 나서 일어난 일로 넘어가면 된다.

- 목록에 있는 장면들처럼 좋은 결말도 특정한 장면이 되도록 진행하라.
- 목록이 완성되면 각 항목에 대한 SUDS를 파악하라. 각 항목의 끝에 점수를 적는다.
- 연습 중에 표준적인 노출치료까지 진행해도 된다. 어느 경우라도 진정 활동으로 마무리 지어야 한다. '금고에 넣기'를 시도하고(아래에 각본이 제시되어 있다), 아이 역할을 한 분에게 심호흡이나 안전지대 시각화가 추가로 필요한지 고려한다.

금고에 넣기

'금고에 넣기(the container)'는 환자를 안정시킬 수 있는 방법 중 하나다. 이 방법은 (환자가 겉으로는 그렇게 보이지 않더라도) 정서적으로 혼란될 만한 기억을 표현한 후에 사용하면 가장 효과적이다. 금고에 넣기는 환자가 기억을 다시 정리해서 어떤 곳에 보관해 놓았다는 느낌을 가질 수 있게 하려는 방법이다. 아래 제시된 처럼 대화식으로 진행한다. 다음 질문으로 넘어가기 전에 이전 질문에 대해 답할 때까지 기다려야 한다. 환자에게 너무 많은 조언을 해서는 안 된다. 그보다 환자 스스로 떠오르는 이미지를 찾는 것이 더 좋다. 질문은 원하는 방향으로 진행할 수 있도록 신중하게 고안된 것이다.

네가 다시 꺼낼 때까지 어떤 종류의 금고에 그 기억을 보관해 놓고 싶니?

그 금고를 무엇으로 만들고 싶니? 얼마나 크길 원하니? (안전하게 보관하려면) 무엇으로 잠그길 원하니? 그 금고를 어디에 두길 원하니?

지금부터 [그 금고]에 기억을 넣고 잠그는 장면을 상상해 보자. 그리고 모두 완료되면 알려 주렴.

잘되었니? 모든 기억을 금고에 넣은 것 같니?

기억 분할하기

지금부터 사건에 대해 조금만 대화해 보자. 일어난 일에 대한 목록을 만들 정도로만 생각하면 충분해. 그 사건에 대해 어떤 기억들이 있을까? 그 사건을 영화라고 생각할 때, 처음에 기억나는 장면은 무엇이니? 그다음 장면은 무엇이지?

그 사건이 끝나고 지나갔다고 느낀 때는 언제였니? 그때를 상징하는 장면이 있다면?

시간 순으로 기억나는 장면의 목록을 만든다. 좋은 결말이 있는 끝까지 완성한다.

사건 장면	SUDS

잘했어. 이제 사건 기억에 대한 목록을 다 만들었어. 지금부터는 내가 사건을 하나씩 말할 테니 네가 그 장면에 집중할 때 느껴지는 나쁜 느낌이 어느 정도인지 말해 주면 돼. 0~10점 중에서 각 항목에 해당되는 점수를 매겨 보자. 10점은 가장 기분이 나쁜 것이고 0점은 전혀 기분 나쁘지 않은 거야. [첫 장면을] 떠올릴 때 지금 어떤 느낌이 드니? 그 장면에 대한 느낌은 1~10점 중에 몇 점 정도니?

(각 항목 옆에 현재의 SUDS를 적는다. 그리고 [전체 기억이나 선택한 항목에 대해] 노출한 후에 금고에 넣기/진정 활동으로 마무리 짓는다.)

문제 해결

금고에 넣기 방법은 효과가 없을 때도 있다. 당신이 "모든 기억을 금고에 넣은 것 같니?"라고 물었을 때 아이가 "아닌 것 같아요."라고 대답하면 효과가 없다는 뜻이다. 그럴 때 당신은 아이가 더 튼튼한 금고를 만들도록 도와주어야 한다. 예를 들어, "금고에 모든 기억을 넣기 어려운 이유는 무엇일까?"라고 질문을 한다. 그러면 아이는 금고가 너무 작다거나 약하다거나 안전할 것 같지 않다는 등의 답을 한다. 그러면 다시 "금고가 더 튼튼하려면 어떻게 하면 좋을까?"라고 질문한다. 당신의 할 일은 아이 스스로 이미지를 떠올리도록 돕는 것이다. 아이가 금고를 충분히 튼튼하게 만들면 그것을 시각화하도록 한다.

기억을 금고에 넣어 원하는 장소에 두고 나면 아이의 상태를 확인한다. "지금 기분은 어때?" 아직 충분히 이완되지 않았다면 심호흡이나 안전지대를 사용해서 진정시킨다. 그러고는 치료시간 후에 안정된 시간을 보낼 수 있도록 도움이 될 만한 짧은 설명이나 대화를 하고 끝낸다.

토론을 위한 질문

아이 역할과 치료자 역할을 해 본 경험을 서로 대화한다. 아이의 이야기에 개인적인 정서적 반응을 했던 치료자는 얼마나 되는가? 그럴 때 당신은 어떤 반응을 보였고 또 어떻게 해결했는가? 당신에게 더 필요한 것이 있다면 어떤 부분일까? 아이 역할을 한 분이 예상보다 더 높은 SUDS를 말한 항목은 몇 개나 되는가? 이 연습을 통해 당신이 아이를 이해하기 위해 배운 점이 있다면 무엇일까? 아이 역할을 한 분 중에 연습 전보다 기분이 더 나빠진 분은 손을 들어 보기 바란다. 연습 전과 같은 분은? 혹은 더 좋아진 분은?

Chapter 15 노출치료 시도하기

노출할 목표 기억을 선택하면, 당신은 그 기억을 분할(14장 참조.)해서 노출치료를 시도하려고 할 것이다. 당신은 사건에 대한 기억을 한 번에 조금씩, 아니면 전체를 한 번에 노출해야 하는가?

한 번에 조금씩

아이가 한 번에 전체 사건을 모두 처리하기 어렵다고 판단할 때 선택하는 전략이다. 흔히 연령이 어리고 정서적으로 취약할 때 이 전략을 선택한다. 예를 들어, 아직 가장 고통스러운 기억 장면을 처리할 준비가 되지 않았기 때문에 역량을 증진하면서 강도가 약한 다른 장면부터 시작해야 할 때가 있다. 또는 아이가 전체 사건을 떠올릴 정도로 집중력이 강하지 않거나 능력이 부족하다고 판단될 때도 있다. 그럴 때는 아이가 한 번에 조금씩 목표를 잡아 성공 경험을 쌓게 한다.

한 번에 조금씩 노출하려면 기억 분할하기 과정을 거쳐야 한다. 각 기억의 항목을 선택한 후에는 시작할 장면과 처리할 방법을 결정하고 동의를 구한다. 이 전략은 SUDS가 낮은 항목부터 하거나 또는 사건이 발생한 시간 순으로 치료하는 두 가지 방법이 있다.

처리하기 쉬운 순서대로 할 때

아이가 기억을 처리할 준비는 되었지만, 아직 최악의 장면을 직면할 수 없을 때 사용할 수 있는 좋은 전략이다. 첫 노출시간에는 전체 기억이 아니라 시작하기로 선택한 기억 장면에 집중하게 한다. 보통 첫 장면은 '기억 분할하기' 기록지에 있는 하나 이상의 항목을 선택한다. 한 항목의 기억을 처리하면(15장에 자세하게 기술된 노출 과정을 사용해서) 다음 기억 항목으로 넘어간다. 이런 전략을 계속 사용해도 되고, 어느 시점에 한 번에 전체 기억을 처리하기로 변경해도 된다.

어디에서 시작하면 좋을까? 처리하기 가장 쉬운 기억에서 시작하는 것이 한 방법이다. 장면마다 SUDS를 기록한 '기억 분할하기' 기록지에서 선택하면 된다. 개인 코치 전략을 다시 적용해서 한 번에 하나씩 진행하고, 작은 것에서 시작하여 점점 큰 쪽으로 나아간다. 다른 전략은 기억의 가장 마지막 부분에서 시작하는 방법으로, 보통 최악의 순간이 지나가고 얼마간 시간이 지나 좋은 결말로 끝난 기억들을 말한다. 아이들은 이런 장면에 대해서 사건이 진짜 끝나고 지나갔다는 느낌을 가지기 때문에 대부분 잘 견딘다. 또한 최악의 장면을 직면하기 전에 마지막 기억 장면을 처리해 놓는 것이 중요하다. 그렇게 하면 최악의 장면을 직면할 때 이제는 사건이 끝나고 지나갔다는 사실을 더 잘 기억하고 사실로 받아들이기 때문에 치료가 더 순조롭게 진행된다.

사건의 시간 순서대로 할 때

발달을 고려할 때 직접적인 면담보다는 미술, 놀이, 연극 치료가 더 적합한 초등학교 저학년(사춘기 이전) 아이들에게 적합한 전략이다. 이 연령대 아이들을 대상으로 한 상징적 치료법들(예, Gil, 1991; James, 1989 참조)이 다양하게 있지만, 이 장에서는 광범위하게 연구가 진행된 시간 순으로 처리하는 접근법(Deblinger & Heflin, 1996)에 초점을 둔다(Cohen, Deblinger, & Mannarino, 2004).

정신적 외상 사건을 책으로 만들기

이것은 아이와 치료자가 함께 외상 사건을 기록한 책을 만드는 것이다. 대개 '기억 분할하기' 기록지의 한 항목을 한 페이지로 하면 된다. 아이는 페이지마다 그 기억을 가장 잘 상징할 수 있는 그림을 그린다. 아이가 그림을 그리는 동안 치료자는 그림에 나오는 등장인물이 무엇을 하고 있는지, 어떤 생각을 하는지, 어떤 느낌을 갖는지 질문해서 아이의 연상을 돕는 역할을 한다. 아이와 치료자는 페이지마다 (아이들의 언어로) 제목이나 설명을 붙여도 된다. 이 접근법의 장점은 다음과 같다.

- 각각의 기억에 해당되는 행동, 생각, 느낌을 떠올림으로써 소화할 수 있을 정도로 충분하게 그 기억에 몰입하게 된다.
- 그림이란 매체를 사용하기 때문에 기억과 현실 사이에 일정한 거리를 유지시켜 사건을 더 쉽게 직면하고 견딜 수 있다.
- 아이들은 그림 그리기를 좋아해서 열심히 한다. 무언가에 집중하면 불안이 줄어든다.
- 그림 그리기는 그 자체가 기억과 관련된 고통을 상당히 처리하고 표현시키는 방법이다.
- 그림 그리는 시간 동안 기억에 집중하기 때문에 회피를 극복해서 기억을 어느 정도 소화시킬 수 있다.
- 한 번에 기억의 특정 부분에만 집중하기 때문에 과도하게 압도되지 않고 안정감을 유지할 수 있다.

시간 순으로 진행하지만 처리할 준비가 되지 않은 너무 고통스러운 부분은 건너뛰어도 된다. 준비를 갖춘 후에 그 장면을 처리하면 결국 순서대로 처리한 것과 같은 효과가 있다. 아이들은 대개 좋은 결말까지 진행하고 나면 건너뛴 장면을 처리할 준비를 갖추게 된다. 간혹 역량증진 접근법이 추가적으로 필요할 수도 있다.

많은 치료자들은 흔히 인센티브를 주면서 노출을 격려한다. "이번에 마치면 놀이

시간을 줄게."라거나 특정한 과제를 성취하고 나면 상을 주겠다는 약속을 한다. 인센티브는 매우 유용하지만, 너무 큰 인센티브는 아이에게 부담을 주기 때문에 조심해야 한다. 준비 단계를 완료하면 아이는 치료 과정을 이해하고 동기를 가지고 협조하고 대처 기술과 정동 내성을 갖추게 된다. 그런데 특정 준비 단계를 건너뛰는 대가를 인센티브로 사용하면 전혀 도움이 되지 않는다.

마지막으로 책 제목을 정하고 스테이플러로 찍어 책을 완성한다. 그리고 치료자 앞에서 아이가 부모에게 책을 보여 주고 책을 읽는다. 아이들은 자신이 책을 만든 것에 자부심을 느끼고, 부모에게 보여 줄 시간을 고대한다.

아이가 부모에게 책을 보여 주고 읽을 때, 부모도 아이를 자랑스러워하고 기뻐해 주면 좋다. 그러나 아이에게서 처음으로 사건 얘기를 듣는 부모는 흔히 혼란된 자신의 감정을 자제하기에 급급해져서 부모가 자신의 감정조절에만 신경 쓰고 아이에게 관심을 두지 못하는 상황이 된다. 그래서 아이가 부모를 돌봐 주어야 한다고 느끼게 되면 최악의 상황이 된다. 이런 상황을 예방하기 위해 치료자는 부모를 따로 만나 사건을 미리 자세하게 설명해서 부모가 '발표시간' 에 대해 마음 준비를 하도록 도와준다. 부모 면담시간은 부모에게 사건에 대한 부모 자신의 반응을 미리 경험할 기회를 제공한다. 그 후에 책을 보여 주고 읽는 시간에 참석하면 부모는 아이에게 관심을 집중해서 도움을 줄 수 있다.

책을 다 읽고 나면 아이와 부모에게 서로 궁금한 점을 질문하게 한다. 외상 사건에 대한 대화를 통해 부모와 자녀 사이의 유대감과 의사소통은 증가된다. 부모-자녀 대화는 치료의 마지막 단계로 넘어가도록 촉진하고, 부모가 치료자 역할을 일부 담당하게 하는 효과가 있다.

앞으로 전체 기억을 대상으로 하는 노출 기법에 대해 자세하게 설명할 것이다. 그러나 한 번에 기억의 일부를 처리할 때나 시간 순으로 그림 그리기 등과 같은 분할처리를 할 때 동일한 방법을 사용해도 된다.

노출하기 직전

노출 회기로 들어가기 전에 준비할 것이 더 있다. 아이는 치료자가 왜 노출을 원하는지와 노출이 자신의 목표와 어떤 관계가 있는지 충분히 이해하고, 안전하고 보호받고 조절할 수 있다는 느낌에 집중할 수 있는 능력을 갖추고 있어야 한다.

노출 원리 다시 설명하기

아이에게 노출을 해야 하는 이유를 한 번 더 설명한다. 지난 시간에 설명했으니 당연히 알고 있을 거라고 생각해서는 안 된다. 아이들은 외상 기억과 관련된 대화를 두려워하는 경향이 있어 지난번 설명을 쉽게 잊어버린다. 어떤 아이들은 외상 기억의 상기를 두려워하고 증상만 더 악화될 뿐이라고 생각하기도 한다. 당신의 도움을 받아 생활을 잘하고 있는 아이들도 현재 느껴지는 증상이 없기 때문에 외상 기억을 말할 필요가 없다고 생각할 수 있다. 다음은 아이에게 오늘 노출치료를 해야 하는 이유를 설명하는 예다.

> 너는 [학교에서 잘 지내고, 친구를 더 많이 사귀고, 나쁜 꿈을 꾸지 않고, 미래에 좋은 직장을 가지는 것 등의 치료 목표]를 원한다고 했지. 지난번에 목록에 기록한 나쁜 기억들이 네 마음속에 어떻게 스트레스를 쌓게 하고, 어떻게 급소를 만들고, 회복을 방해하는지 내가 설명한 것을 기억할 거야. 그리고 너에게 일어나는 일을 네가 감당할 수 있고 또 더 강해지는 법도 배웠어. 고위험 상황을 피하고 더 안전하게 지낼 수 있는 방법을 배웠고, 더 강해져서 자극 상황을 더 잘 처리하는 연습도 많이 했고, 스트레스를 최소 상태로 유지하는 방법도 배웠지.
>
> 이제는 목록에 있는 나쁜 기억을 한 번에 하나씩 해결하는 순서가 되었단다. 나는 네가 충분히 강해졌기 때문에 지금이 네가 기억을 처리할 수 있는 좋은 시점이라고 생각해. 앞으로 [선택한 기억]에 대해 반복해서 질문을 받게 될 거야. 기억을 떠올리기 힘들 때도 있고 상처받는 느낌이 들 때도 있겠지만 하나만 기억해 주렴. 기억을 떠올릴수록 너는 더 강해지고, 급소는 더 작아지고, 너를 힘들게 하는 기억의 힘은 줄어들게 된다는 것을 말이야.

노출 원리는 아이의 발달 수준과 치료자에 따라 여러 가지로 설명될 수 있다. 예를 들어, '소화' 비유도 좋고, 반복된 기억 직면은 회피를 차단하고 탈감작화시킨다는 설명도 좋다. 노출 원리를 어떻게 설명하든지간에, 가장 중요한 점은 아이의 목표를 달성하려면 노출이 필요하다는 것과 치료의 순서에서 다음 작업이 노출임을 이해시키는 것이다.

노출의 필요성을 다시 설명해도 지금은 '더 이상 아무 문제가 없다.'며 노출을 거부하는 아이들이 간혹 있다. 그때는 부연설명이 필요하다. 일반적으로 남아 있는 증상과 미래의 문제를 중점으로 설명한다. 다음은 그 예다.

> 나도 몇 년 전에는 이 정도면 치료가 다 되었다고 생각했어. 그래서 몇 년 전에 너를 만났다면 나도 "그동안 수고했어."라고 인사하고 치료를 끝냈을 거야. 그런데 그렇게 해 보니 생각지도 못했던 문제가 생기더구나. 생활에 큰 변화가 없는 편안한 시기에는 아이들 대부분이 잘 지냈단다. 그런데 새로운 어떤 사건, 예를 들어 여자친구와의 이별이나 가족의 사망과 같은 일이 생겨 스트레스를 받게 되자 다시 나빠져 과거와 같은 문제가 나타나기 시작했어. 아이들이 몇 달 또는 몇 년 뒤에 다시 치료하러 왔지. 그렇게 된 이유는 외상 기억을 소화시키는 치료를 하지 않았기 때문에 급소가 그대로 남아 있었던 거야. 그래서 어떤 외상 사건이 발생하면 급소가 자극되어 너무 큰 충격을 받게 되었던 거지. 그런 실패를 통해 나도 중요한 것을 배웠어. 그래서 내가 생각날 때마다 너에게 네가 많이 강해졌고 잘 지내고 있지만 급소를 해결해야 한다는 말을 했던 거야. 그렇게 되면 네가 앞으로 어떤 어려운 일이 닥치더라도 견딜 수 있는 힘과 처리할 수 있는 능력을 갖추게 될 거야.

다음은 같은 의미를 전달하는 다른 방식의 설명이다.

치료자: 네가 농구선수인데 코치 선생님이 "연습하지 않으면 시합에 뛸 수 없어. 팔굽혀펴기, 앉았다 일어나기를 연습하고 또 해야 해."라고 명령할 때 연습하기가 진짜 싫다면 어떻게 할 거니?

아 이: 그래도 코치 선생님이 말한 대로 연습할 거예요.

치료자: 왜 그럴까? 너는 연습을 싫어하는데.

아 이: 팀에 계속 남아 있으려면 시키는 대로 해야지요. 그리고 연습을 많이

하면 실력이 좋아져서 팀 우승에 기여할 수도 있고요.

치료자: 나도 그렇게 생각해. 농구대회에 나가서 지금까지의 시합은 모두 이겼어. 그런데 코치 선생님이 "앞으로는 연습을 더 할 거야. 더 많이 연습하고 더 열심히 해야 해."라고 말해. 코치 선생님이 왜 그런 얘기를 한다고 생각하니? 지금까지 모든 게임을 다 이겼는데.

아 이: 왜 그렇죠?

치료자: 코치 선생님은 최종 우승을 원하기 때문이 아닐까? 결승전에 올라올 팀은 어떤 팀일까?

아 이: 모든 게임을 다 이기고 올라온 강한 팀이겠군요!

치료자: 맞아. 그런데도 너는 코치 선생님에게 "말도 안 돼요. 지금까지 다 이겼는데, 왜 연습을 더 해야 한단 말이에요."라고 말할 거니?

아 이: 나도 우승하고 싶으니 그렇게 안 할 거예요.

치료자: 그렇지? 그것이 내가 말하고 싶은 말이야. 지금까지 함께 많은 노력을 해서 더 안전하고 더 강해지고 문제를 더 잘 처리하고 모든 것이 잘 진행되었어. 이제 너는 강하고 잘 지내고 있고. 내 말이 맞니?

아 이: 맞아요. 지금은 더 이상 문제가 없어요.

치료자: 지금 너는 경기를 계속 우승한 팀과 같지만, 문제는 결승전을 앞두고 있는 상태야. 네가 오늘 경기까지만 우승하길 원한다면, 나는 그만하면 충분하니 연습하지 말고 몸관리만 잘하라고 할 거야. 그렇지만 나는 네가 내일 경기도 이겼으면 좋겠어. 네가 최종 우승 팀이 되기를 바라거든. 네가 원하는 목표가 무엇인지 다시 한 번 생각해 보렴. 고등학교를 졸업하고 무역학을 전공해서 좋은 직장을 가지고 가정을 이루고 싶다고 했지?

아 이: 예.

치료자: 아마도 언젠가는 큰 어려움이 너에게 닥칠 수 있어. 사랑하는 여자친구와 헤어지거나, 직장을 잃거나, 가족 중 누군가가 사망하는 등과 같은 일이 생기게 되겠지. 살다 보면 그런 일이 생길 수밖에 없잖니.

아 이: 그렇겠지요.

치료자: 너는 강하고 잘 지내게 되었으니, 이제 순서에 따라 큰 문제를 해결할

시간이 되었어. 지금보다 더 강해지면 급소는 더 작아지고, 앞으로 어떤 어려움을 만나더라도 처리할 수 있는 능력을 가지게 될 거야. 그렇게 되면 네가 목표를 달성할 수 있는 기회가 더 많아질 거야.

만약 이런 설명에 불구하고 아이가 계속 노출을 거부한다면 아이에게 직접 어느 정도까지 감당할 수 있는지 물어본다. 그러고는 아이가 말한 기억보다 조금 더 낮은(SUDS가 더 낮은) 기억을 선택해서 시작하자는 제안을 한다. 즉, 외상 해결이 필요하다는 의견을 유지한 채 신중하게 아이가 받아들일 수 있는 방법을 제안하는 것이다.

치료자: 나는 노출하는 것이 너에게 도움이 된다고 생각하지만, 실제로 많은 아이들은 생각하기 싫은 기억을 진짜 말해야 할지 어떨지 결정하기 힘들어 해. 어떤 아이들은 감당하지 못할 정도로 힘들 거라고 생각하고, 다른 아이들은 치료 후에 기억을 떠올려도 마음이 편안할 수 있다는 것을 믿기 어려워하지. 혹시 노출에 대한 어떤 걱정이 있는 것은 아니니?

아 이: 나쁜 기억을 말하는 것이 무슨 도움이 되는지 잘 모르겠어요. 괜히 나쁜 기억만 더 나고 괴롭기만 할 것 같아요.

치료자: 그런 생각도 당연히 들 거야. 지금까지는 잘해 왔지만 이번에는 자신을 못한다는 말이구나.

아 이: 예, 그런 뜻이에요. 선생님의 의견에 반대하는 것이 아니고 잘될지 자신이 없어요.

치료자: 그래. 너에게 도움이 되지 않는다면 당연히 해서도 안 되겠지. 그렇지만 성공한다면 큰 성취감을 느끼게 될 거야. 다른 방법을 한번 시도해 보자. 너무 크지 않은 나쁜 기억을 하나 찾아볼래? 최근 며칠 동안 있었던 일 중에서 너무 큰일이 아닌, 힘든 느낌이 약간 들었던 사건을 말하는 거야. 그건 네가 수영해도 좋을지 확인하려고 발가락을 수영장에 한 번 넣어 보는 정도의 고민을 말해. 무슨 뜻인지 알겠니?

역량 자원 상기시키기

외상 기억을 말하는 힘든 과정으로 들어가기 전에 아이에게 강해진 느낌과 안전감을 줄 수 있는 자원을 한 번 더 상기시킬 필요가 있다. 아이에게 목표들을 한 번 더 생각해 보고 목표를 달성하기 위해 지금까지 노력했던 성공 경험을 떠올리게 한다. 이렇게 하는 근거는 앞에서 설명했다. 또 다른 방법은 신체 역량을 강조하는 것인데, 특히 어린아이들에게 도움이 된다. 치료자는 "오늘은 팔굽혀펴기를 몇 개나 할 수 있는지 한번 볼까?" 라고 물어보고, 마치고 나면 "잘하는구나. 사건을 얘기해도 될 만큼 강해졌구나." 라고 말한다.

일부 치료자들은 외상 기억의 직면을 지지해 줄 수 있는 역량, 애착, 안전성, 기타 자원을 상징하는 '지지자' 를 활용한다. 지지자는 EMDR 치료에서 아이들의 외상을 처리할 때 사용하는 중요한 요소이며, 각 자원에 적합한 지지자를 개발하는 방법도 있다(Greenwald, 1999). 보통 지지자는 장난감, 상상 속의 무기, 대중매체에 나오는 주인공이나 판타지 인물들, 가족이나 아이가 개인적으로 친한 사람 등 누구라도 가능하다. 이 단계가 되면 치료자가 아이를 충분히 파악하고 있기 때문에 "선생님과 얘기하는 동안 이 [장난감] 칼을 누구에게 맡겨 놓으면 좋을까?" 또는 "아빠가 옆에 있다고 생각하면 도움이 되겠니?" 라고 물어본다.

지지자를 치료에 활용하다 보면 아이들은 흔히 지지자를 이야기 속에 끌어들인다. 그래서 아이들은 실제로 있었던 이야기 대신에 지지자의 도움을 받아 그렇게 되었기를 원하는 내용을 말한다. 그렇더라도 걱정 말고 계속 진행하면 된다. 아이들은 흔히 자신이 '바라는' 내용을 몇 번 정도 말할 때가 있고, 그런 방법을 통해 더 고통스러운 장면을 말할 수 있는 힘을 얻기 때문이다. 그러나 아이가 계속 상상하는 내용을 말하면 치료자가 다음 단계로 넘어갈 수 있게 도와준다. 예를 들어, "지금부터는 아빠가 이곳에 함께 있다고 생각하면서 실제로 있었던 일을 얘기해 볼까?" 라고 말한다.

중단하는 방법 연습하기

지금까지 아이가 말하고 싶지 않을 때 어떻게 하면 되는지 여러 번 설명했다. 그러나 민감한 기억을 건드릴 때는 아이들에게 다시 한 번 중단하는 방법을 알려 주어야 한다. 내리막이 있으면 브레이크를 점검하듯이, 노출을 하기 전에 "앞에 매우 가파른 내리막이 있어. 브레이크를 밟는 연습을 해 보자!" 라고 한다. 다음은 중단을 연습하는 방법이다.

치료자: 치료 중에 너무 힘들면 잠시 중단해야 될 때도 있어. 중단한다고 해서 네가 그 기억을 처리하지 못한다는 말은 아니고, 단지 휴식이 좀 필요하다는 뜻이야. 중단하고 싶을 때 너는 어떻게 하면 되지?

아 이: 중단하고 싶다고 말하면 되나요?

치료자: 좋은 방법이구나. 지금 바로 연습해 보자. 내가 무슨 얘기를 할 테니 내 말을 끊고 중단하고 싶다고 하면 돼. 어쩌고저쩌고, 이러쿵저러쿵.

아 이: 그만! 중단하고 싶어요.

치료자: 잘했어. 그렇게 하면 돼. 이번엔 말로 하지 않고 중단하는 방법을 가르쳐 줄게. 몇 번 연습했던 안전지대를 기억하지?

아 이: 예.

치료자: 오늘 아침에 무엇을 먹었니?

아 이: 시리얼을 먹었어요.

치료자: 그 장면에서부터 시작하자. 아침을 먹는 장면에 집중하다가 내가 "바꿔."라고 말하면 최고로 빨리 안전지대로 가 보는 거야. 안전지대로 갔으면 나에게 말해 주면 돼. 자, 그럼 아침식사를 생각하고…… . 바꿔.

아 이: 안전지대를 생각하고 있어요.

치료자: 잘했어. 어제 저녁에는 뭘 먹었니?

아 이: 닭고기와 토마토를 먹었어요.

치료자: 이제 닭고기와 토마토를 생각해 보자…… . 바꿔.

아 이: 안전지대를 생각하고 있어요.

치료자: 굉장히 빠르구나. 아주 잘하는데? 더 연습해 볼까?

아 이: 괜찮아요. 잘할 수 있을 것 같아요.

치료자: 잠시 중단이 필요하면 언제라도 너 스스로 안전지대로 옮겨 가면 돼. 나에게 말하지 않아도 괜찮아.

말하고 싶지 않을 때 말하고 싶지 않다고 하면 된다는 첫 번째 '규칙' 과 함께, 브레이크를 밟는 새로운 방법을 교육한다. 새 방법은 아직 익숙지 않지만 계속 사용하다 보면 브레이크의 효과를 직접 느낄 수 있는 좋은 방법이라고 설명한다. 아이들은 스스로 조절할 수 있다고 느낄 때 노출과 같은 힘든 과제를 시도하려는 동기를 가지게 된다.

노출 절차

다음은 노출로 들어가기 전에 초등학교 고학년 이상 아동 · 청소년에게 해야 할 설명이다.

노출 지시 사항

1. 사건을 처음부터 끝까지 말한다.
2. 사건이 지금 현재 일어나고 있는 것처럼 현재형으로 말한다.

3. 사건의 내용을 말하고 관련된 생각과 느낌도 말한다.
4. 한 번씩 치료자가 궁금하거나 아이가 잘하고 있는지 확인하기 위해 질문을 한다.
5. 끝나면 같은 과정을 몇 번 반복한다. 이를 통해 아이는 더 강하게 될 것이다.

아이는 외상 기억을 말하면서 이런 지시 사항을 정확하게 따르지 못할 때도 있다. 그래도 괜찮다. 단지 절차상의 문제일 뿐이다. 앞으로 몇 번의 치료시간 동안 계속 이런 과정을 반복할 것이다. 당신의 목표는 ① 아이가 조금이라도 진전해서 기억의 일부라도 소화시키고, ② 개에게 다시 물리지 않도록 아이가 압도되는 경험을 하지 않게 하는 것이다. 당신이 두 가지 목표를 잘 지킨다면 아이는 자기 방식대로 솔직하게 말하게 될 것이다.

한 번 끝나면 지시 사항을 다시 말해 주고 다시 시작하게 한다. 두 번째 말할 때는 내용에 달라진 부분이 있을 수 있다. 더 상세하게 말하거나 감정이 더 많이 섞이는 부분이 나타난다. 이것은 처리가 잘 진행되고 있다는 신호다. 이런 신호가 있다면 잘 진행되고 있다고 믿어도 된다. 질문으로 아이를 방해하지 말고 계속 말하도록 그대로 두기 바란다. 노출 기법을 믿고 기다리면 변화는 저절로 따라온다.

당신의 역할은 균형을 지키고, 아이가 기억을 감당할 정도로 강하다는 느낌을 유지하게 하고, 처리할 필요가 있는 적절한 기억을 제시하는 것이다. 너무 크면 아이는 압도당하고, 너무 약하면 소화할 것이 전혀 없다. 치료 중에 어떤 변화라도 있다면 치료자는 옆에서 지켜보는 것으로 충분하다. 노출치료 시에는 치료자가 지켜야 할 몇 가지 전략이 있다.

간략한 사건 내용에서 시작하기

감정이 많이 드러나지 않거나 사건을 자세하게 말하지 않아도 괜찮다. 지난 시간에 기억을 분할해서 '목록화' 한 것도 같은 이유다. 특히 노출의 초기에는 피상적인 설명을 해도 그대로 둔다. 아이는 이야기의 대략적인 구조를 파악하고 나면 다시 상세하게 재구성할 것이다. 기억이란 원래 기억 조각들이 무질서하게 있는 혼란 덩어리다. 아이는 이야기를 순서대로 재조정하고 구조를 만드는 과정을 거치면서 차츰 안정되고 정돈되는 느낌을 가진다. 특히 아이가 최악의 장면 뒤에 좋은 결말이 기다리고 있다는 것을 느끼고 알게 되면 안정감을 유지한 채 최악의 장면과 관련된 강한 감정을 처리할 수 있다.

허용하고 가만히 두기

사건을 말하는 동안 현재형에서 갑자기 과거형으로 돌아갈 때도 있다. 무슨 의미일까? 마음속에서 어떤 변화가 있었을까? 상당히 고통스러운 기억이 떠올라 거리를 더 두려는 뜻일 것이다. 생각과 느낌을 자세하게 얘기하다 갑자기 어느 부분은 대충 빨리 넘어갈 때도 있다. 이 역시 고통을 회피하려는 전략이다. 아이 나름대로 특정 기억과 관련된 고통을 조정한다는 뜻이기 때문에 치료자는 좋은 의미로 받아들여야 한다. 당신의 수고를 덜 수 있다! 특히 초기에 이런 현상이 나타나면 허용하고 가만히 둔다. 아이가 말하는 것을 경청하고 지켜보면 된다. 아이가 더 강해지면 점점 더 깊게 탐색하려고 할 것이다.

반복하기

이야기를 마치면 다시 한 번 앞에 열거한 1~3번 지시 사항을 문장 그대로 말해준다. 아이들은 지시 사항을 다시 말해 주기만 해도 스스로 문제를 파악한다. 예를 들어, "과거형으로 말했군요. 알았어요. 나는 걷고 있어요……."라고 수정한다. 그것만으로 충분하고 당신이 따로 수정을 할 필요가 없다. 이야기를 마치고 나면 지시 사항을 다시 말해 준다. 이제는 짧게 "잘했어. 다시 한 번 처음부터 끝까지 현재형으로 떠오르는 생각과 느낌을 같이 말하면 돼."라고 설명한다.

아이는 이야기를 많이 했다고 생각할지 모른다. 벌써 몇 번이나 말하지 않았는가! 흥미로운 부분이 드러나도 좋고, 전혀 달라지지 않아도 괜찮다. 당신의 감정도 이전과 똑같을지 모른다! 하여튼 아이에게 이야기를 다시 하라고 한다. 그리고 다시, 한 번 더, 다시 한 번 더. 결과적으로 매번 새로운 변화가 일어나게 될 것이다.

내가 계속 반복하다 보면 진전이 있다고 아무리 강조해도, 치료를 하다 보면 의심이 들고 확신하기 어려운 마음이 들 것이다. 나도 이유는 모르지만, 누구나 그렇기 때문에 당신도 그럴 것이라고 예상한다. 이야기를 반복하는 행위의 진정한 가치를 당신이 진심으로 믿지 않는다면, 아이가 멈추고 싶다고 할 때 계속 반복해야 한다고 아이를 설득하기가 어렵다. 당신 자신이 특정 기억을 완전히 처리할 때까지 계속 반복해 보는 환자로서의 경험이 필요하다. 물론 치료자로서 연습과 경험을 통해 노출 기법에 익숙해지는 것도 필요하다. 또한 외상 치료 전문가의 지도감독을 받을 수 있다면 이상적일 것이다.

관찰하기

나는 당신에게 반복해서 이 과정을 믿고 그냥 아이 옆에 있어 주라고 설명해 왔다. 이제 당신이 뛰어들 때가 되었다. 아이를 관찰하기 위해 한 번씩 치료자가 확인을 위해 질문할 수도 있다는 지시 사항을 기억하라. 이는 관찰할 시점을 위해 항목에 포함되었다.

아이가 이야기에 집중은 해도 압도당해서는 안 된다. 당신은 치료가 잘 진행되고 있는지, 위험한 상황인지, 또는 회피를 하고 있는지 어떻게 알 수 있을까? 관찰을

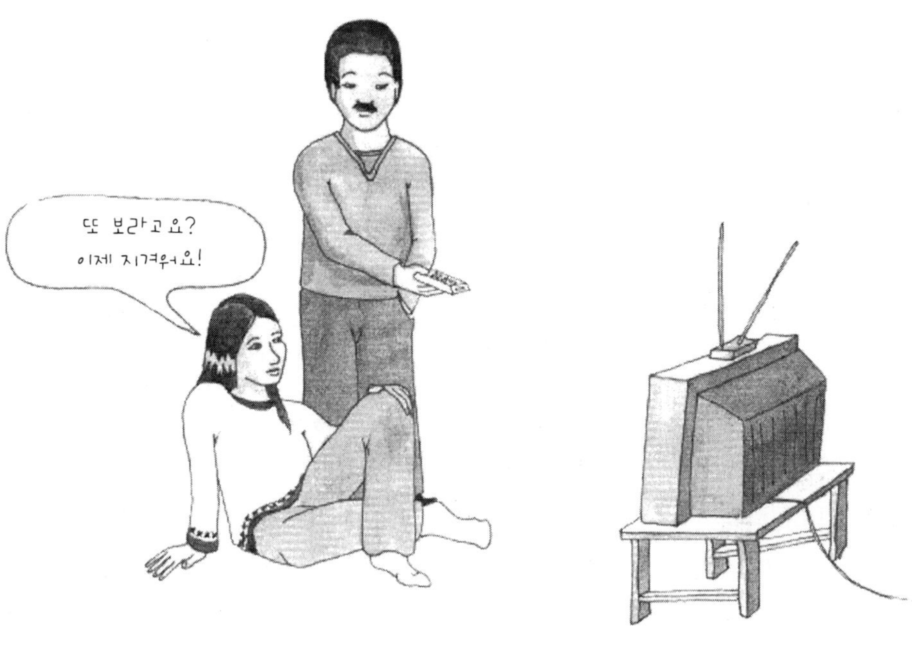

통해 알 수 있고, 필요하면 질문을 해서 파악한다.

- 노출이 너무 강하다면? 아이가 거리감을 더 유지해서 안정을 찾도록 도와준다. SUDS를 질문해서 괜찮은지 또는 압도되는 감정인지 확인한다. SUDS는 아주 높지만 잘 견디는 아이들도 있다는 것을 알고 있어야 한다. 필요하면 심호흡이나 짧은 휴식을 하거나 또는 너무 힘든 기억은 그대로 두고 쉬운 기억으로 넘어가게 한다.
- 노출이 너무 약하다면? 현재형으로 좀 더 자세하게 말하고 떠오르는 생각과 느낌까지 표현하라고 부드럽게 격려한다. 아이들은 기억에 대한 과도한 집중을 회피할 수밖에 없는 이유가 있기 때문에 너무 강압적으로 요구해서는 안 된다. 당신의 임상적 판단을 따르도록 하라. 격려를 해서 처리할 수 있다고 판단하면 좀 더 요구해서 계속 진행시켜라.

연습: 노출 실습하기

아이 역할을 한다면

- 이것은 역할놀이가 아니다. 당신 자신이 실제 아이가 되어야 한다.
- 0~10점 척도 중에서 6점 이하에 속하고 지금 말해도 좋은 기억(당신의 외상 기억 목록이나 다른 기억 중에서)을 선택한다. 만약 기억 분할하기 연습을 했다면 그때 선택한 기억을 계속 사용해도 된다.
- 각본은 치료자용이니 보지 말라.
- 중단하고 싶거나 말하고 싶지 않은 부분이 있을 때 어떻게 하면 되는지 기억하라. 처음에 동의했더라도 중간에 달라질 수 있다. 당신 자신을 먼저 보호하기 바란다.

치료자 역할을 한다면

- 아이 역할을 하는 분이 사건을 말할 때 좋은 결말이 구체적인 장면이 되도록 도와주어야 한다.
- 아래 제시된 노출 지시 사항 중 1~5번을 적힌 그대로 말해 준다.
- 당신의 역할은 최대한 줄이고, 아이 역할을 하는 분이 말하는 대로 가만히 둔다. 자세한 질문이나 현재형을 사용하라고 지시하거나 생각 또는 느낌을 물어서는 안 된다. 당신의 통찰이나 해석을 말해서도 안 된다. 단지 옆에 있어 주고, 아이 역할을 하는 분이 이야기를 하도록 가만히 두라.
- 이야기가 결국은 좋은 결말로 끝날 것임을 확신하라.
- 다시 한 번 1~3번 지시 사항을 적힌 그대로 읽어 주고, 아이 역할을 하는 분이 이야기를 다시 하도록 한다.
- 시간이 허락하고, 아이 역할을 하는 분이 견딜 수 있는 한 이런 과정을 여러 차례 반복한다.
- 노출 연습을 마무리할 때는 기억을 저장하는 '금고' 를 사용한다. 그다음에 아이 역할을 하는 분이 원한다면 심호흡을 몇 번 하거나 안전지대 시각화를 해도 된다.

노출 지시 사항

1. 사건을 처음부터 끝까지 말한다.
2. 사건이 지금 현재 일어나고 있는 것처럼 현재형으로 말한다.
3. 사건의 내용을 말하고 관련된 생각과 느낌도 말한다.
4. 한 번씩 치료자가 궁금하거나 아이가 잘하고 있는지 확인하기 위해 질문을 한다.
5. 끝나면 같은 과정을 몇 번 반복한다. 이를 통해 아이는 더 강하게 될 것이다.

토론을 위한 질문

- 아이 역할을 한 분들이 소감과 경험을 말한다.
- SUDS가 처음보다 올라간 분은 몇 분인가?
- 치료 전보다 더 나빠졌다고 생각하는 분은? 똑같다고 생각하는 분은? 혹은 더 좋아졌다고 생각하는 분은?
- 치료자 역할을 한 분들도 서로 소감과 경험을 말한다.
- 추가적인 설명이나 개입을 자제하기 힘들었던 분은?
- 아이 역할을 한 분 중에 치료자가 세심하고 신중하게 대해 주었다고 느낀 분은? 치료자의 어떤 점 때문에 그런 느낌을 받았을까?
- 치료자 역할을 하면서 개인적인 정서적 반응을 느낀 분은? 그런 감정을 어떻게 조절했는가? 지금은 어떤 느낌이 드는가? 자신을 보호하기 위해 다른 도움이 필요하지는 않은가?

노출을 위한 목표 기억 선택하기

워크숍과 실제 치료는 다르다. 워크숍은 참여를 원하는 사람들의 모임이고 원하는 기억을 선택할 수 있다는 특징이 있다. 실제 치료라면, "오늘은 어떤 기억을 선택해서 치료하고 싶니?"라고 물을 수 없다. 그것은 전문가로서의 책임감을 포기하는 것과 같다. 의사가 환자에게 "오늘은 어떤 검사를 하고 싶죠?"라거나 "오늘은 어떤 치료나 약을 원하나요?"라고 묻는 것과 같다.

당신은 전문적인 수련과 지식을 습득한 전문가다. 그래서 사례 요약을 하고 치료 계획을 수립하는 것은 당신의 역할이다. 노출할 순서를 정하는 것도 환자와 상의는 하지만 결정은 당신의 몫이다. 환자는 치료 진행 과정이나 기억을 선택하는 방법에 대해서 모른다. 그것은 당신의 일이다.

이런 설명을 하는 이유는 다음과 같다. 첫째, 워크숍에서 실습을 하면 실제 치료에서 그 기법을 더 편하게 적용할 수 있다. 그렇지만 워크숍과 실제 치료의 차이점은 분명히 알고 있어야 한다. 둘째, 상당히 많은 치료자들이 환자가 말하고 싶은 대로 가만히 두는 것이 좋은 치료라는 수련을 받았기 때문에 워크숍의 실습 내용이 당신의 실제 치료와 비슷하다고 생각할 수 있다. 그러나 외상 치료자는 환자의 현재 관심사를 고려하고 필요하면 치료에 포함시키지만 환자를 따라가기만 해서는 안 된다. 외상 치료자는 환자가 신중하게 고안된 일련의 과제를 따라오도록 인도해야 한다. 그런 구조화된 방식을 통해 환자는 더 안전하고 강해진 느낌이 들고, 외상 기억을 소화하며, 미래의 문제를 대비할 수 있게 된다.

노출이 충분하게 되었다고 판단할 시점은?

이미 충분하게 노출되었을까? 선택한 기억이 충분하게 노출되었다는 것은 어떻게 알 수 있을까? 이 질문에 대한 정답—외상 해결 기법에 따라 다를 수 있지만—은 없지만 판단에 도움이 되는 유용한 지침은 다음과 같다.

더 이상 변화가 없을 때

이야기를 계속 똑같이 말하면 충분히 노출이 이루어졌을 가능성이 크다. (아이가 처음으로 지루하다는 불평을 할 때, 치료자는 "잘했어. 누구나 그런 과정을 거쳐. 지루하다는 느낌은 나쁜 기억의 힘이 줄어들고 있다는 뜻이야. 자, 한 번 더 이야기해 보자." 라고 말한다.) 보통 새로운 정보가 전혀 없고, 정서적인 문제도 해결되었고, 환자가 처음부터 끝까지 편안하게 말할 때를 말한다.

비합리적이고 부정적인 자기 진술이 사라질 때

처리되지 않은 기억 속에는 흔히 '내 잘못이다.' '나는 나쁘다.' '나는 안전하지 않다.' 는 등과 같은 자신에 대한 부정적인 믿음이 있다. 이런 자기 진술은 환자를 괴롭히는 믿음으로 급소의 일부를 구성한다. 환자가 기억을 완전히 소화하면 기억과 기억 속에 있는 자기 진술에 대해 더 건강한 시각을 가지게 된다. 그렇게 되면 환자는 '나는 최선을 다했다.' '이제는 안전하다.' '나는 그 경험을 통해 배웠다.' 등의 자기 진술을 하게 될 것이다.

SUDS가 내려갔을 때

(EMDR 치료 중이 아니라면) SUDS를 0 수준까지 낮출 필요는 없다. 노출치료 후에는 며칠이나 몇 주 뒤까지 SUDS가 약간 낮아지거나 중등도 수준에 머물 수 있다. 지칠 때까지, 끝까지 기억을 노출했고 다른 기준도 만족한다면 그것으로 충분하다. 그러나 기억의 특정 부분이 아직 고통스럽게 느껴진다면 치료가 더 필요하다.

증상이 감소했을 때

외상 목록에 있는 기억 하나를 노출 중이라면, 다른 많은 기억들이 증상을 유지시키는 역할을 하기 때문에 증상 호전이 빨리 나타나지 않을 가능성이 크다. 그러나 주된 외상기억을 노출하고 있다면 며칠이나 몇 주 내에 증상이 감소될 가능성이 크다. 흔히 외상후 스트레스와 관련된 증상들인 악몽, 야뇨 증상, 침입적인 이미지가 빨리 소실되지만, 다른 증상들도 동시에 감소될 수 있다.

SUDS는 3점보다 낮으면 이상적이지만 더 낮을수록 좋다. 아이가 더 강해지고, 조절할 수 있다는 느낌이 들고, 외상 이야기를 지루해하면 마칠 때가 되었다는 뜻이다.

노출 후 치료 회기

당신이 외상 해결 단계에서 노출을 시도하고 있다면 노출을 시도한 그다음 치료 시간에 해야 할 특별한 과정이 있다.

규칙적인 평가

각 회기는 정규적인 평가로 시작해야 하는데, 그 이유는 다음과 같다. 평가는 치료 구성의 일부분이고 치료 과정을 예측 가능하게 하는 역할을 한다. 또한 그동안 있었던 일을 파악해서 위기나 응급 문제를 빨리 파악해서 처리할 수 있다. 정해진 순서대로 나아가기만 하다 보면 당신이 미처 파악하지 못한 문제 때문에 환자가 치료에 집중할 수 없는 일이 발생할 수 있다. 평가는 지난번 치료에 대한 아이의 반응을 확인할 수 있다는 장점도 있다.

지난번 선택한 기억에 대해 질문한다

당신은 지난번 치료가 환자에게 어떤 효과가 있었는지 파악하고, 선택했던 기억에 대한 현재 상태를 확인하고 싶을 것이다. 이에 치료자는 "지난주에 그 사건을 말하고 나서 그동안 그 기억이 더 많이 났니, 더 적게 났니, 또는 평소와 비슷한 정도로 생각났니? 지금은 0~10점 사이에서 몇 점 정도에 해당될까?"라고 묻는다. 노출을 하고 나면 일시적으로 평소보다 사건이 더 많이 떠오르는 경우도 흔하고, 시간이 흐르면서 더 안정되기 때문에 그대로 두면 된다. 노출 이후에 기억이 악화되거나 좋아지거나 또는 똑같더라도 놀랄 필요는 없다. 모두 다 정상적인 처리 과정이기 때문이다.

지난번 선택한 기억에 대한 치료를 마무리한다

지난번 선택한 기억이 아직 해결되지 않았다면 그에 대한 치료를 계속한다. 차단 믿음이 치료의 방해물이어서 해결해야 하는가? 해결해야 할 급소가 남아 있는가? 또는 그 사건을 몇 번 더 이야기하면 해결되겠는가?

다음 기억을 노출시킨다

지난번 선택한 기억을 완전하게 소화했다면 나머지 기억들로 넘어간다. 노출할 다음 기억을 선택해서 같은 방법을 시도한다. 노출을 통해 기억을 처리한 성공 경험이 있기 때문에 환자는 더 강해지고 숙달되어 더 큰 기억도 처리할 수 있다.

외상 해결 단계는 모든 외상/상실 기억을 처리해서 더 이상 고통이 없을 때까지 계속한다.

Chapter 16

노출치료 중의 문제 해결

노출은 많은 연습이 필요하며, 단순하게 보이지만 실제로는 매우 복잡하다. 지도감독을 받지 않으면 노출을 잘 하기 어렵고 이 책에 있는 지침을 충분히 활용하기도 쉽지 않다. 노출 시 언제 어떻게 개입하느냐 하는 결정은 임상적 판단에 달렸다. 부단한 연습과 지도감독을 통해 개입할 시점을 결정하는 능력을 습득할 수 있다.

15장에 제시된 기본 원리와 절차를 따르면 치료는 대개 문제없이 진행될 것이다. 그러나 잘 진행되지 않고 난관에 봉착하는 경우도 있을 수 있다. 이 장에서는 노출 시 흔히 만날 수 있는 전형적인 문제들을 해결하는 방법에 대해 설명할 것이다. 이런 전형적인 문제들도 사실은 동일한 기본적인 문제, 즉 특정 기억을 처리하기 어렵다는 것과 관련된 문제들이다. 다만 특정 기억을 처리하기 힘든 이유가 매우 다양하기 때문에 매번 문제 해결 전략을 달리해야 한다는 것이 어려운 점이다.

노출이 잘 진행된다는 것은 이야기 내용에 변화가 많이 일어나고 끝까지 말한다는 것이어서, 치료자는 단지 지시 사항을 반복해서 말하고 이야기를 다시 하라고 하면 된다. 만약 치료자가 노출이 잘 되는지 궁금하다면 이야기를 한 번 끝냈을 때 질문해서 확인한다. 그러나 고통스러운 기억 장면을 떠올리게 하는 날카롭거나 침입적인 질문을 해도 좋다는 뜻은 아니다! 질문의 목적은 환자가 계속 성과 있는 치료 경과 중에 있는지와 문제점이 무엇인지 파악하려는 것이다. 문제를 파악하는 것은 특정 문제를 해결할 수 있는 최선의 개입을 하는 길이다.

문제: 이야기의 특정 부분을 특히 힘들어할 때

전체적으로 이야기를 잘하고 쉽게 표현하지만 특정 기억(또는 몇몇 부분)만 문제가 될 때가 종종 있다. 대부분의 기억은 부담이 없고 변화도 없지만 특정 기억만 말하기 힘들어 할 때가 있다.

이런 문제가 있다는 신호

- 기억의 한두 부분이 나머지에 비해 매우 힘들게 느껴진다.
- 다시 이야기를 해도 힘든 그 부분에 아무런 변화가 없다.
- 치료자의 마음속에 특정 부분을 해결해야 될 것 같은 생각이 든다(이것이 가장 중요한 신호다!).

이야기를 마쳤을 때 필요한 질문

- 이번에는 어땠니? 가장 힘들게 느껴진 부분은 무엇이었지?
- 지금 생각해 볼 때 가장 힘들게 느껴지는 기억은 무엇이니? 지금 그 장면을 생각하면 그것은 0~10점 사이에서 몇 점 정도에 해당할까?

개입 전략

- '생생한 상처 부분' 을 처리해야 한다. 생생한 상처를 포함한 주변 기억—대개 그 기억의 바로 앞과 뒷부분까지—을 노출한다. 그 기억을 반복해서 노출하고, 나머지 기억은 잠시 그대로 둔다.

- 생생한 상처에 어떤 변화가 있다면 다시 전체 기억을 노출한다. 잘 진행되기를 기대하면서 말이다.
- 필요하면 생생한 상처만을 다시 노출하고, 다른 상처도 있다면 그 부분에도 적용한다.

문제: 환자가 압도된 듯 보일 때

환자가 압도되는 느낌을 받으면 어떤 것도 소화시킬 수 없다. 게다가 노출 자체가 새로운 외상이 될 가능성이 크다. 대개 이런 이유로 많은 환자들이 치료한 지 며칠 되지 않아 치료를 중단한다. 이 문제를 빨리 파악해서 어느 정도 성공 경험을 얻을 수 있는 중간 단계까지 진행하면 탈락률을 줄일 수 있다. 그러나 이런 균형을 유지하는 조절은 간단치 않다. 왜냐하면 당신은 환자에게 고통스러운 사건을 이야기하고, 그것도 현재형으로 생각과 감정까지 자세하게 말하라는 요구를 하는 입장이기 때문이다. 어느 정도의 고통과 눈물을 예상해야 한다! 게다가 당신은 환자가 개에게 다시 물리는 일이 없도록 스스로 처리하고 소화시킬 수 있는 것만을 직면하기

다시 물릴 것 같아 불안하니?

를 기대하는 입장이다. 그래서 환자의 상태를 민감하게 지켜보고, 한 번에 너무 크게 물리지 않도록 환자를 보호하고 노력해야 한다.

이런 문제가 있다는 신호

- 고통의 표현: 아이가 나쁜 느낌이 들거나 힘들다고 말한다.
- 신체 언어: 심하게 울거나, 눈물을 흘리거나, 호흡 또는 자세가 바뀌는 것 등이다. 또한 안절부절못하거나 초조해한다.
- 과거형으로의 전환: 현재형에서 과거형으로 바뀌는 것은 거리를 두려는 전략이다. 순조롭게 진행되는 노출에서도 자주 나타나는 현상이기 때문에 모두 문제로 볼 필요는 없다. 그렇지만 환자가 한 발짝 물러서려는 신호임은 틀림없다. 전체 흐름을 고려해서 해결이 필요한 문제인지 아닌지를 판단해야 한다.
- 피상적인 설명으로의 전환: 잘 진행되는 노출에서도 흔히 피상적인 표현이 나오기 때문에 항상 문제인 것은 아니다. 많은 아이들은 초기 몇 회는 대개 상당히 피상적으로 표현한다. 그러다가 얼마 지나 자세한 내용을 말하게 되고, 처리가 어느 정도 진행되고 나면 세세한 부분에 관심이 없어지면서 다시 피상적인 흐름이 나타난다. 그러나 아이가 자세하게 얘기하다가 특정 부분만 피상적으로 설명하고 넘어간다면 회피 전략을 사용하고 있다는 뜻이다. 진전이 있다면 항상 문제가 되는 것은 아니지만 고려할 필요는 있다.
- 유머: 고통스러운 내용을 농담처럼 말할 때, 치료자는 농담 뒤에 있는 고통과 그로부터 거리를 두려는 시도에 적절한 반응을 해 주어야 한다. 그러나 웃지 않는다고 해서 문제될 것은 없다.
- 지루함: 기억을 완전히 처리해서 지루해지는 것이 치료 목표다. 지루함은 기억이 힘을 잃었다는 뜻이기 때문에 노출이 성공했다는 신호가 된다. 그러나 치료가 완료되기 전에 너무 빨리 지루하다는 불평을 하는 경우가 종종 있다. 실제로 지루해서 그럴 수도 있지만 회피 신호일 때도 있다.
- 지나친 수다: 사건 전날의 아침 식사와 같이 관련 없는 사소한 것까지 과도하게 자세히 말하는 경우다. 지나친 수다의 또 다른 형태는 실제로 노출은 하지 않고 노출치료에 대해서만 장황하게 얘기하는 것이다. 이때도 '회피' 가능성을

고려해야 한다.

- 그만하기를 원함(여러 가지 이유를 대면서): 이제 다 좋아졌어요. 지루하기만 해요. 바보스러운 방법이에요. 이렇게 해서 좋아질 리가 없잖아요. 이제 놀면 안 돼요?

압도되는 징후가 있을 때 필요한 질문

- 지금은 0~10점 사이에서 몇 점 정도이니? 괜찮니, 아니면 너무 힘드니?
- 너무 힘들어서 지금 그 부분을 말하기 힘드니? 힘들지 않은 다른 부분으로 넘어갈까?
- 계속 진행해도 되겠니? 아니면 잠시 쉬었다 할까?

개입 전략

- 어느 정도의 회피(예, 과거형으로의 전환, 특정 부분을 피상적으로 말하기)는 허용한다. 다음번에 지시 사항을 다시 말해 주고, 환자가 특정 기억에 대한 거리를 결정하도록 그대로 둔다.
- SUDS를 줄인다. 심호흡, 안전지대 시각화, 다른 전략을 사용할 수 있다.
- 고통이 적은 부분으로 넘어간다.
- 좋은 결말에 집중하게 한다.

문제: 차단 믿음

고통스러운 기억 속에 있는 '난제'는 부정적인 믿음이다. 예를 들면, '그 일은 어쨌든 내 잘못이다.'라는 믿음을 말한다. 이런 믿음은 항상 비합리적이고 아이식의 논리와 제한된 정보 안에서는 그럴듯하고 합리적인 것처럼 보이지만 객관적으로는 사실과 전혀 다르다. 이런 믿음은 기억이 소화되고 처리되는 과정을 방해하기 때문에 '차단 믿음(blocking beliefs)'이라고 부른다.

어떤 믿음은 노출치료의 시작 자체를 방해한다. 예를 들어, 기억과 관련된 감정들은 처리될 수 없다고 생각하는 아이는 피상적으로 이야기할 수밖에 없다. 기억을 말하면 부모가 화를 내고 사이가 나빠질 거라고 믿는 아이도 있다. 이런 차단 믿음이 있으면 노출에 집중하지 못한다.

노출을 계속하다 보면 차단 믿음이 소실될 때도 있다. 그렇지 않으면 치료자는 정신건강 교육이나 소크라테스식 문답을 통해 인지 재구조화를 시도해야 한다. 즉, 아이가 특정 기억을 건강한 다른 시각으로 볼 수 있게 정보를 제공하고 관련 질문을 하는 것이다. 다음은 치료자가 차단 믿음을 흔들기 위해 어떻게 정보를 제시하는지와 아이 스스로 새로운 시각을 획득하는 과정을 잘 보여 주는 예다.

아 이: 내가 엄마에게 뒤차를 조심하라고 했어야 했는데……. 그러니까 그건 내 잘못이에요.

치료자: 그 차가 그렇게 올 줄 알았니?

아 이: 아뇨, 하지만 내가 먼저 알고 봤어야 했어요.

치료자: 엄마가 뒤쪽 차를 신경 써서 봐 달라고 너에게 부탁했니?

아 이: 아……뇨.

치료자: 뒤를 확인하려고 네가 자꾸 뒤돌아본다면 다칠 가능성이 더 크지 않을까?

아 이: 잘 모르겠어요.

치료자: 엄마는 네가 "조심해요!"라고 외쳤어도 사고를 피할 수 없었을 거라 하시던데, 그런 엄마 생각을 알고 있었니?

아 이: 몰랐어요.

치료자: 다른 차를 조심하는 것은 운전하는 사람의 일이고, 아이들은 안전벨트를 매고 운전자가 운전에 집중하도록 심하게 떠들지 않는 것이 교통 규칙이야. 너는 안전벨트를 매고 있었니?

아 이: 예.

치료자: 엄마를 혼란스럽게 할 정도로 고함을 지르고 뛰거나 했니?

아 이: 아뇨, 그냥 얘기만 했어요.

치료자: 그럼 너는 규칙을 잘 지키고 있었구나. 사고를 낸 차를 네가 운전

했니?

아 이: 그럴 리가요!

치료자: 그렇다면 사고는 누구 잘못일까? 안전벨트를 매고 얘기를 하고 있었던 네 잘못일까? 아니면 운전을 조심하지 않아 사고를 낸 운전자의 잘못일까?

아 이: 운전자 잘못이네요.

치료자: 나도 그렇게 생각한단다. 다시 차가 신호등 앞에 멈춰 있던 순간으로 돌아가서 이야기를 계속해 보자.

이런 문제가 있다는 신호

- 환자가 전혀 진전 없이 교착 상태에 있는 것 같다.
- 환자가 자발적으로 또는 질문에 답하는 중에 차단 믿음을 표현한다.

이야기를 마쳤을 때 필요한 질문

1. 이번에 가장 힘들게 느껴진 부분은 무엇이었니? 지금 그 장면을 생각하면 그것은 0~10점 사이에서 몇 점 정도일까?
2. 그 부분이 더 좋아지지 않는 것은 무엇 때문일까?
3. 그 장면 속에서 너 스스로 어떤 사람인 것같이 느껴지니?

차단 믿음에 대한 일반적인 접근법은 믿음의 종류에 관계없이 동일하지만, 특수한 차단 믿음에는 다른 개입이 필요할 수도 있다. 다음은 가장 흔한 차단 믿음들에 대한 권장 개입법이다.

- 차단 믿음: 나는 아직 위험 속에 있다.
- 권장 개입법: 그것이 사실일까? 이유를 설명해 주렴. 감옥에 있는 그 사람은 너를 해칠 수 있을까? 등등(실제로 현실적인 위험 가능성이 있다면 노출을 시도하기 전에 가능한 한 여러 번 이 문제를 처리해야 한다.)

- 차단 믿음: 그것은 내 잘못이다/내가 [ ]을/를 했어야만 했다(그 행동이 비합리적/부적당할 때).
- 권장 개입법: 정보를 제공하고 명료화하는 질문을 하라.
- 사례: 11세 소년은 다섯 살 때 유치원에서 돌아왔을 때 심장발작으로 거실에 쓰러진 할아버지를 목격했다. 노출치료 동안 아이는 '내가 119에 전화했어야 했다.' 는 믿음에 고착되어 있었다. 구급차가 빨리 왔어도 이미 너무 늦었다는 설명을 여러 번 들었지만 여전히 그렇게 생각하고 있었다. 아이는 자신을 비난하는 생각에 집착하였다.

치료자: 의사 선생님이 어머니에게 어떻게 설명했는지 아니?
아 이: 무슨 말이요?
치료자: 119에 연락했더라도 사망하셨을 거라는 설명 말이야.
아 이: 알고 있어요.
치료자: 그때 몇 살이었니?
아 이: 다섯 살이었어요.
치료자: 다섯 살 때 119 번호를 알고 있었니? 누가 가르쳐 주었니?
아 이: 그때는 몰랐어요. 작년에 배웠으니까요.
치료자: 많은 아이들이 9~10세 경에 119에 연락하는 방법을 배운다고 하더라. 그러니까 119에 연락하기에는 너무 어린 나이가 아니었을까?
아 이: 그런 것 같네요.
치료자: 의사 선생님도 도와줄 수 없다고 하지 않았니?
아 이: 맞아요.

- 차단 믿음: 그것은 내 잘못이다(잘못이 사실일 때).
- 권장 개입법: 그 일을 통해 배운 점은 무엇일까? 그때는 몰랐지만 지금은 알게 된 것은 무엇이니? 지금이라면 (그 상황에서) 어떻게 할 거니? 그 일을 만회하기 위해 네가 할 수 있는 일로는 어떤 것이 있을까?

아이가 실제로 사건을 일으켜 차단 믿음이 비합리적일 수 없는 사례는 해결이 쉽지 않다. 그러나 나쁜 행동을 했다고 해서 불행한 삶을 살아야 하는 것은 아니다. 그럴 때 당신의 목표는 정당한 죄책감을 경감시키는 것이 아니라 잘못을 받아들이고 생산적인 방식으로 살아가는 방법을 찾도록 도와주는 것이다. 아이들은 흔히 사건을 통해 배우고 성장한다. 그래서 지금은 달라져서 다시 그런 상황이 된다면 다르게 행동할 거라는 진실을 받아들인다. 과거 잘못을 보상하기 위해 다른 사람들을 돕게 하는 것도 효과적인 방법이다.

- 차단 믿음: 그런 행동을 했으니 나는 나쁜 사람이다.
- 권장 개입법: 나쁜 행동을 한 사람은 누굴까? 네가 잘못한 것일까? 다른 사람에게 그런 일이 일어났다면 너는 어떻게 말하겠니?
- 사례: 10세 소녀가 몇 개월 전에 삼촌에게 성폭행을 당했다. 삼촌은 소녀의 옷차림과 유혹하는 듯한 눈짓 때문에 자신이 그런 행동을 하게 되었다며 도리어 소녀를 비난했다. 노출치료 중에 자신이 원해서 성폭행이 일어났기 때문에 자신은 나쁜 아이라는 차단 믿음이 드러났다.

치료자: 그 옷을 입을 때 너는 어떤 생각을 했을까?

아 이: 너무 예쁜 옷이어서 입고 싶었어요. 부모님이 생일 선물로 주신 옷이었어요.

치료자: 그런데 너는 '나는 삼촌이 성폭행을 하도록 그 예쁜 옷을 입었다.' 고 생각한다고 말하지 않았니?

아 이: 아니에요. 절대로 그런 생각은 한 적 없어요.

치료자: 나도 그렇게 생각해. 삼촌은 몇 살이지?

아 이: 서른 살 정도 될 거예요.

치료자: 너는 몇 살이니?

아 이: 열 살이에요.

치료자: 누가 더 크지?

아 이: 삼촌이 더 크죠.

치료자: 그럼 어떤 일을 할 때 결정하는 사람은 누굴까? 더 크고 나이가 많은 사람일까, 아니면 더 작고 나이가 어린 사람일까?

아 이: 당연히 더 큰 사람이죠. 그런데 삼촌은 내가 그 옷을 입고 유혹하지 않았다면 그런 행동을 하지 않았을 거라고 했어요.

치료자: 너도 어른이 되면 결혼해서 가족을 가지겠지?

아 이: 그럴 거예요.

치료자: 네가 예쁜 옷을 딸의 생일 선물로 준다고 상상해 볼까? 그런데 큰 성인 남자가 네 딸을 성폭행하고 나서는 네 딸이 예쁜 옷을 입어서 그런 일이 일어났으니 딸아이 잘못이라고 말하고 있어. 그렇다면 누구 잘못이라고 생각하니?

아 이: 그 남자 잘못이에요.

치료자: 네가 준 예쁜 옷을 입은 네 딸 잘못은 아니겠지?

아 이: 그럴 리가요. 예쁜 옷을 입은 것뿐인데 무슨 잘못이 있겠어요.

- 차단 믿음: (누구의 사망 후에) 내가 마음이 편하다는 것은 그 사람을 배려하지 않는다는 뜻이다. 내가 계속 슬퍼하지 않는다는 것은 내가 그 사람을 잊는다는 뜻이다.
- 권장 개입법: [사망한 사람]이 네가 어떻게 하기를 바랄까?

이런 차단 믿음은 애도와 관련된 노출치료에서 아주 흔히 나타나는 주제다. 그 핵심은 아이의 주된 관심사가 사망한 사람과의 관계를 유지하고 싶다는 것이다. 이 경우 아이에게는 슬픔을 줄이는 것보다 관계 유지가 더 중요한 부분이다. 단지 문제는 계속 슬퍼하는 것만이 관계를 유지하는 유일한 방법이라고 생각하는 것이다.

이럴 때 노출—즉, 슬픔을 제거하는 작업—을 계속하라고 하면 아이는 관계를 유지하고 싶은 마음을 치료자가 이해하지 못한다고 생각할 위험성이 높다. 아이의 일차적 관심이 관계 유지이기 때문에 그런 방식은 방해만 되고 어떤 진행도 일어나지 않게 한다.

아이가 자신의 목표에 집중하게 하는 것이 더 좋은 방법이다. 아이에게 "[사망한 사람]이 네가 어떻게 하기를 바랄까?"라고 물어도 되지만, 아이가 사망한 사람에게 직접 물어보게 하는 방법이 더 좋을 때도 있다. 그러면 아이는 자신이 생각하는 사망한 사람이 할 듯한 말이 아니라 그 사람이 했을 진실에 가까운 말을 생각해 낸다.

많은 사람들이 사망한 사람과 대화를 나누는 경험을 하기 때문에 그렇게 어렵지 않게 답을 생각해 낼 수 있다.

치료자: 너는 할머니와 어떻게 대화를 나누니? 사람들은 묘지에 간다든지, 밤에 밖에 나가서 대화를 한다든지, 꿈속에서 만난다든지, 편지를 써서 태울 때 피어오르는 연기를 보면서 대화를 한다고 해. 너는 어떠니?

아 이: 나는 밤에 밖에 나가서 하늘을 보고 할머니와 대화해요.

치료자: 그러니? 밤에 밖에 나가서 하늘을 보면서 할머니와 대화하는 장면을 지금 떠올려 볼래? 눈을 감아도 괜찮아. 네가 아직도 할머니를 사랑한다는 것, 아직도 슬프다는 것을 할머니에게 말하는 장면을 상상해 볼까? 그 장면 속에서 네가 할머니를 잊지 못하고 슬퍼하기를 원하시는지, 또는 네가 어떻게 하기를 원하시는지 할머니께 물어볼래? 그리고 할머니가 뭐라고 하실지 기다려 보자…… .

이상은 차단 믿음과 문제 해결 전략의 전체가 아니라 대략적인 개입법을 소개한 것이다. 한 가지 주의할 점은 특정 상황에서 필요한 정보를 제공해야 하지 아이에게 어떻게 생각하거나 믿어야 한다고 말해서는 안 된다는 것이다. 단지 치료자는 정보 제공과 질문을 통해 아이가 자신만의 결론에 도달하도록 도와주어야 한다. 그럴 때 결론은 아이의 것이 되고, 아이는 자신의 이야기 속에 결론을 통합시킬 수 있다.

차단 믿음은 인지 개입법으로 해결될 때 기억으로 되돌아간다. 대개 차단 믿음이 있던 생생한 상처 부분에서 시작하는 것이 보통이다. 차단 믿음이 해결되었기 때문에 노출로 새로운 변화가 일어나게 될 것이다.

연습: 노출 실습하기

15장에 제시된 연습과 같다. 다만 당신은 전보다 노출에 대해서 더 많이 알고 있다.

아이 역할을 한다면

- 이것은 역할놀이가 아니다. 당신 자신이 실제 아이가 되어야 한다.
- 0~10점 척도 중에서 6점 이하에 속하고 지금 말해도 좋은 기억(당신의 외상 기억 목록이나 다른 기억 중에서)을 선택한다. 만약 기억 분할하기 연습을 했다면 그때 선택한 기억을 계속 사용해도 된다.
- 각본은 치료자용이니 보지 말라.
- 중단하고 싶거나 말하고 싶지 않은 부분이 있을 때 어떻게 하면 되는지 기억하라. 처음에 동의했더라도 중간에 달라질 수 있다. 당신 자신을 먼저 보호하기 바란다.

치료자 역할을 한다면

- 아이 역할을 하는 분이 사건을 말할 때 좋은 결말이 구체적인 장면이 되도록 도와주어야 한다.
- 다음에 제시된 지시 사항 중 1~5번을 적힌 그대로 말해 준다.
- 당신의 역할은 최대한 줄이고, 아이 역할을 하는 분이 말하는 대로 가만히 둔다. 자세한 질문이나 현재형을 사용하라고 지시하거나 생각 또는 느낌을 물어서는 안 된다. 당신의 통찰이나 해석을 말해서도 안 된다. 단지 옆에 있어 주고, 아이 역할을 하는 분이 이야기하도록 가만히 두라.
- 이야기가 결국은 좋은 결말로 끝날 것임을 확신하라.
- 한 번 더 1~3번 지시 사항을 적힌 그대로 읽어 주고, 아이 역할을 하는 분이 이야기를 한 번 더 하게 한다.
- 시간이 허락되고 아이 역할을 하는 분이 견딜 수 있는 한 여러 차례 이 과정을 반복한다.
- 노출 연습을 마무리할 때는 기억을 저장하는 '금고'를 사용한다. 그다음에 아이 역할을 하는 분이 원한다면 심호흡을 몇 번 하거나 안전지대 시각화를 해도 된다.

노출 지시 사항

1. 사건을 처음부터 끝까지 말한다.
2. 사건이 지금 현재 일어나고 있는 것처럼 현재형으로 말한다.
3. 사건의 내용을 말하고 관련된 생각과 느낌도 말한다.
4. 한 번씩 치료자가 궁금하거나 아이가 잘하고 있는지 확인하기 위해 질문을 한다.
5. 끝나면 같은 과정을 몇 번 반복한다. 이를 통해 아이는 더 강하게 될 것이다.

토론을 위한 질문

- 아이 역할을 한 분들이 소감과 경험을 말한다.
- SUDS가 처음보다 올라간 분은 몇 분인가?
- 치료 전보다 더 나빠졌다고 생각하는 분은? 똑같다고 생각하는 분은? 혹은 더 좋아졌다고 생각하는 분은?
- 치료자 역할을 한 분들도 서로 소감과 경험을 말한다.
- 추가적인 설명이나 개입을 자제하기 힘들었던 분은?
- 아이 역할을 한 분 중에 치료자가 세심하고 신중하게 대해 주었다고 느낀 분은? 치료자의 어떤 점 때문에 그런 느낌을 받았을까?
- 치료자 역할을 하면서 개인적인 정서적 반응을 느낀 분은? 그런 감정을 어떻게 조절했는가? 지금은 어떤 느낌이 드는가? 자신을 보호하기 위해 다른 도움이 필요하지는 않은가?

참고문헌

Ahrens, J. & Rexford, L. (2002). Cognitive processing therapy for incarcerated adolescents with PTSD. *Journal of Aggression, Maltreatment & Trauma, 6*, 201-216. 청소년을 대상으로 하여 CPT를 통해 성공적으로 치료한 첫 번째 논문이다.

Deblinger, E. & Heflin, A. H. (1996). *Treating sexually abused children and their nonoffending parents: A cognitive behavioral approach.* Thousand Oaks, CA: Sage Publications. 아동을 대상으로 하여 외상 기억에 대한 이야기를 책으로 만드는 수정된 노출 기법을 소개한 중요한 저술이다. 외상을 입은 아이들에게 노출을 시도한 많은 연구들은 이 책에 나오는 방법을 사용했다.

Gil, E. (1991). *The healing power of play: Working with abused children.* New York: Guilford Press. 놀이를 활용한 외상 해결 기법인 구조화되고 집중적인 접근법을 기술한 저서다.

Greenwald, R. (1999). *Eye movement desensitization and reprocessing (EMDR) in child and adolescent psychotherapy.* Northvale, NJ: Jason Aronson. 외상집중 치료 접근법이라는 관점에서 아동에 대한 EMDR 적용을 면밀하게 분석한 저서다. 풍부한 사례와 치료 과정을 자세하게 기술해 놓았다.

James, B. (1989). *Treating traumatized children: New insights and creative interventions.* Lexington, MA: Lexington Books. 아동의 외상 치료에 적용할 수 있는 전통적인 치료와 새로운 치료를 통합적으로 소개한 저서다.

제5부

마지막까지 최선을 다하기

외상 해결 단계를 마치면 아이는 적절한 발달 수준에 근접할 정도로 회복한다. 종종 외상이 처리되자마자 증상이 완전히 소실되어 정상적인 생활로 돌아가는 경우도 있다. 반면에 문제가 남을 때도 있는데, 처리되지 않고 남은 외상은 증상을 유발할 정도는 아니기에 그것을 해결하기는 어렵지 않다. 자기조절 기술만 강화해도 해결되기도 한다. 또한 외상이 힘을 잃었기 때문에 아이들은 자기조절 기술이나 효과적인 기타 기법들을 더 쉽게 습득한다.

외상과 관련된 일부 증상들이 남을 때도 있다. 예를 들어, 외상 기억이 고통스럽지는 않지만 사건을 연상시키는 활동이나 장소를 회피하는 아이들이 있다. 또는 사건을 연상시키는 자극에 과도하게 강한 반응을 하는 '과다각성' 증상이 남아 있는 아이들도 있다.

빨간색 차에 유괴된 14세 소녀는 빨간색 차에 대한 불안이 지속되었다.

12세 소년은 어려운 수학문제를 만나면 과잉반응을 하는 증상이 남았다. 수학시간이 외상과 관련된 무력감을 연상시켜 과도한 정서적 반응을 하는 것 같았다.

이 시기에는 가족관계의 재평가가 필요하다. 과잉보호를 받던 아이에게 책임이 더 부여되는 등

부모교육과 소아치료를 통해 가족관계에 변화가 있었기 때문이다. 자신의 증상이 가족관계를 유지하는 중요한 역할을 한다고 생각했던 아이라면, 치료자는 증상이 소실되거나 감소된 후에 반드시 가족관계가 잘 유지되는지 그리고 증상의 과거 역할을 대신할 다른 방법을 찾았는지 확인해야 한다.

학교 공포증이 있는 11세 소녀는 어머니가 혼자 있는 상황을 두려워하였다. 어머니에게 신체 질병이 있어 이런 공포는 어느 정도 현실적인 면이 있었다. 치료자는 외상을 해결한 후의 가족 치료시간에 아이가 없을 때 믿을 만한 성인이 어머니를 돌보고 있는지 확인하였다.

7세 소년은 처음에 치료를 거부하였다. 가족 면담을 통해 어머니가 자신을 걱정하거나 고함치지 않는다는 것은 어머니와 멀어지는 것이라고 생각한다는 것이 밝혀졌다. 문제 행동이 호전되면 어머니가 엄한 처벌을 하지 않고, 대신에 게임을 같이하거나 영화를 보는 등 어머니와 가깝게 지낼 수 있는 일을 찾아보기로 가족 모두가 동의했다. 외상이 해결된 후, 치료자는 가족치료 시간에 게임을 함께하거나 영화를 보는 등 어머니와 아이가 함께하는 활동을 얼마나 자주 하는지 확인하였다.

이 시점에는 아이의 취약성 문제를 검토해야 한다. 지금까지는 현재의 안전과 보호에 초점을 맞추었다. 이제는 미래를 관심의 주제로 삼아야 한다. 미래의 외상에 대한 취약성을 줄일 수 있는 방법은 무엇일까? 미래에 나쁜 사건이 발생했을 때, 충격을 줄이고 회복을 촉진하는 방법은 무엇일까? 외상 해결 치료를 거부하거나 끝내지 못한 아이들은 미래의 스트레스 시기 동안 잔존하는 과거 외상에 의한 취약성에 어떻게 대처하면 될까?

5부는 외상 해결 과정을 추적 평가하고 치료 성과를 강화하는 방법, 위에 기술한 문제들을 해결하는 방법에 대한 것이다. 가족체계 개입법, 실제 상황에의 노출, 재발 방지 등 다양한 개입법이 나온다. 4부 치료가 완료되면 5부 치료과정으로 바로 들어간다.

Chapter 17

치료 성과의 재평가와 강화

외상이 해결된 후에는 외상과 관련된 문제가 남아 있는지를 파악해야 한다. 대개 이런 문제나 관련 증상들은 소실되지만 남아 있을 때도 있다. 이 단계가 되면 이런 문제는 인지행동 기법으로 쉽게 치료되는데, 그 이유는 문제 뒤에 있던 추진력이 소실되었기 때문이다.

외상과 관련된 잔존 증상들을 해결할 수 있는 효과적인 기법은 인센티브 사용과 실제 상황에의 노출 그리고 두 기법을 통합하는 방법이다. 인센티브의 사용에 대해서는 22장에서 자세하게 다룰 것이다.

실제 상황에의 노출

실제 상황에의 노출의 기본 원리는 회피 행동을 계속 직면하면 그것을 유발했던 공포가 힘을 잃고 '소멸한다' 는 것이다. 지금까지 회피했던 특정 상황을 직면하기만 하면 두려웠던 일이 절대 일어나지 않는다는 것을 깨닫게 된다는 원리다. 치료에 성공하려면 아이가 회피했던 공포를 견딜 수 있어야 한다. 그래서 치료자는 기억을 처리하기 쉽게 분할하고, 노출 중에 일어날 수 있는 불안을 처리하도록 대처 기술들을 습득시켜 노출에 대한 대비를 한다.

치료자: 지난주에 치료했던 그 장면은 얼마나 자주 생각났니?

아 이: 거의 생각나지 않았어요.

치료자: 좋아. 지금 그 장면을 떠올리면 0~10점 사이에서 몇 점 정도로 불안해질까?

아 이: 지난번과 비슷하게 1~2점 정도이고 불편한 것은 없어요.

치료자: 혼자 잠잘 수 있니, 아니면 아직도 엄마와 함께 자니?

아 이: 엄마와 같이 자요. 아직 혼자 자려면 너무 무서워요.

치료자: 지금까지 치료에 최선을 다했으니, 앞으로는 혼자 잠자는 것도 잘할 거라 생각해. 엄마는 네가 혼자서 잘 수 있으면 사촌 집에서 하룻밤 자도 된다고 하시더구나. 너도 원하는 일 아니니?

아 이: 내가 몇 달 전부터 사촌 집에 자러 가게 해 달라고 부탁했어요.

치료자: 자, 그럼 혼자서 잘 수 있는 방법을 생각해 보자. 지금부터 잠자러 가야겠다는 생각을 하고, 네 방으로 가려고 일어나고, 엄마에게 안녕히 주무시라는 인사를 하고, 침대에 들어가서 눕고, 잠이 드는 과정을 하나씩 순서대로 생각해 보자. 머릿속으로 영화처럼 상상해 볼래? 이 영화는 잠자러 가야겠다는 생각이 첫 장면이고, 아침에 일어나는 것이 마지막 장면이야. 지금부터 그 영화를 머릿속으로 돌려 보고 끝나면 마쳤다고 말하면 돼.

아 이: 아침까지 생각을 못하겠어요. 중간에 무슨 소리가 들려 무서워서 엄마 방으로 달려갔어요.

치료자: 영화 속에서 침대에 얼마 동안 누워 있었니?

아 이: 10~15분 정도요.

치료자: 처음에 그 정도면 잘한 거야. 이전에 설명한 것을 기억하고 있니? 실제로 무서운 일이 있는 것과 불안한 느낌은 있지만 사실은 안전한 것이 다르다는 설명 말이야.

아 이: 알고 있어요.

치료자: 침대에 있는 것은 실제로 무서운 일이 있는 걸까, 아니면 불안하지만 실제로는 안전한 걸까?

아 이: 불안하지만 실제로는 안전해요.

치료자: 실제로 안전하다면, 그때 너 스스로 마음을 진정시키고 안정감을 느끼는 방법을 배운 것 기억하니?

아 이: 심호흡과 같은 거 말인가요?

치료자: 그래. 얼마 전에 연습한 그것 말이지. 심호흡을 하거나, '나는 안전하다.'는 말을 생각하거나, 안전지대에 집중하거나, 즐거웠던 일을 떠올리는 것 등을 연습했지? 그중에서 침대에 있을 때 어느 방법이 너에게 제일 효과 있을 것 같니?

아 이: 안전지대 같아요.

치료자: 좋아. 안전지대를 사용하면서 영화를 한 번 더 생각해 볼까? 침대에 누워 있을 때 소리가 들리면 혼자 어떤 말을 생각하면 더 좋을까?

아 이: 지금 나는 안전하다.

치료자: 자! 그럼 소리가 들릴 때, '지금 나는 안전하다.'는 말을 생각하면서 안전지대에 집중해 보자. 영화 속에서 침대에 30분 정도 누워 있을 수 있으면 그 후에는 원한다면 엄마 방으로 가도 좋아. 이제 자러 가야겠다는 첫 장면부터 시작해서 영화가 끝나면 끝났다고 말해 주면 돼.

아 이: 다 생각했어요.

치료자: 이번에는 어땠니? 얼마 동안 침대에 누워 있었지?

아 이: 30분 정도 있었어요. 불안해질 때마다 선생님이 말씀하신 것을 생각했어요.

치료자: 최고로 불안했을 때는 0~10점 사이에서 몇 점 정도였니?

아 이: 4~5점 정도였어요.

치료자: 많이 불안하지 않다면, 실제로 침대에 얼마 정도 혼자 있을 것 같니?

아 이: 불안한 것이 곧 사라질 것이라는 것을 이제 알았기 때문에 30분은 혼자 있을 수 있을 것 같아요.

치료자: 처음인데 잘하는구나. 이번 주에 매일 밤 엄마 방으로 가기 전에 30분은 혼자 침대에 있는 연습을 해 볼까? 몇 분이나 누워 있는지 확인할

수 있는 시계가 침대 옆에 있니?

아　이: 예, 밤에도 볼 수 있는 형광 시계가 있어요.

치료자: 다시 한 번 영화를 생각해 보자. 너는 침대에 눕고, 소리가 들리거나 불안해지면 나는 안전하다는 말을 생각하고, 안전지대에 집중해 보자. 30분 지나면 엄마 방으로 가면 돼. 시작해 볼까?

아　이: 다 생각했어요.

치료자: 이번에는 어땠니?

아　이: 더 쉬웠어요.

치료자: 잘했어. 엄마에게도 너와 한 약속을 말해 놓을게. 이번 주에 매일 밤 30분 동안은 네 방 침대에 혼자 있는 것 말이야. 할 수 있겠니?

아　이: 좋아요.

치료자: 지금까지 네가 점점 더 강해졌기 때문에 선생님은 네가 얼마나 용감한지 잘 알고 있어. 그래서 선생님은 네가 이번 일도 잘할 수 있을 거라고 생각해. 너는 어떠니?

아　이: 잘 해낼 수 있을 것 같아요.

실제 상황에의 노출은 상상노출과 마찬가지로 중간 정도의 고통일 때 가장 효과적이다. 너무 약한 고통은 쉬워서 얻을 수 있는 성과가 거의 없고, 너무 강한 고통은 실패 위험성이 크고 압도당할 가능성이 많다. SUDS가 5점 전후일 때가 가장 좋다. SUDS가 5점 이상이면 처리하기 쉽게 몇 개로 분할한다.

초등학교 고학년 아이라면 합리적인 근거를 제시해 주는 것도 도움이 된다. 예를 들어, "침대에 [ ]분 정도 있어 보면 네가 실제로는 안전하다는 것을 알게 될 거야. 1~2분 만에 빨리 일어나면 실제로 안전한지 아닌지를 네가 알 수 없어. 그래서 네가 [ ]분 이상 침대에 누워 있어 보면 실제로는 아무 일이 일어나지 않는다는 것을 알게 될 거고, 그러면 안전하다는 느낌이 점점 더 강해질 거야."라고 설명한다.

많은 개입법처럼, 실제 상황에의 노출 역시 사촌 집에서 하룻밤을 자는 것과 같은 인센티브가 큰 도움이 된다. 치료자는 부모와 미리 상의해서 아이에게 기대 행동을 격려하고 강화할 수 있는 방법을 교육해 놓는다. 목표는 아이가 자신의 역량과 자기효능감이 증가되었다고 느끼는 것이다.

이 사례에서 아이가 침대에 더 오래 있거나 아침까지 잠들어 버리는 경우도 있을 것이다. 그런 일을 예측할 수는 없지만, 설령 발생한다 하더라도 실패가 아니라 예상을 뛰어넘는 성공 경험을 쌓은 것뿐이다.

가족 강화 개입법

치료 초기에 치료자는 증상이 가족의 친밀감과 아이의 정상 발달에 미치는 영향을 가족과 상의하였다. 치료 마무리 단계에서는 이 문제를 다시 한 번 대화해야 한다. 아이의 문제가 사라지면서 실제로 가족은 더 멀어졌는가? 혹은 (예상대로) 더 가까워지고 즐거운 활동을 더 많이 하게 되었는가? 아이에게 공포 증상이 소실되면서 부모가 또래의 다른 아이처럼 대해 주는가? 부모가 아이 혼자 가까운 가게까지 갔다 오게 허용하는가? 부모가 아이에게 집안일을 돕기를 기대하는가? 부모가 아직도 과잉보호—증상이 있을 때는 적절했지만—를 하고 있는가?

이런 문제를 해결할 수 있는 정답은 없다. 일반적으로 치료자가 아이, 부모, 가족에게 직접 질문하는 방법이 가장 적합하다. 부모가 남아 있는 문제를 자각하고, 정신건강 교육과 추가적인 조언을 받으면 대부분 해결할 수 있다.

치료자: 치료하기로 결정했던 때를 한번 생각해 봅시다. 부모님이 아이에게 고함치거나 처벌하지 않으면 가족이 더 멀어지지 않을까 하는 걱정은 없는지 제가 질문했던 것이 기억날 겁니다. 그렇지만 아이와 부모님 모두 가족이 더 가까워지고 즐거운 일이 더 많아지게 될 거라고 했습니다. 그때 약속했던 일을 제가 적어 놓았는데, 여기 있군요. 영화를 같이 보고, 카드놀이를 하는 것 외에도 규칙적으로 슈퍼에 같이 가거나 음식을 같이 만드는 등 같이 할 수 있는 여러 활동을 하겠다고 되어 있군요. 먼저 너에게 몇 가지 물어볼게. 옛날보다 부모님과 더 가까워지고, 화목한 시간을 보내고 있다고 생각하니? 아니면 사이가 더 나빠졌거나 똑같을까?

아　이: 내가 많이 좋아졌기 때문에 더 가까워졌어요. 나도 잘 지내고 부모님도 더는 소리 지르는 일이 없어요.

치료자: 만약 내가 TV로 가족생활을 볼 수 있다면 네 가족이 함께 어떤 일을 하는 것을 보게 될까? 내가 어떤 것을 보고 가족이 화목하게 잘 지내고 있다는 생각을 하게 될 것 같니?

아 이: 아버지가 쓰레기를 버리고 오라고 할 때 내가 대개는 불평 없이 쓰레기를 버리러 가는 것을 볼 수 있고, 가족이 함께 영화를 보는 것도 나올 거예요.

치료자: 부모님은 어떠신가요? 이전보다 좋아졌나요, 나빠졌나요, 아니면 똑같은가요?

부 모: 정말 많이 화목해졌어요. 모두 행복해해요.

치료자: 아이에게 고함치지 않게 되었다고 하셨지요. 그럼 아이를 무시하게 되던가요, 아니면 함께 더 재밌는 시간을 보내게 되던가요?

부 모: 가족이 함께하는 일이 많아졌어요. 같이 가게에 가고, 아이를 심부름 보내기도 하고, 아이도 집안일을 많이 돕고, TV나 영화를 같이 보기도 합니다. 어쨌든 많이 좋아졌고 잘 지내고 있어요.

치료자: 어떻게 더 멀어질 수 있느냐고 부모님이 말씀하셨고, 저도 그렇지 않을 거라고 생각했습니다. 그 말씀이 맞았습니다. 제가 걱정할 필요가 없었군요.

항상 그렇지만, 가족 각자의 생각을 확인해서 분명하고 구체적인 정보를 얻는 것은 중요하다. 치료자는 구체적인 것과 실례를 질문한다. 이 사례는 문제가 모두 해결되었기 때문에 치료 종료 전에 치료자가 자세하게 확인만 한다. 반대로 문제가 남아 있다면 치료자는 그것을 파악하고 가족과 함께 해결해야 한다.

치료자: 아드님이 나쁜 기억을 잘 표현해 주어서 고맙게 생각합니다. 많이 좋아졌고 악몽도 사라졌다고 하더군요. 부모님도 아이가 잘 지내고 할 일을 잘하고 있다고 말하셨습니다.

부 모: 맞습니다. 아이가 많이 좋아져서 감사하게 생각하고 있어요.

치료자: 저도 아이가 잘 따라와 주어서 기쁘고, 부모님도 열심히 해 주셨습니

다. 치료시간에 늦지 않게 데리고 오시고, 아이가 칭얼거리고 부모님으로부터 떨어지지 않으려 할 때가 많았을 텐데 수고하셨습니다. 부모님 덕분에 아이가 안전한 느낌을 가지고 혼자 힘으로 설 수 있게 되었습니다.

부 모: 아니에요. 부모로서 당연한 일을 했을 뿐입니다.

치료자: 아이도 그렇게 말하더군요. 그런데 아이는 이제 다 좋아져서 더는 자신을 아기처럼 대하지 않아도 된다고 생각합니다. 기특한 생각이지요?

부 모: 저희도 압니다만, 잠자러 갈 시간을 지키지 않고 보고 싶은 TV 프로만 보려고 해서…….

치료자: 부모님께서 양육의 책임을 져야 한다는 생각을 하고 계셔서 다행입니다. 아이는 아직 부모님의 도움이 필요한 것 같습니다. 그렇지만 자녀도 또래 아이 정도의 책임감을 느낄 수 있게 조금 더 요구할 필요가 있습니다.

부 모: 어떻게 말인가요?

치료자: 버스 정류장까지 아이를 데려다 주시지요? 일시적으로 그렇게 하는 것이 아이에게 안정감을 줄 때는 괜찮습니다. 아이가 필요로 할 때까지는 말입니다. 그렇지만 지금은…….

부 모: 아! 무슨 말인지 알겠습니다. 집에서도 버스 정류장이 보이니, 다른 아이들이 날 볼 수 있는 정류장까지 갈 필요가 없겠군요.

치료자: 맞습니다. 창문으로 지켜봐도 아이가 안전한지 알 수 있고, 아이도 부모님이 보고 있다는 것을 알 겁니다. 혼자 보낸다는 것은 혼자 감당할 수 있고, 이제 너는 괜찮다는 것과 다른 아이들이 하는 것을 너도 할 수 있다는 것을 전달해 줍니다. 부모님이 아이를 믿어 주면 아이도 자신을 더 믿게 될 겁니다.

부모교육을 할 때는 부모의 긍정적인 의도를 파악하고 부모의 그런 의도가 이미 잘 전달되었다는 점을 인정한 다음에 그런 뜻을 더 잘 전달할 수 있는 방법을 찾아보는 것이 좋다.

이런 접근법은 과거의 적절했던 양육방식에서 아이에게 책임감을 더 부여하는

새로운 부모 역할로 바뀔 때 흔히 유용하다. 특히 아이가 약해서 과잉보호를 했던 부모는 이런 역할 변화를 매우 힘들어 한다. 이 경우 부모가 잘못했다는 식이 아니라 아이가 성장하면 부모에게 기대하는 것이 달라지니 부모도 새로운 반응이 필요하다고 설명한다. 부모 대부분은 이미 알고 있다. 그래서 치료자는 부모의 태도 변화가 필요한 구체적 상황을 설명하는 것으로 충분하다.

위 사례에서는 부모의 행동 변화 하나만 선택했다. 실제 치료 상황이라면 치료자는 "또래 아이들이 할 수 있다면 너도 할 수 있다는 부모님 생각을 아이에게 효과적으로 전달할 수 있는 방법으로는 어떤 것이 있을까요?"라고 물어도 된다. 이에 부모가 잘 모르겠다고 하면 치료자가 집안일을 돕거나 친구와 어딜 다녀오기 등과 같은 아이 연령에 맞는 일반적인 수준의 책임을 부여하는 예를 제시하고, 보편적인 기준에 비해 현재 아이에게 부여되는 책임이 어느 정도인지 질문한다.

이 단계에서 몇 개(2~3개)의 부모 행동을 목표로 하는 것이 가장 좋다. 하나만 선택하면 일반화가 어렵고, 너무 많은 변화를 요구하면 모두 기억하기 어렵고 전부다 시도하다 실패를 경험하기 쉽다. 원칙(예, 아이를 믿고 있음을 보여 주는)에 따라 몇 개의 행동 변화를 선택할 때 성공하고 지속적으로 실천 가능하다.

추가 개입법

외상 해결 후에 치료자는 재평가 목적으로 아이의 전반적인 상황을 검토해야 한다. 사례관리, 안전성 문제, 대처 기술과 습관, 가족 역동을 재검토한다. 도움이 필요한 부분이 남아 있으면 해결한다. 이 단계에서는 문제의 특성에 맞는 개입법을 그때그때 활용하면 된다. 외상이 처리되었기 때문에 외상 치료가 아닌 일반적인 개입 전략의 효과가 우수하게 발휘될 시기가 되었다.

Chapter 18 재발 방지와 손상 감소

우화 모델로 되돌아가 보자. 용을 죽이고 공주와 결혼해서 잘 지내지만 아직 완전하지 않다. 다른 용이 온다면 어떻게 지켜야 할까? 새 용이 나타날 때를 대비해서 무엇을 해야 할까? 아이와 가족을 괴롭히는 현재 문제를 해결했으니, 이제는 미래에 초점을 둘 시간이다.

재발 방지란 취약성을 가진 사람이 고통스럽고 힘든 일을 만날 때 자신을 지켜낼 수 있는 다양한 기법을 말한다. 이런 기법은 원하지 않는 사건의 재발을 방지하고 스트레스 상황에 대한 대처 전략을 준비시켜, 나쁜 사건이 발생했을 때 재발 방지와 손상 감소 전략을 통해서 피해를 최소화하고 빠른 회복을 가능하게 한다. 외상 치료의 목표는 ① 외상의 재발을 방지하고, ② 예상되는 문제들을 위한 대처 기술을 교육하고, ③ 새로운 외상이 있을 때 충격을 빨리 인지해서 증상을 조절하고 도움을 요청할 수 있게 하는 것이다. 이 장은 이런 개념과 방법들에 대한 내용이다.

재발 방지 접근법은 자기조절 기술 교육과 매우 비슷하다. 선택이 결과를 결정한다는 개입 또한 사용될 것이다. 재발 방지 전략들은 다음과 같다.

• 아이의 목표, 역량, 긍정적인 동기를 강조한다. 비난은 아이를 포기하게 하고

더 약하게 만들고 문제해결 능력을 떨어뜨릴 뿐이다.

- 문제를 외재화한다. 문제의 원인을 인격이나 기질에서 찾으면 아이는 원래 자신은 그렇다는 생각에 고착되어 극복할 의지를 잃어버린다. 반대로 문제가 상황적이라면 아이는 그 상황을 회피하거나 조절하려는 어떤 시도를 하려 한다.
- 미래의 고위험 상황을 파악하고 그것을 피할 수 있는 전략을 개발한다.
- 특정한 행동을 막 하려는 단서가 되는 특별한 신호를 파악한다.
- 위험 상황에 있다는 것을 가능하면 빨리 알아차릴 수 있는 신호를 파악한다. 너무 멀리 진행해서 해결하기 어려워지기 전에 말이다.
- 실패는 완전 실패가 아니라 '예정된 일' 로 부른다. 한 번의 실패가 완전 실패라면 아이는 포기하려 할 것이다. 그러나 실패까지 예정된 일이라면 아이는 실패도 치료 과정의 일부라고 생각하고 계속 노력하게 된다.
- 활용할 수 있는 모든 자원을 활용해서 아이의 대처 전략을 구성한다. 예를 들면 다음과 같다.
  - 행동과 결과를 연결 짓는다.
  - '규칙' '엄마가 말한 것' 또는 다른 권위자의 말을 빌려 아이의 태도를 강화시킨다.
  - 대처 전략을 계획할 때 부모나 가까운 사람들을 참여시킨다. 예를 들어, 어머니는 아이를 누가 다시 괴롭힌다고 할 때 아이의 말을 진지하게 받아들이기로 약속한다.
- 대처 전략들을 반복해서 연습시킨다.

아이가 "이제 다 좋아졌어요."라고 말하면 치료를 종결하고 싶은 마음이 강하게 들 것이다. 치료자와 아이 모두 만족하고 성공한 것 같고 종결할 만한 기타 이유도 충분하다. 모든 사람이 맡은 바 역할도 잘하고 있다. 아이가 좋아졌고 아무 문제없이 행동하고 잘못된 것도 없는데 왜 치료 종결을 하면 안 될까? 그러나 미래를 준비하지 않는다면 누구나 난관에 봉착하게 될 수 있다.

현재 위치 ↓

기사, 왕국, 용, 공주 (평가와 치료 계획)	주위에 울타리 쌓기 (사례관리, 부모교육)	개인훈련 (기술과 역량증진)	용 죽이기 (정신적 외상 해결)	사과나무, 퇴비 곳간, 경기 (재발방지)

[그림 18-1] 우화 모델의 단계

미래의 사건에서 충격을 줄이려면 어떻게 해야 할까

아이와 가족이 합심해서 잠재적인 문제 상황을 피하기 위한 계획을 수립해야 한다. 이 과정은 치료 초기에 연습했던 안전성 주제의 연장선상에 있다. 치료 후반부 또한 아이와 부모에게 발달 과정 중에 나타날 수 있는 어려움과 그와 관련된 안전성 문제를 대비시킬 수 있는 좋은 기회가 된다.

문제 상황에서의 대처 기술

모든 위험 상황을 예방하는 것은 불가능하기 때문에 아이가 직면할 가능성이 큰 문제에 준비시켜야 한다. 다음은 치료자가 아이의 취약성을 파악하고 해결하지 않았던 사례다.

마사는 몇 년 동안 삼촌에게 성폭행을 여러 번 당해 치료를 받은 9세 소녀다. 6개월간 치료를 했고 외상 해결 단계도 완료했다. 치료의 현재 초점은 남아 있는 나쁜 습관, 즉 친구들에게 잘난 체하는 대인관계 문제다.

어느 날 낮 12시에 마사의 어머니가 아이가 혹시 어디 있는지 아느냐며 전화를 했다. 치료자는 모른다며 학교에 있지 않느냐고 했다. 1시간 뒤에 여자 친구 집에 있는 마사를 찾았다는 연락이 왔다. 어머니가 찾아갔을 때, 마사는 친구와 친구 어머니와 같이 거실에서 TV를 보며 팝콘을 먹고 있었다.

마사는 성폭행을 당한 과거 경험 때문에 권위자에게 할 말을 하지 못하고 시키는 대로 하는 취약성이 있을 가능성이 컸다. 치료자는 이 사건을 듣고 마사의 취약성을 빨리 해결해 주어야겠다고 결정했다! 그날 오후에 마사를 만나 치료자는 재발 방지 전략을 시도했다.

치료자: 오늘 학교에 빠졌다고 엄마가 걱정을 많이 하시더구나.

아 이: 친구 집에 있었어요.

치료자: 나도 들었어. 그런데 어떻게 된 일이니?

아 이: 친구와 같이 학교 버스를 기다리고 있는데, 친구 엄마가 집에 가자고 해서 따라가 TV를 보면서 팝콘을 먹었어요.

치료자: 친구와 친구 엄마가 집에 가자고 했을 때, 네 마음속에 어떤 생각과 느낌이 들었는지 알고 싶구나. 학교 버스를 기다리던 중이었잖니. 그때 너 자신이 어떤 사람인 것처럼 생각되었을까? 그리고 어떤 느낌이 들었지?

아 이: 좀 이상한 느낌이 들었고, 내가 같이 안 가도 된다는 것을 알고 있었어요. 그렇지만 친구 어머니니까 괜찮다는 생각과 버스가 올 때까지 잠시 있으면 될 거라고 생각했지요. 잠시 후에 내가 "학교 가야 하지 않나요?"라고 물었는데 친구 어머니가 괜찮다고 말했고, 그때부터 어떻게 해야 할지 아무 생각도 나지 않았어요.

치료자: 잘못된 행동이고 불편한 느낌이 들었지만 네가 어떻게 해결해야 할지 몰랐다는 말이구나.

아 이: 네, 맞아요.

치료자: 어머님이 너무 걱정되어 경찰에 신고해서 큰일이 되었어.

아 이: 알고 있어요.

치료자: 오늘 일은 네가 원해서 일어난 일이니? 아니면 너는 학교에 가려고 했지만 누군가가 방해해서 일어난 일일까?

아 이: 나는 잠시만 있을 생각이었는데, 친구와 친구 엄마가 방해를 한 것 같아요.

치료자: 그런 나쁜 일이 얼마나 자주 발생하는지 알고 있니? 다른 사람을 속이려는 사람들이 아주 많이 있단다.

아 이: 나는 몰랐어요.

치료자: 앞으로도 속고 싶은 생각이 있니? 아니면 이번 일로 충분하다고 생각하니?

아 이: 더는 속고 싶지 않아요.

치료자: 내가 다른 사람들이 너를 속일 수 없는 비결을 하나 알려 줄까?

아 이: 좋아요, 뭐죠?

치료자: 누군가가 너에게 무엇을 하라고 요구할 때 그것을 해도 될지 안 될지 너 자신에 물어보고, 불편하거나 이상한 느낌은 없는지 잘 살펴보는 거야. 만약 안 된다는 생각이 들거나 또는 불편하거나 이상한 느낌이 든다면 무언가 잘못된 일이고, 너를 속이려고 할 가능성이 크다는 거지. 그럴 때 어떻게 하면 되는지 알고 있니?

아 이: 어떻게 해야 되지요?

치료자: '싫어요.' 라고 말하고 그냥 가 버리면 돼. 너는 '싫어요.' 라고 말할 수

있니?

아 이: 할 수 있어요.

치료자: 한 번 말해 볼래. 큰 소리로.

아 이: 싫어요!

치료자: 잘했어. 내가 너를 속일 수 있는지 한번 볼까? 네가 정원에서 놀고 있는데, 나는 그 근처를 어슬렁거리는 나쁜 남자야. 시작해 볼까?

아 이: 좋아요.

치료자: 예쁜 꼬마야. 이 근처에 맥도널드가 어디 있니?

아 이: 저쪽에 있어요.

치료자: 자세히 가르쳐 줄래? 같이 가 주면 내가 아이스크림을 사 줄게.

아 이; 싫어요!

치료자: 잘했어. 그렇게 하면 돼. 내가 속이고 싶었지만 넌 속지 않았어. 이번에는 속을지도 몰라. 학교 운동장에서 네가 놀고 있는데, 친하진 않지만 사귀고 싶었던 여자 친구가 다가와 담배가 있다며 저쪽에 같이 가자고 하는 거야. 나하고 같이 가서 담배 피우지 않을래?

아 이: 엄마가 담배 피우지 말라고 했어.

치료자: 친구끼리 왜 그래.

아 이: 싫어!

치료자: 잘했어! 아주 잘하는구나!

손상 감소

미래에 나쁜 사건이 발생하면 어떻게 해야 할까? 건강을 지킬 수 있도록 잘 대처할 수 있을까?

재발 방지의 다른 방법은 손상 감소다. 손상 감소는 나쁜 사건이 일어날 것 같고 피해가 될 것이란 신호를 미리 감지해서 자신을 조절해 행동을 중단하는 것을 말한다. 다음은 손상 감소 교육이 이루어지지 않은 사례다.

케빈

케빈은 우울증, 사회적 위축, 흥미 상실 등의 증상으로 치료를 받은 13세 소년이다. 외상근거 평가와 사례 요약을 통해 몇 년 전 낯선 사람에게 한 번 성폭행을 당한 외상이 증상의 원인으로 밝혀졌다. 외상 해결 단계를 거치면서 케빈은 빠르고 놀라울 정도로 바뀌었다. 그는 태도가 당당해지고, 머리를 단정하게 깎고, 자주 웃고, 집에서 표현도 증가하였다. 과거에 좋아했던 야구 팀에도 다시 들어갔다. 그래서 성공적으로 치료 종결을 하였다.

그런데 3개월 후에 케빈이 어느 날 저녁 돌로 학교 유리창을 전부 깨트린 일이 발생해서 다시 치료를 받으러 왔다. 그가 '괜찮은 아이'에다 그런 파괴적인 행동을 할 아이는 아니었지만, 그런 행동을 한 것은 사실이었다. 그 행동을 하게 된 배경은 다음과 같다.

케빈은 치료 종결 후 2개월 동안 아주 잘 지냈다. 그런데 어느 날 같은 동네에 사는 나쁜 친구가 케빈의 동생의 스케이트보드를 가져간 일이 있었다. 케빈이 따라가서 다투어 스케이트보드를 다시 가져왔다. 이런 일이 자주 발생하는 동네여서 그에 대해서 케빈은 별로 신경 쓰지 않았다. 그런데 다음날 또래 몇 명이 케빈을 골목으로 데려갔고, 갑자기 나쁜 친구의 아버지가 나타나 아무 말 없이 주먹으로 때리고 쓰러진 케빈을 발로 수차례 차고는 가 버렸다.

그 후로 케빈은 다시 혼란 상태에 빠졌다. 방에서 나오지 않고 자신과 세상을 원망하고, 야구 팀에도 가지 않게 되었다. 학교에서 집중하지 못했고, 숙제도 하지 않았다. 점점 더 악화되고 우울해졌다. 그러던 어느 날 저녁 그는 학교 운동장에 있는 자신을 발견했다.그리고 돌을 던져 창문을 깨트리면 화가 좀 가라앉을 같은 느낌이 들어 학교 창문을 모두 깨트렸다.

손상 감소는 다른 재발 방지 전략과 같은 방식으로 교육하면 된다. 다만 예상되는 문제 상황에서 다른 측면에 초점을 둔다는 점에서 차이가 있다. 무언가 잘못될 것 같다는 신호를 느낄 때 손상이 더 커지기 전에 해결하는 것이 목표다. 창문을 깬 사건 후, 케빈은 어머니에게 다시 치료를 받고 싶다고 했다. 그렇기에 지금이 손상 감소를 교육할 좋은 기회다. 다음은 다른 아이를 대상으로 손상 감소 개입을 한 사례다.

치료자: 학교에서 친구가 칼을 주며 그렇게 하라고 시켜서 한 건데, 왜 그렇게 오랫동안 친구가 시켰다는 말을 못했니?

아 이: 말하면 죽이겠다고 했어요.

치료자: 그래서 네가 말을 못했구나. 그 일 이후로 많이 힘들고, 학교생활도 자꾸 나빠지고, 문제가 많아진 것 기억나니?

아 이: 예.

치료자: 얼마나 지나서 말했니? 1년 정도?

아 이: 그 정도인 것 같아요.

치료자: 네가 말하니까 엄마가 치료를 위해 이곳에 너를 데려오셨고, 그 사건을 대화하면서 이제는 그 일을 신경 쓰지 않을 정도로 너는 강해졌어.

아 이: 그리고 그 친구가 나를 죽일 수도 없게 되었어요. 학교에서 쫓겨나서 이제 볼 수 없고, 만약 가까이 온다면 경찰에 신고할 거예요.

치료자: 만약 다른 친구가 비슷한 일을 요구하면 그때는 어떻게 할 거니?

아 이: 엄마나 아빠 아니면 숙모나 다른 어른에게 말할 거예요.

치료자: 그러면 되겠구나. 부모님이 그 친구를 혼낼 테고, 그러면 부모님도 마음이 편하게 되시겠네.

아 이: 맞아요.

치료자: 그런 일이 생기지 않기를 바라지만, 앞으로 진짜 나쁜 일이 너에게 일어난다면, 어떻게 하면 될까?

아 이: 말하면 돼요.

치료자: 누구에게?

아 이: 엄마한테요.

치료자: 엄마가 휴가 중이고 며칠 뒤에 돌아오신다면?

아 이: 그럼 숙모에게 말하지요.

치료자: 얼마 지나서 말할 거니, 아니면 바로 얘기할 거니?

아 이: 학교 끝나자마자 바로 할 거예요.

치료자: 좋아, 그러면 되겠구나. 하나만 더 질문할게. 말해야 할지 안 해도 될지 잘 모를 때 네가 비밀로 하기로 했어. 그런데 얼마 지나 불안한 기분이 든다면 어떻게 할 거니?

아 이: 말할 거예요. 나쁜 느낌이 들 때는 해결할 방법을 찾아봐야 해요. 맞아요?

치료자: 정답이야. 나쁜 느낌이 든다는 것은 네가 말해야 한다는 신호와 같아. 나쁜 느낌이 들 때 너는 어떻게 할까? 나쁜 느낌이 있다는 신호는 뭐지?

아 이: 방문을 닫고 우는 거요.

치료자: 그럴 때는 엄마나 숙모에게 말하겠다는 말이니?

아 이: 그래요.

치료자: 엄마와 같이 대화했던 일 기억하지? 엄마도 네가 나쁜 일이 있을 때 얘기해 주기를 진정으로 원해. 엄마 마음을 알고 있니?

자기조절 개입법에서처럼 생각을 구체적인 행동과 상황으로 변경해서 교육하는 것이 가장 중요하다. 위 사례에서는, '나쁜 느낌' 을 '방에서 나오지 않고 우는' 구체적인 고통 신호로 변경했다. 그 후 2년 동안 아이는 방문을 닫고 울 때마다 그것이 신호임을 깨닫고 자신을 조절하려고 노력하면서 해결방법을 찾게 되었다. 역할놀이나 상상으로 고통 신호를 알아차리고 그것을 해결하는 행동을 연습하는 것도 도움이 된다.

외상 해결이 완료되기 전에 치료 종결을 해야 할 때

재발 방지와 손상 감소 전략은 완치 정도와 관계없이 모든 치료를 종결할 때 필수적인 부분이다. 치료는 이사, 보험문제, 가족의 경제 상황 등 여러 가지 이유로 중단될 수 있다. 종종 치료자의 최선에도 불구하고 외상 해결 단계를 거부하는 아이들도 있다. 치료 중단 이유에 관계없이, 치료자는 미래의 문제에 대한 대비를 해주어야 한다.

훌리오는 과테말라 내전으로 난민이 되어 7세 때 미국에 온 15세 소년이다. 그는 평균 이상의 지능을 가졌고 영어 실력도 우수하였다. 비행 청소년을 위한 시설에서 3개월 교정 프로그램에 참여 중이었다. 시설과 학교에서 생활도 잘했고, 친구들과도 친하게 지냈으며, 흥분하거나 규칙을 어기는 일도 없었다. 다만 시설을 나갔을 때 차를 훔치는 행동을 다시 하지 않을 거라는 확신을 하기 어렵다는 점이 유일한 문제였다.

훌리오는 다시 투옥되고 싶지 않아 치료에 협조적이었다. 장기 목표를 정하고 목표를 이루기 위한 노력도 열심히 했다. 외상 사건들을 말하고 싶지 않다고 했지만, 미국으로 이민 온 이유를 고려할 때 가까운 가족의 상실뿐만 아니라 폭행, 고문, 살인을 목격했을 가능성이 컸다. 앞서 외상 병력에 관한 부분에 나오듯이, 외상근거 사례 요약은 구체적인 자세한 사건 자체가 꼭 필요한 것은 아니다. 훌리오의 경우 개인 코치 단계를 마치고 용을 죽여야 할 때가 되었을 때 치료 난관이 나타났다.

훌리오: 싫어요. 나는 충격적인 사건에 대해서는 말하고 싶지 않아요.

치료자: 무슨 뜻이니? 너는 원하는 목표가 있고 진정으로 그것을 이루고 싶다고 말하지 않았니? 그래서 나는 네가 그 목표를 위해 최선을 다할 거라고 생각했는데…….

훌리오: 그건 맞아요. 나도 그렇게 하긴 할 거예요. 그렇지만 마음속의 울타리 뒤에 정신적 충격과 급소가 있다는 선생님의 설명을 듣고 어떻게 하면 되는지 알게 되었어요.

치료자: 무슨 뜻이니?

훌리오: 내가 울타리를 더 튼튼하게 만들어 그 일들 때문에 혼란스럽지 않도록 하고 싶어요.

치료자: 어떻게 그렇게 할 거니?

훌리오: 나대로 생각이 있어요.

치료자: 네 말은 나쁜 사건은 말하고 싶지 않다는 뜻 같구나. 너는 나쁜 사건들을 울타리 뒤에 숨기고 싶어 하는구나.

훌리오: 맞아요.

치료자: 그러면서도 목표를 이루고, 네가 말한 인생을 살고도 싶고?

훌리오: 그래요.

치료자: 울타리를 튼튼하게 만들어 기억나지 않게 하면서 동시에 목표를 이루겠다는 거네. 두 가지 일을 동시에 할 수 있다고 생각하는 것 같은데,

맞니?

훌리오: 맞아요.

치료자: 나는 조언을 하고 결정은 네가 할 일이야. 네 인생이니까 그렇게 하는 것이 맞아. 하지만 내 말을 좀 더 들어보고 결정해 줄래? 난 너와 똑같이 생각하는 아이들을 많이 만났고, 그중에 성공하는 아이들도 있었어. 그런데 문제는 대부분 성공이 일시적이었다는 거야. 새로운 스트레스가 계속 쌓이면 울타리를 아무리 튼튼하게 만들어도 결국은 다시 혼란을 겪고 처음 상태로 되돌아가 버리곤 했어. 나는 네가 그렇게 되길 원하지 않아. 그래서 네가 이번 단계를 진행해 주기를 원하고, 외상 기억을 처리해서 앞으로는 더 이상 상처받지 않았으면 좋겠어.

훌리오: 선생님 말씀은 잘 알겠지만, 나는 내 식대로 해 보고 싶어요.

치료자: 알았어. 그렇지만 나는 네가 언젠가는 울타리 뒤에 있는 기억을 해결하기를 바라고 있어. 마치고 나면 잘했다고 생각할 거야. 다만 시기는 네가 결정할 문제겠지. 내년이어도 되고, 20년 뒤라도 괜찮아. 네가 결정되면 언제라도 연락 주면 돼.

훌리오: 그럴 일은 없을 거예요.

치료자: 내가 걱정했던 결정을 하는구나. 앞으로 네가 나빠지지 않을까 걱정되지만 내 생각이 틀렸으면 좋겠어. 네 결정이 옳다면 1년 뒤에 너는 무엇을 하고 있을까? 어떻게 달라졌을 거라고 생각하니?

훌리오: 매일 학교도 잘 다니고 성적도 오르고, 방과 후에는 아르바이트도 하고 있을 거예요. 근사한 차를 봐도 운전하고 싶은 생각도 하지 않고요.

치료자: 말하자면 네가 정한 목표대로 생활하고 있다는 말이구나.

훌리오: 당연하지요.

치료자: 만약 내가 걱정하는 것처럼 그렇지 되지 않는다면? 울타리는 그렇게 튼튼하지 못해, 다시 나빠진다면 1년 후에 넌 어떻게 되어 있을까?

훌리오: 다시 차를 훔치고 학교에 빠지고, 숙모는 매번 잔소리를 하고…….

치료자: 만약 그렇게 된다면 어떻게 다시 마음을 잡을 거니?

훌리오: 그럼 다시 치료를 시작해서 선생님이 말씀하신 부분을 치료해야겠지요.

치료자: 치료자는 어떻게 찾을 거지?

훌리오: 숙모나 학교 상담선생님께 물어볼 거예요.

다른 치료자가 훌리오를 맡아 정동 내성을 증가시키는 외상 치료를 시도하게 될지도 모른다. 이런 방법이 더 좋을 때도 있다. 다만 1년 뒤에 훌리오를 담당하게 될 치료자가 외상 해결 기법을 알고 있다는 보장이 없다. 이 사례의 요지는 미래 일을 예측하자는 것이 아니라 치료 계획보다 조기에 종결된다 하더라도 아이에게 미래의 문제를 대비하도록 도와주어야 한다는 것이다.

치료 마지막 단계는 앞서 시도했던 방법들을 여러 측면에서 다시 반복하는 것인데, 이때의 초점은 현재가 아닌 미래다. 치료의 전반부는 현재의 안전성에 중점을 두고, 후반부는 내일, 다음 달 혹은 내년의 안전성에 초점을 둔다. 전반부는 주로 고위험 상황을 피하게 하고, 후반부는 미래의 고위험 상황을 벗어나게 하는 것이 목표다. 그리고 전반부의 초점은 매일의 일상생활을 잘 관리해서 좋은 결말을 얻는 것이지만, 후반부의 초점은 미래에 일어날 수 있는 문제를 예상하고 대비하는 것이다.

치료 종결

치료 종결은 언제 해야 할까? 다음의 요소를 고려해서 결정한다.

- 주 문제들이 소실되었다.
- 아이가 외상 기억을 회상해도 고통이 거의 없다.
- 아이가 외상과 관련된 자극인자에 거의 영향을 받지 않는다.
- 가족이 아이의 호전에 맞추어 적절한 긍정적인 반응을 한다.
- 아이가 긍정적인 미래상을 가지고 있고 그 방향으로 행동한다.
- 아이와 가족이 미래의 문제와 스트레스를 예상하고, 효과적으로 대처하기 위한 대비를 한다.

Chapter 19

문제 사례: 우화 모델을 적용하기

앞에서 우화 모델을 소개하고 우화 모델의 각 요소를 외상근거 치료 접근법의 각 단계와 관련지어 설명했다. 그리고 치료의 각 단계에 사용할 수 있는 다양한 개입법을 배웠다. 지금까지는 단계별로 교육했지만, 이제는 통합해서 전체적으로 우화 모델을 종합해 보려고 한다.

다음은 앞서 제시한 우화 모델이다. 알고 있겠지만 지나치지 말고 다시 읽어 보기 바란다. 많은 분들이 다시 읽으면 새로운 것을 느낀다고 했다. 천천히 읽기 바란다. 읽을 때 지난번과 같은 것이 무엇이고 달라진 것은 무엇인지 살펴보기 바란다.

다시 읽는 우화

옛날 옛날에 작은 마을 크기의 작은 왕국이 있었다. 그곳은 모든 것이 평화로웠다. 어른들은 일하고 아이들은 학교에 갔다. 교회나 절에 다니는 사람들도 있고, 다니지 않는 사람들도 있었다. 사람들은 주말이면 친구 집에 놀러 가고, 바비큐를 해 먹고, 게임을 하고, 파티를 열기도 했다. 대부분의 사람들은 서로 친하게 지냈다.

그러나 모두가 그런 것은 아니었다. 그렇게 세월이 흘러갔다. 아주 평화롭게.

그러던 어느 날…….

용이 나타났다. 용은 농부의 농장에 있는 소를 잡아먹었다. 어떤 날은 누구 집 앞뜰에 있는 개를 잡아먹었다. 사람들은 공포에 휩싸였다! 부모들은 아이들을 밖에 나가지 못하게 했다. 아이들이 말을 잘 듣지 않자, 부모도 용에게서 아이들을 안전하게 지키기 위해 집에 머물게 되었다.

곧 아무도 학교에 가지 않았고, 일하러 가는 사람도 거의 없어졌다. 모든 사람들이 용을 두려워하며 집에만 있었다. 그러던 중 사람들은 '다른 왕국에는 용이 없는데, 왜 우리 왕국에만 나타났을까?' 하고 궁금해하기 시작했다. 그 이유를 알고 싶었지만 아무도 모르다 보니 소문만 무성하게 떠돌았다. 한편의 사람들이 다른 편 사람들을 비난했고, 사람들이 집단으로 나뉘어 서로 비난하게 되었다. 곧 모든 사람들이 서로 비난하고 화난 상태가 되었다.

얼마 지나지 않아 이 왕국에 대한 평판은 나빠졌다. 다른 왕국의 사람들은 용에 대해서는 몰랐지만 그 왕국이 어떤 상황인지는 알고 있었다. 그들은 "그 왕국은 엉망이야. 어른들은 일하지 않고, 아이들은 학교에 안 가. 서로서로 만나지도 않고 서로 화만 내고 하루 종일 집에만 있다고 해. 모두 이상해졌어."라고 수군댔다.

그렇게 세월이 흘렀다. 그러던 어느 날…….

번쩍이는 갑옷을 입은 기사가 나타났다. 사실 그는 기사도 아니었고 무기도 없었다. 그냥 지나가던 청년이었다. 그러나 그 왕국 사람들은 그에게 특별한 능력이 있다고 생각했다.

"이보세요! 당신은 용을 죽일 수 있어요. 그 일을 할 사람이 바로 당신이군요!"라고 사람들이 외쳤다.

그 청년은 "미안합니다만 나는 용 사냥꾼이 아니에요. 사람을 잘못 봤습니다. 나는 사랑하는 공주를 찾는 중인데, 공주가 사는 왕국을 몰라서 이렇게 오랫동안 여행 중입니다."라고 말했다. 그는 공주가 그려진 그림을 꺼내 사람들에게 보여 주었다. "이렇게 생긴 공주를 본 적 없습니까? 어디에 살고 있는지 아는 사람 없나요?"

"알아요. 우리 공주님입니다. 여기에 살고 있어요. 이런 우연이 있을 수 있나! 공주님은 용을 죽이는 사람과 결혼하기를 원해요!"라고 사람들이 말했다.

그 말을 들은 청년은 "그래요? 그렇다면 내가 바로 그 사람입니다. 나를 용에게 데려다 주세요!" 라고 말했다.

사람들은 그를 용이 잠들어 있는 어두운 장소로 데려갔다. 용을 본 청년은 "오! 난 못해요! 나는 용을 처리할 수 없어요! 절대로 안 돼요! 이 용은 너무 크고 강해요. 비늘로 덮여 있고 숨쉴 때는 불이 나온다고요. 이 일은 없던 일로 합시다!" 라고 말했다.

그러자 사람들이 "당신은 할 수 있어요. 우리는 당신을 믿어요! 당신은 해낼 거예요. 연습해서 힘을 기르면 이길 수 있어요. 우리가 도와주고 개인 코치도 붙여 줄게요. 공주를 기억하세요!" 라고 말했다.

"오, 공주!" 청년은 공주와 사랑에 빠져 진심으로 그녀와 결혼하기 원했다. "알았어요. 잘 할 수 있을지 모르겠지만 노력해 볼 테니 결과는 두고 봅시다." 라고 말했다.

사람들은 그에게 개인 코치를 붙여 학교 운동장에서 연습하게 하였다. 그러나 청년은 집중할 수가 없었다! 연습을 시작하려다 갑자기 멈추고 주변을 살피곤 했다. 그는 밖에 있을 때 용이 나타나 자신을 잡아가지는 않을까 두려웠다. 그래서 연습에 집중할 수 없었으므로 이 방법은 전혀 효과가 없었다.

그래서 사람들은 그를 한쪽에 키 큰 나무들이 줄지어 있는 숲 끝 개척지로 데려갔다. 그러고는 개척지의 트인 편에 높은 울타리를 쳤다. 모든 사람들이 나무를 베고 쌓아 올려 튼튼하게 고정했다. 어떤 사람들은 음식을 준비했다. 아이들도 물을 나르거나 소식을 전하는 등 할 수 있는 일은 무엇이든 했다. 곧 높은 울타리가 세워졌다. 이제 청년은 연습에만 집중할 수 있게 되었다.

그 후로는 모든 것이 순조로웠다. 그는 매일 개인 코치와 함께 열심히 연습했다. 엎드려 팔굽혀펴기, 윗몸일으키기, 역도 연습, 쪼그려 뛰기 등 많은 운동을 하였다. 코치는 매일 1~2파운드씩 청년의 몸무게를 늘렸다. 그는 매일 조금씩 더 튼튼해지고 빠르고 날쌔졌다. 마지막에는 용으로 분장한 운동선수를 상대로 용을 죽이는 장면을 실제로 연습했다.

드디어 그날이 다가왔다. 청년은 준비를 마쳤고, 용이 살고 있는 어두운 곳으로 가서 싸워서 용을 죽였다.

청년은 공주와 결혼했다. 그러나 왕국의 분위기는 과거와 똑같은 상태로 돌아가지 않았다.

한 가지 이유는 이제 왕국에 영웅이 생겼다는 것이다. 다른 왕국의 사람들은 "그 왕국에 용 사냥꾼이 있다니, 우리도 그런 영웅이 있다면 좋겠어." 라고 말했다. 왕국의 모든 사람들은 자부심과 긍지를 가지게 되었다. 그들 모두가 힘을 모았고, 그들도 도움을 주었던 것이다.

그러나 사람들은 '왜 우리 왕국에 용이 나타났을까? 용이 다시 나타나지는 않을까?' 궁금해했지만 답을 찾지 못했다. 사람들은 용이 다시 나타나지 않을까 계속 걱정되어 원인을 알아내려고 전문가를 고용했다.

전문가는 왕국을 샅샅이 조사하였다. 그러고 나서 전체 회의를 열어 모든 사람들에게 결과를 알려 주었다. "당신들은 두 가지 문제를 가지고 있습니다. 쓰레기를 모두 한곳에 쌓아 두었더군요. 수마일 떨어진 곳까지 쓰레기 냄새가 퍼졌습니다. 용은 쓰레기 냄새를 맡고 왔습니다." 그래서 사람들은 각자의 집 뒤에 퇴비 곳간을 만들어 그곳에 쓰레기를 버리기로 결정했다. 그렇게 하자 냄새가 멀리 퍼지지 않아 용을 끌어들이지 않았고, 농사에도 도움이 되었다.

"또 다른 문제도 있습니다. 농장들이 있는 왕국의 주변 지대가 너무 낮고 평평합니다. 평지가 수마일 이상 뻗어 있더군요. 게으른 용이 기어 오기에 너무 좋은 지형입니다."라고 전문가가 말했다. 그래서 왕국 주위에 사과나무를 심기로 결정했다. 사과나무가 있으면 용이 쉽게 넘어올 수 없게 되고, 사람들이 사과를 좋아하기도 했다.

얼마 후 사과가 많이 열리자, 사람들은 또 다른 아이디어가 생각났다. 가을마다 모든 사람들이 참여하는 큰 사과 축제를 벌였고, 제일 맛있는 사과, 가장 큰 사과, 제일 맛있는 사과파이를 뽑는 대회를 열었다. 그 왕국에는 축제에 필요한 풍성한 음식뿐만 아니라 경기나 음악도 준비되었다.

축제의 절정은 토요일 밤에 용을 사냥하는 경기였고, 모든 사람들이 구경했다. 물론 살아 있는 용이 아니라 지난해 우승한 사람이 용 역할을 대신했다. 일 년 내내 왕국의 모든 청소년들은 다음 축제 때 우승하기 위해 열심히 훈련을 하였다. 용을 죽이는 축제의 마지막 밤은 정말 즐거웠을 뿐 아니라 다른 용이 나타나더라도 싸울 준비가 되어 있었다.

그 이후로 그들은 내내 행복하게 살았다.

앞에 나온 우화와 무엇이 달라졌을까? 똑같은 내용이다. 당신이 다르다고 느낀 부분은 무엇인가? 충분히 이해하고 읽었기 때문에 더 많은 요소를 발견했을 것이다. 외상 치료 접근법과 관련된 요소들을 더 많이 알고 있기 때문이다.

이 책의 대부분은 한 번에 한 단계씩 배우도록 구성되어 있다. 그래서 이 장에서는 우화 모델을 전체적으로 살펴보려고 한다. 다음은 우화 모델의 요약과 외상근거 접근법의 각 해당 요소를 연결 지은 것이다.

우화 모델 활용

당신은 이 접근법이 PTSD 또는 외상에 의한 문제를 가진 아이들만을 위한 개입법이 아니라는 것을 알아차렸을 것이다. 수련을 마친 많은 치료자들이 "좋은 치료법 같군요. 내가 진료하는 다른 환자들에게도 적용해 보고 싶습니다."라고 말했다. 그들은 이미 습득한 다양한 치료법에 병합해서 외상과 관련된 부분에는 이 기법을 활용하고 있다. 그러나 어떤 사례에는 그 이론이나 모델이 '최선' 일 때도 있지만 다른 사례에는 맞지 않을 때도 있다. 이 장의 목표 중 하나는 힘든 사례를 만났을 때 우화 모델이 그 사례에 적절한 기법이라면 어떻게 변형해서 최적으로 적용할 것인지를 알아보고자 하는 것이다. 다른 목표는 우화 모델을 더 숙달해서 완전히 체득하게 하려는 것이다. 당신이 치료에 대한 새로운 시각을 습득하려면 먼저 새로운 기법에 초점을 맞추어야 한다. 시간이 지나면 자연스럽게 우화 모델이 아닌 도움이 필요한 아이에게 초점을 맞추게 될 것이다. 그래서 완전히 숙달될 때까지는 우화 모델을 계속 연습하는 것이 중요하다. 그렇게 하다 보면 우화 모델에 집중하는 것이 아니라 우화 모델식으로 보게 될 것이다. 그렇기 때문에 연습이 필요하다.

우화 모델을 사용할 때는 이 모델에 따라 사례를 해석하고 순서대로 모든 단계를 시도하는 것이 항상 중요하다. 그러나 아이들 중에 이미 다른 기법의 치료를 시작했거나 다른 사람에게서 인계받은 사례들도 많을 것이다. 우화 모델을 시도하고 싶지만 여러 이유로 잘 진행되지 않는 사례들도 있을 수 있다. 또는 우화 모델을 적용 중이지만 정해진 순서대로 아이가 따라오지 않을 때도 있다. 어떤 일 때문에 갑자기 치료가 중단되어 다음에 만났을 때 지난번과 상태가 달라진 아이들도 있을 것이다.

당신은 아이에게 어떻게 되어야 한다고 강요해서는 안 된다. 그렇기에 아이의 현재 위치를 파악하는 것이 당신이 할 수 있는 최선일 것이다. 아이가 치료 모델의 어느 위치에 있는지를 안다면 어떤 도움을 주고 어떤 해결책을 선택할지를 결정할 수 있다. 다음은 각 치료 단계의 목표와 과제의 요약이다.

정신적 외상 치료의 우화 모델

ⓒ Ricky Greenwald 2003.

치료 단계	우화의 해당 부분
역량/자원들, 정신적 외상/상실 병력을 포함한 평가	나는 당신의 장점을 안다; 당신은 용을 죽일 수 있는 유일한 사람이다. 우리는 문제를 이해하기 위해서 용에 대해 알아야 한다.
동기유발 면담, 목표 설정	공주가 없다면 아무 소용이 없다.
정신적 외상근거 사례 요약과 정신건강 교육	성공할 수 있다는 희망을 가지도록 역량/자원들을 파악한다. 용을 고려하라. 그러면 문제들을 이해할 수 있다.
정신적 외상 관련 치료 계약	주변에 울타리를 쌓고, 더 강해져 용을 죽일 수 있도록 개인훈련을 권유한다.
안전성과 기타 필요한 요구에 대한 사례관리, 안전과 보호를 위한 부모교육	다시 공격받을 불안이 없도록 울타리를 쌓는다. 그렇게 할 때 과제에 집중할 수 있다.
정동조절뿐만 아니라 신체적 · 심리적 안전성을 위한 자기관리 기술 교육	기술과 장점을 증진할 수 있는 개인 교육훈련
정신적 외상 해결	용을 죽여라.
재발 방지와 손상 감소	용이 냄새를 맡지 못하도록 쓰레기장이 아닌 퇴비 곳간을 사용한다. 용이 침입하기 어렵도록 사과나무를 심는다. 용 사냥 경기를 위해 청소년들을 훈련시키고, 다른 용이 오더라도 싸울 준비를 갖춘다.

정신적 외상 치료의 단계

ⓒ Ricky Greenwald 2002.

1. 평가와 치료 계획	2. 안전성과 역량증진	3. 정신적 외상 해결	4. 성과 강화와 재발 방지
목표: 이해, 희망, 실천 약속	*목표: 안전성, 기술, 성공, 격려*	*목표: 정신적 외상을 처리하기*	*목표: 증상 해결, 미래의 문제에 대한 대비*
치료적 환경에서 안전성 수립: 규칙 설명하기, 선택권과 조절력 주기, 천천히 시작하기, 사건 얘기 제한하기	안전성, 보호, 불필요한 스트레스/자극인자 최소화를 위한 사례관리	처리할 정신적 외상 기억 순서 정하기	남아 있는 증상을 해결하기 위한 기술교육, 민감성 소실, 실제 상황에의 노출과 인센티브 계획
신중하고 조심스럽게 정신적 외상 병력 청취	아이의 안전과 보호를 위한 부모 교육	추가적인 안전성과 조절력	남아 있는 문제를 파악하고 해결하기
정신적 외상과 영향에 대한 정신건강 교육 제공하기	불안 증상을 조절하기 위한 자기관리 교육	노출 전략 시도하기: 표준적인 이야기하기, 적기, 그림 그리기/책 만들기, 지시적인 놀이치료 등	예상되는 문제 파악과 대처 전략 개발/연습
정신적 외상 근거 사례 요약 제공하기	자극인자/스트레스에 대처하고, 좋은 행동과 결과를 위한 자기조절 교육	노출, EMDR, 다른 정신적 외상 해결 치료법	
목표를 정하고, 동기 강화와 치료 집중을 위해 목표 활용하기	능력, 역량, 정동 내성을 증가시키기 위한 점차적으로 더 힘든 과제 제공하기	금고에 넣기, 이완, 진정하기	
치료 계약에 동의하기		재평가와 선택했던 기억에 대한 재노출	
		필요하다면 다른 기억에 대한 노출(또는 EMDR 등)	

연습: 우화 모델 활용하기

아래 사례를 보고 아이가 어느 위치에 있는지, 어느 단계의 치료가 필요한지를 연습한다. 치료자가 아이를 위해 무엇을 해야 하는지 생각한다. 앞의 '정신적 외상 치료의 단계' 를 참조해도 좋다. 기억할 점은 아이가 한 단계의 과제를 완성하지 못하면 다음 단계를 성공할 수 없다는 점이다. 간혹 여러 가지 이유로 몇 단계를 건너뛰거나 뒤로 후퇴해야 하는 아이도 있다. 이런 영역에서 정답이 있을 수 없지만, 사례 다음에 나오는 '참고 답안' 을 보고 연습하면 된다. 자신의 생각을 먼저 정리한 후에 참고 답안을 보라.

- 사례 1: 10세 소녀는 두 번 외상 치료를 받았고 잘 진행되었다. 다음 치료에 왔을 때 초기 평가시간에 특별한 문제를 표현하지는 않았지만 화나고 퉁명스럽게 보였다. 치료자가 지금까지 치료에 협조해 주어서 고맙다고 격려하며 혹시 빠트린 일이 없느냐고 물었지만 없다고 했다. 치료자는 아이의 목표를 다시 상기시키고 치료를 하면 목표를 이룰 수 있다고 설명했다. 소녀는 "나는 더 원하지도 않고 또 하고 싶지도 않아요."라고 말했다. 현재는 치료의 어느 단계인가? 그 단계라면 치료자가 해야 할 일은 무엇인가?
- 사례 2: 9세 소년은 학교에서 친구를 놀리고 때리는 공격적인 행동과 또래관계 문제로 치료 중이다. 첫 2회기 동안 관계를 형성하고 잘 진행된 듯했다. 3회 때 치료자가 자기조절 기술을 교육하려 했지만 비협조적이었고, 게임을 하고 나서 하겠다고 해 놓고선 게임을 마친 후에도 몇 분만 마지못해 집중했다. 치료자는 아이에게 "너를 위한 치료인데 너보다 왜 내가 더 신경을 써야 하니?"라고 불평했다. 현재는 치료의 어느 단계인가(또는 어느 치료 단계가 빠졌는가)? 그 단계라면 치료자가 해야 할 일은 무엇인가?
- 사례 3: 17세 소년이 비행문제 때문에 법원명령으로 치료받고 있다. 초반 몇 회기 동안 협조적이고 긍정적인 장기 목표를 위해 열심히 노력하는 듯했다. 그러나 치료자가 치료 계획을 설명하자, "필요 없어요. 상담하지 않을래요."라며 거부했다. 목표를 상기시키자, 소년은 "나 혼자 할 수 있고, 이제 아무 문제도

없어요."라고 말했다. 현재는 치료의 어느 단계인가(또는 어느 치료 단계가 빠졌는가)? 그 단계라면 치료자가 해야 할 일은 무엇인가?

- 사례 4: 할머니가 13세 손자의 치료를 요청했다. 할머니는 아이에게 낮은 에너지, 신경과민, 항진된 놀람 반응, 수면에 대한 공포 등과 같은 외상후 스트레스 증상들이 있다고 했다. 수면 중에 쥐에게 물린 일이 유발 사건이었다. 아이가 잠들 때까지 옆에 있어 주거나 쥐가 보이면 막대로 쫓아 버리곤 했지만, 어느 날 깜박 잠든 틈에 물렸다며 할머니는 죄책감을 호소했다. 몇 년 동안 쥐 문제를 해결해 달라고 요구했지만 건물 주인이나 시에서 아무 대책도 세우지 않았다고 했다. 그래서 아이에게 외상후 스트레스 증상이 발생했다. 현재는 치료의 어느 단계인가(또는 어느 치료 단계가 빠졌는가)? 그 단계라면 치료자가 해야 할 일은 무엇인가?
- 사례 5: 15세 소녀가 학교에서 옷을 벗을 때 팔에 난 상처를 본 친구가 상담교사에게 보고했고, 그래서 상담교사가 그 소녀를 데리고 왔다. 교장선생님이 부모에게 알렸고, 치료자는 아이의 안전과 보호를 위해 어떤 조치가 필요하다고 생각했다. 현재는 치료의 어느 단계인가(또는 어느 치료 단계가 빠졌는가)? 그 단계라면 치료자가 해야 할 일은 무엇인가?
- 사례 6: 14세 소녀는 지금까지 치료를 열심히 했고, 지난 시간에 가장 고통스러운 기억에 대한 외상 해결 치료를 했다. 기억 목록은 4개의 외상 사건이었고, SUDS는 모두 8점 이상이었으며, 지난 시간에 처리한 기억은 그중에서도 첫 번째 사건이었다. 다음 회기 때, 아이는 그 기억이 더 이상 고통스럽지 않다고 했다. 치료자가 목록의 다음 기억을 처리하자고 권유했으나, 아이는 이제는 기억이 힘들지 않고 SUDS도 0점이라고 했다. 그 기억에 집중시켜 확인했지만 고통은 없다고 했다(아이들은 생각하고 싶지 않을 때 0점이라고 하기도 한다). 목록의 다른 기억도 검토했지만 모두 괜찮다고 했다. 현재는 치료의 어느 단계인가(또는 어느 치료 단계가 빠졌는가)? 그 단계라면 치료자가 해야 할 일은 무엇인가?

참고 답안

사례 1

- 치료 단계: 오늘은 외상 치료 단계가 아닌 것은 분명하다. 사례 요약, 동기 요소, 치료 계약은 이미 완료된 것으로 보여서 문제는 다른 곳에 있는 것 같다. 아이는 목표에 더는 관심 없다고 말하지만, 치료자는 아이가 관심 있다는 것을 알고 있다. 어떻게 된 일일까? 아이가 안전을 위협받거나 보호받지 못한다고 느낀 어떤 일이 있었을 가능성이 있다. 이 단계는 안전성과 역량증진 단계인 것 같다.
- 개입법: 치료자는 아이의 마음을 불안하게 하는 일을 파악해서 처리하도록 도와주어야 한다.
- 다음 이야기: 며칠 전에 사소한 문제 행동으로 화가 난 어머니가 다시 그런 행동을 하면 수양부모 집으로 보내겠다고 위협한 일이 있었다. 치료자는 어머니와 면담을 하였고, 어머니는 화나서 실수로 그랬던 것이지 실제로 그렇게 할 생각은 없다고 아이에게 설명했다. 아이는 '주변에 울타리' 를 보완하자 다시 안정감을 획득하였고, 다음 치료시간에 외상 해결 치료를 계속하였다.

사례 2

- 치료 단계: 아직 우화 모델의 첫 단계에 있다. 치료자는 역량증진을 준비 중이지만 시도할 수 있는 토대가 없는 것 같다. 치료자가 아이보다 더 열심히 하고 아이가 원하는 것 이상을 바라게 될 때는 대부분 공주가 분명하지 않은 것이 원인이다. 지금 아이의 유일한 목표는 게임을 하며 재밌게 보내는 것인 것 같다. 그래서는 안 된다. 아이가 치료와 관련된 목표, 즉 치료를 해야 할 어떤 의미 있는 이유가 없다면 치료 효과를 기대할 수 없다.
- 개입법: 평가 단계가 완료되었다면 치료자는 아이가 무엇이 좋아지기를 원하는지 확인해서 그 목표를 달성할 수 있는 치료 활동에 대한 치료 계약을 맺어야 한다. 그러나 이 사례의 치료자는 우화 모델을 전혀 따르지 않은 것 같다. 처음부터 다시 시작하는 것이 최선이며, 그렇지 않으면 계속 문제에 봉착하게 될 것이다.

사례 3

- 치료 단계: 사소한 듯하지만 중요한 것이 하나 빠졌다. 이 소년은 자신과 목표 사이에 놓여 있는 난관과 장애물은 전혀 고려하지 못하는 것 같다. 자신은 목표를 향해 잘 가고 있고 어떤 장애물도 없다고 생각하는데, 치료자가 왜 필요한가?
- 개입법: 치료자는 잠재적인 장애물을 강조해야만 한다. 8장에 기술된 두 가지 방법을 활용하면 된다. 첫째, 도박 은유와 "다른 사람들이 네가 그렇게 못한다는 데 돈을 건다면 이유가 무엇일까?" 란 질문을 통해 역량과 장애물에 대한 목록을 작성한다. 그다음에 문제 행동 사이클을 작성하면 시각화를 통해 외상 병력이 취약성의 원인임을 이해하게 된다. 아이가 예상되는 장애물이 있다는 것에 동의하면 직면하게 될 문제를 극복하기 위해 치료의 필요성을 받아들이게 될 것이다.

사례 4

- 치료 단계: 다른 사례들과 좀 다른 측면이 있다. 평가 전 단계이며 평가 전에 긴급한 사항을 먼저 고려해야 할 사례다. 아이에게 수면에 대한 공포가 있고 비슷한 환경에 처한 사람이라면 누구라도 이런 증상이 나타날 수 있다는 것은 당연하다. '안전성 우선' 이 원칙이며, 다른 어떤 것보다 안전성 확보와 생활환경의 개선이 시급하다.
- 개입법: 첫째는 안전성이다. 치료자는 할머니를 주택 담당 공무원에게 소개해 주었고, 할머니가 몇 주에 걸쳐 더 안전한 거주지로 옮기는 절차를 밟는 동안 계속 연락을 유지했다. 새로운 집으로 옮긴 후에 평가를 위해 아이를 만났다. 새집으로 옮기자 아이의 증상은 완전히 소실되었다. 응급 상황과 재난 상황에서 흔히 볼 수 있는 사례다. 초보자는 사건을 표현하라거나 느낌을 묻기도 하지만, 진짜 필요한 것은 현실적인 부분이다. 위기에 처한 사람들은 앞으로 어떻게 되고, 사랑하는 사람이 어디에 있으며, 먹고 자고 지낼 곳이 어디인지가 주된 관심사가 된다. 안전과 생존이 일차적 문제다. 최선의 '정신건강' 개입법은 담요, 빵, 중요한 정보를 제공하는 것이다.

사례 5

- 치료 단계: 이런 상황에서 대부분의 치료자는 자살 위험성에 대한 평가를 하도록 교육받았을 것이다. 자살 사고, 자살 사고의 강도, 계획, 수단에 대해서 질문한다. 당신도 같은 의견이었다면 괜찮은 편이다. 대부분이 그렇기 때문이다. 그렇지만 나는 처음 만난 사람에게 이런 식의 질문을 하는 것은 너무 과도하지 않을까라는 생각을 한다. 총알은 그냥 지나치지 않는다. 반드시 상처를 남긴다. 지금 아이가 칼을 쥐고 있는 것도 아니다. 자살 가능성을 염두에 두고만 있어도 될 것 같다. 내 말의 요지는 지금은 첫 만남이고 평가 단계의 시작이라는 것이다. 다른 아이처럼 현재 어떤 문제가 있을 것이다. 첫 만남에서는 특정한 현재 문제를 파악하는 데 대부분의 시간을 투자하는 것이 바람직하다.
- 개입법: 먼저 치료와 규칙을 소개하고, 좋아하는 색깔 등을 묻는 것으로 시작한다. 치료자는 첫 면담을 1시간 30분 동안 진행했고, 가족, 발달력, 의학적 병력, 학교생활, 외상/상실, 가장 즐거웠던 시기 등을 파악했다. 시간이 지나면서 치료자가 편안하게 느껴지게 되자, 아이는 지난 주말에 남자친구의 헤어지자는 말에 화가 나서 칼로 팔에 상처를 냈다는 말을 했다. 낯선 성인 남성을 경솔하게 만나지 않겠다는 안전성 약속을 했고, 치료자는 그 말을 믿었다. 아이는 그 약속을 지켰고 치료를 계속해서 건강하게 되었다.

사례 6

- 치료 단계: 임상에서 이런 문제는 자주 발생하고 또 사실일 경우도 있다. 치료자의 예상보다 외상 해결이 빨리 완료된 것처럼 보인다. 어떻게 해서 이렇게 되었을까? 무슨 일이 있었던 것일까? 세 가지 가능성이 있는데, 모두 서로 관련되어 있다. 첫째, 목록에 있는 외상 기억은 흔히 '급소' 반응이기 때문에 최근의 사건 자체보다 초기 사건과 관련되었을 가능성이 크다. 그래서 초기 사건이 소화되고 더 이상 고통스럽지 않게 되면 이후 사건들에 대한 반응(남아 있는 '급소'와 관계없는 반응)은 사소해지고 의미도 없어진다. 둘째, 하나의 외상 기억을 완전히 처리하면 그 효과가 어느 정도 다른 외상 기억으로 전달되어 동시에 감소한다. 항상 그런 것은 아니지만 종종 경험할 수 있다. 이런 효과가 있다 하더라도 흔히 다른 외상 기억들도 처리해야 한다. 대개 첫 번째 기억을 처리했기 때

문에 다음 과정은 훨씬 쉽다. 셋째, 아이의 생활환경이 바뀌어 최근 외상 기억이 더 이상 문제되지 않을 수 있다. 한 예로 14세 때 '투옥된' 사건의 SUDS가 10점인 청소년이 있었다. 그런데 치료를 할 단계가 되자 2점으로 떨어졌다. 그 이유를 묻자, 아이는 "요즘 이렇게 잘 지내는데 다시 투옥될 리가 있겠어요."라고 말했다.

• 개입법: 증상과 문제가 소실되었는지, 아니면 적극적으로 치료할 부분이 남아 있는지 확인하는 외상 해결의 재평가가 필요한 시점으로 생각된다. 내가 치료자라면 적어도 몇 주 동안은 치료하지 않았던 외상 기억에 대한 SUDS 점수를 재평가해 볼 것이다.

우화 모델의 중요성

사례를 통해 아이들은 말과 행동으로 당신에게 현재의 위치를 알려 준다는 것을 배웠기를 바란다. 아이들은 당신이 예상하고 기대하는 위치에 있지 않는다. 그러나 아이들은 당신에게 단서를 남겨 두게 되고, 당신은 그런 단서를 바탕으로 우화 모델을 활용해서 어떤 도움이 필요한지를 파악할 수 있다. 간혹 응급 사건이나 생활의 변화로 급진전하기도 하고 후퇴하기도 한다. 또는 치료자가 한두 단계를 건너뛰었다가 후반부에 가서 자신이 원하는 방향으로 아이가 따라오지 못하거나 거부하는 등 대가를 치를 때도 있다.

나는 오랫동안 외상 치료를 지도감독하고 자문하면서 치료적 난관에 봉착하는 일이 흔하다는 것을 알게 되었다. 그러나 교육을 받고 있는 치료자에게 시간 내에 전체 치료 시스템을 반복해서 교육하기가 어려웠고, 이것이 내가 이 책을 집필한 이유 중 하나다. 이 기법은 배우기가 힘든 것은 아니지만, 그렇다고 속성으로 배울 수도 없다. 다음은 우화 모델에 대해 치료자들이 호소하는 전형적인 문제들이다.

치료자: 무슨 뜻인지는 알겠지만 뭘 해야 할지, 어떻게 진행해야 할지 모르겠습니다.

지도감독자: 사례 요약과 치료 계획은 무엇인가요?

치료자: 아이가 치료를 계속하도록 노력 중이지만 내가 강요하는 것은 아닌지 걱정됩니다.

지도감독자: 치료로 획득할 수 있다고 생각하는 아이의 목표는 무엇인가요?

치료자: [EMDR, 노출]에 적합한 사례 같지만 아이가 충분히 준비되었는지 잘 모르겠습니다.

지도감독자: 대처 기술과 정동 내성을 위한 기술을 습득시켰나요? 최근의 가벼운 사건을 대상으로 외상 해결 기법을 시도한 적은 있습니까? 당신에게 외상/상실 병력이 있나요? 목록 중에서 초기 (또는 낮은 SUDS) 외상을 대상으로 먼저 시도해 보는 것은 어떨까요?

치료자: 가족환경을 고려할 때 내가 아이에게 도움 될지 잘 모르겠습니다.

지도감독자: 그럴 때도 있지만 먼저 부모를 만나 예측 가능하고 지지적인 환경을 만들도록 상의해야 합니다.

이러한 예를 포함해 많은 사례들에서 치료자가 단계를 건너뛰었기 때문에 곤란에 처하고 길을 잃어버리는 일이 많다. 사례 요약 없이 치료 계획을 세워서는 안 된다. 아이에게 치료가 도움이 된다는 확신이 서는 목표가 정해지지 않았다면 치료 계획을 세워서는 안 된다. 아이의 환경이 위협적이고 안전하지 않다면 아이에게 목표를 위한 치료 활동에 집중하라고 요구해서는 안 된다. 역량증진 없이 외상 해결을 시도해서는 안 된다.

우화 모델은 종합적인 시스템이며, 그래서 만반의 준비가 필요하다. 빠트리지 않고 순서대로 단계를 밟을 때, 아이는 준비를 갖추고 다음 단계로 진행할 수 있다. 물론 다른 아이들보다 단계를 빨리 습득하는 아이들도 있다. 인생이 그러하듯이, 모든 아이들이 항상 순서대로 따라오는 것은 아니다. 그렇지만 순서대로 진행하고 모든 단계를 거칠 때 성공할 가능성이 커진다. 당신의 생각대로 치료가 진행되지 않는다면 우화 모델을 사용해서 문제를 파악하고 방향을 새로 정하기 바란다.

연습: 우화 모델을 이용한 사례 자문

당신 마음속에 현재 떠오르는 문제 사례를 하나 생각해 보자. 반드시 '외상 사례' 가 아니어도 좋다. 혼자라면 뒤의 '사례 자문 기록지' 를 복사해서 각 부분을 기록한다. 집단이라면 한 분이 생각한 사례를 말하고, 다른 분들은 기록지를 기록하고 자문 치료자 역할을 한다.

순서대로 기록하는 것이 원칙이며, 질문이나 조언을 해서는 안 된다. 당신 자신의 사례에 우화 모델을 연습하는 것이 목표 중 하나다. 우화 모델에 충실한다면 훌륭한 자문을 제공할 수 있을까? 당신의 궁금증에 대한 답을 모두 얻게 될까? 당신의 조언은 모두 우화 모델에 근거한 것인가?

또 다른 목표는 당신이 가진 치료에 대한 기존의 시각에 우화 모델을 통합시켜 체계적인 방식으로 모델의 사용을 연습하는 것이다. 떠오르는 질문이나 의견에 신경 쓰면 새로운 방법을 시도할 수 없고, 그러면 새로운 방법을 배울 수 없게 된다. 순서대로 진행한다면 지금 바로 우화 모델을 사용하게 되는 것이다. 끊임없는 연습을 하다 보면 당신의 질문과 의견에 대한 답을 얻게 될 것이다. 질문이 생각나면 메

모해 놓고 답을 얻을 때까지 간직하기 바란다.

토론을 위한 질문

사례 발표자에게

사례 발표가 당신에게 도움이 되었나? 존중받고 지지받는다는 느낌이 들었나? 자문이 사례를 이해하는 데 도움이 되었나? 자문을 통해 뭘 해야 할지 아이디어를 얻었나? 우화 모델이 사례에 적합했나?

지도감독자 역할을 한 분(들)에게

자문 경험이 당신에게 도움이 되었나? 궁금한 모든 질문을 했나? 당신의 의견을 모두 전달했나? 기록지에 당신의 질문과 의견에 해당하는 부분이 있었나?

참고문헌

Marlatt, G. A. & Gordon, J. R. (1985). *Relapse prevention: Strategies in the treatment of addictive behaviors.* New York: Guilford Press. 고전적인 저서다.

사례 자문 기록지

요 약

1. 사례 발표자가 요약한다(약 2분 정도):
   - 아이 연령, 성별, 가족 상황/상태, 학교/직업/생활환경/상황
   - 현재의 주된 문제/증상들: 약간 자세하게
   - 치료력: 지금까지 치료를 몇 회? 각 치료시간에 어떤 치료를 했는가?

2. 지도감독자는 자세한 질문을 통해 순서대로 사례 요약을 완성한다.

   옛날 옛적에-역량/자원들:

   그리고 용이 나타났다-외상/상실 병력:

   부정적인 믿음들:

   축적된 감정들:

   자극인자 있을 때(주제와 예):

   자극인자가 급소를 건드리면 부정적인 믿음과 축적된 감정들이 자극되어 견딜 수 없을 정도로 커진다. 아이는 그런 믿음과 감정을 제거하기 위해 어떤 해결책을 사용한다:

3. 지도감독자는 순서대로 각 단계에서 무엇을 완료했는지 질문한다. 순서대로 조언이 있으면 기록한다.

정신적 외상근거 치료: 개입법 순서

ⓒ Ricky Greenwald 2004.

<u>**우화 모델 치료 단계**</u>

평가

- 치료 준비: 치료의 목적, 치료 활동들
- 규칙/기대/동의
- 관계 형성/신뢰 수립

<u>**옛날 옛적에. . .**</u>

- 역량/자원들, 내부와 외적인 요소(기사와 왕국)
- 병전 기능 정도와 문제 병력

<u>**용**</u>

- 정신적 외상/상실 병력(그 후 심호흡 그리고 안전지대 등)

<u>**공주**</u>

- 동기유발 면담/목표 설정
  - 장기 목표들(특히 청소년); 단기 목표도 함께
  - 현재에서 목표로 가는 실제적인 단계들
  - 나쁜 결말이라면 어떻게 되어 있을까?
  - 목표를 뒷받침하는 역량/자원
  - 좋은 결말을 방해하는 장애물들
- 정신적 외상근거 사례 요약과 정신건강 교육

기억하시오: 사례 요약 + 공주 = 치료 계약

- 정신적 외상 관련 치료계약:
  - 주변의 울타리, 개인 코치 교육, 용 죽이기
  - 안전성과 보호를 강화하기, 고위험/자극인자 상황 피하기, 안정화, 자기조절 기술, 정신적 외상 해결

안전성, 안정화

주변의 울타리

- 안전한 거주지, 적절한 의료 제공, 적합한 교육시설 등과 같은 사례관리
- 가정에서 일과의 규칙성, 지속적/지지적 훈육 등과 같은 부모교육
- 위험한 상황 피하기/예방하기
- 따돌림과 괴롭힘을 해결/제한하기
- 가능하다면 자극인자/급소 상황을 포함한 '고위험' 상황 피하기

기술 수립, 역량증진

개인 코치 교육

- 자기 안정/진정을 위한 안전지대, 심호흡 등
- 불안을 위한 자기조절 교육
- 공포를 극복하기 위한 실제 상황에의 노출
- 행동조절을 위한 선택이 결과를 낳는다('문제 도식화'와 함께).
- 습관 향상을 위한 인센티브 체계

정신적 외상 해결

용을 죽이기

- 노출 소개하기(또는 EMDR, CPT, 다른 정신적 외상 해결 활동)
- 목표 기억들 순서 정하기(작은 고통부터 시작!)
- 기억 조각내기(필요하다면)
- 노출하기(또는 다른 방법)

치료 회기 끝에

- 불안전하게 처리된 기억을 금고에 넣기
- 간략한 소감, 진정 활동, 안정을 찾을 수 있는 도움

다음 치료 회기 때

- 같은 기억으로 처리를 계속한다.
- 그 기억이 완료되면 다음 기억으로 넘어간다; 모든 기억이 처리될 때까지 계속한다.

성과의 강화

공주와 결혼하기

- 급소가 더 작아졌을 때 사례관리와 자기조절 연습을 다시 한다. 일상생활 기능이 좋아질 수 있을 때까지 호전시킨다.

재발 방지와 손상 감소

퇴비; 사과나무 심기; 용 투사 훈련하기

- 예상되는 미래의 문제를 대상으로 사례관리와 자기조절 연습을 다시 한다. 특히:
  - 고위험 상황 피하기/예방하기
  - 문제 상황에 대한 대처방법 준비시키기
  - 나쁜 일이 일어날 경우, 신호를 자각해서 악화되기 전에 스스로 조절하는 방법

제6부

24/7[3]-일상생활에서 아이 도와주기

6부를 이해하려면 1~4장까지 1부를 먼저 읽어야 한다. 6부는 특히 아이들과 '일상생활'을 함께하는 사람들을 위한 내용이다. 당신이 부모(혹은 수양부모와 입양부모) 또는 아동보호시설, 주간치료보호소, 학교, 캠프, 쉼터, 교정 프로그램 시설, 기타 프로그램의 담당자라면 아이의 치료에서 가장 중요한 사람은 바로 당신이다.

아이들이 일상생활에서 경험하고 배우는 일들은 매우 중요하다. 모든 치유가 치료시간 안에 일어나는 것은 아니다. 실제로 치료시간 중에 일어나는 호전은 나머지 일상생활에서 어떻게 지내는가에 크게 달렸다. 생활 속에서 더 안전하고 보호받고 강해지고 성공적인 경험을 하는 아이일수록, 치료에 적극적으로 참여하고, 상처를 회복하고, 적극적으로 미래를 개척해 나갈 가능성이 크다.

당신은 아이와 친밀한 관계를 가지고 보내는 시간도 많기 때문에 아이에게 영향력이 큰 특별한 사람이다. 아이와의 친밀한 관계일 뿐 아니라 함께 지낸다는 이유로 정서적인 투자—때때로 정서적인 과잉반응—를 많이 해야 한다는 특별한 어려움도 있다. 6부는 아이들이 더 안전하고 보호받도록 도와주는 방법과 더 강해지고 성공 경험을 제공하는 방법에 대한 지침이다. 이런 방법

3) 역주: 24/7은 '하루 24시간, 1주 7일 동안'을 나타내는 것으로 '1년 내내, 언제나'라는 의미다.

들은 아이들에게 도움이 될 뿐만 아니라 당신의 과잉반응을 조절하는 데도 도움이 될 것이다.

이상적이라면 당신은 우화 모델을 사용해서 외상근거 치료나 유사한 치료 기법을 제공하는 치료자와 협력하고 있을 것이다. 당신이 아이의 치료 참여를 적극적으로 지지하고 아이의 일상생활에 대한 정보를 치료자에게 제공한다면 치료는 더 효과적으로 진행될 것이다. 아이들이 안전하고 보호받고 일상생활에서 성공적인 경험을 하게 도와주는 것 또한 치료를 촉진한다. 당신이 아이를 위해 노력하고 있는 것도 치료자에게 설명해 주기 바란다. 그러면 치료자는 아이와 관련된 문제를 해결할 수 있는 조언이나 도움을 줄 것이다.

우화 모델을 근거로 할 때 아이의 일상생활에서 꼭 필요한 성인의 중요한 역할들은 다음과 같다.

Ⅰ. 평가와 치료 계획

A. 목표: 이해, 희망, 실천 약속

1. 아이를 치료에 데려오기
2. 치료에서 정보 제공하기
3. 아이와 부모/대리 보호자 사이의 애착 재형성 과정에 협조하기
4. 아이의 치료 참여에 대한 지지 표현하기
5. 치료에의 적극적인 참여

Ⅱ. 안전성과 역량증진

A. 목표: 안전성, 기술, 성공, 격려

1. 아이에게 더 안전하고 보호받을 수 있는 지지적인 환경 제공하기
2. 아이가 효과적인 대처 기술/다른 좋은 습관과 행동을 발달하도록 도와주기

Ⅲ. 정신적 외상 해결

A. 목표: 정신적 외상 처리하기

1. 아이가 치료에 집중하도록 지지적인 환경 유지하기

Ⅳ. 성과 강화와 재발 방지

A. 목표: 증상을 해결하고 미래의 문제에 대비시키기

1. 아이와 치료자에게 협조해서 남아 있는 문제를 해결하고, 좋은 습관과 기술들을 향상시키기
2. 아이와 치료자에게 협조해서 미래의 문제들을 예상하고, 적절하게 계획해서 대비하도록 도와주기

요약하면, 아이와 함께 지내는 성인은 외상 사건과 상실을 치료하고 회복하는 모든 단계에 적극적으로 참여할 필요가 있다. 아이를 치료에 데려오는 것과 같은 현실적인 치료 협조가 필요하다. 그렇지만 성인의 일차적인 역할은 아이를 위한 안전하고 지지적인 환경을 제공하는 것과 아이가 자기조절 기술을 배우고 연습하도록 도와주는 것이다. 6부는 이런 부분에 대한 내용이다.

Chapter 20
안전한 환경 만들기

치료 초기부터 지속적으로 필요한 것 중 하나는 아이에게 안전한 환경을 제공하는 것이다. 당신이 아이들에게 바라는 것은 다음과 같다. ① 과거에 나쁜 사건이 있었지만 지금은 괜찮다는 느낌이 들고, ② 과거에 나쁜 성인이 고통을 주었지만 다시 성인을 신뢰할 수 있다는 생각을 하고, ③ 증상과 환경이 좋아지고 있기 때문에 앞으로 계속 좋아질 것이라는 기대를 하는 것이다. 그렇기에 안전한 환경은 매우 중요하다.

지금은 괜찮다

아이가 나쁜 사건을 '극복' 하려면 나쁜 사건이 실제로 지나가서 과거 일이 되었다는 것을 믿을 만한 이유가 있어야 한다. '지금은 괜찮다' 는 말은 진실인가? 오직 진실일 때만 아이는 현재로부터 과거를 분리해서 회복될 수 있다는 생각을 하게 된다. 진실로 지금은 괜찮은가? 아니면 과거의 문제들이 반복해서 '재현되고' 있는가? 아이들은 지금은 모든 것이 달라졌다고(그리고 더 좋아졌다고) 실제로 믿을 수 있을 때만 경계심을 풀고 치료에 집중할 수 있다. 아직도 위험한 전쟁터에 있다는 느낌이 드는 한, 그들은 방어적이 되고 생존에만 집착하게 될 것이다.

10세 소녀는 돌보는 사람(지금은 교도소에 있다)에게서 성폭행을 당했다. 오빠가 소녀를 계속 놀리고 장난감을 빼앗곤 했지만 부모가 제재하지 않고 그냥 두었다. 소녀는 강한 사람이 시키는 것은 따라야 한다는 강자에 대한 무력감을 느끼고 있었기에 매일 반복적으로 성폭력을 당하는 느낌을 받았다.

5세 소년은 아버지가 자신을 싫어해서 가출했다고 생각하였다. 그러나 아이는 아무 잘못도 없었다. 놀이터에서 친구들이 아이를 놀리고, 너는 둔하고 바보 같아 같이 안 놀아 준다고 놀리곤 했다. 아이는 일상생활에서 매일 반복해서 버림을 받았고, 그런 경험은 자신에게 어떤 잘못이 있다는 생각을 강화시켰다.

12세 소년은 9세 때 이웃 사람에게 성폭력을 당했다. 아이에게 ADHD가 있었으나 치료를 받지 못했다. 소년은 학교에서 친구들은 잘하지만 자신은 해도 안 된다는 심한 좌절감을 느꼈다. 그래서 스스로 무기력하고 무언가 부족하다는 생각을 계속하게 되었다.

15세 소녀는 아무도 보살펴 주지 않고 방임을 당한 나쁜 경험을 많이 했다. 현재 아동보호시설에서 지내고 있다. 시설에서 청소 등 허드렛일을 하지 않거나 친구들과 몰래 담배를 피우면 직원들이 자신을 쫓아낼 거라고 생각했다. 아이는 자신이 성인에게 보호받을 가치가 없는 하찮은 사람이라고 계속 생각했다.

안전한 성인도 있다

외상/상실을 경험한 아이들을 볼 때 안타까운 점 중 하나는 성인이 자신을 보호하지 않고 나쁜 사건에서 지켜 주지 않은 경험을 했다는 것이다. 보호와 지도를 해야 할 성인이 오히려 상처를 준 것이다. 그래서 많은 아이들이 성인에 대한 신뢰를 잃고 자신에게(그리고 종종 친구들에게)만 의지하려 한다. 그런 아이를 이해할 수는 있다. 그렇지만 아이식의 해결책은 좋은 방법이 아니다! 왜냐하면 아이들은 성인의 사랑, 보호, 지도가 계속 필요하기 때문이다.

당신이 아이들의 이런 감정을 조절하고 안전감을 다시 줄 수 있을 때 건강한 변화가 일어난다. 당신이 아이들에게 안정감을 줄 때 아이들의 눈 속에서 당신에 대한 믿음이 되살아나는 것을 느낄 수 있을 것이다. 그럴 때 아이들은 성인을 다시 신뢰하고, 성인을 사랑과 보호와 지도를 해 주는 존재로 받아들이기 시작한다. 아이들은 기꺼이 다시 애착하려고 할 것이다. 아이들은 건강한 성인에게 마음을 열게 될 때 건강한 발달 경로로 다시 돌아오게 된다.

상황이 좋아졌다

아이들은 경험을 통해 배운다. 나쁜 사건이 발생하면 앞으로 더 나쁜 일들이 생긴다고 느낀다. 그다음부터 아이들은 스스로 좋은 일이 일어날 리 없다고 자학하게 된다. 기대하지 않으면 실망도 없기 때문이다. 그런데 문제는 희망을 품지 않으면 좋은 일을 기대하지 않게 되고, 그러면 학교와 치료에 최선을 다하지 못하게 된다는 것이다. 왜 그렇게 될까? 아마도 실제로 지루하거나 어려워서 그럴 수도 있고, 좋은 일이 전혀 없었기 때문에 그럴 수도 있다.

아이들은 안전하고 보호받는다는 느낌을 받을 때 건강한 변화가 일어난다. 그런 변화 자체가 좋은 것이다! 그것을 통해 새로운 경험을 한다. 상황이 좋아졌다—좋아질 수 있다—는 것을 알면 비관적인 상태로 있을 수 없다. 곧 희망이 자라나기 때문이다.

아이들은 희망을 느끼면 문제를 해결하고 더 강하게 되려고 최선을 다한다. 더 좋아질수록 성공 경험이 더 많아지고, 그렇게 되면 자신감과 희망이 더 커진다.

'개인 코치' 접근법을 사용하면 아이들은 한 번에 한 단계씩 더 강하게 되고 능력이 더 많아지고 자신감도 길러진다. 일상생활에서 개인 코치 도움을 받는 동시에 치료시간에도 비슷한 목표를 향해 노력한다. 아이가 충분히 강하고 용감해지면 용을 죽이고 외상 기억을 직면해서 처리할 수 있는 준비를 갖추게 된다. 그럴 때 아이는 일상생활에서 일어날 수 있는 다양한 문제까지 쉽게 처리하게 된다. 이것이 당신의 목표다!

아이들이 더 안전하게 느끼도록 어떻게 도와줄 수 있을까? 안전한 환경을 만든다는 것은 어떤 의미인가?

아이들은 안전하고 보호받을 때 생존이나 자기보호에 집착하지 않고 치유와 건강한 발달에 집중할 수 있다. 그들은 기본적인 욕구가 충족될 것임을 알고 믿을 수 있어야 한다. 그리고 당신은 아이들에게 기본적인 욕구가 충족되도록 최선을 다해야 한다.

편의상 신체적 안전과 정서적 안전으로 구분해서 설명할 것이다. 그러나 이 둘은 서로 중복된다. 신체적으로 안전할 때는 안전하다는 느낌도 들기 때문이다. 일반적인 원칙은 아이의 욕구 충족을 넘어서 경험을 통해 그런 긍정적인 경험을 기대하기를 바라는 것이다.

신체적 안전

- 공격으로부터의 보호: 아이들은 공격으로부터 보호될 때 안전하다. 가족이나 타인에 의한 성폭력, 친구들의 놀림이나 구타, 부모나 기타 보호자들의 비난이나 학대를 당하지 않아야 한다는 뜻이다.
- 기타 위험으로부터의 보호: 아이들은 위험한 일이나 경험에 노출되지 않을 때 안전하다. 자신이나 타인을 해칠 수 있는 위험한 무기에 노출돼서는 안 되고, 음주 운전자의 차에 태워서도 안 되며, 우울하거나 무책임하거나 술 취한 사람이 아이를 돌봐서도 안 된다는 뜻이다. 또한 차에서 반드시 안전벨트를 매게 하고, 아플 때 적절한 치료를 받게 해야 한다.
- 기본적 욕구: 아이들은 안전한 환경에서 생활할 때 안전하다. 습기가 없고 따뜻한(또는 시원한) 장소여야 건강한 생활을 할 수 있다. 쥐가 물거나 또는 다른 사람이 몰래 들어와 해를 입히지는 않을까라는 걱정 없이 안심하고 잠잘 수 있는 곳이어야 한다. 물론 충분한 식사도 필요하다.

정서적 안전

- 공격으로부터의 보호: 아이들이 안전감을 느끼려면 훨씬 더 광범위한 공격으로부터의 보호가 필요하다. 고함치고 비난하고 무시하고 윽박지르는 언어 폭력을 당하지 않고, 폭력이나 경멸로 위협받지 않아야 한다. 마음에 상처를 입거나 위협받는 일이 절대로 없어야 한다는 뜻이다. 아이들은 어른이 손으로 벽을 치거나 동물을 발로 차는 행동만 보아도 (정확하게) 위협으로 느낀다는 점을 기억하라.
- 예측 가능한 일과: 외상 사건에 노출된 아이들은 나쁜 일이 또 일어날 거라는 걱정을 하고 최악의 상황을 가정하는 경향이 있다. 그래서 상처받은 아이들은 어떻게 해야 할지 모를 때 걱정부터 한다! 그럴 때는 일과와 할 일을 잘 짜서 예측할 수 있게 하면 도움이 된다. 예를 들어, 식사시간을 일정하게 정하는 것도 도움이 된다. 일어나고, 옷을 입고, 식사 때가 된 것을 알고, 식사하고, 학교 가고, 학교에서 집으로 돌아오고, 숙제하고, 잠잘 준비를 하고, 잠자러 가는 것 등 많은 활동을 규칙적으로 정할 수 있다. 아이들은 다음 일을 예상할 수 있고 정해진 순서를 알수록 더 안전하고 보호받는다고 느끼게 된다.
- 성인의 일관성: 아이들은 성인이 말한 대로 행동할 것이라는 것을 알 때 성인을 다시 신뢰하게 된다. 당신이 매번 똑같이 규칙을 따라야 한다고 지시한다면, 당신 자신도 정해진 일과를 지켜야 한다는 뜻이다. 또한 당신이 다른 '약속들'도 잘 지키면, 아이들은 당신의 말을 있는 그대로 믿고 당신에게 의지하게 될 것이다.

안전의 위협

아이들은 안전과 안전감을 위협받으면 불안해진다. 그러면 아이들은 치료나 기대 행동이 아니라 생존과 자기보호 그리고 나쁜 일이 일어나지 않을까라는 걱정에 더 집착하게 된다.

성인의 조절력 상실

아이들은 성인이 책임을 지고, 강하고, 보호하려 할 때 성인을 믿는다. 성인이 무책임하고 조절력을 상실하면 신뢰는 무너진다. 책임지지 않는 성인은 강하지 않고 보호할 수 없는 사람이기 때문이다. 마찬가지로 스스로를 조절하지 못하는 성인은 아이에게 문제가 있을 때 더 쉽게 조절력을 잃고 상처를 준다. 다음은 성인이 조절력을 상실하는 방식이다.

- 계속되는 잔소리: "그만해. 그만두라고 말하잖아. 그만! 그만 좀 해!" 책임 있는 성인은 한 번 말하고, 그래도 안 되면 경고를 하고, 마지막에는 정해 놓은 약속대로 처벌을 한다. 무책임한 성인만이 투덜대고 간청하고 설교식 열변을 토할 뿐이다.
- 아이와의 논쟁: "맞아." "아니에요." "맞다니까." "아뇨." "맞아!" "싫어요!" 책임 있는 성인은 지시하고 요구하고 설명하고 대화하려고 한다. 아이와 논쟁한다는 것은 성인이 아이와 같은 수준이라는 뜻이다. 그래서 성인 스스로 자신의 권위를 떨어뜨린다.
- 고함: 책임 있는 성인은 고함치지 않는다. 그들은 자신의 감정이나 기대를 차분하게 유지할 수 있고, 그것으로 충분하다. 무력하고 좌절을 느끼는 성인은 고함을 친다. 아이들은 고함치는 것을 더 큰 나쁜 일이 생길 거라는 위험 신호로 느끼기도 한다.
- 위협: 성인이 아이에게 때리거나 배척하겠다고 위협한다는 것은 조절력을 상실했다는 뜻이며, 그래서 약속한 규칙대로 아이를 교육하지 못하고 상황을 최악으로 만들게 된다. "그렇게 하면 귀신이 잡아먹는다." "한 번만 더하면 다른 시설로 보낼 거다."와 같은 위협은 아이에게 공포를 심어 주고 생존에 집착하게 만든다. 비상식적으로 심한 처벌을 하겠다는 위협도 문제가 있다. "다시 그런 행동을 하면 내년까지 외출 금지야!"라고 위협하면, 아이도 성인이 조절력을 잃고 화나서 지키지도 못할 처벌을 했음을 안다. 그래서 성인 스스로 지킬 수 없는 약속을 한 것이 된다.
- 때리기, 기물 파손: 아이는 성인이 간혹 조절력을 잃고 아이를 때리거나 위협적

인 행동을 하면 새로운 외상을 입는다. 이런 아이들은 약한 체벌이라 하더라도 위험 신호로 받아들인다. 성인이 화를 내며 물건을 던지거나 기물을 부수거나 문을 심하게 닫을 때도 아이는 성인이 조절력을 상실해서 곧 더 나쁜 일이 일어날 거라는 신호로 느낀다.

약속 어기기

아이들은 당신이 말한 대로 행동할 때 당신을 믿을 수 있다. 약속을 어기는 방식도 다양하며, 애매한 상황도 있을 수 있다.

- 약속한 보상을 주지 않는 것: "10분 안에 방을 청소하면 아이스크림을 줄게."라고 말해 놓고, 아이가 청소를 마쳤을 때 "깨끗하게 청소했구나. 그렇지만 아이스크림은 없어."라고 한다면 당신은 약속을 깬 것이다. 이런 분은 거의 없을 것이다. 그러나 아이가 약속 하나는 지켰으나 동시에 다른 규칙을 어겨서 약속을 지키기 곤란할 때, "아이스크림을 받아야 하지만 동생을 때렸기 때문에 안 돼!"라고 말하고 싶은 충동을 느낄 것이다. 그러나 그렇게 하면 어떤 변명을 하더라도 당신 스스로 약속을 어긴 것이 된다.
- 약속한 처벌을 하지 않는 것: "밖에 나가지 말고 30분간 집에 있어."란 지시에도 불구하고 아이가 밖에 나갔다 와서는 "깜박했어요. 앞으로는 잘할게요."라고 할 때, 당신은 어떻게 할 것인가? 다시 기회를 준다면 당신이 약속을 어긴 것이 된다! 그렇게 되면 모든 아이들은 ① 당신은 아이에게 무슨 일이 있는지 신경 쓰지 않는다(아이의 안전을 위해 밖에 나가지 말라고 한 것이 맞을 테니), ② 당신은 약속을 지킬 생각이 없다고 생각할 것이다. 당신은 배려한다고 생각할지 모르지만, 실제로는 아이를 불안하게 만드는 것이다.
- 규칙이나 일과를 지키지 않는 것: 아이들은 당신 스스로 언행일치를 할 때 당신에게 의지한다. 숙제를 하고 놀라고 했다면 아이는 숙제를 하고 놀아야 한다. 6시에 식사를 한다고 했다면 6시에 식사를 해야 한다. 규칙과 일과를 통해 아이들은 다음 일정을 알 수 있다. 그렇게 될 때 아이들은 안전감을 느낀다. 규칙과 일과를 어기면 사랑하는 마음에서 그렇게 했다 하더라도 결과는 정반대로

나타난다. 즉, 아이는 보호받지 못한다는 느낌을 받는다. 물론 누군가가 아프다거나 하는 특별한 상황이 있다면 규칙이나 일과는 바뀔 수 있다. 그런 상황이더라도, 성인은 규칙과 일과가 어떻게 바뀌고 상황이 해결되면 다시 원래대로 돌아갈 것이라는 설명을 해 주어야 한다.

- 보호자의 의견이 '서로 다를' 때: 한 보호자가 어떤 규칙과 약속을 했는데 다른 보호자가 지키지 않으면 첫 보호자는 약속을 어긴 것이 된다. '분열'은 성인이 팀으로 아이를 돌보는 가족, 학교, 시설 등에서 심각한 문제가 된다. 성인을 분열시키는 행동을 그냥 두면 성인들은 무책임하고 약속을 지키지 못하는 사람이 되고, 아이는 안전하고 보호받지 못한다는 느낌을 받는다. 분열의 또 다른 문제는 성인끼리 서로 다투고 아이에게 화를 내는 일이 발생해서 아이를 도와주는 일에 집중하기 어렵게 된다는 점이다.

공격이나 위협을 방치하기

아이들은 아이가 공격받고 위협당하도록 방치하면 안전감을 잃는다. 당신이 그런 행동을 한 것이 아니거나 의도적이지 않았다 하더라도 결과는 같다. 아이들이 경험하기 쉬운 공격이나 위협들은 다음과 같다.

- 따돌림: 어떤 사람들은 따돌림을 안타깝지만 받아들여야 하는 '정상적인' 것, 즉 음주운전, 성희롱, 인종차별처럼 크면서 겪게 되는 당연한 일로 생각한다. 그러나 이런 행동을 용납하지 않고 그런 의사를 표시할 때 세상은 변화한다. 음주운전이 사라진 것은 아니지만 많이 감소한 것도 사실이다. 따돌림이란 현상에 대해 우리 사회는 전환기에 있다. 따돌림을 금지하는 학교와 시설이 있고, 전체적으로도 따돌림 행동이 상당히 줄었다. 따돌림을 방치하는 시설에서 따돌림 빈도는 증가한다. 따돌림을 허용한다면 그 대가로 많은 아이들이 공포 속에서 생활하게 될 것이다.
- 또래의 위협과 깔보기: 아이들은 또래의 가벼운 비난이나 눈길에도 기가 꺾이거나 위협을 받는다. 성인이 알고도 개입하지 않으면 아이들은 누구도 자신을 보호해 줄 수 없다는 생각에 스스로 보호하려고 할 것이다. 이런 아이들은 쉽게

공포를 느끼고 그것을 싸움으로 해결하려고 한다.

- 성인의 깔보기: 좋든 싫든 아이를 돌보는 성인들도 인간이고 다른 사람들과 똑같다. 아이를 보호할 생각보다는 자신의 욕구 만족을 더 중요하게 생각하는 일부 부모나 시설 담당자들도 있다. 이런 사람들은 아이를 깔보거나 무시하고 무력하게 만든다. 나는 어느 보호시설의 근무자가 '프로그램' 결석을 아이들 중 누가 더 많이 하는지 경쟁시키고 나쁜 짓을 하도록 조장하는 것을 본 적이 있다. 극단적인 드문 사례였지만, 미묘하게 힘을 남용하는 일은 드물지 않다. 가정이나 직장 생활에서 무력하고 좌절감을 느낄 때, 특히 그렇게 행동할 가능성은 커진다.
- 폭력적인 신체 제재: 아이의 안전을 위해 신체적인 제재를 사용해야 할 때도 있다. 분노발작으로 신체 억제를 받은 아이들은 너무 심한 처사라고 생각할지 모르나, 실제로는 신중하고 배려 깊은 방법을 사용한 것이다. 그러나 일부 시설에서는 아직도 과거의 신체 억제방식을 사용한다. 어떤 시설에서는 아이와 담당자가 폭력적으로 서로 다투는 식으로 억제하기도 하고, 다른 곳에서는 피하면 더 맞는다는 겁을 주기도 한다. 이는 극단적인 사례(후자 시설의 직원은 해직되었다)로 보이지만, 실제로 '체벌'은 매우 흔하다. 아무리 미사여구를 써도 아이들은 보호와 공격이 무엇인지 알고 있다.
- 불필요한 자극인자에의 지속적인 노출: 아이를 절대적으로 안전하게 보호할 수 있는 방법은 없다. 외상을 당한 아이들은 일상적인 스트레스에도 과민하고, 다른 아이라면 괜찮을 사소한 자극에도 과잉반응한다. 그래서 불필요한 상황에 반복적으로 노출되면 공포에 집착하게 된다. 따돌림, 가해자를 계속 만나는 상황, 학습장애나 질병을 치료받지 못하는 상황 등은 불필요한 자극인자에 속한다. 그렇게 되면 아이들은 나쁜 일에 지속적으로 노출되는 것과 같다.

연습: 당신의 가정과 시설은 얼마나 안전한가

상처받은 아이들이 있는 가정이나 시설을 생각하면서 다음 질문에 답하기 바란다.

- 아이들의 안전과 안정감을 위해서는 어떤 규칙과 환경이 있는가?
- 아이들에게 안전하지 않고 불안한 느낌을 줄 수 있는 규칙과 환경에는 어떤 것이 있는가?
- 안전성을 증가시킬 수 있는 방법은 무엇인가?

안전성 주제 기법

안전성 주제 기법은 안전성 전략들을 통합한 방법이다. 이 기법은 아이를 바라보고 아이를 도와주는 어떤 시각이고 사상이다. 또한 사랑과 이해(분노와 공포가 아닌)에 기초해서 아이의 '나쁜' 행동은 나쁜 의도가 아니라 공포에서 온다는 이해를 기반으로 한다. 막다른 곳에 몰린 동물이 가장 위험하듯이 사람도 그러하다. 당신이 공포로 드러낸 이빨 너머를 볼 수 있을 때, 아이들은 안정감을 느끼고 당신을 믿게 될 것이다. 안전은 학습과 치유의 기초다.

단어

안전은 가장 자주 쓰이는 단어다. 모든 개입법을 안전이란 측면에서 설명해야 한다. 예를 들어, 아이에게 별명이 아닌 친구의 이름을 부르도록 교육할 때, 별명은 '좋지 않다' 거나 '상처를 준다' 고 하지 않고 "그런 별명은 놀리는 듯해서 그 친구에게 안전하다는 느낌이 아니라 공격받는 느낌을 줄 거야." 라고 말한다. 아이와의 논쟁은 규칙 위반이다. 이 접근법은 연습이 필요하다.

규칙

규칙은 단순하고 수가 적어야 한다. 그럴 때 따르기가 쉽다. 입장할 때 티켓을 내듯이, 어떤 활동(또는 모든 활동)을 하기 전에는 항상 규칙을 먼저 설명한다. 안전과 직접 관련된 규칙은 반드시 설명하고, 그렇지 않은 부분은 빼도 된다. 규칙을 일관되게 적용하면 아이들은 규칙을 진지하게 받아들이고 성인을 믿고 따른다(성인은 안전성 규칙을 일관되게 강조해야 한다. 그렇지 않으면 아이들은 성인이 자신의 안전을 신경 쓰지 않는다고 느낀다.).

규칙은 무언가를 해야 한다는 긍정적인 문장으로 표현하는 것이 좋다.

- 선생님 말씀을 잘 듣는다(보호시설).
- 교사는 가르치고 학생은 배운다(파괴적인 행동 가능성을 줄일 때).
- 다른 사람, 자신, 소유물을 소중하게 생각하고 존중한다(위협 · 공격적이고 파괴적인 행동을 줄일 때).
- 각각의 활동에 대해 추가적인 규칙을 만들 수 있다.

성인의 주의 태세

성인은 위험한 상황이 악화되기 전에 조기에 해결하도록 매우 주의 깊게 지켜봐야 한다. 돌 던지기, 다투는 식의 놀이, 무례한 행동, 친구 물건 가져가기, 지시를 따르지 않는 것 등은 모두 불안정한 행동들이다. 조기에 개입할수록 도움을 줄 수 있다. 문제를 신속하게 해결하면 신체 손상이나 재산 피해를 예방할 수 있다. 또한 돌보는 성인 입장에서는 조기에 개입할수록 성공 가능성이 높아 좌절이나 화나는 일 없이 아이들에게 꾸준한 관심을 가질 수 있다. 끝으로 위험한 행동이 곧 아이들의 불안을 의미하기 때문에, 성인의 빠른 대처는 아이들에게 안전감을 주고 불안의 고조를 차단할 수 있다. 성인의 주의 태세는 처음에는 너무 엄격한 듯하지만 안전한 환경과 안정감을 주는 데 큰 도움이 된다.

일 과

일과는 엄격하고 일관되게 지켜져야 한다. 아이에게 무엇을 하라고 말할 때, 당신은 약속을 하고 있는 것이다. 아이들은 당신이 약속을 지킬 때 안전감을 느낀다. 학교에서도 정해진 시간표대로 진행된다는 것을 아이들에게 알려 주지 않는가? 일과 준수는 안정감 유지에 매우 중요하다.

어느 날 아이가 조절력을 상실할 정도로 불안해하고 공격적인 행동을 하더라도 전체 일과를 변경해서는 안 된다. 그 아이를 빼더라도 활동은 계속되어야 한다. 만약 아이가 고함을 지르거나 파괴적인 행동을 한다면 다른 아이들에게 방해되지 않도록 멀리 떨어뜨려 놓는다. 다른 아이들은 일과를 준수하고 담당자에게 의지할 수 있어야 한다. 그 아이 때문에 계획과 약속을 지키지 못하면 성인이 강하지 못해 그 아이를 감당하지 못한다는 뜻이 되며, 그렇게 될 때 다른 아이들도 불안해진다.

물리적 환경

환경을 신중하게 구성해서 한 활동이 다른 활동을 방해하지 않도록 역할별로 수업 듣는 곳, 보호실/안정실, 오락실 등으로 구분해야 한다. 이상적이라면 방해하는 아이를 잠시 둘 수 있는 방이 활동 장소와 가까운 곳에 있으면 좋다.

긍정적인 부분에 초점 두기

도움을 받는 아이들은 이미 비난, 질책, 처벌을 많이 받은 아이들일 것이다. 따라서 부정적인 지적은 문제를 해결하는 것이 아니라 상처만 악화시킬 뿐이고, 공격(비난, 처벌)받는다는 공포 속에서 산다는 느낌만 전달할 뿐이다. 아이의 잘못된 행동에 대해서는 제재하되, 가능하면 긍정적인 부분을 강조해야 한다. 좋은 행동, 인센티브/보상, 집단 활동에 참여하는 즐거움, 성공했을 때의 기쁨 등에 중점을 두고 교육한다.

훈 육

훈육은 분노가 아닌 사랑에서 온다. 아이들을 안전하게 보호해서 일상생활을 잘하게 하는 것이 그 목적이다. 그래서 처벌은 공격받은 느낌을 주기 때문에 전혀 효과가 없다. 많은 아이들이 위협적인 훈육에 익숙하기 때문에, 훈육방식의 변화를 배울 시간이 일시적으로 필요하지만 아이들은 대개 빨리 적응한다. 성인이 아이 때문에 화를 내고 고함치거나 반박하면, 성인은 자제력을 상실한 것이 되고 아이는 불안하게 된다. 그러므로 성인의 인내심이 요구된다.

'결과' 는 아이들의 선택에 따라 자연적으로 주어지는 것이다. 아이가 잘하면 집단 활동에 참여할 기회를 계속 얻고 약속된 보상을 얻는다. 이것이 긍정적인 결과다. 반대로 아이가 잘못된 행동을 하면 안정되어 다시 시작할 준비가 될 때까지 참여하지 못한다. 아이가 그 활동에 참여하지 못했다며 화를 낸다면 부정적인 결과로 보일 수도 있다. 그러나 아이(그리고 다른 사람들도)가 안정을 찾았다는 점에서는 이 역시 긍정적인 결과다.

당신의 역할은 아이들이 스스로 안전을 지킬 수 있을 때까지 안전하게 지켜 주는 것이다. 아이가 조절력을 잃을 때, 당신은 외부에서 조절력을 제공해야 한다. 아이들은 그런 경험을 통해 조절력을 내재화한다. '나쁜' 행동은 도움을 요청하는 방법일 뿐이다. 그래서 처벌이 아닌 도움을 주어야 한다.

훈육 규칙을 분명히 규정하고 일관되게 지켜야 한다. 그럴 때 안전하고 보호받는 환경을 제공할 수 있으며, 아이는 무엇을 해야 할지 그리고 성인은 무엇을 하면 되는지 알게 된다.

21~23장에서는 안전성을 제공하는 특수한 기법에 대해 자세하게 설명할 것이다.

신체 억제

신체 억제는 안전성 주제 기법의 좋은 도구이며, 안전성 목표 접근법의 '마지막 수단'이다. 아이들에게 "너를 안전하게 돌보는 것이 내 역할이고, 난 네 안전을 위해서라면 어떤 일도 할 거야. 네가 화가 폭발해서 스스로 조절할 수 없을 때는 네가 안정될 때까지 내가 꼭 안아 줄 거야."라고 말한다. 이것은 처벌이 아닌 선물이다. 분노발작을 하는 2세 아이라면 바로 신체 억제를 한다. 큰 아이라면 스스로 자제할 시간을 잠시 주고, 그래도 안 되면 신체 억제를 한다.

최근 많은 종류의 신체 억제법에 대한 책들이 판매되고 있다. 신체 억제를 맞게 사용하려면 특수한 수련이 필요하다. 수련을 받지 않은 분은 각자의 상황에 적합한 방법을 다룬 책을 통해 공부하면 된다. 교육을 이미 받은 분은 그 방법을 복습하기 바란다. 다음은 안전성 목표 접근법 중에서 신체 억제의 핵심적인 내용이다.

아이(그리고 부모)에게 신체 억제에 대해 설명한다

당신이 특정 아이에게 신체 억제를 조만간 사용할 가능성이 있다면 아이에게 미리 신체 억제에 대해 공지해 놓아야 한다. 그래서 아이가 안정된 상태가 되었을 때 다시 한 번 신체 억제 이유를 설명한다. "내 역할은 너를 안전하게 지켜 주는 것이야. 앞으로 네가 화를 폭발하거나 충동적인 위험한 행동을 할 때면 네가 안정될 때까지 내가 너를 꼭 안고 안전하게 지켜 주려고 해. 내가 어떻게 너를 안을지 지금 한 번 보여 줄게. 내가 먼저 너를 안아 볼까, 아니면 이 인형에게 해 볼까?" 그리고 치료자는 껴안는 행동을 보여 주고 질문을 하라고 한다. 이런 정도의 설명이면 된다. 이는 어려운 일은 아니다. 이런 설명을 한 후에 신체 억제를 하면 아이는 어떤 방식으로 하는지 이해하고 있기에 놀라지 않는다.

신체 억제를 보거나 듣게 될 아이들에게도 이런 설명을 미리 해야 한다. 무슨 일인지 모르는 아이들은 억제된 아이가 몸부림치고 소리 지르고 울고 아프다고 고함치는 것을 보고 성인이 아이를 괴롭힌다고 생각할 수 있다. 신체 억제에 대해 알고 있는 아이들이라면 그것을 보는 것만으로도 그곳이 성인이 안전하게 지켜주는 곳이란 느낌을 받는다.

신체 억제 가능성이 있을 때, 부모나 다른 보호자에게도 미리 설명하고 동의를 구해야 한다. 이는 치료 계획에 부모를 참여시킨다는 것이다. 신체 억제를 당한 아이가 부모에게 알리겠다는 위협을 하더라도 안전을 위해 부모도 동의했음을 알려주면 된다. 아이가 당신이 자신을 '공격' 했다고 부모에게 말하더라도 부모는 신체 억제의 배경을 이해할 것이다.

안전이 필요할 때만 신체 억제를 사용한다

안전성 목표 접근법에서 신체 억제는 오직 아이의 안전을 지킬 때만 사용해야 한다. 규칙을 지키거나 당신이 원하는 어떤 행동을 하도록 하기 위해 시도하는 것은 강압이다. 그런 상황에서는 '선택이 결과를 낳는다' 기법을 사용해야 한다.

신체 억제는 아이가 자신 또는 타인에게 고의로 해를 입히거나 위협하거나 통제가 힘들 때만 사용해야 한다. 예를 들어, 벽에 머리를 박는 행동 또는 친구들 옆에서 의자를 휘두르는 행동을 멈추라는 지시를 해도 듣지 않을 때 신체 억제가 필요하다.

안전성 목표 접근법에서 보면, 많은 문제 행동은 안전을 위협하는 사건이어서 신체적 개입이 필요하다. 예를 들어, 담당자가 감독하지 못할 정도로 한 아이가 집단에서 너무 떨어진다면 안전성의 문제가 된다. 담당자는 "나는 네 안전을 지켜 주겠다고 네 엄마와 약속했어. 그래서 네가 안전한지 잘 볼 수 있어야 하니, 다시 너무 멀리 떨어지면 네 안전을 위해 내가 네 손을 잡고 있을 거야."라고 말한다. 어떤 아이가 수업을 방해해서 뒤에 가 있으라고 해도 말을 듣지 않는다면, "교실은 안전한 곳이어야 해. 다른 친구들이 수업에 집중하려면 안전한 느낌이 필요해. 안전하게 느껴야 친구들이 공부를 열심히 하고 규칙도 잘 지킬 수 있어. 네가 계속 그렇게 떠들면 친구들에게 방해되니 몇 분 동안 타임아웃을 시킬 거야. 만약 타임아웃을 따르지 않는다면 할 수 없이 타임아웃을 하도록 내가 도와줄 수밖에 없단다."라고 말한다. 물론 이런 설명을 한 번에 몰아서 하지는 않고, 신체 억제가 필요할 것 같은 아이나 특정 집단에 기본적인 사항을 미리 설명해 놓는 것이 좋다.

주의할 점은 신체 억제를 기계적으로 적용해서는 안 된다는 것이다. 아이가 안전성과 관련된 지시에도 불구하고 스스로 감정을 조절하지 못할 때 성인이 신체적으로 도와준다는 개념이다. 아이들은 설명하고 지시하면 대개 잘 따른다. 만약 아이가 거부한다면 그때가 바로 신체 억제가 필요한 시점이다.

안전을 중심으로 설명한다

안전성 목표 접근법으로 신체 억제를 사용할 때는 항상 안전을 위한 것임을 분명히 밝혀야 한다. 신체 억제를 하기 전, 하는 동안, 한 후에 안전과 관련된 설명을 한다. 중요한 것은 아이의 안전을 위해 마지막 수단으로 신체 억제를 사용한다는 설명이다. 신체 억제를 하기 직전에 안전성과 관련된 지시(예, "너를 가까이에서 볼 수 있도록 내가 네 손을 잡고 있을 거야. 네 안전을 위해 너는 내 옆에 있어야 해." "지금 바로 의자를 내려놔! 안전하지 못하잖아.")를 해서, 안전성이 확보될 때까지 계속 억제할 것임을 아이에게 알려 준다. 신체 억제 동안에는 "내가 안고 너를 안전하게 지켜 줄게."라는 말을 반복해서 해 준다. 신체 억제가 끝난 후에는 아이의 안전을 위해 억제를 했다는 말을 다시 해 준다.

안는 것은 해치는 것이 아니다

신체 억제의 목표는 안전이지 공격이 아니다. 신체 억제를 하는 방법을 충분히 익힌 후에 안정되고 차분한 상태로 시도한다면 문제 될 것이 없다. 아이가 심하게 발버둥치더라도, '안는' 신체 억제는 상처가 아닌 보호와 조절의 목적으로 고안된 것이다.

성인은 안정된 상태를 유지해야 한다

신체 억제는 신체적·정서적으로 강렬한 경험이다. 이런 강한 느낌 때문에 당신이 감정적으로 흥분하면 너무 세게 안아 아이에게 상처를 입히거나 아이와의 말다툼으로 발전할 수 있다. 그래서 신체 억제를 하는 동안에는 당신 스스로 안정을 유지하는 것이 특히 중요하다. 안전성과 관련된 설명은 아이에게 제재 이유를 알려 주는 목적도 있지만 당신 자신에게 다시 한 번 안정의 중요성을 상기시키려는 목적도 있다. 아이를 도와주고 안전을 지켜 주려면 당신의 행동이 사랑과 보호의 마음에서 우러나와야 한다는 것을 잊지 말아야 한다. 천천히 심호흡하는 방법은 신체 억제 동안 당신의 안정을 유지하고 감정을 조절하는 데 도움이 된다.

신체 억제는 도움이지 처벌이 아니다

신체 억제는 처벌이 아닌 보호다. 처벌은 아이에게 상처를 주고 화를 분출하는 것이다. 아이를 보호하는 것은 사랑하는 마음에서 나와야 한다. 처벌은 그 후에 아이를 혼자 내버려 두게 된다. 반면에 보호는 아이가 안전하고 자기조절을 할 수 있을 때까지 지켜보고 관심을 가지는 것이다. 처벌적인 신체 억제는 아이들에게 수치심을 남기지만, 보호는 아이가 스스로 안전을 지킬 수 있을 정도로 성장할 때까지 필요한 지지를 제공하게 된다.

아이가 자기조절을 할 수 있을 때까지 안는다

처벌이 아닌 도움이기 때문에 신체 억제는 '충분하게 오래' 해야 한다. 안은 상태로 아이가 팔다리를 버둥대지 않고 편안히 안정되어 있고, 스스로 안전을 지킬 수 있다고 판단될 때 신체 억제를 끝낸다. 너무 빨리 중단하면 아이가 문제를 다시 일으켜서 또 신체 억제를 해야 된다. 아이가 조절력을 회복했고 당신의 도움이 필요하지 않다는 것을 확인하면서 신중하게 중단을 결정한다.

신체 억제 사례

다음은 내가 경험했던 사례로, 효과적인 신체 억제와 나쁜 신체 억제의 차이를 잘 보여 준다. 수년 전에 나는 꽤 괜찮은 보호시설에서 심각한 문제 행동을 가진 아이들을 돌보는 비상근 치료자로 일하고 있었다. 안타깝게도 그 시설의 신체 억제는 너무 폭력적이었다. 소장에게 내가 건의를 하자, 소장은 동의하면서도 직원 수가 많다 보니 모두 수정하려면 몇 개월 정도 걸릴 거라고 했다. 그래서 나부터 새로운 방식으로 신체 억제를 하겠다고 했다. 당시 나는 비상근 치료자였기 때문에 소장은 내가 직접 신체 억제를 하게 될 가능성이 거의 없을 듯해서 동의해 주었다.

어느 날 치료 중인 10세 소년의 표정이 좋지 않아 이유를 물었지만 대답을 하지 않았다. 이전 치료 경과가 순조로웠던 아이였다. 그런데 갑자기 아이가 주먹으로 책상을 치기 시작했다. 내가 손을 다칠지 모르니 하지 말라고 했는데도 계속 쳤고, 이런 식이 몇 차례 반복되었다. 마침내 나는 다시 치면 안전을 위해 내가 그 애의 손을 잡겠다고 말했다. 결국 신체 억제를 하게 되었고, 아이는 내가 안고 있는 동안 분노발작을 했지만 시간이 지나면서 진정되고 안정을 되찾았다.

다음날, 신체 억제의 효과가 나타났다. 아이는 어제 치료시간 후에 수양부모 집에서 있었던 신체 학대 문제로 아동보호 전문기관 직원과 면담을 하게 되어 있어 불안해서 그런 행동을 했다고 했다. 그러고는 내가 신체 억제를 하자 보호받고 안정되는 느낌을 받았다고 말했다. 신체 억제가 이 아이에게 큰 도움이 된 것이 분명했다. 그 직원과의 면담이 잘 진행되었고, 그날 저녁 시설에 있던 아이들이 큰 소란을 부린 일이 있었으나 그 아이만은 참여하지 않았다. 원래 그렇게 모범적인 아이가 아니었기 때문에, 나는 안아 주고 품어 주는 신체 억제 경험이 안전감을 획득하는 데 도움된 것으로 추정했다.

나는 결과에 만족했다. 그러나 얼마 지나 내 실수가 드러났다. 몇 주 후, 아이의 어머니가 시설에 왔다. 아이는 어머니 손을 잡고 시설을 구경시켜 주고 사람들도 소개하면서 시간을 보냈다. 아이는 내가 보고 있다는 것을 몰랐다. 그런데 아이가 갑자기 며칠 전 그 시설의 옛날 방식대로 아이를 억제했던 한 직원을 가리키며, "저 사람이 나에게 폭력을 썼어요!" 라고 외쳤다.

그 아이는 배려하고 보호하는 제재와 공격적인 신체 억제를 구분할 수 있었던 것이다. 나를 통해서 안정되는 경험을 했고, 다른 직원을 통해서 폭력을 경험했다. 내가 그 직원보다 더 좋은 사람이라는 뜻이 아니다. 단지 내가 사용한 신체 억제방법이 그 직원의 방법보다는 사용 동기를 더 잘 전달하는 것이었다는 의미이다.

신체 억제는 복잡한 방법이며, 효과적으로 사용하려면 특별한 수련과 지도감독이 필요하다. 신체 억제는 필요한 아이들에게는 매우 중요한 기법이다. 아이 스스로 안전을 지키지 못할 때 당신이 아이의 안전을 도와주지 못한다면 효과적인 도움을 주기 어렵다. 신체 억제가 필요한 아이들과 생활하고 있다면 그것의 사용방법을 배워 두기 바란다.

연습: 환경을 더욱 안전하게 하기

- 아래 사례를 읽고 뒤에 제시된 '행동의미 평가표' 를 완성하라.
- 아이의 안전감을 위협하는 주요 문제를 파악하라.
- 환경에서 안전과 안전감을 강화시킬 수 있는 방법을 찾아라.
- 그 방법으로 역할놀이를 하라. 모두 참여하라.

제시와 미샤

11세인 제시와 7세인 미샤는 자매다. 아버지는 가출하고 어머니는 방임을 해서 현재 수양부모 집에 살고 있다. 아이들을 어머니에게 몇 차례 돌려 보냈고, 어머니는 아이를 돌보고 싶어 했지만 약물중독 때문에 돌보기 어려운 상태였다. 판사는 어머니에게 아이들을 다시 보내면서 마지막 기회라고 판결했다. 마지막 기회는 5개월로 끝났고, 현재 부모 권리를 박탈하는 법률 절차가 진행 중이다. 아이들은 현재 3년간 지냈던 수양부모 집에 있고, 수양부모는 아이들을 입양하려는 절차를 밟고 있다. 수양부모와 아이들의 관계는 좋은 편이었다. 그러나 아이들은 친어머니에 대해 불안한 상태였고, 수양부모는 아이들과 친어머니 사이에 있었던 일에 대해서는 모르는 상태였다.

수양부모는 친절하고 개방적인 분들이었다. 가정에 음식도 풍부했고, 수양부모와 아는 분들이 자주 들러 함께 식사를 하곤 했다. 수양부모는 애정이 많고 허용적인 분으로 아이들이 원하는 대로 먹도록 두었다. 아이들은 채소는 좋아하지 않았고 TV를 보면서 간식을 먹기도 했다. 자러 가는 시간이나 방법도 자유로워서 침실이나 거실에서 자도 되었다. 아이들은 각자 방이 따로 있었는데, 다른 곳은 어지럽혀서는 안 되지만 자기 방은 마음대로 사용할 수 있었다.

아이들은 친어머니가 다시 나타나지 않을까 불안하긴 했지만, 현재 집과 가정에 사는 것을 좋아하고 행복해했다. 그렇게 살게 된 지 1주일이 지나자, 학교에서 생활도 잘하고 공부도 열심히 했다. 그러나 집에서의 행동은 학교에서와 달랐다. 대체로 잘 지내기도 했지만, 서로 자주 다투고 물건을 던지거나 부수고 30분 이상 집 밖에 나갔다 오기도 했다.

연습: 수양부모 또는 아이를 담당하는 사회복지사/사례관리자 중 원하는 역할을 하라.

리사

리사는 현재 여학생만 있는 보호시설에 살고 있는 16세 소녀다. 양아버지의 성폭력이 수년간 있었고, 13세 때 학교 상담교사가 그 사실을 알고 분리하게 되었다. 리사는 무단결석, 흡연, 마리화나, 음주, 거짓말, 도둑질, 싸움, 가출, 다수의 청소년/성인 남자와의 사귐(그리고 성관계) 등의 심각한 행동 문제가 있었다. 18세까지 이 시설에 있어야 한다는 점은 지속적으로 도움을 받을 수 있는 좋은 기회였다.

리사는 시설에 있는 다른 여학생과 직원들을 힘들게 했다. 예를 들어, 어떤 여학생이 다른 친구에 대해 나쁜 말을 하더라는 소문을 퍼트리곤 했다. 리사는 한 직원과 특히 가까웠고, 그 직원도 그렇게 생각했다. 그 직원은 리사와 친하기 때문에 자신이 리사를 도와줄 수 있을 거라 생각했다. 그래서 리사가 규칙을 어겨도 약속된 처벌을 하는 대신에 대화를 나누었다.

연습: 그 직원 역할을 하라.

토론을 위한 질문

- 당신의 해결책은 무엇인가?
- 역할놀이에서 역할을 하면서 느낀 점은?
- 이 연습을 통해 무엇을 배웠는가?

행동의미 평가표

1. 정신적 외상/상실 사건(모든 사건들):

2. 부정적 믿음들(부정적 자기 진술들)

3. 축적된 감정들:

4. 자극상황(과잉반응을 유발하는 것):

   주제:

   예:

5. 문제 행동(들):

Chapter 21
훈육은 사랑이다

아이의 훈육을 망설이는 보호자들이 많다. 왜 그럴까? 너무나 많은 사람들이 훈육을 화, 고함, 심지어 보복적인 처벌로 느끼며 성장했기 때문이다. 훈육이 본질적으로 상처를 주는 것이란 시각을 가진 사람이라면 아이에게 고통을 주지 않으려고 훈육을 망설일 수밖에 없다. 그런데 훈육을 하지 않으면 아이들은 잘못된 행동을 하고, 그러면 보호자는 화나고 좌절한다. 그런 상태로 훈육을 하면 결국 당신이 두려워하는 그것, 즉 분노로 훈육을 하게 된다. 이런 사정을 고려하면 그렇게 많은 성인이 아이들 훈육을 회피하려는 것도 놀랄 일은 아니다!

아이들에게는 훈육이 필요한 법이니, 효과적이면서도 당신의 진심을 전달하는 훈육을 해야 한다. 다음 질문에 대한 답에 따라 당신의 훈육법은 달라진다.

- 아이들은 왜 문제 행동을 하는가? 나쁜 아이여서 나쁜 행동을 하는가? 또는 '자극' ―급소를 건드리는 무엇― 때문에 불안하고 불안정하게 되는가?
- 당신이 규칙을 정하는 이유는 무엇인가? 아이들을 안전하게 하고, 치유하고 바르게 행동하도록 도와주려는 것인가? 또는 규칙을 어긴 아이에게 보복하려는 것인가?

아이들이 나쁜 생각으로 규칙을 어긴다고 생각하는 사람은 아이를 처벌하고 보복할 목적으로 훈육하게 될 것이다. 불행하게도 이런 식의 훈육은 아이에게 안전감을 주지 못하고 아이를 바른 행동으로 이끌지도 못한다. 단지 고통만 쌓이게 하고, 처벌하는 성인을 두려워하게 할 뿐이다.

아이들이 불안하고 안전을 느끼지 못할 때 스스로 감정을 조절하려는 시도로 규칙 위반 행동을 한다는 것을 아는 사람은 아이에게 안전감을 주고 치유하고 바르게 행동하도록 도와주는 훈육을 하게 될 것이다. 이런 훈육법은 많은 노력이 필요하고, 처음 시도할 때는 특히 힘들다. 그렇지만 시도를 하기만 하면 그 효과는 우수하다.

이런 긍정적이고 배려 깊은 훈육법은 다음과 같은 가정에 근거한다.

- 아이들은 안전하지 않거나 보호받지 못한다고 느낄 때 문제 행동을 한다. 아이들의 문제 행동은 도움을 요청한다는 의미다.
- 아이들이 안전하고 안정감을 느낄 수 있도록 안심시킬 수 있는 방법을 알아야 한다. 훈육으로 아이들을 안심시킬 수 있다.
- 아이들은 훈육 경험을 통해 긍정적인 것을 배울 수 있다.
  - 안전하다.
  - 당신에게 의지해도 된다.
  - 행동이 자유롭다. 다만 좋은 행동은 보상을 받고, 나쁜 행동은 보상을 받지 못하고 훈육이 있을 것이다.

효과적인 훈육은 안전하고 지지적인 환경(20장 참조)과 아이들의 목표를 향한 노력(22장 참조)이 있을 때 가장 효과적이다. 이 장에서는 긍정적인 훈육 기법 중에서 긍정적인 부분 강조하기, 타임아웃 제도, 자연스러운 결과 기법에 대해 설명할 것이다.

긍정적인 부분 강조하기

긍정적 훈육의 첫째는 긍정적인 부분의 강조다. 단지 "잘했어."라는 말만으로도 도움이 된다. 다음은 긍정적인 부분을 강조할 때 알고 있어야 할 사항들이다.

아이는 당신의 기대를 충족시키기 위해 노력한다

몇 년 전 학교를 대상으로 한 유명한 연구가 있었다. 연구자가 교실에서 직접 아이들을 평가하였고, 그 후에 교사에게 연말로 갈수록 성적이 좋아질 가능성이 높은 '대기만성형' 아이들의 목록을 주었다. 아이들은 이런 사실을 몰랐고, 교사들만 그 정보를 받았다. 목록의 결과는 사실로 드러나, '대기만성형' 아이들은 연말로 갈수록 점점 성적이 올라갔다. 깊은 인상을 받은 교사들은 같은 평가를 앞으로도 사용하고 싶어 했다.

당신은 이미 연구의 목적을 눈치챘을 것이다. 평가는 가짜였고, 아이들도 무작위로 선정되었다! 모두 가짜였는데, 왜 그들의 성적은 올라갔을까? 결론은 하나밖에 없다. 교사가 목록에 있는 아이들에게 시간이 지날수록 성적이 향상될 거라는 믿음을 특별히 주었다는 것이다. 그 아이들에게 교사의 믿음과 기대가 전달되었고, 그들은 교사의 기대를 충족시키기 위해 최선을 다했던 것이다.

관심 자체가 강화다

아이들은 경험을 통해 학습한다. 어떤 행동에 대해 보상(또는 강화)을 반복해서 주면 그 행동에 보상이 따른다는 것을 학습해서 그 행동을 더 많이 하려 한다. 그래서 기대 행동을 선별해서 강화하면 효과적이다.

아이의 건강한 행동을 '알아차릴' 때 항상 긍정적인 관심을 보여야 한다. 무언가를 알아차리는 것 자체가 강화다. 아이에게 공식적인 인센티브 기법을 사용할 때도 민감하게 알아차리는 당신의 행위 자체가 아이들에게는 그들이 목표로 잘 가고 있다는 격려가 된다.

좋은 행동 외에 중립적인 행동에 대해서도 긍정적인 부분이 있다면 긍정적인 관심을 보여 주어야 한다. 예를 들어, 가만히 있는 친구를 때리곤 했던 어떤 소년이 복도를 조용하게 걸어가고 있다. "다른 친구들을 방해하지 않고 복도를 걸어가는구나. 주변 친구들이 안전하단 느낌이 들어서 앞으로는 너와 친해지고 싶은 아이들이 많이 생기겠는데." 이런 칭찬은 아이의 행동을 우호적인 행동이라는 해석으로 강화한 것이다. 그리하여 아이는 그런 행동을 더 자주 하게 될 것이다.

강화는 관계를 만든다

충분히 친해지기 전에 입양부모가 훈육을 시도하면, 아이는 "듣기 싫어요! [엄마/아빠]도 아니잖아요!" 라고 하기 쉽다. 그래서 훈육의 중요한 원칙은 아이가 관심을 가지는 대상이 될 때 훈육이 권위를 가질 수 있다는 것이다. 그런 대상이 되려면 아이의 필요한 욕구를 해결해 주고 아이가 안정된 느낌을 가질 수 있도록 도와주어야 한다.

당신은 아이의 긍정적인 부분에 초점을 맞출 때 관계를 형성할 수 있다. 당신이 항상 아이를 긍정적인 시각으로 본다는 것을 아이가 알고 느낄 수 있어야 한다. 그것은 당신이 아이와 즐거운 놀이를 같이하고 아이의 긍정적인 면을 본다는 것을 아이가 알 때 가능하다. 아이는 당신이 자신을 좋아하고 자신의 긍정적인 부분에 초점을 둔다는 것을 알게 되면 안전한 느낌을 가지고 당신과 같이 있는 것을 편안해 한다. 아이와 긍정적인 관계를 형성하면, 아이는 당신을 기쁘게 하려고 노력한다. 아이는 당신과 친해질수록 당신의 말을 중요하게 생각하고 따르려 한다. 그러므로 당신이 아이를 훈육하고 싶다면 먼저 훈육할 수 있는 권위를 얻어야 한다.

부정적인 부분에 관심 두지 않기

부정적인 부분 무시하기

기대하지 않는 행동은 무시해서 불필요한 관심으로 그 행동을 강화시키지 않도록 주의해야 한다. 나쁜 행동이 관심을 끌려는 목적일 때는 이 전략이 도움이 된다 (다른 아이를 때리는 행동 같은 문제는 무시해서는 안 된다. 당신은 아이들의 안전을 책임져야 하기 때문이다. 그런 상황이 아니라면 융통성 있게 대처할 수 있다.).

다른 아이의 긍정적인 행동 강조하기

아이의 특정한 문제 행동은 무시하면서 동시에 다른 아이의 건강한 행동에는 특별한 관심을 표명한다. 아이들은 흔히 강화되는 관심을 받으려고 다른 아이들의 행동을 따라 한다.

관심 분산하기 또는 다른 방법 제공하기

기대하지 않는 행동을 중단시키는 다른 방법은 문제 행동 대신에 다른 행동을 하게 하는 것이다. 나쁜 행동을 강화하지 않으면서 아이에게 당신의 관심과 강화를 얻을 수 있는 방법을 제공하는 것이다. 아이가 긍정적인 행동을 하면 그 행동을 강화시킨다.

특정 행동이 문제가 되는 이유 설명하기

기대하지 않는 행동을 할 때 아이에게 그런 행동을 해서는 안 되는 이유를 설명하는 것은 언제나 적절한 방법이다. 아이가 모든 규칙을 알지 못하거나 그 의미를 모를 때도 있다. 흔히 설명만으로도 앞으로 행동을 잘하는 아이들이 많다.

행동 결과 결정하기

특정 행동을 한 번 더 하거나 계속하면 어떤 결과가 있는지 아이들에게 설명하는 것도 효과적이다. 행동 결과가 상당한 억제력을 가지려면 강화 박탈이나 처벌처럼 아이들이 원하지 않는 결과를 정해야 한다. 이에 대해서는 이 장의 후반부에서 자세하게 다룰 것이다.

행동 결과를 지키기

행동 결과를 정한 후에도 문제 행동을 계속하면 규정된 행동 결과대로 시행한다. 아이들은 경험을 통해 나쁜 행동에는 부정적인 결과가 따른다는 것을 학습한다.

규칙을 가끔 적용해서 아이를 혼란시키지 말라

훈육은 성인의 엄하고 일관된 태도가 가장 중요하다. 그렇지 않으면 아이들은 당신이 무엇을 기대하는지 이해할 수 없다. 그럴 때 아이들은 불안하고 보호받지 못한다는 느낌 때문에 문제 행동을 계속하게 된다. 물론 성인이 항상 똑같이 행동하는 기계가 되어야 한다는 말은 아니다. 그러나 기계에서라도 배울 것은 배운다면 당신은 아이들에게 더 큰 도움을 주게 될 것이다. 특히 기계 중에서도 슬롯머신을 통해 배우기를 바란다.

슬롯머신에 한 번에 100원씩 넣는다고 가정해 보자. 100원 넣을 때마다 500원이 나온다면 어떻게 할 것 같은가? 100원을 계속 넣게 될 것임이 확실하다. 계속 강화가 일어나기 때문이다. 그 슬롯머신으로 계속 게임을 해서 새 차를 살지도 모르잖은가!

한동안 500원씩 나오다가 이후 계속 잃게 되면 어떻게 될까? 한동안은 '아직 이 기계는 괜찮을 거야. 곧 다시 따게 될 거야.' 라고 생각하며 계속 100원을 넣게 될 가능성이 크다. 그래도 계속 잃으면 결국 실망하거나 화가 나서 기계를 치거나 발로 차게 될지도 모른다.

기계를 때려도 계속 돈을 잃게 된다면 어떻게 할까? 이미 충분히 행운을 시험해 보았으니 그 기계는 가망이 없다고 판단하고 돈을 낭비하지 말자고 생각할 것이다.

그 후 기계를 바꿔 다른 기계로 게임을 한다. 그러나 새 슬롯머신에서도 계속 잃는다. 그렇게 계속 100원을 넣던 어느 순간 잭팟이 터져 큰돈을 번다. 그 이후에는 그 기계에 돈을 계속 넣어도 잃기만 한다. 이제 어떻게 할 것인가? 아마도 계속 돈을 넣게 될 것이다. 매번 '다음에는 잭팟이 나올 거야.' 라는 기대를 하며.

카지노가 돈을 버는 전형적인 수법이 마지막 기계에 있다. 그것은 '무작위 간헐적 강화' 원칙의 예다. 이런 강화는 제거하기 가장 힘든 행동을 만든다. 다음에 잭팟이 꼭 나올 것 같기 때문이다!

이 방법을 훈육에는 어떻게 활용하면 될까? 문제 행동이 계속 강화된 아이를 상상해 보자. 아이는 100원을 넣을 때 500원을 딴 사람과 똑같다. 돈을 따면 계속 돈을 넣게 된다. 이것이 아이들이 문제 행동을 계속 반복하는 이유이며, 어떤 식으로든 문제 행동이 아이들에게 어떤 이득을 준다는 뜻이다.

그런데 어느 날 성인이 규칙을 변경한다면 문제 행동에 더 이상 강화가 일어나지 않는다. 돈을 넣어도 계속 잃기만 하는 기계와 같다. 그럴 때 슬롯머신을 바로 중단하겠는가! 아이는 처음에는 평소보다 더 자주 문제 행동을 하게 된다. 그러니 당신은 폭풍에 대비해야 한다. 당신이 참고 견디고 포기하지 않고 문제 행동을 강화하지 않으면 얼마 지나지 않아 아이는 문제 행동이 이득 없음을 마침내 깨닫게 될 것이다. 그런데 왜 그다음에도 돈을 더 잃을까? 다른 슬롯머신을 찾아 새로운 강화를 얻으려고 하기 때문이다.

새로운 훈육법을 시도하는 비결은 규칙을 중간 중간에 한 번씩 적용해서는 안 된다는 것이다. 아이가 돈을 계속 넣다가 실망하던 어느 순간 갑자기 잭팟이 터질지 모르지 않은가? 당신이 무작위 간헐적 강화를 해 버리면, 아이는 새로운 규칙을 아무리 적용하려 해도 잭팟을 기다리고 있어 특정 문제 행동을 제거하기가 너무 어렵게 된다.

당신은 슈퍼마켓 계산대 앞에서 다음과 같은 장면을 자주 본 적이 있을 것이다.

아 이: 엄마, 저것 하나만 사 주세요.
어머니: 안 돼.
아 이: 엄마, 하나만?
어머니: 안 돼.
아 이: 엄마, 제발?
어머니: 그만해.
아 이: 엄마, 저거 하나만?
어머니: 그만하라고 했잖아.
아 이: 엄마, 제발?
어머니: 안 돼.
아 이: 엄마, 진짜 이번만?
어머니: 그만해.
아 이: 엄마, 진짜 이번만?
어머니: 알았어. 좀 조용해!

'잭팟!' 이 생각났길 바란다. 이 어머니는 미움받는 아이가 되도록 교육하고 있다. 어머니는 아이에게 계속 반복해서 요구하고 끈질기게 고집부리면 잭팟을 터트릴 기회를 주겠다고 교육한 셈이다.

당신이 돌보는 아이들이 미운 오리 같은 아이가 되지 않고 문제 행동을 반복하지 않도록 특정 행동을 강화하지 말라. 당신의 규칙을 잘 고수해서 아이에게 잭팟을 터트릴 기회를 주지 말라.

긍정적인 훈육 접근법을 위한 원칙

당신이 아이들을 책임지는 위치에 있다면 규칙이 엄하다거나 강화를 빼앗는다거나 행동에 따른 결과가 다르다는 아이들의 불평을 해결해 주어야 한다. 다음 원칙과 방법을 사용하면 효과적으로 아이들을 도울 수 있다.

문제 행동은 안심시켜 달라는 요청이다

아이들은 재확인해서 안심시킬 때 진정된다. 훈육이 아이들을 안심시키는 것임을 잊지 않을 때, 당신은 아이들을 사랑하는 마음을 잃지 않고 훈육하게 될 것이다. 당신의 목표는 처벌이 아니라 아이들이 더 안전하고 안정된 느낌을 갖게 하는 것이다. 아이들은 스스로 조절하지 못할 때 성인이 책임지고 조절력을 다시 회복시켜 주기를 바란다. 훈육을 통해 이런 목표를 이룰 수 있다. 아이들은 이런 훈육을 받을 때 보호받고 안전한 느낌을 가진다.

당신은 성인이다

당신은 아이들의 안전을 위한 반석이다. 당신이 조절력을 유지하고 약속을 지키고 아이들을 보호하고 안전을 지킬 때, 아이들은 당신에게 의지하게 된다.

책임질 때 당신은 강하고 보호할 수 있다

아이를 책임질 수 없으면 당신은 강하지 않고 중요한 사람이 될 수 없다. 당신이 조절력을 유지하고 규칙을 엄격하게 지킬 때, 아이들은 당신이 책임지는 역할을 한다고 느낀다. 그럴 때 아이들은 당신이 강하고 자신을 보호하고 안전하게 지켜 주는 사람이라고 느낀다.

약속을 지켜라

일과, 규칙, 결과 모두 약속임을 명심하라. 아이의 잘못을 '봐주고' 규칙을 엄하게 지키지 않는다면 당신 스스로 약속을 어기는 것이다.

지킬 수 있는 약속만 하라

지킬 수 없는 큰 선물이나 특별한 활동을 약속하지 말라. 아이들이 당신을 믿지 못하게 될 뿐이다. 그리고 부당하거나 너무 심한 처벌로 위협하지 말라. 화가 가라앉으면 당신의 실수를 깨닫고 처벌을 바꾸려 할 것이다. 그런 일 역시 아이들에게 당신은 믿을 수 없는 사람이며, 당신의 말을 있는 그대로 믿어서는 안 된다고 가르치는 셈이다. 적절하고 합리적인 결과를 미리 정해 놓으면 훈육이 필요할 때 정한 대로 처벌을 하면 된다. 만약 화난 상태가 되었다면 아이에게 나중에 처벌을 결정하겠다고 말하면 된다.

문제를 빨리 중지시켜라

문제가 악화되지 않고 당신의 화도 커지기 전에 문제를 중지시켜야 한다. 이것이 긍정적인 훈육법의 핵심이다. 빨리 문제를 중지시키는 것은 다음과 같은 효과가 있다.

- 도와달라는 첫 신호에 안심시키는 반응을 한 것이다. 당신은 시의적절하게 반

응한 것이다.

- 당신의 관심을 얻으려고 아이가 큰 문제 행동까지 할 필요가 없어진다. 아이는 심하게 '나쁜' 행동을 하지 않더라도 당신의 도움을 받을 수 있다. 사소한 위반에도 도움을 받기 때문에 큰 위반을 할 필요가 없다고 생각하게 된다. 이런 변화가 최종 목표는 아니지만 좋은 출발은 된다.
- 문제 행동이 아직 사소하기 때문에 작은 처벌만으로 가능하다. 약한 처벌은 아이와 당신 모두 받아들이기 쉽다.
- 당신이 화나거나 좌절되지 않았기 때문에 아이에 대한 관심을 유지하면서 안정된 상태로 훈육할 수 있다. 그럴 때 아이는 훈육은 사랑이라는 것을 배우고, 당신이 사랑하기 때문에 훈육한다는 것을 이해하게 된다.

타임아웃

훈육하는 방법 자체는 가장 중요한 요소가 아니다. 진정으로 중요한 부분은 당신이 원칙과 절차를 따르고, 적용하는 기법을 잘 준수해야 한다는 점이다. 지금부터 소개하는 타임아웃이 마음에 들지 않으면 당신이 선호하는 다른 시스템을 사용해도 좋다. 단지 선택한 시스템을 준수하고 원칙을 따르는 것이 중요하다.

속성으로 타임아웃을 배웠던 많은 부모들은 큰 도움이 되지 못했다고 말한다. 타임아웃의 효과가 없다는 것이 아니라 부모가 옳게 배우지 않았거나 또는 문제가 있을 때 자기 방식대로 사용했다는 뜻이다. 타임아웃의 효과는 분명하지만, 여기서 제시하는 맥락(안전한 환경, 긍정에 대한 강조 등)에서만 사용해야 한다. 단번에 효과가 있기를 기대해서는 안 된다. 아이들은 항상 도망갈 구멍을 찾기 때문에 책대로 되지 않을 때 보완책을 고안하는 것이 당신의 일이다. 타임아웃은 효과적인 시스템이지만 좋은 성과가 나올 수 있게 적용해야 한다.

타임아웃의 핵심은 하고 있던 행동, 가족이나 집단에서 아이를 떼어 놓는 것이다. 타임아웃 개입은 다음과 같은 원칙에 근거한다.

- 타임아웃은 강화하지 않는다. 이 말은 아이가 하고 있던 행동이 아니라 다른

활동을 강화한다는 뜻이다. 타임아웃이 효과가 있으려면 이 조건이 만족되어야 한다.

- 타임아웃은 비처벌적이다. 아이의 안전을 지키고 나쁜 행동에 대한 강화를 제거하는 것이 목적이다. 타임아웃은 화 또는 처벌과는 전혀 관계없다.
- 타임아웃은 학습할 기회를 준다. 아이들은 어떤 행동을 하면 강화가 제거되는지를 배운다. 안정된 후에 어떤 행동을 했고, 다시 집단이나 가족에 합류하려면 어떻게 해야 할지 생각할 수 있는 기회를 가진다.

타임아웃의 장점은 타임아웃의 구조와 관계가 많다. 좋은 타임아웃 구조는 다음과 같다.

- 타임아웃은 아이가 다른 사람에게 피해를 끼치지 않게 한다. 그래서 환경을 안전하게 지킨 것이 된다.
- 타임아웃은 아이가 다른 사람들의 활동을 방해하지 못하게 보호한다. 다른 아이들과 규정대로 활동한다는 것은 성인이 약속을 지켰다는 뜻이다.
- 타임아웃은 나쁜 행동에 대한 강화를 제거한다. 더는 돈을 따지 못한다!
- 타임아웃은 아이의 자기 조절력을 회복시킨다.
- 타임아웃은 아이가 조절력을 잃을 때 성인이 조절력을 보여 줄 기회를 제공한다. 그렇게 되면 아이는 심리적 안정을 찾아 안정되고 진정된다.

타임아웃은 다음과 같은 요소들로 구성된다.

- 먼저 규칙을 정한 다음에 타임아웃을 사용한다. 아이에게 타임아웃을 적용하기 전에 충분한 설명이 있어야 한다.
- 타임아웃 시간을 미리 정해 놓는다(예, 8세는 8분 정도). 어떤 사람은 타임아웃을 30초나 1분 정도로 정해서 아이가 가능하면 빨리 가족에게 돌아오도록 한다. 일반적으로 짧으면 짧을수록 좋다. 오래 끄는 것이 아닌 한계를 설정하고 강화를 제거하는 것이 목적이기 때문이다. 그러나 너무 짧으면 효과가 없을 때도 있다. 따라서 환경을 고려해서 아이에게 가장 효과적인 시간을 찾아야 한다.

- 특정 행동(예, 때리기)에는 자동적으로 타임아웃을 적용한다. 사고가 이미 발생하였다면 말로 해결하기에는 너무 늦었다. 아이가 위험하면 설명 없이 즉각 타임아웃을 시행한다. 규칙과 행동 특성을 고려해서 추가적인 처벌을 줄 수도 있다.
- 어떤 행동(예, 반항)은 경고를 먼저 한다. 행동 수정의 가능성이 있을 때는 기회를 먼저 준다. 감정을 조절해서 타임아웃 없이 다시 합류하면 제일 좋다.
- 경고: 지시하고는 하나, 둘, 셋을 헤아린다. 지금 어떤 행동을 하고 있으니 그 행동을 중단하고 지시하는 행동을 하라고 알린다. 숫자당 1초 정도 걸리게 천천히 셋까지 센다. 너무 빠르거나 너무 천천히 세지 않는 것이 좋다. 그러면 약속을 어긴 것이 되기 때문이다.
- 셋을 셀 무렵에 아이가 행동을 수정하지 않으면 "타임아웃이야."라고 말한다. 간혹 어떤 아이는 다 세고 나면 하려는 시늉을 하면서, "한다고요. 지금 하잖아요!"라고 말할 수도 있다. 그럴 때는 "늦었어. 타임아웃을 먼저 하고 그렇게 행동해."라고 지시해야 한다. 그대로 넘어가면(타임아웃 없이 행동하도록 두면) 약속을 어기는 것이 되고, 그러면 아이는 당신이 말하는 대로 따르지 않아도 된다고 생각한다.
- 타임아웃 장소를 정해 놓는다. 의자, 벽, 방 귀퉁이, 멀리 떨어진 어떤 곳이라도 괜찮다. 타임아웃 장소는 당신이 있는 시설, 근무 중인 직원 수, 아이들의 특성 등을 고려해서 결정한다. 아이들의 안전을 지키고, 다른 아이들이 하던 활동을 계속하고, 타임아웃 동안 강화를 주지 않는다는 당신의 목표에 합당한 장소를 선정한다. 시설 안에서 근무 장소가 변경되는 상황이라면 근무 장소마다 타임아웃 장소를 선정해 놓는다.
- 타임아웃 동안 규칙을 지키게 한다. 타임아웃 중인 아이는 다른 사람들과 대화해서는 안 되고, 인상을 쓰거나 큰 소리로 떠들어도 안 되며, 시간이 다 되어 가는지 물어도 안 되고, 장난감을 가지고 놀거나 뛰어도 안 된다. 아이에게 맞는 현실적인 규칙을 만든다. 아이 특성에 맞게 말없이 가만히 있거나 글쓰기 또는 그림 그리기를 시켜도 된다.
- 타임아웃 동안에는 아이에게 말을 걸거나 어떤 관심을 보여서도 안 된다. 타임아웃 중인 아이가 인상을 쓰거나 친구들에게 농담을 하면 당신은 강화를 제거

하지 못한 것이 되고, 다른 아이들에게도 방해되고 정해진 활동에 지장이 생긴다. 아이가 이런 행동을 하면 타임아웃 장소를 더 멀리 둔다. 그리고 타임아웃 중에 규칙을 어기는 행동에 대해서는 다시 타임아웃을 시작하게 하거나, 타임아웃 중인 아이와 말하거나 장난친 아이도 타임아웃을 시킨다. 이런 행동을 해결하는 데는 정답이 있지 않아서 상황에 따라 적합한 방법을 찾아야 한다. 보통 타임아웃 장소는 다른 아이들이 잘 볼 수 있는 곳으로 정하는 것이 좋다. 왜냐하면 타임아웃 중인 아이가 자신이 빠진 활동을 볼 수 있고, 당신도 아이를 지켜볼 수 있기 때문이다. 그러나 너무 공격적인 행동을 하는 아이가 있다면 다른 방법을 찾아봐야 한다.

- 타임아웃이 끝나면 아이에게 느낀 점을 물어보고 다시 집단/활동에 참여하게 한다. 느끼고 배운 점 그리고 다음에 같은 행동을 하고 싶을 때는 어떻게 할 것인지 질문해서 타임아웃 경험을 통한 학습 기회를 제공한다. 그러나 매번 '인지 처리적인' 질문을 할 필요는 없다. 예를 들어, 아이들이 좋아하는 활동을 하는 동안 30초 타임아웃을 한다면 어떤 행동 때문에 타임아웃을 했는지 정도만 물어도 된다.

타임아웃과 관련된 문제 해결

아이들은 저마다 달라서 타임아웃을 적용해 보면 생각지 못한 다양한 문제를 만나게 된다. 다음은 흔히 만날 수 있는 타임아웃 관련 문제와 해결 전략들이다.

타임아웃 중인 아이와 말하거나 장난치는 아이들이 있다면?

- 그런 행동에 대한 규칙을 미리 정한다. 타임아웃 중인 아이와 말하는 아이에게 정해진 규칙대로 시행한다.

아이가 타임아웃 중에 멋대로 행동한다면?

- 타임아웃 규칙을 어긴 것이니 다시 타임아웃을 시작하고 규칙을 따를 때까지 계속한다. 몇 번 반복하면 아이는 타임아웃 시간만 길어진다는 것을 알게

된다.

- 타임아웃 중인 아이의 방해하는 행동이 너무 심하다면 타임아웃 장소를 더 멀리 옮긴다.

성인이 타임아웃 중인 아이와 대화하지 않을 수 없는 상황이라면?

- 아이의 건강이나 안전이 걱정되는 상황이라면 타임아웃 중이라도 상호작용하는 것이 바람직하다. 예를 들어, 화장실이 너무 급할 때는 다녀오게 하고, 멈춘 시점에서 다시 타임아웃을 시작한다. 물론 매번 급하다고 요구하면 무시해야 할 때도 있다.
- 타임아웃 중인 아이에게 설명하거나 논쟁에 휘말리지 않아야 한다. 그렇게 되면 강화를 제거한 것이 아니라 도리어 더 강화시킨 꼴이 되어 타임아웃의 효과는 소실된다. 아이에게 타임아웃 규칙을 어겨도 된다는 보상을 허용하지 말라.
- 성인이 타임아웃 중인 아이에게 반복해서 반응을 조절할 수 없다면 다음을 고려한다.
  - 자기조절을 못하는 직원이라면 무엇보다 교육과 수련이 필요하다. 그래도 문제가 지속된다면 그 사람은 직업을 잘못 선택한 것이다. 상처받은 아이를 돌보는 일은 성숙과 자기조절이 절대적으로 필요한 일이기 때문이다.
  - 자기조절을 못하는 사람이 부모라면 다른 방법을 찾아봐야 한다. 손쉬운 해결책은 부모가 아이와 상호작용하지 않도록 타임아웃 장소를 멀리 떨어진 곳으로 정하는 것이다. 타임아웃이 성립하려면 그것이 끝날 때까지 부모가 아이와 상호작용하지 않는 것이 원칙이다. 그럴 때 긍정적인 행동에 대해서만 강화시킬 수 있다(이 접근에 대한 자세한 내용은 10장을 참조하라.). 장기적으로는 부모치료를 통해 아이가 가까이 있어도 자기조절을 할 수 있는 기술을 배우는 것이 필요하다.

아이가 타임아웃을 거부하거나 타임아웃 장소에 머물지 않는다면? 규칙을 준수할 다른 방법이 필요하며, 그대로 두면 약속도 어기고 아이도 안전하지 않게 된다. 다음은 규칙을 강화할 수 있는 몇 가지 해결책이다.

- 아이가 즉각 타임아웃 장소로 가지 않으면 셋을 세어 타임아웃 장소로 가야 한다는 신호를 보낸다. 셋까지 다 세기 전에 타임아웃 장소로 가지 않는다면 타임아웃 시간을 두 배로 늘린다(시간조절은 재량껏 한다).
- 아이가 타임아웃 장소로 가지 않고 안전을 위협하는 상황이라면 상황에 따라 스스로 가지 않을 경우 직접 데려간다고 지시하거나 또는 성인이 직접 데려간다. 보통 "내가 셋까지 셀 동안 가지 않으면 내 도움이 필요하다는 뜻으로 생각하겠어. 하나, 둘, 셋."이라고 말하면 된다. 그래도 안 된다면 아이의 손을 잡고 데려간다.
- 같은 전략을 타임아웃 장소에 머물지 않는 아이에게도 사용할 수 있다. 타임아웃 시간을 길게 하거나 TV를 못 보게 하는 등의 처벌을 정해 놓는다.
- 안전이 위험하고 다른 전략들도 도움이 되지 않으면 신체 억제를 사용해야 한다. 그렇게 하지 않으면 다른 아이들의 안전을 지킬 수 없기 때문이다.

아이가 타임아웃을 즐긴다면? 아이가 타임아웃 장소를 좋아하는 이유를 찾아야 한다. 관찰과 질문을 해서 그 이유에 따라 전략을 달리한다.

- 어떤 아이들은 다른 아이들이나 성인의 관심 때문에 타임아웃을 좋아한다. 그렇다면 타임아웃을 적절하게 사용하지 못한 상황이다. 이 경우 절차상의 문제점을 찾아 교정해야 한다. 타임아웃 장소를 더 멀리 두거나, 타임아웃 중인 아이에게 관심을 보이는 아이들을 처벌하거나, 성인이 관리감독을 하는 등의 방법이 있다.
- 어떤 아이들은 좋아하지 않는 활동이나 불편한 상황을 피할 목적으로 타임아웃을 당하기도 한다. 이 경우 빠진 과제는 쉬는 시간에 하라는 등의 방법을 통해서 아이들이 규정된 과제를 회피하지 못하게 한다. 그러나 회피하려는 정당한 이유가 있다면 파악해서 해결하도록 도와주어야 한다.
- 타임아웃을 안정을 찾는 방법으로 활용하는 아이들도 있다. 이것은 그렇게 나쁜 방식은 아니다. 이런 아이들은 안정이 필요할 때 스스로 타임아웃을 한다. 성인 입장에서는 기특하게 보이기도 한다. 아이가 자기조절을 더 잘하도록 도와줄 수 있는 좋은 기회로 삼으면 된다.

타임아웃의 핵심은 문제를 빨리 파악하는 것이다. 타임아웃을 적용하는 첫 주에는 하루에 최소한 세 번 정도 시도하기를 권장한다. 타임아웃은 아주 철저하게 적용할 때 효과가 있다. 타임아웃만 생각하면 좌절감과 화가 나는 분이 있다면 이미 타임아웃을 사용해 본 분일 것이다. 그래도 괜찮다. 상황이 더 나빠지기 전에 지금 바로 다시 시도해 보기 바란다.

많은 부모와 아동을 돌보는 기관에 근무하는 분들은 타임아웃의 엄격한 적용을 거북해해서 적극적으로 사용하길 꺼린다. 그러나 긍정적인 훈육 접근법에서 '엄격함'과 '가혹함'의 차이를 이해해야 한다. 문제는 빨리 중단시킬수록 작아지고, 당신이 화날 가능성도 줄어든다. 타임아웃을 몇 주 정도 100% 원칙을 준수하며 적용한다면 아이들이 많이 안정되고 바르게 행동한다는 것을 깨닫게 될 것이다. 아이들이 처음에는 너무 엄격하다고 불평할지 모르지만, 시간이 지나면서 당신이 고함칠 일이 사라진다는 것을 알게 될 것이다.

훈육은 사랑이다: 사례

다음은 초등학교에 근무하는 보조치료자의 치료 사례다. 이 사례를 그대로 따라하라는 것이 아니라 아이를 도와주려는 치료자의 노력을 보여 주려는 것이 목적이다.

> 톰은 9세 소년으로, 심각한 가정 폭력과 가족 간의 살인 사건으로 상실 경험을 하였다. 학교에서 감정을 자주 폭발하는 성향이 문제였다. 보조치료자가 학교에서 톰을 위해 주간치료 프로그램을 운영하게 되었다. 톰이 수업 방해를 너무 심하게 해서 교실에서는 타임아웃을 할 수 없어 복도 끝에 있는 작은 방으로 정했다.
>
> 보조치료자가 환경치료 프로그램을 시작한 지 3주가 되자, 톰은 타임아웃 시스템을 어느 정도 이해했지만 충분하진 못했다. 어느 날 그는 그 방에서 10분간 타임아웃을 하는 동안 화를 내며 연필로 도화지를 찍으면서 투덜거렸다. 몇 분 후 보조치료자가 와서 과자를 주고는 아무 말 없이 돌아갔다.
>
> 타임아웃을 끝내며 보조치료자는 "내가 왜 과자를 주었는지 궁금하지 않니?"

라고 물었다. 치료자는 타임아웃을 하는 것과 같은 이유, 즉 톰에게 관심이 있고 그가 안전하고 기분이 좋아지기를 기대하는 마음 때문이라고 말했다. 보조치료자는 처음부터 안전성 표현을 계속했지만, 톰은 이번 타임아웃 후에야 보조치료자가 자신을 진실로 걱정하고 있다는 것을 깨달았다. 화를 내고 처벌하는 사람이 과자를 줄 리가 있겠는가!

자연스러운 결과

타임아웃 시스템은 훈육과 관련된 다양한 문제들을 해결하는 데 도움이 되지만, 종종 타임아웃보다 더 큰 처벌이 필요한 아이들도 있다. 그렇다고 화를 내거나 보복적인 처벌을 해서는 안 된다. 한계를 설정해서 아이에게 안전과 안정감을 느낄 수 있게 하고, 자신의 행동이 문제를 유발하고 그런 행동에는 자연스러운 결과가 따른다는 것을 깨닫게 도와준다. 좋은 행위는 보상을 받고, 나쁜 행위는 다른 결과가 뒤따른다. 자연스러운 결과 접근법을 사용해서 이 교훈을 가르칠 수 있다. 원칙은 다음과 같다.

- 약속을 지킨다. 정해 놓은 결과를 반드시 시행해야 한다.
- 보복이나 복수를 하지 않는다. 이런 행동은 성인의 조절력 상실을 뜻할 뿐이다.
- 아이에게 음식, 수면, 학교, 기타 중요한 활동을 박탈하지 않는다. 그런 결과는 아이에게 상처를 남기는 보복적인 처벌이다.
- 공정하고 합리적인 결과를 사용하고, 긍정적인 행동을 할 수 있는 기회를 제공한다.

자연스러운 결과란 개념은 아이들에게 행동에 따른 현실적인 결과를 직면시켜 경험을 통한 학습을 제공한다. 자연스러운 결과는 처벌과 다르다. 처벌은 상처를 남긴다. 거짓말을 했다고 때리는 것은 처벌이다. 자연스러운 결과란 특정 행동에 뒤따르는 원래 그렇게 될 수밖에 없는 결과를 말한다. 아이스크림 살 돈을 잃어버리면 아이스크림을 살 수 없는 것이 자연스러운 결과다. 처벌하는 사람도 없고, 그냥 그런 결과가 일어날 뿐이다. 처벌에 비해 자연스러운 결과의 장점은 다음과 같다.

- 행동에는 결과가 따른다는 것을 배운다.
- 복수가 아닌 공정성에 근거한다. 처벌이 없기 때문에 처벌받았다고 화를 낼 수 없다. 자신을 검토해서 경험을 통한 학습 기회를 제공받는다.
- 잘못된 행동을 '수정하고' 자신의 신뢰를 회복할 기회를 얻는다. 이것은 자신을 자주 비난하고, 처벌받으려고 의도적으로 문제를 일으키고 잘못된 행동을 하는 아이들에게 매우 중요한 점이다. 자신이 파괴한 것을 스스로 복구할 수 있을 때, 자발적으로 난관에서 벗어나 더 안정된 곳에서 다시 시작할 수 있다. 그럴 때 아이는 관계와 자존심을 회복하고, 프로그램이나 모임에서 자신의 이미지를 개선할 수 있다. 그렇게 되면 아이는 도움을 받을 수 있는 자원과 지지를 얻고 희망을 가질 수 있다.

어떤 행동은 자연스러운 결과가 매우 분명하다. 하지만 자연스러운 결과를 찾으려면 아이디어가 필요한 문제 행동들도 있다. 다음은 흔한 문제 행동과 관련된 자연스러운 결과다.

- 돈을 분실하면 아이스크림을 살 수 없다.
- 준비가 늦으면 영화의 앞부분을 보지 못한다.
- 어지럽히면 청소해야 한다.
- 부수면 고치거나 배상해야 한다.
- 정해진 날짜에 돌려주지 않으면 다시 믿을 수 있을 때까지 빌려 주지 않는다.
- 성적이 오르지 않으면 숙제를 마치고 놀아야 한다(물론 어떤 경우에는 결과가 아닌 규칙일 때도 있다).
- 30분 늦게 집에 도착했다. 내가 30분 동안 기다리고 걱정했으니, 너도 30분간 집안일을 해서 보상해야 한다.
- 그 모임(또는 가족, 수업, 단체)에 피해를 주었다. 그래서 그 모임을 위해 무언가를 해야 한다. 이 방법을 사용할 때 주의할 점은 매우 융통성 있게 적용해야 한다는 점이다. 이는 경범죄에 대해 벌금을 부가하는 원리와 같다. 다음은 그 예다.
  - 네가 미술시간에 떠들어 반 친구들이 과제를 다 마치지 못했어. 그래서 아직도 다른 아이들이 마무리하는 중이야. 그러니 네가 점심시간에 미술실을

청소해야 하지 않겠니?

– 네가 사탕을 훔친 일로 다른 친구들이 누가 또 훔치지는 않을까 불안해하고 걱정을 많이 해. 친구들이 불안해하지 않도록 네가 도와줄 수 있는 어떤 방법이 있을까? 다음에 네 사탕을 친구들에게 나누어 준다면 네가 앞으로는 훔칠 생각이 없다는 뜻이 전해지지 않을까?

– 네가 의자를 부순 행동 때문에 이곳이 안전하지 않은 장소가 되었어. 그래서 좋은 곳이란 생각이 들지 않는단다. 보상을 위해 이곳이 안전하게 느껴지도록 네가 무언가 해야 할 것 같아. 네가 선택해 볼래? 정원이나 집 안 청소를 해 보는 건 어떠니?

행동 대가

긍정적인 행동을 강조하면서 타임아웃 시스템과 자연스러운 결과를 병합하면 대부분의 문제 행동을 해결할 수 있다. 그러나 간혹 다른 종류의 결과를 추가해야 할 때도 있다. 이것이 바로 행동 대가란 방법으로, 특별한 종류의 강화 제거제다. 기본 원칙은 아이가 특정 행동을 할 때마다 '대가를 주거나' 또는 '무언가를 빼앗는' 것이다. 행동 대가는 다음 원칙에 근거해서 신중하게 사용해야 한다.

- 매우 구체적이고 쉽게 확인할 수 있는 문제 행동(예, 욕하기, 별명 부르기, 지시해도 타임아웃 장소로 가지 않기, 연필로 다른 친구 찌르기)일 때
- 아이에게 매우 중요한 물건이나 활동을 사용한다. 아이를 잘 관찰해서 선택한다. 아이는 무엇을 가장 좋아하는가? 무엇을 하며 시간을 보내는가?
- 아이에게 해가 되어서는 안 된다. 아이의 건강, 교육, 안녕에 중요한 물건이나 활동을 빼앗을 목적으로 해서는 안 된다는 뜻이다. 그런 예로는 다음과 같은 것이 있다.
  – 식사를 주지 않는 것은 안 된다(후식 정도라면 괜찮다).
  – 사회성이 발달하는 시기이기 때문에 친구들과 보낼 시간을 빼앗아서는 안 된다. 그러나 방과 후에 친구와 몇 시간씩 전화하거나 문자를 주고받는 것은 문제다. 1시간 정도 허용하는 것은 사회성 발달에도 중요하다. 그대로 두

기 바란다.

- 운동이 필요한 아이라면 운동하는 시간을 빼어서는 안 된다.

- 당신에게 중요한 것이 아니라 아이에게 중요한 물건이나 활동을 선택해야 한다. 어른들에겐 한 시간 보고 싶었던 TV를 10분밖에 볼 수 없다는 게 별로 중요한 일이 아니지만, 아이들에게는 중요한 문제다.
- 돈을 행동 대가로 받아도 되지만 아이가 되찾을 수 있도록 적은 돈이어야 한다. 그렇지 않으면 동기를 유발하려던 의도는 사라지고 진짜 처벌이 된다.
- 궁지로 몰아세우지 말라! 계속 실패해서 아이의 좌절이 커지면 당신은 잘못된 길로 접어든 것이다. 행동 대가를 더 적게(예, 500원보다는 100원으로) 하거나 행동 대가 기법을 중지해야 할 때도 있다.

행동 대가의 효과는 좋다. 그러나 아이들에게 반복해서 실패감을 줄 수 있기 때문에 위험성이 큰 전략이다. 아이가 자신은 틀렸고 무력하다고 느끼면 행동 대가가 외상과 관련된 급소를 자극해서 과잉 반응하게 만들 가능성도 있다. 그렇게 되면 문제가 복잡해진다. 아이들은 실패하면 다음 일에 대해서도 걱정하고, 그러다 보면 불안정하게 된다. 일반적으로 긍정적인 부분을 강조하는 것이 더 효과적이다. 긍정적인 부분에 초점을 두면 실패라는 함정에 빠지지 않는다. 아이들은 대개 보상을 얻으려고 하므로 타임아웃과 자연스러운 결과를 사용하면 남아 있는 주요 문제를 대부분 해결할 수 있다.

연습: 당신이 해결할 수 없었을 때

1부: 당신 자신을 대상으로 연습하기

- 규칙대로 훈육하지 않았던 최근 일을 생각한다.
- 자신에게 솔직하라. 왜 그렇게 했을까? 흔한 이유는 다음과 같다.
  - 어떻게 도와주어야 할지 몰랐다.
  - 너무 피곤하고 의욕이 없었다.

- 너무 화나고 실망스러웠다.
- 아이가 이미 충분한 고통을 받았기 때문에 더 이상 힘들게 하고 싶지 않았다.
- 한 번 더 기회를 주고 싶었다.
- 그 아이는 벌을 받아 마땅하다(그 아이는 골칫덩이여서 벌을 받아도 싸다).
- 다른 이유는?

• 그 상황에서 당신이 어떤 행동을 했고, 왜 그렇게 했는지 기록한다.

2부: 다른 사람을 대상으로 연습하기(소그룹이 이상적이다)

• 소그룹에서 그 상황, 당신이 취한 행동, 이유를 발표한다.
• 구성원들은 발표자를 존중해 주라! 발표자는 관심이 필요하고 노력하고 있다.
• 구성원들은 우화 모델에 근거해서 발표자가 그 상황에서 아이의 욕구를 이해하도록 도와준다. 아래의 평가표를 참조한다.
• 발표자가 더 좋은 전략을 제안하고, 구성원들은 그에 대해 의견을 표한다.

평가표: 문제 상황에서 아이에게 필요한 것

다음은 당신이 약속을 지키지 못하고 규칙을 강요하기 어려운 흔한 이유들이다. 각 이유에는 그 상황을 해결할 수 있는 아이디어가 제시되어 있다.

• 어떻게 도와주어야 할지 몰랐다.
  - 이 책에 나온 방법을 시도하라: 안전성 목표, 긍정적인 부분에 초점 두기, 타임아웃, 자연스러운 결과
• 너무 피곤하고 의욕이 없었다.
  - 슬롯머신을 기억하라. 아이에게 잭팟을 경험하게 하고 싶은가? 그렇게 되면 중단시키기가 너무 어렵다. 아무리 피곤해도 지금 열심히 하는 것이 중요하다. 멀리 보면 에너지를 적게 사용하는 것이다.
• 너무 화나고 실망스러웠다.
  - 아이의 행동은 상처받아서/무서워서 도움을 요청하는 것이다. 당신 마음에

상처를 주고 화나게 하려는 것이 아니다. 단지 아이가 도움을 요청하는 다른 방법을 모르기 때문이다.
  - 화나기 전에 왜 미리 도와주지 않았는가?
  - 생각했던 대로 아이를 도와주려는 마음을 방해하는 요소가 있는 것은 아닌가? 당신 자신의 급소가 자극된 것은 아닌가?
- 아이가 이미 충분한 고통을 받았기 때문에 더 이상 힘들게 하고 싶지 않았다.
  - 규칙을 준수하는 것이 아이를 더 안정시킨다. 그럴 때 아이는 무엇을 해야 할지 알고, 당신에게 의지하게 될 것이다.
  - 규칙 준수와 가혹하게 대하는 것은 다르다.
- 한 번 더 기회를 주고 싶었다.
  - 아이에게 이미 '한 번 더 기회'를 얼마나 많이 주었는가? 그때 효과가 있었나? 그런 방법이 문제 행동을 중단시켰는가?
  - 규칙을 준수하지 않는다면 아이에게 당신을 믿고 의지하지 말라고 교육하는 것과 같다.
  - 규칙을 준수하지 않는다면 아이는 위반해도 이득이 있다는 것을 학습한다. 나쁜 행동은 즉각적인 위안이나 만족을 주고, 처벌이 따르지 않는다. 그리하여 나쁜 행동이 강화될 뿐이다. 당신이 바라는 것은 이런 것인가?
- 그 아이는 벌을 받아 마땅하다(그 아이는 골칫덩이여서 벌을 받아도 싸다).
  - 아이에 대한 '행동의미 평가표'를 완성했는가? 당신이 문제 행동의 의미를 이해한다면 과거와 같은 시각으로 아이를 보지 않게 될 것이다.
  - 아이 때문에 화가 폭발한 것 같다. 당신의 급소가 자극된 것일까? 어떻게 생각하는가?

토 론

발표자와 구성원 모두 서로 경험을 나눈다.

자기 감정 처리하기

아이들과 함께 일하는 것의 대가 중 하나는 당신 자신도 영향을 받는다는 것이다. 아이를 돌보지 않으면 당신이 원하는 일을 할 수 없고, 아이를 돌보려 하면 당신의 감정이 개입된다. 다음 내용은 당신의 감정이 혼란되고 최선을 다하기 어려울 때 도움이 될 것이다. 이런 힘든 감정들은 어떤 점에서는 당신이 아이를 진심으로 돌보고 아이가 건강하게 성장하기를 바라기 때문에 일어나는 것이다. 또 다른 이유는 아이들과 함께 일하는 동안, 당신 자신의 외상/상실 병력에 뿌리를 둔 급소가 자극되기 때문이다. 이런 감정들은 좋은 것도 나쁜 것도 아니며, 업무의 일부일 뿐이다.

우화 모델 활용하기

아이의 문제 행동을 외상적인 시각에서 이해할 때는 아이를 나쁜 아이가 아닌 슬프고 무서워하고 화난 아이로 볼 수 있다. 상처받은 아이라고 이해할 때, 당신은 아이를 도와주고 싶어진다. '행동의미 평가표' 를 사용해서 아이의 문제 행동을 이해할 때, 당신은 아이의 행동을 고통을 표출하는 방법으로 보게 된다. 이런 시각을 가질 때, 아이의 문제 행동은 당신 자신에게 향한 것이 아니고 당신과 관계없다는 것을 이해할 수 있다. 이런 식으로 아이를 이해할 때, 당신은 아이를 도와주고 아이가 필요로 하는 것을 줄 수 있다.

성공하기

아이들이 전혀 바뀌지 않으면, 당신은 무력감을 느끼고 좌절하게 된다. 최선을 다해 아이를 이해하고 가능한 한 효과적으로 도와주는 것이 중요하다. 그것이 당신이 거기에 있는 이유다. 당신이 아이들에게 도움이 될 때, 당신 자신과 아이들에 대해 더 긍정적인 느낌을 가질 수 있다. 그럴 때 당신의 업무 스트레스가 감소하고, 아이와 아이가 필요로 하는 것에 관심을 유지할 수 있다.

충분한 시설과 협조 얻기

당신의 환경에서는 충분한 시설과 지지가 불가능할 수 있다. 그렇게 판단된다면 심각한 문제다. 아이의 안전을 지킬 수 없으면 당신이 업무를 할 수 없다는 뜻이며, 그런 상황에서는 당신 자신이 도움이 필요하다. 예를 들어, 다른 아이들을 방해하지 않고 타임아웃을 할 수 있는 방이 있어야 하고, 한 아이에게 신체 억제를 할 때 다른 아이들을 감독할 수 있는 다른 담당자가 있어야 하며, 적절한 근무시간과 휴식이 필요하다. 한계를 인정하고 수정할 길을 찾는 것이 현명하다.

문제를 빨리 중단시키기

문제를 빨리 중단시키면 모든 것이 잘 진행된다. 문제가 악화되기 전에 아이들이 안정되고 낮은 수준의 처벌을 하게 되므로 아이와 성인 모두 감당하기가 쉽다. 문제를 알자마자 상황을 해결했기 때문에 당신이 화나거나 좌절할 가능성이 적다. 아이들은 자신들이신중한 관리감독으로 잘 보호받는다는 것을 깨닫고는 더 큰 안정감을 느낀다. 안정된 분위기를 유지하기 때문에 당신은 아이와 아이가 필요로 하는 것에만 집중할 수 있다.

자기관리하기

당신의 급소가 자극될 때가 있을 수 있다. 그 해결책을 찾아야 한다. 자신의 문제를 자각하는 것만으로 충분할 수도 있고, 특정 상황에 대한 자기조절 기술을 습득하는 것이 해결책일 수도 있고, 급소를 해결하기 위해 당신 자신의 외상/상실 병력에 대한 치료를 받아야 될 수도 있다.

아이들과 함께 일하면서 일어나는 개인적인 정서적 혼란을 부끄러워할 필요는 없다. 그 역시 업무의 일환이기 때문이다. 다만 아이를 돌보고, 안전을 지켜 주고, 회복시키고, 잠재력을 키워 주려면 당신에게 특별한 책임감이 필요하다. 당신이 자신의 감정을 조절하겠다는 책임을 감수할 때 업무를 훌륭하게 수행하고 아이들을 도와줄 수 있다. 아이들에게는 당신의 그와 같은 책임감이 필요하고 또 아이들은 그럴 자격이 있다.

많은 사람들이 이미 조언했겠지만, 당신은 모든 사람들을 다 도와줄 수는 없다. 당신 자신을 돌보는 것 자체가 고통받는 아이들을 도와주는 것이다. 자기조절 기술을 더 연습하거나 치료를 받아 당신 자신의 스트레스를 줄이고 문제를 신속하게 해결하라는 것이다. 그 역시 아이들을 도와주는 것이기 때문이다.

Chapter 22

성공을 위해 인센티브 사용하기

우화 모델에서 공주와 결혼하고 싶은 청년의 희망이 용을 죽이려고 노력하는 동기가 된다. 장기 목표는 중요하지만 일상생활에서 겪는 문제를 처리하려는 동기로서 항상 충분한 것은 아니다. 아이들은 가능한 한 많은 격려와 동기를 얻을 때 문제를 극복하고 새로운 기술과 습관을 습득할 수 있다. 동기부여 요소를 파악하고, 필요하다면 만들어 주고, 그 다음에 그에 맞는 과제와 아이들이 직면하게 될 문제를 연결 짓는다.

어떤 사람들은 철학적 관점에서 성인이 원하는 대로 아이들이 행동하게 된다는 이유로 아이들에게 동기부여 요소를 사용하는 것을 반대한다. 그들은 "뇌물로 아이들이 어떻게 행동하도록 매수해서는 안 된다. 아이들이 원해서 그리고 그렇게 행동하는 것이 맞기 때문에 행동하도록 해야 한다."고 주장한다. 나도 이런 주장을 어느 정도는 인정한다. 나도 아이들 스스로 동기를 가지고 원하는 것을 바른 행동으로 실행하기를 바란다. 그러나 이런 주장에는 몇 가지 문제점이 있다.

- 동기부여와 뇌물은 완전히 다르다. 동기부여는 올바른 것을 하도록 격려하는 것이지만, 뇌물은 나쁜 것을 하도록 권하는 것이다. 부정한 이득을 얻는다면

그것은 뇌물이다. 일에 대한 대가로 임금을 받을 때, 임금은 동기부여다.

- 어떤 일을 계속하려면 모든 사람에게 동기부여 요소가 필요하다. 이는 잘못된 것도 아니다. 모든 사람에게 흥미, 돈, 즐거운 기분, 누군가와 함께 있고 도와주는 것, 장기 목표를 향한 노력 등이 동기부여 요소가 된다. 아이들도 이런 종류의 동기부여 요소를 가질 권한이 있다.
- 습관을 변화시키기 위해서는 큰 노력과 결심이 필요하다. 당신은 아이들에게 오랫동안 지녔던 습관을 고치라고 요구해야 한다. 힘든 고비를 넘기려면 아이들에게 추가적인 동기부여 요소가 있어야 한다. 그들에게 무조건 큰 보상을 주라는 뜻이 아니다. 아이들이 새로운 습관을 익히려고 노력할 때 동기부여 요소가 있으면 효과가 더 커진다는 의미다.

동기의 자원

가능하다면 다양한 동기를 부여해서 특정 순간에 그중 어떤 것이라도 효과를 발휘할 수 있다면 제일 좋다. 한 번에 여러 동기가 작용할수록 그 효과는 더 커진다. 다음은 당신이 제공할 수 있는 동기의 자원들이다.

즐거운 활동

즐거운 활동은 중요한 동기이지만 치료 프로그램에서 흔히 간과되는 요소다. 학교 교육과정을 예로 생각해 보자. 평범한 학생들도 수업이나 숙제에 집중하기 어려울 때가 많다. 고통을 가진 아이들(전부는 아니지만)은 특히 집중력이 떨어진다. 학교 교과목을 가능하면 아이들의 흥미를 유발할 수 있게 구성해서 성취감을 느낄 수 있게 해야 한다. 과목과 아이들의 특성을 고려해서 흥미를 유발할 수 있는 다양한 방법들이 있다. 학생 개인에게 맞춤형 교과과정을 만들고, 약간 어렵지만 이해할 수 있을 정도(너무 쉽지도, 너무 어렵지도 않은 정도)의 수준을 유지하고, 실험/음악/연극 등 다양한 방법을 동원하면 된다. 방과 후에도 아이들은 즐거운 활동을 할 때 적극적으로 참여할 동기를 가지고 성공하는 경험을 할 수 있다.

가족/집단에 소속되고 활동에 참여하기

아이들은 진심으로 활동에 참여하고 싶어 한다. 대부분의 아이들은 다른 사람과 친해지고 소속감을 가지고 싶어 한다. 그래서 다른 아이들이 하는 활동에 빠지고 싶어 하지 않는다. 이런 생각을 가진 아이들이라면 어떻게 해서든 집단이나 활동에 참여하려고 할 것이다. 긍정적인 가족/집단 분위기를 조성하고 즐거운 활동을 제공함으로써 이런 동기부여 요소를 강화할 수 있다.

부모나 보호자를 기쁘게 하기

아이들은 부모나 보호자를 기쁘게 하고, 인정과 관심을 얻고, 친밀하고 소속되는 느낌을 가지려고 노력한다. 긍정적인 행동은 강화시키고 부정적인 행동은 강화시키지 않으며, 아이와 긍정적인 관계를 형성함으로써 이런 동기를 증진할 수 있다.

성공 가능성

아이들은 기분 좋은 느낌을 좋아하고, 성공—이기고, 잘하고, 올바르게 하고, 목표로 한발 나아가는 것—할 때 좋은 느낌을 받는다. 그들은 성공 가능성이 있다고 생각할 때 더 열심히 노력한다. 작지만 즉각적으로 성공할 수 있는 경험을 자주 그리고 지속적으로 제공할 때 이런 동기부여 요소를 강화할 수 있다.

아이를 위한 '공주'

아이가 원하는 목표, 가장 관심 있는 것, 요즘 하고 싶은 것, 미래에 하고 싶은 것 등을 파악해야 한다. 아이들이 원할 거라고 당신이 생각하는 것은 아무 소용이 없다. 이전의 다른 아이들에게 효과 있었던 것도 안 된다. 당신은 아이가 원하는 것을 파악할 때 아이가 원하는 목표를 도와줄 수 있다. 그럴 때 당신과 아이는 같은 팀(아이의 팀)이 되며, 아이는 더 열심히 노력할 것이다.

공식적인 인센티브 프로그램

공식적인 인센티브 프로그램은 이상의 원칙들을 체계적인 방식으로 구성해 놓은 것이어야 한다. 또한 과학적인 학습과 강화 방법을 이용해서 아이들이 문제를 극복하고 더 좋은 습관을 형성하도록 도와줄 수 있어야 한다. 공식적 인센티브 프로그램의 좋은 예는 직장에서 월급을 받는 것이다. 이 장에서는 점수제와 일대일 행동계약이란 두 종류의 인센티브 프로그램을 소개한다.

점수제

점수제는 집단 교육이나 치료 프로그램에서 흔히 사용된다. 점수제는 일정한 시간(예, 수업, 하루) 동안 하거나 하지 않은 행동에 따라 점수를 보상으로 주어 원하는 행동을 하게 하는 방법이다. 일정한 점수가 되면 어떤 특권이나 활동을 할 수 있기 때문에 여기서 점수는 가치를 가진다. 점수제의 변형 중 하나가 '토큰경제' 이며, 특정 집단 내에서 점수가 '현금' 처럼 통용되어 아이는 저축한 점수로 원하는 상품과 교환한다.

다른 종류는 계층 시스템(level system)으로, 정해진 기간 동안 최소 기준 점수를 획득하면 더 높은 수준으로 올라가는 방법이다. 예를 들어, 하루에 최대 100점까지 모을 수 있고, 5일 동안 계속해서 하루에 75점 이상을 모으면 1수준에서 2수준으로 올라갈 수 있다. 2수준에서 3수준으로 올라가려면 10일 동안 계속해서 하루에 최소 기준 점수를 획득하거나, 5일간 계속해서 하루에 90점 이상을 획득하면 된다. 상황을 고려해서 점수와 목표를 조정한다. 높은 수준으로 올라가면 더 높은 지위와 특권을 즐길 수 있는 장점이 있다.

점수제는 다음과 같은 다양한 이득을 제공할 수 있기 때문에 여러 환경에서 사용할 수 있다.

- 모든 아이들을 대상으로 어떤 조직에서도 사용할 수 있다. 담당자는 점수제와 일관되게 개입하는 방법을 교육받아야 한다. 그럴 때 프로그램 내에서 행동을 효율적이고 조직적인 방식으로 관리할 수 있고, 프로그램을 통일되고 일관성 있게 만들어 합리적인 프로그램 운영이 가능하다.
- 각 상황에 맞게 조절할 수 있는 융통성 있는 접근법이다. 프로그램에서 가장 중요한 것은 점수를 따면(또는 수준이 되면) 보상을 받는다는 것이다.
- 프로그램에 참여하는 모든 아이들에게 똑같이 적용하기 때문에 아이들이 시스템을 공정하다고 생각한다. 수준이 다르면 보상에 차이가 있지만, 모든 아이들은 그들에게 똑같은 기회가 주어졌다는 것을 안다. 편파적이라고 마음 상하지 않을 때, 아이들은 자신의 행동을 되돌아볼 기회를 가질 수 있다.
- 아이들이 새로 온 친구에게 모범을 보일 수 있다. 아이들이 자신의 나은 면을 자랑스럽게 보여 줄 수 있을 때 또래 문화가 발달할 수 있다. 더 앞선 아이들이 리더가 되어 다른 친구들에게 모범을 보여 준다. 아이들이 새로 온 친구에게 좋은 행동을 하면 어떤 이득이 있고 모두 이 시스템을 중요하게 생각한다는 것을 보여 주면, 그 친구 역시 이 시스템을 중요하게 생각하게 된다.

가장 중요한 것은 시스템이 효과가 있어야 한다는 것이다. 점수제를 잘 계획해서 실행하면 집단을 효과적으로 관리하고 아이들에게 긍정적인 기술과 습관을 길러 줄 수 있다.

점수제는 책에 제시된 그대로 해서는 안 된다. 각 환경의 필요성과 상황에 맞게 조정해야 한다. 각 프로그램의 중요한 가치와 목표를 성취할 수 있게 고안한다. 그러나 점수제를 효과적으로 고안하기 쉽지 않기 때문에 다른 프로그램이나 비슷한 환경에서 사용한 프로그램을 참조하는 것이 좋다.

비슷한 환경에서 사용 중인 적절한 점수제를 모방하거나 또는 이미 점수제를 사용하는 기관에서 근무하고 있더라도, 그 시스템으로 모든 목표를 성취할 수 있다고 자신해서는 안 된다. 우화 모델을 사용할 때, 당신은 아이들 스스로 동기 자원을 찾게 하고, 아이의 긍정적인 부분과 역량 그리고 능력에 집중하게 하였다. 그래서 점수제만으로 이런 목표를 모두 성취할 수는 없다. 다음은 점수제의 가장 흔한 단점들과 그것을 보완할 수 있는 의견이다.

- 문제: 위반했거나 과제를 완성하지 못했을 때마다 점수를 깎는 점수제도 있다. 아침에 100점을 주고, 잘못하거나 실패할 때마다 점수를 깎는 방법이다. 이런 점수제를 사용해 본 분들은 "아이들의 잘못에만 신경 쓰다 보니 마치 내가 간수처럼 느껴졌습니다. 아이들의 나쁜 점만 보고 싶지 않았지만 점수 깎는 것이 제 일이니 어쩔 수 없었습니다."라고 말했다. 아이들도 "모든 선생님들은 내가 잘못했다는 말만 해요. 내가 잘했을 때는 아무도 관심이 없어요. 조금만 잘못하면 바로 지적했어요!"라고 불평했다. 모든 에너지와 관심은 부정적인 부분에 집중된다. 부정적인 행동만 관심을 받고 항상 지적받기 때문에 아이들은 불안해진다. 옳은 방법이 아니기 때문에 관계를 형성하지 못하고, 아이들을 더 강력하고 자신감 있게 도와주지 못한다.
- 해결책: 해결책은 간단하다. 계산을 반대로 하면 된다. 점수를 깎지 말고 올려 준다. 100점에서 시작해서 잘못할 때마다 점수를 깎지 말고, 0점에서 시작해서 잘하거나 과제를 완성하면 점수를 올려 준다. 그러면 긍정적인 부분에 관심을 집중할 수 있다. 예를 들어, 하루에 한 번 이상 욕하면 10점을 깎는 방법이 아니라 종일 말을 자제하는 모습을 보이면 ('욕하지 않으면' 보다 능동적이고 긍정적인

표현이다) 10점을 받을 수 있게 정한다. 부정적인 행동도 보상을 얻을 수 있는 긍정적인 행동을 나타내는 언어로 표현한다.

- 문제: 점수제는 아이들이 점수제가 줄 수 있는 것(지위, 특권, 장난감 등)을 좋아한다는 가정에 근거한다. 대개 좋아할 만한 보편적인 보상을 선택하지만 모든 아이들이 그것을 좋아할 수는 없다. 어떤 아이들은 영화를 좋아하지만 싫어하는 아이들도 있고, 장난감을 좋아하는 아이들이 있다면 싫어하는 아이들도 있다. 획일적인 기준인 경우, 대부분의 아이들이 좋아하지만 전부를 만족시키지는 못한다. 일부 아이는 흥미와 동기가 줄어 들어 프로그램에 참여할 마음이 사라지기도 한다.
- 해결책: 개별화 점수제를 사용할 수 있다. 그것은 간단할 수도 있고 복잡할 수도 있다. 복잡한 방법은 일대일 행동계약으로 뒤에서 설명할 것이다. 다음은 개별화를 하는 간단한 방법들이다.
  - 토큰경제를 사용 중이고 점수로 장난감을 살 수 있다면 아이들에게 원하는 장난감을 확인해서 상점에서 구입해 놓는다.
  - 아이들이 모여 회의를 통해 원하는 활동을 결정한다. 그런 다음 당신은 이런 활동을 좋은 행동에 대한 동기부여 요소로 제공한다. 아이들이 서로 다른 활동을 원할 때는 활동을 여러 개 정해 놓으면 된다. 그러면 아이들은 각자 원하는 활동에 참여하고 싶어 점수를 얻으려 노력한다.
  - 하루에 최대 100점까지 얻을 수 있을 때, 90점은 모든 아이들에게 똑같이 적용하고 나머지 10점은 개별화할 수 있다. 어떤 아이는 말을 자제해서(욕하지 않아서), 다른 아이는 친구들에게 잘 대해 주어서(도와주거나, 활동을 같이 하자고 할 때), 또는 쉬는 시간에 10분 동안 글쓰기 연습을 할 때 나머지 10점을 얻을 수 있게 한다.

일대일 행동계약

일대일 행동계약은 아이의 구체적인 행동과 결과에 한정해서 담당자와 아이 사이에 문서로 공식적인 동의서를 작성하는 방법이다. 아이가 새로운 기술과 습관을 익히도록 결과나 인센티브를 활용한다. 이는 매우 효과적인 방법이지만, 중요한 문제를 많이 해결한 상태일 때 더 큰 효력을 발휘한다. 아이들이 비교적 안전하고 안정된 느낌을 가지고, 좋아하는 활동에 참여하며, 성인과 긍정적인 관계를 형성하고, 성공한 경험을 이미 가지고 있어야 한다. 이런 조건이 갖추어졌을 때 일대일 행동계약을 사용하면 스스로 조절할 수 없었던 문제를 해결하는 데 도움이 된다.

일대일 행동계약은 점수제와 함께 또는 독립적으로 사용할 수 있다. 점수제를 사용하고 있는 상황에서 일대일 행동계약을 추가한다면 이 두 인센티브 프로그램을 어떻게 통합할지 생각해야 한다. 예를 들어, 점수제에서 높은 수준에 도달했을 때만 일대일 행동계약을 허용할 수도 있고, 점수제를 사용하면서 독립적으로 일대일 행동계약을 따로 할 수도 있다. 당신의 상황과 아이의 특성을 고려해서 결정한다.

다른 아이들에게 어떻게 말할 것인가

일대일 행동계약을 사용할 때는 계약을 하지 않은 다른 아이들이 질문하거나 불평을 토로할 수 있다. "불공평해요! 왜 저 친구에게만 더 해 줘요? 나는요?" 이는 정당한 질문이다. 그 답변으로 다음을 참조하기 바란다.

특별한 것이 필요할 때는 특별한 도움을 주어야 한다

'보통' 아이들에게는 필요하지 않지만 특별한 것이 필요한 아이들과 계약해야 할 때 가장 흔히 사용하는 전략이다. 모든 아이들을 똑같이 취급해서는 안 된다는 것이 요지다. 즉, 각자 특별한 대접을 받아야 하며, 모두 가장 필요로 하는 것을 받아야 한다는 것이다. 그 아이는 특별한 문제나 특별히 필요한 것이 있어 특별한 도움을 주어야 한다고 다른 아이들에게 설명한다. 다른 아이들은 그 아이에게 없는 장점, 즉 좋은 성적, 친구, 특권 등을 이미 가지고 있어 특별한 것이 필요하지 않다고 설명해도 된다. 물론 지켜야 할 비밀을 노출해서는 안 되지만, 아이들이 이미 알고 있는 상황이라면 간단한 설명 정도는 괜찮다. 또한 다른 아이들도 특별한 도움이 필요할 때가 되면 그러한 도움을 받을 수 있다는 설명도 도움이 된다.

너도 원하니?

다른 아이들이 자신도 행동을 수정하기 위해 하겠다고 할 때 흔히 사용하는 전략이다. 다른 아이가 어떤 식으로 열심히 노력했는지 말하고, 너도 계약을 한다면 도움을 받을 수 있다고 설명한다. "더 좋아지고 싶은 것이 있니? 네가 맡은 일을 잘 마무리 짓길 원하니? 혹은 지시를 즉시 따르게 되길 원하니? 네가 원하는 것이 있다면 너도 해 볼 수 있어." 실제로는 꼭 필요하지 않은 아이라 해도 간단한 행동계약을 하는 것은 아이에게 아무런 해가 되지 않을 뿐더러 공평하게 대접받는다는 느낌을 준다. 좋아지고 싶은 사람은 누구라도 가능하다!

일대일 행동계약은 간단한 것에서 복잡한 것까지 다양하다. 계약을 쉽게 할 수 있는 방법은 없지만 지침으로 삼을 만한 효과적인 원칙들이 있다. 다음은 기본적인 원칙들이다.

목표를 너무 크게 잡지 마라

하나 또는 두세 개의 목표만 설정하라. 목표가 적을수록 성공 확률이 높다. 한 번에 모든 문제를 해결하려고 해서는 안 된다는 것을 명심하라. 성공 경험이 중요하며, 그런 경험을 할 때 다른 문제를 만나더라도 자신 있게 해결하려고 노력할 것이다.

구체적인 행동을 설정하라

목표로 잡은 행동을 구체적으로 기술해야 한다. 당신이 아이의 행동을 마치 TV로 보는 것처럼 생생하게 떠올릴 수 없다면 충분하지 않다. 예를 들어, '나쁜 태도' 나 '배려하기' 정도로는 충분하지 않다. '말대꾸하지 않고 지시를 따르기' 또는 '무언가를 요구할 때는 먼저 선생님이라고 부르기' 등과 같이 구체적으로 지정해야 한다. 구체적일 때만 모든 사람들이 약속한 행동을 했다고 동의할 수 있게 된다.

실패방지 계약하기

계약은 일차적으로 실패 방지가 되어 있어야 한다. 언제 성공하느냐는 차이 외에는 오직 성공할 가능성만 있고 실패 가능성은 없어야 한다는 의미다. 아이들은 쉽게 실망하는 경향이 있기 때문에 실패가 반복되면 전부 포기하려고 할지 모른다. 실패방지 계약은 좌절과 실망을 최소화한다. 예를 들어, 밤에 5번 오줌 싸지 않을 때 상을 준다고 계약하면 4일째 오줌을 싸더라도 한 번만 더 싸지 않으면 된다. 5번 오줌을 싸지 않으면 상을 준다는 약속은 실패방지 계약이다. 3일째에 소변을 싸더라도 얻는 것도 없지만 잃는 것도 없다. 아이는 2일만 더 싸지 않으면 성공하기 때문에 계속 노력하게 된다.

시각화하라

아이들은 계약을 눈으로 볼 수 있을 때 더 잘 기억한다. 계약을 그림 등으로 만들어 잘 보이는 곳에 붙여 둔다. 아이가 받을 상품을 그림으로 붙여도 좋다. 진행 과정을 볼 수 있다면 더 잘하게 된다.

빠른 보상을 받도록 계약하라

아이들은 상을 오래 기다리지 못한다. 너무 오랫동안 기다리게 되면 희망을 버릴지도 모른다. 당신의 첫 목표는 일주일 만에 완벽한 아이를 만드는 것이 아니다. 무언가를 성공해서 다음 단계로 가고 싶도록 만드는 것이 첫 목표다. 아이들이 빨리 성공을 경험할 수 있는 계약을 하라.

단계별 보상을 사용하라

복잡한 계약을 할 때 유용하다. '영예의 대상' 이 너무 멀다면 적은 보상을 자주 받게 해 준다. 이는 아이들의 동기를 지속시키고, 성공 경험을 자주 해서 더 큰 목표를 이룰 수 있다는 자신감을 가지게 한다. 예를 들어, 잘하면 매일 쿠키를 얻을 수 있고 5일 동안 계속 잘하면 아이스크림을 주는 방법이다. 차트에 표시하거나 별표를 붙이는 것도 보상이 된다.

한 번에 한 단계씩 쌓기

나는 당신에게 하나의 목표 행동과 작지만 빠른 성공 경험의 기회와 함께 작은 것에서 시작하라고 권유하였다. 이제 개인 코치의 훈련법을 생각해 보자. 아이가 처음 무게를 들면 다음에는 약간 더 무거운 무게를 들게 한다. 한 번에 많이 올리지 않는다! 한 번에 한 단계씩 성취와 역량을 올리는 것이 목표다. 그렇게 할 때 아이들은 다음 과제를 해결해서 성공 경험을 하려는 노력을 계속하게 된다.

모든 아이들과 일대일 행동계약을 할 필요는 없다. 행동계약 없이도 잘하는 아이의 경우는 부서진 곳이 없어 굳이 수선할 필요가 없는 것과 같다. 추가 인센티브가 필요 없는 아이라면 간단한 행동계약만으로도 충분하다. 예를 들어, 일과표대로 잘하면 용돈을 주는 방법을 사용한다. 또는 욕하는 것, 학교 숙제 마치기 등과 같이 특이한 습관이나 행동에 대해서만 계약을 해도 된다.

병원 치료 프로그램이나 보호시설이 필요한 심한 정서적 문제를 가진 아이들은 더 복잡한 행동계약이 필요하다. 행동계약을 치료의 중심으로 삼고, 가장 심한 2~3개 행동문제를 목표로 한다. 그 정도로 심한 증상을 가진 아이를 담당하지 않는 분들도 다음에 나오는 복잡한 계약 부분을 읽어 주기 바란다. 복잡한 일대일 행동계약에 사용하는 원칙과 기법들이 간단한 행동계약에도 활용될 수 있기 때문이다.

더 복잡한 계약 설계하기

다음은 복잡한 일대일 행동계약을 설계하는 방법의 예다. 이는 앞서 제시한 일대일 행동계약을 더 확장한 것이다. 표준적인 모델을 제시한 것이기 때문에 모든 요소를 전부 사용하지 않아도 되고, 그대로 따라 할 필요도 없다. 계약의 효과를 최대화하기 위해서 가능한 한 많은 원칙과 기법들을 활용하기 바란다. 치료자의 적극적인 노력이 있을 때 복잡한 계약을 수립할 수 있다.

아이에게 계약 요청하기

아이에게 계약이 필요한 이유를 설명하고 계약을 요청한다. 계약을 하면 원하는 물건이나 활동을 얻을 수 있고, 더 좋은 습관을 길러 목표를 이룰 수 있다고 설명한다. 아이들은 대부분 목표 성취를 바라고 보상을 얻고 싶어 한다. 그러나 계약에 흥미를 보이지 않는 아이들도 있다. 계약은 당신이 아닌 아이가 하는 것이다. 그래서 아이가 자발적으로 계약을 하지 않는다면 아무 소용이 없다. 계약을 원하지 않는 아이에게는 정중하게 한발 물러서서 아직 준비되지 않았음을 받아들이고, 계약을 하고 싶다는 마음이 들면 그때 알려 달라고 한다. 그리고 얼마 후 준비되었는지 확인하는 방법도 괜찮다. 다른 아이들이 계약으로 보상받는 것을 본다면 그 아이도 원하게 될 수 있다.

문제 행동과 양립할 수 없는 긍정적이고 구체적인 행동 설정하기

무엇을 하지 않는 것은 발견하기 어렵기 때문에 '[그 문제 행동]을 하지 않는 것'이라는 식으로 말하지 않는다. 나쁜 행동 대신에 아이가 해야 할 긍정적인 행동을 찾아야 한다. 그러기 위해서 문제 행동이 가장 흔히 발생하는 상황을 파악한다. 예를 들어, 아이가 누가 욕할 때 '때리는 행동' 을 자주 한다면 '무시하는 것' 이 긍정적이고 양립할 수 없는 대안적 행동이 될 수 있다. 전형적으로 2~3개 문제 행동을 정해 문제 행동마다 긍정적이고 양립할 수 없는 대안적 행동을 연결 짓는다.

각 문제 행동 유형에 대한 긍정적인 상징이나 자아 이상 또는 부정적인 상징 찾기

아이에게 되고 싶은 인물과 절대로 되고 싶지 않은 인물을 대표하는 상징을 찾게 한다. 아이의 목표와 공포를 고려해서 치료자가 의견을 제시해도 좋다. 그렇지만 아이가 직접 선택할 수 있다면 가장 이상적이다. 긍정적 상징의 예는 교사, 경찰, 마이클 조던과 같은 스포츠 스타, 배트맨과 같은 만화영화 주인공 등이며, 부정적인 상징의 예는 화산, 쥐, 아기, 부서진 레코드, 범죄자 등이다. 당신은 교사와 범죄자 중 누가 되고 싶은가? 이런 상징들은 힘을 보유하고 있어 아이들이 상징에 에너지를 집중할 수 있다.

아이가 인센티브 목록 선택하기

인센티브는 아이들 스스로 바라는 것을 선택하는 것이 중요하다. 인센티브는 그것을 얻고 싶은 만큼 그 힘이 커진다. 아이들에게 원하는 모든 것—큰 소원, 작은 소원, 적당한 소원 등—을 생각해 보라고 한다. 흔한 항목으로는 디즈니랜드, 비디오 게임방, 새로운 시디, 초콜릿칩 쿠키, 영화 DVD 빌리기, 밤새워 놀기, 편지 받기, 좋아하는 성인과 게임하기, 아이스크림, 복숭아, 비디오 게임을 더 오래 하기 등이 있다. 항목이 많을수록 계약 성립의 가능성은 커진다. 목록 작성은 창조적일수록 도움이 되며, 아이들은 성인과 즐거운 시간 보내기, 동생 돌보기 등과 같은 어떤 특권을 제시할 때 강한 동기를 가지게 된다.

인센티브를 크기별로 구성하기

인센티브를 정하고 나면 종이를 세 칸으로 나누어 작은 것, 중간 것, 큰 것이란 제목을 적고, 각 인센티브 항목을 크기별로 나누어 기록한다. 작은 인센티브는 몇 시간이나 하루 정도로 짧은 시간 동안 노력하면 얻을 수 있는 것이고, 중간 인센티브는 며칠이나 일주일간 노력하면 얻을 수 있는 것이다. 보통 4~7개의 작은 인센티브는 중간 인센티브 하나로 계산한다. 큰 인센티브는 계약의 목표를 획득하는 최종 성공이자 영예의 대상이다. 보통 4~7개 중간 인센티브가 모이면 큰 인센티브를 받는다. 전체 계약기간은 보통 1~3개월이지만 아이의 연령과 상황을 고려해서 결정한다.

우선순위별로 인센티브 구성하기

칸마다 2~3개 정도의 항목이 있으면 적당하다(더 많다면 굉장하다!). 그리고 칸마다 아이가 가장 원하는 순서를 정한다. 원하는 정도가 같은 항목이 여러 개 있어도 괜찮다. 예를 들어, 작은 인센티브 칸에서 사과와 배를 가장 원하는 것으로 선택해도 된다. 계약하고 보상을 받을 때 아이가 사과와 배 중에 원하는 것을 선택하면 된다.

인센티브 선별하기

아직 원하는 모든 인센티브를 포함한 목록이기 때문에 계약에 실제로 사용할 인센티브를 선별해야 한다. 각 칸에서 가장 원하는 인센티브의 실현 가능성을 파악한다. 당신 자신도 생각해 보기 바란다. 일반적으로 가능성이 있다면 가장 원하는 항목을 선택하는 편이다. 다만 실현 가능성을 여러 측면에서 고려해서 결정한다.

부모가 적극적으로 자녀의 치료에 협조하는 상황이라면 부모의 의견도 참고한다. 다음은 인센티브를 선택할 때 부모가 흔히 걱정하는 것들이다.

- 아이의 건강: 어떤 부모는 과자나 음료수 같은 단 음식을 아이에게 주는 것을 반대한다. 만약 단 음식이 목록의 위쪽에 있고 부모가 반대한다면 그것을 지우고 다음 항목부터 시작할 수 있다. 부모와 협상("칫솔질을 규칙적으로 한다면 괜찮습니다.")을 할 수도 있지만 너무 심한 요구를 해서 원치 않는 동의를 받아서는 안 된다.
- 가치 충돌: 부모의 가치와 인센티브가 다르거나 또는 특정 인센티브를 원하지 않는 부모도 있다. 예를 들어, 아이가 비디오 게임을 하는 것을 원치 않거나 특정 장난감을 싫어하는 부모도 있다.
- 가족생활의 방해: 일상적인 가족생활에 이미 있거나 충분히 해 줄 수 있는 것이어서 계약으로 특정 인센티브를 제공하고 싶지 않다는 부모도 있다. 예를 들어, 매주 금요일 저녁에 단골 레스토랑에 간다면 레스토랑에 가는 것은 인센티브로 맞지 않다. 또한 아이가 보상을 얻지 못하면 가족 전체가 레스토랑에 가지 못하는 문제도 발생한다. 그리고 가족이 계약을 어기고 아이와 함께 레스토랑에 가 버리면 아이가 대가를 치르지 않아도 되기 때문에 인센티브의 힘은 사라진다.
- 자원, 공정성 등: 부모가 돈/시간을 들여서 인센티브를 제공할 수 있는지 확인해야 한다. 아이가 다른 형제에 비해 적게 받았다는 불평을 해소할 목적으로 계약을 해서는 안 된다. 일주일에 단돈 몇 천 원도 용돈으로 줄 수 없는 가정도 있다. 디즈니랜드로 가족 여행을 갈 수 있는 여유가 되는 가정일지라도 아이가 노력한 것에 비해 너무 큰 상을 주어서는 안 된다.

특히 계약을 한 아이들이 여럿 있는 상황이라면 다음과 같은 문제들도 고려해야 한다.

- 돈과 다른 자원의 여유: 구입할 여력이 없는 물건은 줄 수 없다. 계약에 있는 인센티브를 줄 수 있는 돈이 충분한가? 차가운 음료수를 제공할 수 있는 냉장고가 가까이 있는가? 다른 아이들을 신경 쓰지 않고 그 아이와 게임할 시간을 낼 수 있는 성인이 있는가?
- 공정성: 일대일 행동계약은 개별화되어야 한다. 모든 아이들에게 똑같은 것을 주려면 당신이 지쳐서 할 수 없게 된다. 대신 모든 아이들마다 자신이 원하는 최선의 것을 얻을 수 있게 하는 것이 바람직하다. 다만 대략적인 평균치를 정해 놓고 금전적인 가치가 너무 크게 차이 나지 않게 할 필요는 있다. 영예의 대상의 경우 어느 아이는 3,000원이고 다른 아이는 4,000원이라면 괜찮은 편이다. 그러나 한 아이가 3,000원이고 다른 아이는 1만 원이라면 곤란하다. 그렇게 되면 3,000원짜리 보상은 아무런 가치가 없게 된다.

계약 작성하기

긍정적/부정적 행동을 연결 짓고, 각 문제 행동을 대표하는 상징을 찾고, 각 칸에 인센티브를 정했다면 이제 전체를 통합할 단계다. 계약은 최대한 짧고 간단하고 분명하면서도 빠짐없이 작성해야 한다. 뒤에 '일대일 행동계약 예시'가 있다. 계약서는 한 페이지로 되어 있으며 마지막 빈 공간에 사인을 한다. 행동계약에는 다음 요소들이 순서대로 있어야 한다.

1. 첫째 문단-계약 소개: 먼저 아이를 소개하고, 다음에 아이가 바라는 행동이자 기대하는 결과인 긍정적 목표/상징을 적는다. 그리고 부정적인 행동이자 원하지 않는 결과인 부정적 상징을 적는다. 끝으로 아이가 목표를 성취하도록 도와준다는 계약의 목적을 적는다.
2. 둘째 문단-점수를 얻는 방법: 계약에 따른 점수를 얻는 방법을 자세하고 분명하게 적는다. 구체적인 시간, 장소, 행동을 포함한다.

3. **셋째 문단-보상을 얻는 방법**: 계약에 따른 보상을 얻는 방법을 자세하고 분명하게 적는다. 획득한 점수를 작은 보상으로 바꾸는 방법, 작은 보상을 모아 중간 보상과 바꾸는 방법, 중간 보상을 모아 큰 보상으로 바꾸는 방법을 적는다.
4. **상징과 행동 목록들**: 긍정적 상징과 부정적 상징을 각각 필요한 칸에 적는다.
5. **사인**: 계약을 하는 사람의 이름을 열거하고 옆에 사인을 받는다. 아이 이름을 먼저 적는다.

'차트' 작성하기

경과를 기록해야 한다. 일일 차트에 점수를 딴 시간, 장소, 행동 항목으로 구분해서 언제 어떻게 점수를 얻었는지 기록한다. 일일 차트는 사인해서 당신이 보관한다. 요약 차트는 아이의 변화를 전체적으로 파악할 수 있는 차트이다. 가능하면 차트를 시각적으로 한눈에 알 수 있게 만든다. 행동과 인센티브를 강조해서 표시한다. 그리고 아이와 계약에 참여한 다른 사람들이 쉽게 볼 수 있는 장소에 요약 차트를 붙여 둔다.

아이가 적극적으로 모든 참여자의 동의 구하기

계약서를 작성하면 아이가 먼저 사인을 하고 다른 사람들도 한다. 모든 사람들이 계약서를 읽고 각자의 역할을 이해했는지 확인이 필요하다. 그래서 아이가 사람들에게 계약과 각자의 역할을 설명하게 한다. 그렇게 할 때 계약은 아이의 것이고 아이의 목표를 위해 필요한 것임을 강조하게 된다.

일대일 행동계약 예시

나, 조한나 드 브리스는 교사처럼 행동하고 싶습니다. 내가 교사처럼 행동한다는 것은 수업을 잘 듣고 다른 사람들을 존중한다는 것을 말합니다. 그렇게 되면 나는 성적이 오르고 친구들을 더 많이 사귀게 될 겁니다. 그렇지만 간혹 나는 쥐처럼 행동합니다. 그렇게 되면 나는 맡은 일을 하지 않고 주변을 시끄럽게 하고, 다른 사람에게 욕하고 문제를 일으킵니다. 교사처럼 잘 행동할 수 있는 사람이 되기 위해, 나는 다음 계약에 동의합니다.

매일 6교시 수업에서 나는 1교시 동안 수업을 잘 들으면 1점을 얻고 다른 사람을 존중해도 1점을 얻습니다. 하루에 11점을 얻으면 2점을 보너스로 얻습니다. 하루에 12점을 얻으면 5점을 보너스로 얻습니다.

10점을 따면 나는 학교를 마칠 때 작은 보상을 받습니다. 작은 보상이란 쿠키나 과일 조각을 말합니다. 작은 보상 6개를 받으면 중간 보상을 받는데, 중간 보상이란 배스킨라빈스에서 파는 민트 초콜릿칩입니다. 중간 보상 6개를 받으면 큰 보상을 받는데, 큰 보상이란 K-마트에서 여름용 옷을 사는 것입니다.

교사	쥐
수업을 잘 듣는다.	수업시간에 시끄럽게 한다.
다른 사람들을 존중한다.	다른 사람에게 욕한다.

서명:

조한나 드 브리스 ______________________________

(아버지) ______________________________

(어머니) ______________________________

(교사) ______________________________

(보조자) ______________________________

(치료자) ______________________________

연습: 일대일 행동계약 하기

3명을 한 집단으로 해서 각각 아이, 카운슬러, 코치 역할을 맡는다.

1부

아이 역할을 맡는 분은 다음 사례에 나오는 아이 역할을 맡는다. 카운슬러 역할을 해서는 안 되며, 치료자에게 협조해 주기 바란다. 카운슬러 역할을 맡는 분은 뒤의 각본을 읽어 준 후 질문을 하고, 아이에게 대답할 시간을 준다. 각본에서 [ ] 속 문장은 읽지 말고, 카운슬러가 해야 할 행동을 지시하는 것이니 따라 하면 된다. 코치 역할을 맡는 분은 진행 과정을 관찰하고, 필요할 때 카운슬러가 제 역할을 하도록 도와준다.

사례: 프랭키

프랭키는 학교의 특별반에 있는 11세 소년/소녀(아이 역할을 맡는 사람과 같은 성별로)다. 이 반에는 12명의 아이가 있으며, 모두 심각한 행동문제를 가지고 있다. 프랭키는 친구를 놀리고 수업 태도가 나빠 특별반으로 보내졌다. 치료자는 당신에게 프랭키는 원래 반으로 돌아가고 싶어 특별반에서 생활을 잘하기를 원한다고 말했다. 또한 프랭키는 친구들과 잘 지내고 더 많은 친구를 사귀고 싶어 한다. 당신이 수업시간을 관찰했을 때, 프랭키는 열심히 수업을 듣는 것 같았으나 곧 지루해하고 멍하게 있거나 딴짓을 했다. 그리고 프랭키를 빼고 다른 친구들이 자기들끼리 얘기하면 친구들을 괴롭혔다(욕하고 인상을 쓰면서).

계약 수립을 위한 아이와의 대화 각본

카운슬러: [워밍업] 프랭키, 이 교실로 온 지도 한 달이 넘었어. 이곳에서 어떻게 지내고 뭘 해야 하는지 네가 잘 알고, 열심히 노력하고 있다는 것을 나도 잘 알고 있단다. 너는 원래 반으로 돌아가고 싶어 특별반에서 생활을 잘하고 싶다고 했고, 친구를 많이 사귀고 친구들과 사이좋게 지내고 싶다고 했지?

[아이에게 계약 질문하기] 어떤 행동을 잘하면 보상을 얻는 행동 차트를 사용하는 친구들을 봤을 거야. 특정한 행동을 위해 진심으로 열심히 노력하고 더 잘하려는 친구들만 차트를 사용할 수 있어. 너도 진짜 열심히 해 볼 생각이라면 학교생활을 잘해서 보상을 받고 싶은 생각은 없니?

[첫 번째 문제 행동과 긍정적인 대안 확인하기] 좋아, 이제 네가 좋아지길 원하는 행동이 무엇인지 한번 생각해 보자. 그다음에 네가 원하는 보상에 대해서 알아볼 거야. 공부에 대해서 먼저 생각해 볼까? 내가 보니, 너는 주어진 과제를 하다가 간혹 지루해하고 멍하게 있더니 딴짓을 하곤 하더구나. 내 생각에는 네가 그것을 어떻게 풀어야 할지 몰라서 그런 것 같았어. 그러다 보니 결국 과제를 다 마치지 못하더구나. 과제를 어떻게 해결할지 몰라 가슴이 답답할 때, 과제를 잘 처리하려면 너는 어떻게 하면 된다고 생각하니? [좋은 답변이 나오면 받아들이고 다음으로 넘어간다. 그러나 아이가 적절한 답을 못 찾으면 "또 다른 생각은 없니?"라고 묻고, 그래도 적절한 답이 없으면 "비슷한 상황에서 다른 아이들이 말한 의견을 말해 줄게. 너에게 가장 적합한 것을 찾아볼래?"라고 도와준다. 두세 개 정도의 의견을 말하고 선택하게 한다.]

[두 번째 문제 행동과 긍정적인 대안 확인하기] 너는 다른 친구들과 잘 지내고 싶다고 말하면서도 한 번씩 친구들과 다투기도 하더구나. 욕을 하거나 인상을 쓰고 말이야. 네가 그렇게 하면 친구들이 너와 친하게 지내고 싶을 것 같니, 아니면 친하게 지내고 싶지 않을 것 같니?

내 생각도 그래. 그런데 다른 친구들끼리 얘기하거나 뭔가를 할 때 너와는 아무 관계없는 일인데도 네가 그렇게 하더구나. 내 생각에는 너도 친구들과 같이 놀고 싶어서 그런 것 같아. 친구들끼리 말하고 뭔가를 할 때 네가 욕하거나 인상을 쓰면 친구들이 너와 친해지고 싶은 마음이 더 생길까? [좋은 답변이 나오면 받아들이고 다음으로 넘어간다. 그러나 아이가 적절한 답을 못 찾으면 "또 다른 생각은 없니?"라고 묻고, 그래도 적절한 답이 없으면 "비슷한 상황에서 다른 아이들이 말한 의견을 말해 줄게. 너에게 가장 적합한 것을 찾아볼래?"라고 도와준다. 두세 개 정도 의견을 말하고 선택하게 한다.]

[상징 만들기] 너는 원래 반으로 되돌아가고 친구들과도 사이좋게 지내기 위해서 [긍정적 행동을 말하며] 행동하겠다고 했어. 네가 원하는 식으로 행동하는 사람은

어떤 사람일까? [아이가 좋은 상징을 생각해 낸다면 좋겠지만, 대개는 그렇게 간단한 일이 아니다. 당신이 몇 번 정도 직업(예, 교사, 경찰, 유명한 운동선수), 스타 등과 같은 다양한 역할 모델을 제시해야 할 때가 종종 있을 것이다.]

옛날 나쁜 버릇이 나오면 너는 수업시간 중에 딴짓을 하고, 친구들에게 욕하고 인상 쓴다고 했지. 네가 그런 행동을 하면 수업에 집중하지 못하고 친구들도 너를 싫어하게 될 거야. 그런 식으로 행동할 것 같은 사람이나 물건이 있다면 말해 볼래? [아이가 상징을 생각해 낸다면 좋겠지만, 대개는 그렇게 간단한 일이 아니다. 당신이 몇 번 정도 부정적인 상징(예, 아기, 범죄자, 나무토막 등)을 제시해야 할 때가 종종 있을 것이다.]

[인센티브 목록 만들기] 잘했어. 이제 네가 보상으로 받고 싶은 것을 생각해 볼 시간이야. 네가 원하는 모든 것을 줄 수 없을지도 모르니, 그게 가능한지 아닌지 서로 상의해 보도록 하자. 자, 그럼 네가 원하는 것이 무엇인지 편하게 생각해 보렴. 굉장히 큰 것도 되고 아주 작은 것도 괜찮아. 어떤 것을 받고 싶니? [이것은 브레인스토밍이다. 판단이나 비난을 하지 않고 떠오르는 모든 것을 적는다. 하루 이틀 만에 얻을 수 있는 것은 작은 것 칸에 적고, 일주일이나 2주일 후에 얻을 수 있는 것은 중간 것 칸에 적고, 한두 달 후에나 얻을 수 있는 것은 큰 것 칸에 적는다. 필요하면 음식, 특권, 활동, 장난감 등과 같은 다양한 인센티브가 있다고 설명해서 아이의 생각을 격려한다. 칸마다 최소한 5개를 생각해 낼 때까지 계속한다. 더 많은 것은 괜찮다.]

작은 것	중간 것	큰 것

[항목 순서 정하기] 잘했어. 이렇게 많구나! 크기가 다른 세 종류의 보상을 만들었어. 칸마다 네가 첫 번째로 원하는 것, 두 번째로 원하는 것이 무엇인지 생각해 볼

래? 먼저 작은 것 칸을 보자. 첫 번째로 원하는 것이 무엇이니? 어떤 것을 제일 원하지? 정하고 나면 그다음으로 원하는 것을 생각해 보자. 그리고 세 번째로 원하는 것은? [첫 번째 원하는 항목 옆에 1, 두 번째는 2로 숫자를 기록한다. 작은 것 칸을 채운 후 다음 칸으로 넘어간다. 다 마치면 모든 항목마다 점수를 기록해야 한다.]

[칭찬하기] 잘했어. 오늘 할 일은 다했어. 계약서와 같이 이 서류를 보관해 놓을 테니 내일부터 보상을 위해 노력해 보자. 네가 보상을 전부 기억하기는 어렵겠지? 그래서 내가 목록을 정리해서 내일 보여 줄게. 그리고 마치기 전에 이번 시간에 대한 소감을 말해 볼까? 어려운 점이 있었다면 무엇이었니?

토 론

당신의 경험을 서로 공유하기 바란다. 아이 역할을 한 분이 먼저 말하고, 코치 역할을 한 분이 그다음 의견을 말하고, 카운슬러 역할을 한 분도 질문을 하거나 의견을 제시하면 된다.

2부

인센티브 목록을 완성했으니, 이제 한 팀으로 2부를 진행한다. 1부의 사례를 기초로 계약서를 작성한다. 뒤에 나오는 '계약서 양식' 을 처음부터 끝까지 완성한다.

토론을 위한 질문

1. 각 역할을 맡은 소감은 어떠한가?

계약 실행하기

계약서에 서명을 한 후 이제 행동으로 옮기면 된다! 성인이 역할을 충실하게 하지 않으면 모든 것이 허사로 돌아간다. 다음은 계약을 성공적으로 완수할 수 있는 지침이다.

계약서 양식

나 ______는 ______________처럼 행동하고 싶습니다.
(아이의 이름) (긍정적인 상징)

__________처럼 행동한다면, 나는 ________________ 그리고
(긍정적인 상징) (긍정적인 행동)

____ .
(긍정적인 행동들)

그렇게 하면 ____ .
(내가 그런 행동을 할 때 일어날 수 있는 좋은 일들)

그렇지만 때때로 나는 ________________________처럼 행동합니다.
(부정적인 상징)

그렇게 하면 나는 ____ .
(부정적인 행동들)

좋은 행동을 하는 __________ 같은 사람이 되도록 도움을 받기 위해 나는 다음 계약에
(긍정적인 상징)
동의합니다.

내가 다음과 같은 행동을 하면 계약에 따라 점수를 받을 수 있습니다: __________
(시간, 장소, 정해진 행동들, 받을 수 있는 최대 점수)

내가 다음과 같은 행동을 하면 계약에 따라 보상을 받을 수 있습니다: __________
(몇 점을 따면 작은 보상을 받는지, 작은 보상 몇 개가 중간 보상에 해당되는지, 중간 보상 몇 개가 큰 보상에 해당되는지)

________ (긍정적인 상징)	________ (부정적인 상징)
________ (긍정적인 행동 #1)	________ (부정적인 행동 #1)
________ (긍정적인 행동 #2)	________ (부정적인 행동 #2)
________ (긍정적인 행동 #3)	________ (부정적인 행동 #3)

서명(아이가 먼저 한 후, 모든 사람이 다 서명할 것)________________________

____

한 명의 성인이 계약 '책임자'가 되어야 한다

계약 책임자는 신중하게 계약을 관리감독하며 각자 맡은 역할을 확인하는 대표이다. 책임자가 분명하지 않으면 계약실행이 잘못되거나 문제가 있더라도 그냥 지나칠 가능성이 크다.

모든 사람들이 맡은 역할을 충실히 해야 한다

계약 책임자는 모든 사람이 맡은 역할을 잘 수행하고 있는지 확인한다. 교사는 수업시간에 아이의 행동을 잘 점검하고 있는가? 교사와 보조자는 아이를 격려할 때 올바른 표현(뒤에서 자세히 다룬다)을 사용하고 있는가? 적절한 시점에 정확한 보상을 주는가? 부모는 열심히 참여하고 있는가?

일관된 훈육과 구조를 제공한다

환경이 나빠지면 아이는 다시 원래 생존방식으로 돌아가고, 계약은 의미를 잃는다. 안전하지 않거나 지지적이지 않은 환경에서는 계약을 수행할 수 없다. 구조와 지지가 튼튼할 때, 아이는 인센티브를 얻고 목표를 성취하는 데 집중할 수 있다.

긍정적인 부분에 초점을 둔다

계약은 아이의 긍정적인 행동을 파악할 수 있는 구조를 제공한다. 계약의 장점을 활용하라. 긍정적인 행동에 관심을 주어 그 행동을 강화하라. 성공 경험을 한 아이는 계속 노력하려고 할 것이다.

계약 표현을 사용해서 아이의 행동을 지적한다

아이가 문제 행동을 하면 부정적인 상징을 써서 지적한다. 긍정적인 행동을 하면 긍정적인 상징과 인센티브를 사용해서 표현한다. 아이가 문제 행동을 하기 직전일 때는 한쪽에는 부정적인 행동/상징이, 다른 쪽에는 긍정적인 행동/상징과 인센티브가 있음을 설명하고 아이 스스로 선택하면 된다고 말한다. 상징과 인센티브를 포함해서 계약은 아이에게 정서적으로 중요한 의미를 가지고 강한 영향을 미치도록 구성되어 있다. 계약서에 있는 표현과 개념은 아이들에게 강한 영향을 미칠 수 있는 단어와 표현을 선택한 것이다. 그래서 이런 표현과 개념을 사용하면 강한 긍정적인 영향이 다시 연상되어, 아이는 옳은 선택을 하게 될 것이다.

일대일 행동계약과 관련된 문제 해결

아무리 훌륭한 계약이라도 실패할 수 있다. 당신이 열심히 하지 않았다는 뜻이 아니다. 아이들도 인간이고 삶이란 복잡해서 항상 계획한 대로 진행되는 것이 아니라는 의미다. 행동계약을 적용할 때 중요한 점 하나는 계약의 실행 여부를 주의 깊게 관찰해야 한다는 것이다. 계약이 계획대로 진행되지 않는다면 그 이유를 파악해야 한다. 문제를 알아내면 시스템을 보완할 수 있다. 대부분의 행동계약은 중간에 일부 보완이 필요하다. 다음은 행동계약에서 발생할 수 있는 흔한 문제들이다.

- 문제 행동을 부지불식간에 강화하고 있는 것은 아닌가?
- 관리감독 시스템에 문제가 있는가? 그렇다면 그 이유는? 교사에게 과도하게 부담되는 일은 아닌가? 부모의 이해가 부족하지는 않은가?
- 보상을 주지 않거나 너무 빨리 주는 등 보상 시스템에 문제가 있는 것은 아닌가?
- 아이가 좌절을 경험하고 있는 건 아닌가? 실패할 가능성이 너무 크지는 않은가? 보상을 얻기가 너무 어렵거나 너무 오래 걸리는 것은 아닌가?

계약과 관련된 문제 해결은 대개 아주 간단하지만, 상황에 따라서는 묘책이 필요할 수도 있다. 모든 해결책을 나열하여 적는 대신, 다음에 제시된 몇 개의 사례를 보고 당신 스스로 생각해 보기 바란다.

니나는 8세 소녀로, 불안할 때 교실을 나가지 않고 성인에게 도움을 요청하기로 계약했다. 니나는 진심으로 호전되기를 바라고 인센티브도 적절했지만 문제가 계속 발생했다. 상황을 재검토했을 때, 그녀가 교실 밖으로 나가려 할 때마다 신체 억제(신체 제재를 하지 않으면 아주 멀리 가 버릴지 모른다.)를 받는다는 것이 밝혀졌다. 물론 아이들은 대부분 믿을 수 있는 성인이 안아 주면 좋아한다. 신체 억제가 교실을 나가려는 행동을 강화한다는 가정하에 계약을 수정하자 결과가 달라졌다. 니나가 교실을 나가면 성인이 따라가서 특정 방에 데려가 그녀가 안정될 때까지 성인이 옆에 있어 주기로 했다. 성인이 안거나 대화를 하지는 않았다. 니나는 도망가더라도 어떠한 보복도 하지 않는다는 것을 알게 되면서 보상받을 만한 행동을 하기 시작했다.

라이언은 13세 소년으로 학교의 주간치료 프로그램에 있고, 부모가 치료에 매우 협조적이었다. 다른 친구에게 공격적인 행동을 해서 프로그램에 들어오게 되었다. 친구들에게 욕을 하거나 때리고 물건을 던지기도 했다. 공격성을 조절하고 학교에서 과제를 잘 마치겠다는 행동계약을 했다. 계약기간은 2개월이었고, 몇 주가 지나 곧 보상을 받게 되었을 무렵 계약 자체가 무너졌다. 라이언은 수업 중에 딴짓을 하지 않았고 친구들을 때리지도 않았으며, 계약 전이라면 흥분했을 만한 자극에도 반응하지 않았다. 그런데 그의 학교생활이 좋아졌다면서 점수가 부족한 데도 불구하고 부모가 지난 주말에 '영예의 대상(큰 보상)' 인 시디플레이어를 선물로 사 주었기 때문이다. 시디플레이어를 얻었기 때문에 라이언은 계약을 지킬(또는 행동을 호전시킬) 필요가 없어져서 계약을 무시하게 되었다. 여러 번의 가족 모임을 가진 후에 새로운 보상을 정하는 계약을 다시 했지만, 이것은 무척 힘든 과정이었다. 자신의 역할을 충분히 이해하는 부모가 아이의 목표 달성에 큰 도움이 된다.

네드는 7세 소년으로, 간단한 행동계약을 했다. 그는 수업시간마다 의자에 잘 앉아 있으면 방과 후에 보상을 받기로 했다. 일일 보상을 정해진 수만큼 받으면 더 큰 보상을 얻는다. 그러나 계약대로 되지 않았다. 네드는 아직 어려서 방과 후에 보상을 받는다는 계약을 아직 이해하지 못했다. 더 즉각적인 강화가 필요했다. 그래서 시간마다 차트에 별표를 붙이는 방법으로 변경하자, 네드도 아주 좋아했다. 별표는 또 다른 수준(아마도 '아주 작은 것')의 강화가 되어 동기가 계속 유지되도록 하였다.

클라리사는 12세 소녀로, 수업 중에 집중하겠다는 행동계약을 했다. 그러나 교사가 차트에 잘 기재를 하지 않았다. 수업시간마다 표시하기로 했는데도, 하루에 한두 번만 표시하였다. 교사는 도와주고 싶은 마음은 있었으나, 업무가 너무 많아 자주 잊어버리게 되었다. 그래서 수업 종이 울리면 클라리사가 차트를 교사에게 보여 주고 표시해 달라고 요청하는 것으로 바꾸었다. 이 방법이 효과가 있어 계약은 다시 효력을 발휘했다.

이 장의 목적은 동기를 유발하는 인센티브를 활용해서 아이들이 목표를 성취하게 도와주려는 것이다. 공식적인 인센티브 시스템을 중심으로 다양한 원칙과 전략들을 소개했다. 전체적으로 보면 외상 치료 원칙과 기법에 학습과 강화 이론을 통합한 것이다. 마지막 예는 인센티브 접근법의 활용성을 잘 보여 주는 인센티브 프로그램의 한 종류다.

팝콘 인센티브: 인센티브를 활용한 다른 전략

톰은 21장에서 소개된, '타임아웃 동안 쿠키를 받은' 9세 소년이다. 그는 개인 행동계약에 따라 열심히 노력하고 있지만 친구들에 대한 충동적이고 공격적인 행동이 잘 조절되지 않았다. 하루에도 몇 번이나 친구에게 연필을 던지고, 다른 친구의 책을 던져 버리거나, 무언가를 돌리면서 복도를 걸어가는 등의 행동이 나타났다. 그러나 이런 행동 외에는 별 문제가 없어 치료진은 행동계약을 그대로 유지하면서 공격성을 줄일 수 있는 새로운 방법을 추가하기로 했다.

톰은 마음속으로 친구를 사귀고 싶어 했기 때문에 이를 동기부여 요소로 정했다. 톰이 친구들을 놀라게 하는 행동을 하면 친구들이 멀어지고, 반대로 친구들에게 '친근하게' 대하면 그와 같이 있어도 안전하다는 것이 알려져 친구를 사귈 기회가 많아진다는 설명을 했다. 톰도 금방 이해했다. 보조치료자는 처음에는 '친근한 행동'을 다른 친구들이 톰과 있어도 편안하게 느끼는 것으로 모호하게 정의했다.

친근한 행동을 늘리기 위해 다음과 같은 인센티브를 계약했다. 제일 위쪽에 진하게 '팝콘 만들기'란 제목이 있고, 아래에 격자무늬로 25개의 네모 칸이 있는 카드를 보여 주었다. 톰에게 친근한 행동을 해서 빈칸을 모두 채우면 원하는 친구를 초대해서 같이 팝콘을 만들 수 있는 기회를 주겠다고 했다. 그리고 만든 팝콘을 반 친구들 모두에게 나눠 주기로 했다(친근한 행동을 하면 보상을 얻을 수 있고, 그 보상은 다시 톰의 사회적 평판을 높일 수 있는 보상이 된다는 것이 팝콘 인센티브의 원리다.).

톰은 친근한 행동을 해서 빈칸을 채워야 한다. 그러나 친근한 행동임을 '결정하는' 것은 보조치료자이고, 보조치료자가 빈칸에 그 행동을 적고 표시한다. 이런 방법은 보조치료자가 상황에 따라 프로그램을 수정할 수 있는 융통성을 준다. 이것이 팝콘 인센티브를 진행하는 방법이다.

처음에 보조치료자는 많은 행동을 '친근한 행동'으로 인정하고 표시한다. 예를 들어, "다른 친구를 따라 걸어가면서 때리지 않는 것도 친구들 입장에서는 너와 있어도 안전하다는 생각을 하게 되겠구나."라고 말하고 기록한다. 곧 톰은 이와 비슷한 행동을 계속할 것이다. 그러나 그는 팝콘 냄새를 어렴풋이 맡긴 했지만 이렇게 해서는 이 게임에서 성공하기가 어렵다는 것을 깨닫는다. 보조치료자는 차츰 중립적인 행동(나쁜 행동을 하지 않는 것)은 표시하지 않고, 친구가 떨어뜨린 물건을 주워 주거나 게임 때 실수한 친구를 격려하는 등 긍정적인 행동을 적극적으로 할 때 표시를 한다.

이런 전략을 '행동 조형법(shaping)'이라 부르는데, 처음에는 자주 하는 행동을 강화하다가 아이가 강화를 얻으려고 노력하는 동안 차츰 목표에 더 가까운 행동으로 강화를 옮겨 가는 방법이다. 처음부터 목표에 가까운 행동이 자주 일어나지 않을 때 아이가 기대하는 행동에 조금씩 더 다가갈 수 있도록 조정할 수 있는 좋은 방법이다.

다른 전략은 '경기부양책(priming the pump)'이란 기법으로, 처음에는 아낌없이 강화해 주는 방법이다. 이 방법은 성공할 수 있다는 자신감을 높이고 목표 행동을 위한 강화를 기대하게 만든다. 경기부양책을 사용하지 않으면 기대하는 행동을 전혀 시작하지 않는 아이들이 있다.

톰은 이전에 강화를 받은 적이 있던 행동을 하고 나서 보조치료자가 이번에도 자신의 행동을 카드에 표시하는지 확인하려고 보조치료자를 유심히 보기 시작했다. 보조치료자는 친근한 행동이어서 표시를 했다고 말하기도 했고, 아무 말 없이 표시만 하기도 했다. 혹은 말은 하지만 표시를 하지 않기도 했다! 톰이 혼란스러운 듯 보여서, 보조치료자는 행동을 결정하고 표시하는 것은 자신의 임무라고 설명했다. 톰은 그 말을 이해하면서도, 표시를 확인하려고 보조치료자를 계속 쳐다보았다.

이 시점에 '용암법(溶暗法, fading)'을 사용했다. 초기에 보조치료자는 친근한 행동에 가까운 모든 행동을 강화했으나 후반부에는 일부만 강화했다. 강화 강도도 점차 줄여, 처음에는 시선 접촉, 칭찬, 표시 등으로 강화했지만 후반부에는 한 번에 한두 개의 방식만 사용했다. 강화 강도를 너무 빨리 줄이지 않는 한, 강화를 서서히 철회해도 좋은 습관은 계속 지속된다.

이것은 도박 카지노에서 사용하는 '무작위 간헐적 강화' 전략과 유사하다. 우리와 마찬가지로, 아이들도 간혹 나오는 잭팟을 기대하며 어떤 행동을 계속한다. 톰은 간혹 어떤 강화가 온다는 것을 알기 때문에 친근한 행동을 하려고 계속 노력한다. 용암법과 함께 무작위 간헐적 강화를 사용하면 아이들에게 좋은 습관을 유지하게 할 수 있다.

보조치료자는 첫 팝콘 인센티브 카드를 3일 내에 채울 수 있다고 확신했다. 톰은 친구를 초대해서 반 친구들을 위해 팝콘을 만들었고, 모든 친구들이 톰 때문에 행복해했고 톰도 성공을 기뻐했다. 그다음에 보조치료자는 "아주 잘했어. 이번에는 조금 더 어려운 것을 해 보는 게 어때? 30개를 채워 볼 생각은 없니?"라고 말했다. 톰은 성공한 뒤 자신감이 생겨 보조치료자의 의견에 동의했다.

이런 과정이 여러 차례 반복되었다. 매번 5개의 칸이 추가되었다. 카드를 모두 채우는 데는 일주일 이상 걸리지 않았다. 톰이 실망하거나 공격적인 행동을 할 위험이 있다고 보조치료자가 느낄 때는 표시 속도를 높였다. 이런 방법으로 톰을 다시 계약에 집중하게 만들었다. 그리고 용암법과 무작위 간헐적 강화 전략을 더 많이 사용했다. 팝콘을 세 번 만든 후, 톰은 다음에는 반 친구들을 위해 쿠키를 만들 수 있느냐고 물었다. 당연히 만들 수 있고 말고!

Chapter 23

마법의 언어: 인지적 개입

말에는 힘이 있다. 당신은 말로 아이들을 가르치고 치료할 수 있다.

말은 당신의 머리로 들어오면서부터 스스로 생명력을 가진다. 다음 글을 읽고 당신의 머릿속에 어떤 일이 일어나는지 느껴 보기 바란다.

- 얻기 쉬운 것은……
- 당신이 먼저 성공하지 않으면……
- 게으른 사람은 결코 성공하지 못한다. 그래서……
- 당신에게 ~할 수 있는 두 번째 기회란 없다.
- 피자는 좋은 냄새와……
- 오렌지 주스가 없는 세상은 ~와 같다.

당신이 돌봄과 의도란 단어를 선택할 때는 언어적인 '인지적' 개입을 통해 아이들에게 다른 방식으로 배우고 생각하게 만든다. 행동을 다르게 명명하는, 즉 아이의 행동에 '라벨'을 붙이는 방법이다. 다음의 세 가지 목표를 통해 이렇게 할 수 있다.

- 아이들의 머릿속에 당신의 목소리와 말을 넣는다. 부모와 광고주들이 우리에게 하듯이 말이다. 비슷한 상황에서 반복해서 같은 말을 계속하면 그렇게 된다. 시간이 흐르면 말이 뿌리를 내린다. 그 말은 아이 자신의 말이 되어 당신이 말하지 않거나 그 자리에 없어도 아이의 머릿속에 있다.
- 긍정적인 의도와 행동을 강화한다. 부정적인 행동을 할 때조차 긍정적인 의도를 찾아 강화하는 인지적 개입을 사용할 수 있다. 이것은 긍정적인 부분을 더 강조하는 '행동 조형법' 이다. 긍정적인 행동이 나타나면 그 행동을 지지하고 강화하는 표현을 한다.
- 아이들이 문제행동을 하는 대신 말로 표현하는 방향으로 차츰 변화되도록 도와준다. 이것은 아이의 문제 행동 뒤에 있는 의도를 라벨화할 때 가능하다. 아이들은 시간이 지나면서 자신의 의도가 이해받는다는 것을 알게 되면 더 직접적이고 효과적으로 의도를 표현하기 시작한다.

다음은 앞서 나온 바 있는 톰에 대한 이야기로, 시간이 지나면서 말이 행동을 변화시키는 효과를 잘 보여 주는 예다. 치료 첫 한두 달 동안, 톰은 자주 신체 억제를 당했다. 신체 억제를 할 때마다 보조치료자가 안전성 표현을 하였고, 억제하기 직전의 톰의 문제 행동은 그가 도움을 요청하는 방법이라고 하면서 안전하고 보호받는 느낌을 가지기 위해 외부에서 조절을 해야 한다고 설명했다. 간결하고 분명하게 반복하여 표현했다. 예를 들어, "네가 손으로 무엇을 때리려고 하는 것을 보면, 나는 네 손이 가만히 있고 싶어서 조절해 달라는 도움을 요청하는 것으로 알고 네 손을 잡아 줄 거야." 라고 말했다.

두 달 반이 지나자, 톰은 "내가 먼저 도망가고 선생님이 나를 잡는 놀이를 해요." 라고 제안했다. 톰은 규칙을 어기거나 행동화 없이 필요한 것을 얻는 방법을 찾아냈다. 톰은 언어로 신체적 안정을 요청하는 방법을 배웠다.

우리는 아이들이 더 높은 수준으로 발전하기를 기대한다. 그런 수준이 되면 아이들은 "불안해요. 내 손을 잡아 줄래요?" 라고 말한다. 행동의 라벨화 방법은 한 번에 한 단계씩 행동화하는 대신 말로 표현하는 쪽으로 발달하도록 도와준다.

%#*$#!!!
아니에요. 나는 도움을
요청하고 있어요!

성인의 입장

라벨화는 복잡한 방법은 아니지만 일관성 있게 사용하려면 많은 연습이 필요하다. 옛 노래에 나오는 것처럼 '말하는 내용이 아니라 방법이 중요하다. 말하는 방법이 결과를 좌우한다.' 정확한 표현을 선택하는 것이 중요하다. 그러나 올바른 태도, 의도, 감정, 신체 언어, 목소리 톤이 없다면 정확한 표현도 아무런 효과가 없다.

예를 들어, 성인이 말로는 "선택은 네가 하는 거야."라고 해도, 신체와 목소리 톤은 "내 말대로 안 하기만 해 봐라!"라는 것이라면 아이가 실제로 '듣는' 것은 무엇이라고 생각하는가? 즉, 메시지를 전달하는 방법이 메시지의 내용과 일치해야 한다는 말이다. 당신의 뜻대로 아이가 행동하기를 원하는 경우가 많기 때문에 항상 쉽지만은 않다. 당신은 그런 방법이 당신에게 더 쉽고, 그렇게 할 때 아이들이 더 좋아질 것이라고 믿고 있다. 그렇지만 이중적인 메시지는 당신의 생각과 다르게 전혀 효과가 없다.

아이와 의견이 충돌했을 때, 당신의 신체 언어와 목소리 톤을 조절한다는 것은 거의 불가능하다. 아이들에게 분명하고 효과적으로 메시지를 전달하는 방법은 올바른 태도에서 우러나오는 올바른 말을 사용하는 것이다. 아이를 돌보겠다는 마음, 아이에 대한 이해심, 어떤 식으로든 도움을 주면 된다는 인식, 자신을 잘 조절하는 태도를 전달해야 한다. 다음은 올바른 표현을 잘 전달하기 위해 당신이 가져야만 하는 태도에 대한 추가적인 지침이다.

지지적인 중립성을 유지한다

지지적인 중립성이란 아이를 돌보고 아이가 잘되기를 바라지만 감정적으로 되지 않는 것을 말한다. 홈팀을 응원하되, 당신의 감정이 게임 결과에 따라 달라지지 않게 하라. 마찬가지로 아이를 응원하되, 특정한 하나하나의 행동을 걱정하지 말라. 하나의 행동은 단지 전체 과정의 부분일 뿐이다. 다음과 같은 메시지를 전하라. "너를 도와주기 위해 최선을 다하겠지만 선택은 네가 해야 해. 나에게 내 삶이 있듯이, 너에게도 네 삶이 있단다. 너의 선택은 오직 너에게만 영향을 줄 거야." 당신이 지지적인 중립성을 전달하면 다음과 같은 변화가 일어난다.

- 아이들은 보살핌을 받지만 강제하거나 강압당한다는 느낌은 받지 않는다.
- 당신을 책임지는 사람은 당신 자신이지 아이가 아니다. 당신이 아이의 행동에 과도하게 집착하면 아이가 당신을 지배하는 것이 되고, 그래서 아이는 행동을 도구(무기)로 삼아 당신을 움직이고 당신의 감정을 조절하게 된다.
- 아이들은 자신에게 주도권과 선택권이 있을 때 스스로 선택한다. 실패하더라도 비난하는 사람이 없고, 성공하더라도 아무도 칭찬하지 않는다. 아이들은 자신의 선택에서 배우고 자신의 성취에 대해 자부심을 가질 뿐이다.

인센티브 시스템의 힘을 사용한다

인센티브 시스템을 사용하면 모든 행동에 대해 아이의 선택이 결과를 낳았다고 라벨화할 수 있다. 이런 식으로 인센티브 시스템을 활용하면 다음과 같은 변화가 일어난다.

- 아이는 당신이 아닌 자신과 싸울 뿐이다. 아이에게 일어난 일은 아이가 스스로 결정한 것이다. 오직 아이의 선택에 달려 있다. 아이는 당신에게 화나는 감정을 가지지 않을 때 자신에게 집중하고 무엇을 배울 수 있는 기회가 있다.
- 아이가 당신을 모욕하거나 비난하는 것은 자신에 대한 좌절감을 엉뚱하게 표출하는 것이라는 점을 알아야 한다. 진심으로 당신을 모욕하거나 비난하는 것이 아니다. 아이의 좌절감을 감정적으로 느끼지 않을 때, 당신은 싸움에 휘말리지 않게 된다. 그때 당신은 있는 그대로 보고 있는 것이다.
- 효과적인 시스템을 사용하고 있기 때문에 당신은 아이가 경험을 통해 배울 수 있도록 도와주고 있다는 자신감을 가질 수 있다. 아이가 성공하든 실패하든 이것은 진실이다.
- 아이는 스스로 결정한 선택을 통해 배운다는 것을 당신이 이해한다면 그때그때 어떤 결정을 하라고 아이에게 말할 필요가 없다. 아이의 좌절감과 분노가 당신을 향하더라도 그것은 아이 자신에 대한 것임을 이해할 때 감정적이거나 공격당

하는 것으로 받아들이지 않게 된다. 당신이 화가 나거나 좌절하지 않을 때 아이에게 에너지를 집중하고 안정적이고 지지적인 상태를 유지할 수 있다.

라벨화 방법

라벨화하는 효과적인 방법은 다음과 같다.

- 의도를 명명한다.
- 행동을 명명한다.
- '선택이 결과를 낳는다' 란 관점에서 행동을 명명한다.
- 특별한 제안과 라벨을 연결 짓는다.

의도 명명하기

아이들은 흔히 자신이 왜 그렇게 행동하는지 이유를 모른다. 안다고 해도 어떤 이유로 인해 말해도 소용없다고 느낀다. 배척에 대한 공포가 두려워서 그럴 때도 있고, 생각과 느낌을 알아차리지 못하거나 또는 직접적으로 말하는 방법을 몰라서 그럴 때도 있다.

아이의 행동 뒤에 있는 의도를 명명할 때는 아이가 쉽게 이해할 수 있도록 간단하고 분명하게 한다. 아이를 긍정적인 시각에서 보고 아이를 수용하려 한다는 태도로 말해야 한다. 당신이 아이의 행동 뒤에 있는 의도를 명명할 때, 아이들은 다음과 같은 것을 배운다.

- 자신의 느낌이나 생각을 이해한다.
- 자신의 의도가 수용된다는 것을 깨닫고 숨기거나 가장할 필요가 없다는 것을 배운다.
- 자신의 의도를 분명하게 표현하면 도움을 받을 기회가 있다는 것을 배운다.
- 말로 표현하는 방법을 배운다.

폴은 14세 소년으로 지역 청소년센터의 비행청소년 소그룹에서 다양한 특별 서비스를 받고 오락 활동을 하고 있다. 7개월 동안 참여하면서 폴은 열심히 노력했고 담당자와 긍정적인 관계를 형성했다. 아이들이 가장 좋아하는 활동은 6주간 화요일 저녁마다 상영하는 영화 프로그램으로, 담당자가 한두 명의 아이와 함께 저녁 식사를 준비하고 저녁 식사를 마친 후에 영화를 상영하였다. 종종 담당자가 아이들을 태워 주기도 하고, 아이들이 각자 센터로 오기도 했다.

영화상영 프로그램이 시작된 지 3주째, 저녁 식사시간이 되었으나 폴이 도착하지 않았다. 평소 약속을 잘 지키지 않았던 가족이 태워다 주기로 한 날이어서 아무도 놀라지는 않았다. 식사를 마치고 영화가 시작하기 전에 대부분의 아이들이 밖에 서 있을 때 폴이 택시에서 내렸다. 영화 상영시간에 맞추어 도착하느라, 폴이 한 달 내내 이웃집 일을 도와주고 지난주에는 쓰레기를 청소해서 모은 돈을 택시비로 전부 날렸을 것이다.

폴은 청소년센터로 걸어오면서 담배를 피우며 건성으로 인사를 하고, 담배연기를 싫어하는 담당자 얼굴에 담배 연기를 뿜기도 했다. 담당자는 폴을 보고 "내 얼굴에 담배 연기를 뱉으려고 돈을 쓰면서 택시 타고 온 거였니?"라고 물었다. 폴은 크게 웃으며 "맞아요!"라고 답했다. 더는 담당자 얼굴에 담배연기를 내뿜지 않고, 어떻게 해서 가족이 데려다 주지 않았는지 그리고 영화를 놓치지 않으려고 돈을 얼마나 사용했는지에 대해서 말하기 시작했다.

이 이야기를 왜 '의도 명명하기' 에 넣었을까? 담당자가 친근하고 재미있게 말했기 때문일까? 잠시 생각해 보고 두 사람의 상호작용을 분석해 보기 바란다.

폴은 왜 그렇게 소란스럽게 나타났고, 도착해서는 또 왜 그렇게 바보같이 행동했을까? 다음과 같이 추측할 수 있다. 폴은 이 소그룹에 있는 것을 좋아했지만 좋아하는 마음이 드러날까 봐 두려웠다. 감정을 노출하면 상처받는다고 생각하며 실제로 그런 경험을 한 아이들이 많이 있다. 택시를 타고 온 것으로 소그룹에 대해 관심이 크다는 점을 드러냈기 때문에 그 점을 숨기려고 그룹에 대한 애착이 많지 않다는 것을 행동으로 보여 주려 했다. 그래서 폴은 아이들에게 무관심한 듯 행동하고 좋아하는 담당자의 얼굴에 담배 연기를 내뿜었다.

그때 담당자의 "내 얼굴에 담배 연기를 뱉으려고 돈을 쓰면서 택시 타고 온 거였니?"라는 질문의 실제 의미는 "이곳에 오는 것이 너에게는 그렇게 중요하다는 말을 하고 있는 것이니?" 또는 간단하게는 "너는 진심으로 이곳을 좋아하는구나, 그렇지?"라는 뜻이었다. 이곳을 좋아한다는 폴의 의도를 평소처럼 따뜻하게 받아 주자, 두려워할 필요가 없어진 폴은 자신을 더 솔직하게 드러낼 수 있었다.

다행스럽게도 '의도 명명하기'는 이 사례처럼 미묘하게 전달하지 않아도 효과가 있다. 사실 가능하면 분명하게 말하는 것이 가장 좋다. 아이에게 어떤 느낌인지 말하라고 하는 것은 좋은 방법이 아니다. 그것은 침입적이고 무례한 요구다. 그래서 강요하지 않으면서 당신이 생각하는 요점을 전달하는 것이 중요하다. 다음은 아이의 행동 뒤에 있는 의도를 명명하는 방법의 예다.

- 16세 소녀가 디저트를 더 먹으려고 하는데, 이것은 규칙을 어기는 행동이다. 개입: "내가 잘 지켜보는지 아닌지 확인하려는 거니?"
- 17세 소년이 집단 모임에서 만화책을 보면서 꾸벅꾸벅 조는 척한다. 개입: "이 시간이 얼마나 지루한지 알려 주는 거니?"
- 7세 소녀가 학교 숙제를 하다가 화가 폭발해서 책을 던지고 울면서, "내가 미워 죽겠어!"라고 말한다. 개입: "숙제가 어렵다는 말을 하고 싶은 거니?"
- 10세 소년이 장난감 자동차를 가지고 노는 다른 두 명의 소년을 보고 있다. 그 소년이 친구의 자동차를 쥐고 엔진 소리를 크게 내면서 바닥에 던지고, 친구들이 정성 들여 만든 도로를 부수었다. 개입: "너도 같이 놀고 싶어 하는구나."

의도 명명하기는 라벨화 개입 중에서 가장 강력한 효과가 있는 방법이다. 그 이유는 특정 행동이 문제임을 넌지시 말하면서도 아이들의 욕구를 수용하기 때문이다. 아이들은 인정받고 이해받고 받아들여진다고 느낄 때 자신의 욕구를 만족시킬 다른 방법을 찾을 만한 여유를 가진다. 의도 명명하기는 아이들이 자신을 이해하고 표현하도록 도와준다.

행동 명명하기

행동 명명하기는 아이들이 자신의 행동을 자각하도록 도와준다. 많은 아이들의 나쁜 습관은 자동적이고, '그 행동' 을 하고 있다는 것을 흔히 알지 못한다. 행동을 명명하는 것은 행동을 자각하고 다른 방식으로 행동할 수 있는 자극제가 된다.

행동을 명명할 때는 그 행동을 아이의 목표와 관련지어 지적할 수 있다. 또는 직접적으로 아이의 목표(예를 들어, 아이가 더 많은 친구를 원한다면 그 행동이 친구들과 친해지는 데 어떤 영향을 미칠 수 있는지에 대해 설명한다.)나 인센티브 프로그램(개인 행동계약의 긍정적 상징이나 부정적인 상징)을 언급해도 된다. 다음은 행동 명명하기의 예다.

- 너는 내가 말할 때 다른 곳을 보는구나. 네가 잘 듣고 있는지 내가 궁금해하길 바라는 거니?
- 네가 그렇게 작은 소리로 중얼거리면 사람들은 네가 위협하거나 자기에게 나쁜 말을 한다고 생각할 것 같지 않니? 그러다 보면 싸움이 일어날 수도 있을 거야.
- 네 목소리는 '화산' 이 폭발하는 것 같구나.
- 선생님처럼 차분하게 말하는구나.

'선택이 결과를 낳는다' 란 측면에서 행동 명명하기

이것은 아이가 스스로 자제하고, 신중하게 선택하고, 행동을 책임지게 하는 강력한 방법이다. 어른은 관심은 있지만 간섭하지 않는 조력자나 격려하는 역할을 한다. 아이는 자유롭게 결정하고, 그 결정은 성인이 아닌 아이에게만 영향을 미친다. 흔히 공식적인 인센티브 시스템에 포함시켜 사용할 때도 있지만 더 광범위하게 활용할 수 있다. 다음은 '선택이 결과를 낳는다' 란 측면에서 행동 명명하기의 예다.

- 너무 멀리 떨어졌구나. 나에게 손 좀 잡아달라고 하는 것 같구나.
- 그렇게 열심히 공부하는 것을 보니 성적을 올리려고 결심한 것 같구나.
- 게임을 할 때 속이는 것을 보니, 너는 혼자 게임할 생각이더구나. 속이는 사람

과 게임하려는 사람은 아무도 없는데 말이다.

- 지금 숙제를 하건 나중에 하건 상관없어. 네가 선택하면 돼. 그렇지만 지금 하면 나중에 TV를 볼 수 있고, 나중에 하면 그때는 TV를 못 보고 숙제를 해야 해.

긍정적인 제안과 라벨 연결 짓기

이것은 좀 더 복잡한 개입법이다. 그래서 간략한 제안으로 끝내기가 쉽지 않다. 특히 개인 행동계약과 같은 공식적인 인센티브 시스템을 사용 중이라면 이미 긍정적인 대안을 분명하게 설명했을 것이다. 그렇다면 간단한 조언식으로 해도 된다. 의도, 행동, 결과 등 어떤 종류의 라벨을 긍정적인 제안과 결합하면 된다. 다음은 긍정적인 제안과 라벨 연결 짓기의 예다.

- 네 행동은 마치 다른 친구들을 위협해서 쫓아내려고 하는 것 같구나. 친구를 사귀고 싶다면 왜 다른 친구가 뭘 원하는지 물어보지 않니?
- "나는 바보 같아요."라는 말은 너 스스로 자신을 비하하는 것 같구나. 그런데 그것은 규칙 위반이야. 네가 좌절하더라도 점수를 잃지 않고 표현할 수 있는 방법은 없을까?
- 너는 잃은 점수를 다시 얻고 싶어 하는 것 같던데, 경비아저씨가 박스를 옮기는 것을 도와줄 사람을 찾고 있는 것 아니?
- 저녁 식사까지 참기 어렵다면 과일 한 조각을 먹는 것은 괜찮아.
- 등 뒤에서 말하는 것은 옳지 않아. 누구라도 안전하지 않다는 느낌을 받거든. 그 사람이 왜 그런 행동을 했는지 알고 싶다면 직접 물어보는 것은 어때?

연습: 마법의 언어 찾기

혼자라면 사례를 읽고 당신의 의견을 적으면 된다. 그러나 집단을 4명으로 구성할 수 있다면 가장 이상적이다. 사례마다 한 사람씩 아이 역할을, 그리고 나머지 분들은 성인 역할을 맡는다. 사례가 네 개여서 한 사람씩 돌아가게 된다.

성인 역할을 하는 분은 아이에게 직접 말해도 되지만, 그 외에는 연습 중에 서로 대화를 해서는 안 된다.

아이 역할을 하는 분은 성인의 의견에 대답해서는 안 된다. 각 의견에 대해 당신이 아이라면 어떤 느낌을 들지 생각하면 된다. 너무 잘하려고 긴장할 필요는 없다. 최선을 다해 구체적인 인지적 개입을 사용하면 된다. 사례에 없는 내용을 추정해서 사용해도 좋다. 예를 들어, 아이의 관심사, 목표, 인센티브를 추정해서 개입해도 된다.

각 사례에 대해서

- 아이: '즉각적으로 해결하려는' (그러나 도움이 되지 않는) 전형적인 성인의 반응이 무엇인지 말한다. 즉, 거의 도움이 되지 않지만 흔히 듣는 말을 의미한다.
- 성인 1: (아이의) 행동과 긍정적인 의도를 명명하고 그것을 아이에게 말한다.
- 성인 2: '선택이 결과를 낳는다' 란 측면에서 행동을 명명하고 그것을 아이에게 말한다.
- 성인 3: 의도와 행동을 명명하고 제안을 만들어 그것을 아이에게 말한다.

한 사례를 마친 후 토론(다음 사례로 넘어가기 전)

- 각 성인의 의견에 대해 아이로서 어떻게 느꼈나? (무서운 느낌이 든 표현까지 포함해서)
- 각 성인의 의견에 대해 성인으로서는 어떻게 생각하나?
- 각 인지적 개입에 대해 서로 의견을 나누기 바란다. 지지적인 중립성을 전달했는가? 효과가 있었나? 각 성인에게 그분의 행동이나 표현 중에서 좋았던 점과 개선될 부분에 대해서 말해 주기 바란다.

사 례

- 14세 소녀인 에이프릴은 잠시 한눈을 팔면 어느 새 옷과 책으로 거실과 부엌을

엉망으로 해 놓는다.

- 9세 소년인 네이선은 지는 것을 참지 못한다. 게임 중에 다른 아이가 네이선을 이기려 하자, 지는 것을 싫어하는 그가 게임판을 손으로 친다.
- 6세 소년인 크리스털은 친구와 장난감을 서로 차지하려고 싸우고 있다. 친구가 먼저 그 장난감을 가지고 놀았다. 그 친구도 빼앗기려 하지 않았지만 크리스털이 친구들을 자주 때렸기 때문에 불안한 기색이 역력하다.
- 16세 소년인 제레미는 직장에 5분 늦게 도착했다. 3일째 계속 지각했다. 마음에 드는 직장이었고 들어가기 아주 힘든 곳이었다.

참고문헌

Long, N., Wood, M. M., & Fecser, F. A. (2001). *Life space crisis intervention* (2nd ed.). Austin, TX: Pro-Ed. 일상생활에서 경험하는 위기 상황을 학습, 성장, 변화할 수 있는 기회로 만드는 생활 위기 개입법에 대한 가장 권위 있는 저서다.

Phelan, T. W. (2003). *1-2-3 magic: Effective discipline for children 2-12* (3rd ed.). Glen Ellyn, IL: Child Management. 효과적이고 대중적인 부모교육 안내서다.

Redl, F. & Wineman, D. (1951). *Children who hate*. Glencoe, IL: Free Press. 행동화 문제를 가진 소아에 대한 '생활 위기 개입법'을 기술한 고전이다.

부록 A

정신적 외상근거 심리학적 평가

임상심리사는 정신적 외상근거 평가와 결과의 중요성은 알고 있지만, 흔히 심리평가 결과를 작성하는 방법을 모른 채 평가서를 작성하는 것 같다. 부록 A는 이런 주제를 광범위하게 다루려는 것은 아니고, 정신적 외상에 초점을 둔 평가방법을 제시하려는 것이다. 주로 평가 방법과 결과를 기술하는 방법과 내용에 대한 것이다.

정신적 외상을 위한 평가도구

외상 평가도구들은 심리검사 목록이나 임상 진료에 흔히 포함되어 있다. 타당도(측정하고자 하는 바를 측정하는 정도), 민감도, 효율성이 높은 평가도구를 사용한다면 이상적이다. 소아 외상을 평가하는 도구는 소아 정신적 외상 연구소 홈페이지(www.childtrauma.com)에 잘 소개되어 있고 주기적으로 갱신된다.

다음은 검증된 평가도구를 사용해야 하는 이유들이다.

- 외상과 관련된 증상들 중 발견하기 어려운 증상들을 파악할 수 있다.
- 표준화된 도구를 사용하면 다른 연구자의 결과와 비교할 수 있고, 의뢰인의 점수가 정상 범위인지 아닌지를 확인할 수 있다.
- 타당도 있는 도구를 사용하면 평가 결과의 신뢰성을 높일 수 있다. 이것은 아이, 가족, 교사, 판사 등에게 평가 결과를 설명할 때 매우 중요한 점이다.

여러분의 근무처와 파악해야 할 증상에 따라 다른 표준화된 도구가 필요할 것이다. 예를 들어, 학업과 관련된 문제를 가진 아이라면 학습장애와 기타 능력과 관련된 평가도구를 사용해야 한다.

그러나 철저한 임상 면담을 대신할 수 있는 도구는 없다는 것을 명심해야 한다. 임상 면담은 현재 상황, 병전 기능 정도, 사건에 노출된 병력이 아이의 기능에 미친 영향을 평가할 수 있는 유일한 방법이다. 5~6장에 기술된 면담 기법을 심리평가에 활용하면 된다. 아이, 보호자, 다른 사람들(그리고 행동 관찰도 포함해서)에 대한 임상 면담 결과와 표준화된 평가도구를 사용한 심리평가 결과를 종합했을 때, 여러분은 설득력 있는 최종 결과를 작성할 수 있다.

정신적 외상근거 평가 보고서 작성하기

보고서 작성에 필요한 일반적인 고려 사항들을 먼저 설명하고, 다음에 외상과 관련된 특별한 고려 사항들을 설명할 것이다. 나는 근본적인 질문으로 시작하고 싶다. 평가 보고서를 작성하는 목적은 무엇인가?

상황에 따라 답은 달라지겠지만, 일반적인 이유는 아이를 위해 올바른 결정을 하길 원하는 누군가가 아이를 이해하기를 바라기 때문이다. 즉, 임상심리사는 아이를 더 이해하고, 아이를 위해 어떤 결정을 하려는 그 사람을 위한 컨설턴트다.

대부분은 부모, 교사, 판사, 사례관리자 등에게 보고서를 제출하게 된다. 그런데 왜 대부분의 보고서를 임상심리사가 아니고는 이해할 수 없는 내용으로 작성하는 걸까? 나는 이해할 수 없게 작성된 보고서는 컨설턴트로서 실패라고 생각한다. 나는 보고서는 의뢰인을 위한 것이며, 그래서 이해하기 쉬운 언어와 개념을 사용하고 읽기에 적절한 분량으로 작성되어야 한다고 생각한다. 여러분이 보고서를 받을 사람들과 마주 앉아 그들이 이해할 수 있게 내용을 설명하기가 곤란하다고 생각한다면 보고서는 그들을 위해 작성된 것이 아니다.

그렇다면 어떻게 보고서를 작성해야 하는가? 모든 평가도구에서 나온 구체적 결과나 점수를 모두 나열하는 것은 전혀 소용이 없다. 임상심리사 업무의 핵심은 결과를 해석하고 설명하는 것이다. 세부적인 자세한 결과는 삼가고, 단지 의뢰인이 알고자 하는 것만을 기술하라. 다른 임상심리사가 데이터를 원한다면 평가 전체를 넘겨 주면 된다. 그 외에 세부적인 데이터를 원하는 사람은 아무도 없다. 불필요한 것을 모두 빼면 한두 장으로 훌륭한 보고서를 작성할 수 있다. 길게 적는 것이 더 쉽겠지만, 읽기 어려울 정도의 너무 긴 보고서는 의뢰인에게 별 도움이 되지 않는다. 생략하는 법을 배워야 하며, 간결하게 작성하다 보면 여러분도 결과를 더 분명하게 이해할 수 있을 것이다.

보고서의 형식은 어떨까? 상황에 따라 특수한 형식이 필요하기도 하고, 특정 내용이 꼭 들어가야 하기도 한다. 예를 들어, 보고서에 공식적인 진단명이 들어가야 할 때가 있다. 진단을 요구한다면 여러분이 원하지 않더라도 진단명을 포함시켜야 한다. 다양한 요구를 만족시키려면 상황에 따른 형식의 변화가 필요하다. 여러분의 전문적인 시각과 일부 차이가 있는 보고서라는 걱정도 있을 수 있지만, 보고서가 의뢰인 중심이라면 대부분 긍정적인 반응을 보인다. 더 신중한 대안은 배운 대로 많은 분량의 보고서를 작성하는 것인데, 마지막에 간단한 '요약'—실제로 읽을 부분—을 추가하는 것이 유용한 방법일 수 있다.

여러분이라면 내 마지막 제안을 이해할 것이다. 나는 외상근거 평가 보고서는 우화 모델을 사용할 때 가장 효과적이라고 생각한다. 즉, 사례 요약을 할 때 먼저 역량과 자원에서 시작해서 다음은 용과 기타 난관들을 설명하고, 마지막에 이런 것들이 어떻게 증상과 현재 문제들을 만들었는지 설명하는 방법이다. 내용 중에 진단명을 포함시킬 수도 있지만 그것이 꼭 필요한 것은 아니다. 사례 요약 자체가 목표이기 때문이다. 보고서는 치료 계획—그 사례에 적합한 구체적인 내용을 포함해서—을 위한 권고 사항으로 마무리한다.

보고서 예시

다음은 표준적인 심리평가와 보고서 작성방법을 잘 보여 주는 평가 보고서의 예다. 임상심리사는 보고서를 제출할 사람에게 적합한 언어와 내용으로 외상근거 사례 요약까지 요구하였다. 첫 번째 평가는 피해자의 배상과 관련된 사례이고, 나머지 평가는 학교에서 문제 행동을 하는 아이들을 위해 학교에서 요청한 사례들이다. 이 보고서들은 외상이란 측면에서 다양한 현재 문제들과 진단명을 어떻게 기술하는지를 보여 주기 위해 선택한 것이다.

2000년 6월 2일

로버트 존슨에 대한 제한된 심리평가

정보 제공자

아널드 존슨(아버지): 2000/5/21
나탈리 로빈스(로버트의 여자친구): 2000/5/27
로버트 존슨: 2000/5/27

심리평가 도구

사건충격척도(Impact of Events Scale): 소아보고형 외상후 증상 척도(Child Report of Posttraumatic Symptoms): 2000/5/27

의뢰 이유

로버트 존슨은 18세 소년으로, 무감동, 흥분성, 공격성, 부정적인 사고방식 등의 다양한 증상으로 아버지가 평가와 치료를 의뢰하였다. 이런 증상들은 1999년 7월 5일 친구와 로버트가 심한 폭행을 당한 후에 발생했다고 한다. 심리 중인 민사소송에 필요한 치료/기타 조언을 위해 이 평가를 요청하였다.

병력

로버트는 특별한 문제 없이 건강하게 태어났고 '양육하기 쉬운 아이'였다. 성장 과정 동안 특별한 의학적 문제는 없었다. 발달 이정표는 정상보다 약간 빠른 편이었다. 로버트는 친구가 많고 여러 활동을 즐기는 행복한 아이였고, 특히 운동을 좋아했다고 한다. 또한 다양한 재주가 많았고, 예를 들어, 10대 초기에 로버트와 형제들은 지역의 청소년 야구경기 올스타전에 참여한 선수였다. 친구와 주변 어른들도 로버트를 좋아했고, 항상 모범적으로 행동하는 '좋은 아이'였다고 한다.

로버트의 부모는 자녀에게 매우 헌신적이었지만 이혼과 관련된 가족 역동의 변화가 로버트에게 큰 영향을 미쳤다. 그는 13세 무렵 사춘기가 시작되었을 때 부모와 자주 말다툼을 하였고, 14세 때 우울증으로 한 달간 입원치료를 하였다. 치료 효과는 우수하였고, 그 후로 우울증을 앓은 적은 없었다. 10대 후반은 아주 행복하게 보냈으며, 그 당시에 대해 "매일 다음날이 너무 기다려졌고 즐거웠어요."라고 말했다.

로버트는 과거에 큰 정신적 외상 병력은 없었다. 두 번 차 사고가 있었으나, 심각한 신체 손상이나 외상후 스트레스 반응은 없었다고 한다. 12세 때 한 번 가게에서 물건을 훔친 일을 제외하고는 다른 범죄력도 없었다. 친구들과 놀 때 간혹 마리화나를 피운 적은 있었지만 그 외 심각한 물질남용 문제도 없었다고 했다.

로버트의 학교 성적은 중간이었다. 가족 갈등 때문에 중학교 성적은 최상위에서 최하위까지 왔다 갔다 했다. 고등학교 때는 순조롭게 진급해서 졸업했으나, 친구들과 어울리고 운동하고 아르바이트하는 것을 더 좋아하였다.

로버트는 운동이나 아르바이트를 할 때 항상 에너지가 넘쳤다. 평균 두 곳에서 아르바이트를 했다. 고등학교 때 이후로 로버트의 업무 태도는 그의 큰 장점이었다. 여러 직장에서 일했고, 어디서건 일을 빨리 배우고 최선을 다했다. 그는 자신의 사업을 하겠다는 희망을 오래전부터 가지고 있었다. 로버트는 폭행을 당하던 시점에 대학교 1학년을 마쳤고, 매일 야구를 하고 상점에서 일하고 있었다.

폭행 후

1999년 7월 5일 저녁, 로버트는 친구 한 명과 다른 친구들을 만나려고 공원에 갔다. 그곳에서 로버트와 친구는 여러 명의 청년들에게 폭행을 당했다. 청년들은 돈을 빼앗고 위협하고 심하게 구타하였다. 로버트를 총으로 위협하고, 총으로 어깨를 여러 번 가격했다. 그 후 접착테이프로 로버트와 친구를 묶고는 가 버렸다. 두 사람은 테이프를 풀고 공중전화로 경찰에 신고했다. 로버트는 그날 저녁은 병원에서 보냈고, 그 후 며칠은 집의 침대에서 누워 보냈다. 경찰 조사와 병원 치료를 하면서 꽤 오랫동안 정신적 외상에 반복 노출된 것은 분명하다.

폭행 후 몇 주 동안, 로버트는 불면증, 밖에 나가는 것에 대한 공포, 폭행당했던 생각과 장면의 반복적 회상으로 힘들어 하였다. 그 당시에 대해 그는 "집에 있을 수가 없었어요."라고 표현했다. 그래서 플로리다에 있는 친구가 직장과 집을 구해 주어 급히 플로리다로 이사를 했다. 얼마 지나 여자친구도 플로리다로 옮겨 왔다. 플로리다에 있을 때는 폭행 사건이 거의 떠오르지 않아 마음이 많이 편했고, 자극받지 않으려고 TV도 전혀 보지 않았다고 했다. 그러나 집이 그립기도 하고 재판에 참석해야 해서 1999년 말에 집으로 돌아왔다.

플로리다에 있을 때 부분적이고 일시적인 편안한 기분을 제외하고는 폭행 장면이 계속 떠올라 로버트의 기능 수준은 현저하게 저하된 상태였다. 몇 번 치료를 받았으나, 약간 호전되는 듯해도 더 이상 좋아지지 않아 결국 중단하였다. 로버트와 가까운 사람들에 따르면 그에게는 다음과 같은 증상들이 계속 지속되었다.

침입적 증상

폭행과 관련된 침입적 이미지, 기억, 생각들이 계속 떠올라 고통이 심하다. 예를 들어, 12시간 교대 업무를 하는 공장에 취직했을 때 폭행당했던 사건이 12시간 동안 계속 생각나서 서 있기 힘들 정도였다고 했다. 그만두고 싶었지만 억지로 참고 한 달 일하다가 결국 그만두었다. 폭행을 연상시키는 조그만 단서에도 침입적 증상들이 발생했다. 예를 들어, 그는 TV에 총이 나오면 "총이 내 어깨를 때리는 것 같아요."라고 말했다. 로버트는 폭행에 대한 기억이 '다른 생각들을 억눌러' 다른 생각은 전혀 할 수 없다고 했다.

수면문제

로버트는 계속 새벽 3시 전에는 잠들지 못하고, 3시 후에 마리화나를 피워야 잠들 수 있다고 했다. 이전에 수면문제는 전혀 없었고, 수면제를 사용한 적도 없었다. 그는 현재의 불면 문제를 매우 힘들어 했다.

회피 증상

로버트는 이전에 즐겼던 많은 활동들을 회피하고 있었다. 예를 들어, 매일 즐겼던 야구를 폭행 사건 후 1년 이상 전혀 하지 못했다. 여자친구는 로버트가 과거에는 식당에 가거나 다양한 모임과 오락 활동을 좋아했으나, 사건 이후로는 절대로 집 밖으로 나가지 않으려 한다고 했다. 로버트는 이런 변화에 대해 '[내가 모르는] 사람들을 보는 것이 두렵다. 무슨 일이 일어날지 알 수 없어 무섭다. 나가고 싶은 마음이 없다.'는 식으로 설명했다. 그는 폭행을 연상시키는 것을 회피하려고 항상 노력했고, 극도로 활동을 제한하였다. 예를 들어, 총이나 사람 사이의 폭력 장면이 나올까 봐 신문이나 TV 쇼를 보지 못했다. 과거의 의욕이 넘치고 훌륭한 직장 경력에도 불구하고 새 직장을 갖거나 학교로 돌아갈 생각이 거의 없었다.

과잉반응

로버트와 가까운 사람들은 그가 말한 "[최근에] 사소한 일에도 폭발해요."라는 표현이 맞다고 한다. 폭행 사건 이후로 로버트는 사소한 자극에도 화를 폭발했고, 어떨 때는 자극이 전혀 없을 때도 폭발했다. 그는 "그 순간에는 죽을 것 같은 느낌이 든다."고 표현했다. 로버트가 여자친구에게 그런 느낌을 설명하자, 이전에는 '모든 것을 그와 대화했던' 그녀조차 "도리어 내가 죽을 것 같아! 네 문제는 네가 알아서 해."라고 소리치며 나가 버렸다. 그녀는 로버트가 과거에는 갈등을 대화로 잘 해결했으나, 사고 후에는 고함치거나 그녀에게 나가라고 화를 내어 대화를 할 수 없다고 했다. 로버트의 아버지 또한 그가 사소한 갈등만 있어도 "폭발"하고, 형제 간 다툼이 최근에는 더 심해졌다고 했다. 로버트도 자신이 자주 화를 내고 폭발하며, 과거에는 지나쳤을 정도의 갈등이나 스트레스 또는 좌절도 견딜 수 없다는 것을 알고 있었다.

부정적인 시각

여자친구는 로버트가 "긍정적이고 낙천적인 사람이었으나, 지금은 부정적으로만 본다."고 했다. 아버지도 로버트가 지난 6개월 동안 1개월만 직장에 다녔고 일할 의욕을 상실한 것 같다고 말했다. 로버트는 자신은 여전히 '삶을 사랑하고' 의욕이 있다고 주장했지만, 자신의 외상후 스트레스 증상들을 극복할 수 없다는 점을 스스로 인정했다.

지난주에 두 가지 자기보고형 외상후 스트레스 증상 평가도구를 사용해서 로버트의 증상을 객관적으로 평가했다. 사건충격척도는 주로 핵심적인 증상인 회피와 침입적 증상을 중심으로 성인의 외상후 스트레스 증상을 평가할 수 있는 범용 도구다. 기준점은 30점인

데, 로버트는 56점으로 나와 '임상적으로 장애를 가진' 수준으로 평가되었다. 소아보고형 외상후 스트레스 증상은 최근에 타당도가 증명된 소아와 청소년을 대상으로 사용하는 평가 도구로 다양한 외상후 스트레스 증상들을 포함하고 있다. 로버트는 34점으로, '임상적으로 유의미한' 기준점인 19점보다 높았다.

진단명과 권고 사항

이상의 모든 자료는 1999년 7월 5일 발생한 사건에 의한 외상후 스트레스장애와 정확하게 일치하는 소견이다. 로버트는 폭행 사건 이전에는 생활을 잘하였고, 정상적이고 성공적인 생활을 했다. 그는 폭행 사건에 대한 증상 때문에 모든 생활 영역에서 심각한 손상을 받았음이 분명하다. 폭행 사건 후 몇 개월 동안은 지속적으로 떠오르는 기억, 공포, 회피, 짜증, 무기력이 특징적으로 관찰되었고, 이런 증상들 때문에 그의 기능 수준은 현저하게 떨어졌다. 로버트는 직장생활, 학교생활, 수면, 운동이나 오락, 가까운 사람들과의 교제 등을 할 수 없다는 것이 분명하다.

집중적 정신치료가 일차적으로 필요하다. 정신치료를 통해 로버트가 정신적 외상 기억을 직면하고 해결하면 사건 기억이 일상생활에 큰 영향을 미치지 않게 될 것이다. 치료가 큰 도움이 되긴 하겠지만 회복 정도와 증상이 지속될 기간을 예측하는 것은 불가능하다.

리키 그린왈드, 심리학 박사
임상심리학자

기밀

심리평가

일시: 1999/6/14
학생 이름: 마틴 투스먼
생년월일: 1986/4/18
연령: 13세 2개월

정보 제공처

마틴과 아버지와의 임상적 면담

심리평가 도구

제공된 학교 생활기록부, 상태-특성 분노표현척도(State-Trait Anger Expression Inventory), 아동용 외상증상 점검 목록(Trauma Symptom Checklist for Children), 부모와 소아용, 외상후 스트레스 증상 척도(Report of Posttraumatic Symptoms-Parents and Children forms), 개정판 아동 발현 불안척도(Revised Children's Manifest Anxiety Scale), 소아용 우울척도(Children's Depression Scale), 소아 · 청소년용 기능 평가척도(Child & Adolescent Functional Assessment Scale: CAFAS)

평가 이유

마틴 투스먼은 현재 킹 중학교 7학년에 다니는 13세 소년이다. 그는 올해 유급을 했으며, 학업에 집중하기 어렵다는 문제가 있는 것 같다. 이 평가는 정신건강 문제의 포괄적 평가를 위해 법률 제36조에 따라 시행하였다.

병력과 현재 상황

아버지의 말에 의하면, 임신 중에 위험한 물질에 노출된 적이 없었고 출산도 정상적이었으나 황달이 있어 일주일간 입원했다고 한다. 심각한 신체 손상, 대뇌 손상이나 질병도 없었고 현재도 건강하다고 했다. 마틴은 특별한 문제가 없는 활발하고, 건강한 아이였으며, 발달 이정표도 또래와 비슷했다고 한다. 8세 때까지 종종 밤에 오줌을 싼 적은 있었다. 마틴은 '장난꾸러기'였고, 삼촌과 레슬링 같은 몸싸움을 좋아했다. 그러나 이런 몸싸움은 장난이었고 진짜 싸우는 것은 아니었다. 항상 친구를 잘 사귀었고, 현재도 친한 친구가 여러 명 있었다.

마틴은 삼형제 중 장남으로 모두 같은 부모에게서 태어났으며, 부모는 마틴이 10세 때 별거했다가 몇 년 후 이혼했다. 그가 7세 때 심한 부부 갈등으로 가정에 변화가 많았다. 그러나 당시에 폭력은 없었다. 부모가 아이들 앞에서는 다투지 않으려고 최선을 다했지만 충돌과 논쟁이 없을 수 없었고, 현재는 양육권을 놓고 법적 분쟁 중이다. 마틴과 형제들은 부모를 오가며 생활했다.

5학년까지 학교생활도 잘했고, 성적도 대부분 B와 C를 받고 아무런 문제가 없었다. 그러나 6학년 때부터 교사와 잦은 충돌로 교실 밖에 서 있는 처벌을 받았고, 성적도 D와 F로 떨어졌다. 결국 다른 반으로 옮겼는데, 그 반 교사가 마틴에게 특별한 관심을 기울이자 성적이 다시 올라갔다. 그러나 올해 다시 성적이 저하되었다. 아버지는 성적이 오를 때까지 플레이스테이션을 못하게 했고, 오른 성적을 유지할 때만 운동부에 가는 것을 허락하겠다고 했다. 마틴은 F를 D까지 올렸으나 더 이상은 오르지 않았다. 그는 '상관없다'는 식이었고, 공부를 하지 않거나 시작했다 끝맺지 못하고 그만두기도 했다.

마틴의 아버지는 마틴이 마음의 상처가 있고 마음이 많이 아플 거라고 생각했다. 아버지와 마틴은 부부 갈등이 시작되기 전까지는 마틴이 '정상'이었다고 말했다. 마틴은 어머니가 한 번 아팠던 일과 두 번의 자동차 사고로 안전하지 않았던 기억 때문에 아직도 힘들어하고 있었다.

역량

마틴은 호감을 주고, 가족에게 친밀감을 느끼는 소년이다. 긍정적인 활동을 하는 친한 친구들이 있고, 친구 사이에 문제는 없었다. 달리기 선수이며, 지역의 축구와 야구 경기에 참여하기도 했다. 운동을 좋아하는 습관은 마틴에게 에너지를 발산하고 문제를 일으키지 않도록 하는 데 도움이 되었다. 그는 긍정적이고 현실적인 장기 목표들을 가지고 있다. 그리고 문제를 일으키길 원하지 않고 학교생활을 잘하고 싶어 한다. 마틴은 잘할 수 있을 거라고 생각하지만 노력이 많이 필요할 것 같다.

난관

어머니의 안전성과 관련된 상처뿐만 아니라 부부 갈등과 이혼에 노출된 병력 때문에 마틴은 슬픔, 상처, 분노, 자기비난과 같은 나쁜 감정들을 축적하였다. 장기간 지속된 부부 갈등에의 노출이 스트레스를 가중시켰다. 이런 스트레스는 작년에 있었던 교사와의 갈등이 있자 감당하기 힘들 정도로 '큰 상처'가 되어, 결국 모든 것을 포기하는 심정이 되었다. 최근에는 상관하지 말라는 식의 느낌에 빠져들었는데, 그 이유는 관심을 보이다가 다시 상처받는 것보다는 그런 감정이 더 안전하기 때문이다. 또한 나쁜 기억과 현재의 스트레스 그리고 걱정에 집착해서 학업에 집중하기가 어렵다. 그래서 공부에 집중하지 못하고 친구들과 더 어울리게 되었다. 마틴은 지속적인 스트레스가 있는 기분부전증이 동반된 적응장애(309.4)로 진단되며, CAFAS는 40점이다.

권고 사항

1. 부모가 부부 갈등을 아이들에게 노출하지 않고 성인끼리 처리하는 것이 마틴에게 도움이 된다. 부모가 아이들에게 솔직하고 진지한 대화를 해야 하지만 상대방에 대해 나쁜 말을 해서는 안 된다는 것이다. 오히려 상대방과 긍정적인 관계를 맺어 아이들을

격려하고 지지해야만 한다. 그렇게 된다면 마틴이 부모 중 한 사람을 선택해만 하는 고통을 줄일 수 있을 것이다.

2. 부모가 가정에서 일관된 규칙과 일과를 지키게 할 때, 마틴은 힘든 시간은 지나갔고 이제는 좋아졌다는 느낌을 가지기 시작할 것이다. 또한 아이들이 있을 때 부모가 자신의 감정을 잘 조절하는 것도 도움이 된다. 그럴 때 마틴은 더 안정된 느낌을 갖고, 무슨 일이 생길 것 같은 걱정도 감소한다.
3. 부모가 마틴의 학업 성적에 관심을 기울이고 특권이나 인센티브를 활용하면 마틴은 더 열심히 노력하고 더 잘하려고 할 것이다. 부모는 보상과 처벌에 대한 약속을 반드시 지켜야 한다. 부모가 처벌에 대한 약속을 항상 지킬 수 있도록 강도가 약한 처벌을 선택한다.
4. 마틴은 스트레스 수준이 저하되고 부모 사이의 갈등에서 벗어나면 마음속에 축적된 나쁜 감정을 처리하기 위한 특별한 도움을 받을 수 있다. 치료자와의 면담을 통해 이런 감정을 처리하면 감정이 호전되고 희망을 다시 느끼게 될 것이다. 치료자는 자기 조절 기술과 자기 훈육을 사용해서 도와줄 수 있다.

리키 그린왈드, 심리학 박사
임상심리학자

기밀

심리평가

일시: 1999/3/10
학생 이름: 찰스 웡
생년월일: 1989/3/11
연령: 10세

정보 제공처

찰스와 어머니와의 임상 면담

심리평가 도구

제공된 학교 생활기록부, 아동행동 평가척도(Child Behavor Checklist)-부모용과 교사용, 상태-특성 분노표현척도, 아동용 외상증상 점검 목록; 부모와 소아용 외상후 스트레스 증상 척도, 개정판 아동 발현 불안척도, 소아용 우울척도, 소아 · 청소년용 기능평가척도

평가 이유

찰스 웡은 10세 소년으로 킹 초등학교 4학년이다. 올해 결석이 많고 성적이 많이 떨어져서 유급할 위험이 크다. 이 심리평가는 정신건강 문제의 포괄적 평가를 위해 법률 제36조에 따라 시행하였다.

병력과 현재 상황

어머니는 특정 물질에 노출된 적이 없는 정상적인 임신이었다고 했다. 찰스는 빠른 발달 이정표를 보였고 행복하고 건강한 아이였다고 했다. 어머니는 찰스가 가정 내에서는 잘 지냈으나 '항상 혼자 노는 아이' 라고 했고, 찰스는 한두 명의 친구가 있었으나 더 많기를 바란다고 했다. 손상이나 기타 신체 손상은 없었다. 그러나 7세 때 경부종양(?) 수술을 한 적이 있었고, 만성적인 귀문제가 있었다. 그 외 신체문제는 없었고, 현재 복용 중인 약도 없었다.

과거 선별검사에서 지능과 학업성취 점수는 평균에서 평균 이상 범위에 속했다. 지난해까지 학교생활도 좋았고 성적도 우수했으며, 태도도 좋았다. 4학년 1학기 중간고사 성적은 대부분 A와 B였으나, 그 후 지각을 자주 하더니 결석도 점점 늘고 숙제도 잘하지 않아 지금은 유급할 가능성이 매우 크다. 학교에서 문제 행동은 전혀 없었다.

찰스는 현재 외할머니, 어머니, 양아버지, 5명의 형제자매, 2명의 사촌과 함께 살고 있다. 찰스는 형제 중 둘째였다. 친부모는 두 번 결혼하고 이혼했다. 부모가 결혼생활

을 할 때, 아버지는 어머니와 자녀에게 잦은 신체 폭력을 했고, 이런 학대 기억은 찰스를 아직도 괴롭히고 있다. 어머니는 친아버지가 아이들과의 약속을 지킨 적이 없다고 했다. 친아버지는 현재 먼 도시에 구금되어 있다. 찰스는 친아버지와 연락이 되지 않는 것에 대해서 신경 쓰지 않는다고 말했다. 어머니는 3년 전 재혼했고, 현재 남편과의 사이에 두 자녀가 있다. 찰스는 형제들과 모두 사이좋게 지냈지만, 바로 아래 남동생과 자주 다투었다. 형제들 대부분이 부모의 말을 잘 듣지 않았고, 부모의 훈육 시도도 아무 효과가 없었다. 너무 버릇없이 떠드는 아이들 때문에 동네의 불평이 많아 이사를 자주 하였다. 가족 내에서 말다툼이 흔했지만 사랑이 많은 가정이었다.

찰스가 자주 결석하고 집에 있던 무렵, 어머니가 칼로 목을 찔러 자살을 시도한 일이 있었다. 그 후 아이들은 너무 불안해서 부엌에 있던 칼을 모두 숨겼다. 찰스는 어머니의 자살 시도를 가장 힘들었던 기억이라고 했으며, 자신이 어머니 옆을 지켜 주고 어머니를 편안하게 해 주기 위해 자주 집에 있었다고 했다. 어머니는 찰스를 '내 새끼' 라고 불렀고, 찰스가 종종 자신을 돌보고 도와준다고 말했다.

역량

찰스는 노력하기만 하면 우수한 성적을 보일 수 있는 뛰어난 소년이다. 찰스는 '그가 필요할 때' 가정에 머물며 도움을 주고 어린 동생들도 잘 돌보았다. 수학을 좋아하고 인터넷 실력도 우수했다. 주변에 좋은 친구들도 있었다. 성적이 떨어져서 슬프다고 하고, 더 잘하고 싶어 한다. 집에서 화를 내지 않고 동생들과도 싸우지 않기를 원하며, 그런 행동은 '마음속의 이상한 느낌' 에서 온다는 것을 알고 있다. 대학에 진학하고 어린이를 도와주고 싶다는 미래에 대한 긍정적이고 현실적인 목표를 가지고 있다.

난관

찰스는 두 가지 큰 난관에 직면해 있다. 첫째, 신체 학대에 장기간 노출되어 화난 감정이 축적되어 있으며, 이런 감정을 처리할 수 없어 결국은 동생들과 다투거나 어머니와 양아버지의 말을 잘 듣지 않게 되었다. 진심으로 책임져 주는 성인이 없었고, 그래서 아이들(찰스만이 아니라)은 충분히 안정된 느낌을 가질 수 없어 불안한 감정을 느끼고 멋대로 행동하게 되었다. 둘째, 찰스는 어머니가 걱정되고 어머니를 돌보기 위해 학교를 빠지게 되었다. 찰스는 어머니가 화나고 압도당하는 느낌에 빠져 다시 자살하지 않도록 어머니를 행복하게 만들어 주려고 노력하고 있다. 찰스는 현재 기타 파괴적 행동장애(312.9)로 진단되며, CAFAS는 60점이다.

권고 사항

1. 첫 번째 권고 사항은 매일 찰스를 학교시간에 맞추어 보내는 것이다. 늦잠 자지 않도록 잠자는 시간을 지키게 하고, 매일 아침에 정해진 시간에 깨우고, 학교에 보내거나 데려다 주어야 한다(예외 없이). 어머니는 찰스에게 학교에 가라고 교육

하고, 어머니 스스로를 돌보고 잘 지내는 모습을 보여 줌으로써 찰스가 학교에 가고 싶은 마음이 들도록 도와주어야 한다. 부모가 노력하는 것만으로는 찰스가 학교에 가지 않는다면 정신건강 전문가나 법 자문관에게 도움을 요청해야 한다.

2. 아이들을 통제할 수 있도록 찰스의 어머니와 양아버지에게 지지와 조언이 필요하다. 아이들은 신체 학대와 같은 정신적 외상에 노출되었을 때 무섭고 불안한 느낌을 가진다. 부모가 책임감을 가질 때, 아이들은 더 안정되고 진정된다. 그렇게 되면 찰스는 안정되고 동생들과 다투지 않게 될 것이다.
3. 치료를 통해 찰스가 분노를 조절하고 화를 내게 하는 기억과 나쁜 감정들을 처리하도록 도와줄 수 있다.

리키 그린왈드, 심리학 박사
임상심리학자

기밀
심리평가

일시: 1999/1/18
학생 이름: 타파니 델라노
생년월일: 1982/4/24
연령: 16세 9개월

정보 제공처

티파니와 어머니와의 임상 면담

심리평가 도구

제공된 학교 생활기록부, 아동행동 평가척도-부모용과 교사용, 상태-특성 분노표현척도, 소아용 정신적 외상 증상 척도, 부모와 소아용 외상후 스트레스 증상 척도, 개정판 아동 발현 불안척도, 소아용 우울척도, 소아 · 청소년용 기능평가척도

평가 이유

티파니 델라노는 16세 소녀로 킹 고등학교 9학년을 두 번 다니고 있으며 8학년도 두 번 다녔다. 티파니는 특수반에 있고, 수업을 빠지고 과제를 끝내지 못한다. 친구와의 충돌도 있다. 이 평가는 정신건강 문제의 포괄적 평가를 위해 법률 제36조에 따라 시행하였다.

병력과 현재 상황

티파니는 다섯 자매 중 둘째다. 어머니에 따르면 특정 물질에 노출된 적이 없는 정상적인 임신이었고, 출생 체중이 2.5kg 아래였던 것을 제외하면 출산도 정상이었다. 티파니는 건강한 아이였고, 어머니를 잘 따르고 어머니 옆에 있는 것을 좋아했다고 한다. 평균보다 키가 작은 것을 제외하면 발달 이정표는 또래와 비슷했다. 사회성 발달도 정상적이었다. 4세경에 한두 번 열성 경련이 있었으나 정확한 진단을 받지는 않았다. 다른 건강문제는 없다고 했다.

티파니는 만성적인 학교문제를 가지고 있었다. 초등학교 저학년 때는 잘 지냈고 성적도 대부분 B와 C를 받았으나, 4~7학년에는 잘해도 D였다. 과제를 다 마치지 못해 종종 현장학습에 참석하지 못했다. 어머니는 아이의 능력이 부족하다고 느꼈으나 교사는 능력이 충분하다는 의견이어서 아이의 능력 정도는 불분명하다. 8학년 때 나쁜 친구들을 사귀었고, 그때부터 친구 놀리기, 물질남용, 수업을 빠지는 행동이 나타났다. 8학년을 유급해서 2년 다녔고, 9학년도 유급해서 현재 다시 다니고

있다.

작년 중반까지는 나쁜 친구들과 어울렸으나, 현재는 건강한 친구들을 만나고 있고 친구들에게서 좋은 영향을 받는 것 같았다(어떤 활동을 같이하는지는 알 수 없지만). 그러나 과거에 친했던 나쁜 친구 중 한 명이 티파니에 대한 나쁜 소문을 퍼뜨려서 극도로 흥분하였다. 경찰도 부르고 중재도 해 보는 등 다양한 해결 시도에도 불구하고 이 문제는 지속되고 있다.

티파니의 병력에는 상당한 정신적 외상, 상실, 스트레스가 있다. 가족이 대체로 지지적이긴 하지만 체벌(예의가 없으면 맞는다.)뿐만 아니라 잦은 고함이 있었다. 티파니는 10세 때 지진과 자동차 사고로 두 차례 정신적 외상 경험이 있었다. 지난 몇 년 동안 가장 힘들었던 사건은 학교에서 싸웠던 일, 친구가 나쁜 소문을 낸 일, 최근에 사촌이 다른 주로 이사한 일이라고 했다. 행동이 나빠지고 성적이 저하된 것은 힘든 경험이 계속 가중된 것과 밀접한 관련이 있다.

역량

티파니는 친구와 가족과 좋은 관계를 형성할 수 있다. 어머니와 교사들은 티파니를 대체로 괜찮고 능력 있는 아이라고 생각한다. 그녀는 동생 숙제나 다른 일을 도와주고 집안일도 거든다. 티파니는 동물을 좋아한다. 이미지에 신경 쓰고 외모에도 관심이 많다. 미래에 대한 현실적이고 긍정적인 목표(미용사가 되는 것)가 있다.

난관

티파니는 몇 년간 일련의 혼란스러운 경험으로 인해 과도한 심적 부담이 있다. 그런 일들이 급소를 형성해서 그녀에게 신경질, 권위자나 친구들에 대한 분노, 비난받고 소외되는 느낌, 자신에게 잘못된 무언가가 있다는 느낌, 고통스러운 기억에 대한 집착, 전반적인 슬프고 불안한 느낌을 유발시켰다. 친구가 나쁜 소문을 낸 일이 학업에 집중하기 어려울 정도로 압도되는 경험이었음은 의심할 여지가 없다. 현재 진단은 외상후 스트레스 특징을 가진 기타 파괴적 행동장애(312.9)이며, CAFAS는 90점이다.

권고 사항

1. 학교, 법률, 기타 모든 방법을 동원해서 친구의 괴롭힘을 중단시켜야 한다. 티파니는 이미 자신의 감정에서 유래하는 끊임없는 압박감 때문에 힘들다. 그래서 그녀가 위협받고 공격당하는 현실을 그대로 두고 행동을 잘할 것으로 기대한다면 오판이다.
2. 치료를 통해 티파니가 고통스러운 기억의 일부라도 처리해서 과도한 부담에서 벗어나게 해야 한다. 자기조절 기술과 호전될 수 있다는 동기를 위해서 추가적인 치료가 필요하다.
3. 일관된 규칙과 자연스러운 결과 기법은 티파니가 원하는 것을 습득하도록 도와줄

수 있다. 이런 기법은 티파니가 더 좋은 선택을 할 기회를 제공해 준다.

리키 그린왈드, 심리학 박사
임상심리학자

부록 B
소아 정신적 외상에 대한 인터넷 정보

온라인 정보가 매우 빠르게 변화하기 때문에 여러분에게 가장 좋은 정보를 제공하는 최선의 방법은 최신의 정보 사이트에 직접 접속하는 것이라고 생각한다. 다음은 훌륭하고 믿을 만한 사이트들이다.

소아 정신적 외상 연구소(www.childtrauma.com)

이 사이트는 이 연구소의 설립자이며 회장인 리키 그린왈드(Ricky Greenwald)가 개설하고 운영한다. 너무 많은 링크를 복잡하게 만들지 않고, 중요한 링크만 찾아 놓았다. 이 사이트가 제공하는 것은 다음과 같다.

- 소아와 청소년을 위한 정신적 외상 치료와 관련된 교육 프로그램 정보
- 소아 정신적 외상 평가에 대한 정보: 평가도구 고찰, 일부 평가도구 견본, 최신 정보, 발표된 논문 초록/원본 등이 있다.
- 소아/청소년 정신적 외상 치료에 대한 정보
- 정신적 외상과 문제 행동에 대한 정보: 발표된 논문 초록/원본이 있다.
- 부모를 위한 정보: 부모가 이해할 수 있는 논문, ‘전문가 칼럼’, 활용할 만한 유

인물 등이 있다.

- 이 사이트나 다른 사이트를 통해 구입할 수 있는 출판물 목록
- 소아와 청소년 정신적 외상과 관련된 중요한 정보를 제공하는 중요한 사이트 링크

정신적 외상 정보 사이트(www.trauma-pages.com)

이 사이트는 데이비드 볼드윈(David Baldwin)이 만들고 유지한다. 매우 수준 높은 정신적 외상 정보 사이트다. 소아만을 위한 사이트는 아니지만 정신적 외상, 정신적 외상 연구, 정신적 외상 치료에 관한 다양하고 포괄적인 정보를 제공한다. 다음은 이 사이트의 목록 중 일부다.

- 정신적 외상에 대하여
- 정신적 외상 논문들
- 정신적 외상 정보들
- 일반적인 지지
- 정신적 외상 관련 서적들
- 재난과 관련된 유인물과 링크
- 정신적 외상과 관련된 링크: 심리학, 연구, 의학
- 이 사이트와 다른 정신적 외상 사이트 검색하기

아동학대와 성폭력 같은 정신적 외상 피해를 받았을 때 도움을 요청할 수 있는 국내 기관

이 항목은 역자가 우리나라 상황에 맞도록 특별히 더 추가한 내용이다.

〈아동 피해자를 중점적으로 도와주는 기관〉

1. 중앙아동보호전문기관

- http://www.korea1391.org
- 아동학대 신고를 위한 24시간 핫라인이 설치되어 있고 신고 접수를 받는다.
- 응급아동학대 사례의 관리를 위해 의료기관, 일시 보호시설, 상담치료 기관, 기타 복지시설과 연계해서 도움을 주고 있다.
- 전국 어디서든 1577-1391로 연락하면, 가장 가까운 보호전문기관으로 연결된다.

2. 해바라기아동센터

- 여성가족부 지원으로 전국의 대학병원 가까운 곳에 설치된 기관이며, 13세 미만의 성폭력 피해 아동과 정신지체(지적장애)장애인을 대상으로 의학적 진단 및 평가와 치료, 가족지원을 하고 있으며, 상황에 따라 의료지원, 수사 및 법률지원이 이루어진다.
- 현재 전국에 9개소가 설치되어 있고, 원스톱 센터와 통합된 3개의 센터가 개소하였다.
- '해바라기센터'로 검색하면 가까운 센터 홈페이지를 찾을 수 있다.

〈아동과 성인을 동시에 도와주는 기관〉

1. 원스톱 피해자 지원센터

- 여성가족부와 경찰청의 협조로 365일 24시간 운영되며, 국공립의료기관 및 종합병원 내에 설치되어 있어 성폭력 위기상담 및 의료적 조치(증거채취), 경찰에 의한 진술녹화가 가능한 전문기관이다.
- 전국에 16개소가 설치되어 있고, '원스톱 센터'로 검색하면 가까운 센터 홈페이지를 찾을 수 있다.

2. 여성가족부

- http://www.moge.go.kr
- 가정폭력 · 성폭력 방지와 피해자 보호 역할을 한다.
- 인권보호과 (02)2075-4666

3. 여성긴급전화 1366

- http://www.taiwha.or.kr
- 365일 24시간 운영되는 여성 긴급전화이며, 가정폭력, 성폭력 등 위기상황에 처한 여성 상담을 상담하고, 긴급보호, 의료적 · 법적 정보 지원과 관련 기관과의 연계서비스를 제공한다.
- 전국 어디에서도 국번 없이 1366으로 전화하면 연결이 된다.

4. 한국성폭력상담소

- http://www.sisters.or.kr
- 성폭력 피해여성들과의 심리적, 법적, 의료적 상담 서비스를 제공한다.
- 전국에 산재해 있으며, '성폭력상담소'로 검색하면 가까운 상담소를 찾을 수 있다.

5. 온마음

- http://www.onmaum.com
- 대한신경정신과의사회에서 운영하는 정신과 질병에 대해 상담할 수 있는 사이트이며, 가까운 병원 검색도 가능하다.

6. 경북대학교병원 정신과

- http://www.kpsychiatry.com
- 경북대학교병원 정신과 홈페이지다. EMDR에 대한 소개 및 클리닉 소개가 되어 있으며, 관련 단체 링크가 되어 있다.

7. KEMDRA

- http://www.emdrkorea.com
- 한국에서 EMDR의 올바른 보급과 발전을 위하여 설립된 비영리 학술단체다.
- 우리나라에서 공인된 EMDR 치료자를 검색할 수 있다.

마음을 다친 아동 · 청소년을 위한 핸드북

참고문헌

Ahrens, J. & Rexford, L. (2002). Cognitive processing therapy for incarcerated adolescents with PTSD. *Journal of Aggression, Maltreatment & Trauma, 6*, 201-216.

American Psychiatric Association. (1980). *Diagnostic and statistical manual of mental disorders* (3rd ed.). Washington, DC: American Psychiatric Association.

Chemtob, C. M., Nakashima, J., Hamada, R., & Carlson, J. G. (2002). Brief treatment for elementary school children with disaster-related posttraumatic stress disorder: A field study. *Journal of Clinical Psychology, 58*, 99-112.

Chemtob, C. M., Novaco, R. W., Hamada, R. S., & Gross, D. M. (1997). Cognitive-behavioral treatment for severe anger in posttraumatic stress disorder. *Journal of Consulting and Clinical Psychology, 65*, 184-189.

Chemtob, C. M. & Taylor, T. L. (2002). The treatment of traumatized children. In Yehuda, R. (Ed.), *Trauma survivors: Bridging the gap between intervention research and practice* (pp.75-126). Washington, DC: American Psychiatric Press.

Chemtob, C. M., Tolin, D. F., van der Kolk, B. A., & Pitman, R. K. (2000). Eye movement desensitization and reprocessing. In E. B. Foa, T. M. Keane, & M. J. Friedman (Eds.), *Effective treatments for PTSD: Practice guidelines from the International Society for Traumatic Stress Studies* (pp. 139-154). New York: Guilford Press.

Child Welfare League of America. (2004, February). *Creating parenting rich communities.* Available online at 〈http://www.cwla.org/programs/r2p/biblioparenting.pdf〉.

Cohen, J. A., Berliner, L., & March, J. S. (2000). Treatment of children and adolescents. In E. B. Foa, T. M. Keane, & M. J. Friedman (Eds.), *Effective treatments for PTSD: Practice guidelines from the International Society for Traumatic Stress Studies* (pp. 106-138). New York: Guilford Press.

Cohen, J. A., Deblinger, E., & Mannarino, A. (2004, September). Trauma-focused cognitive-behavioral therapy for sexually abused children. *Psychiatric Times, 21*(10). Available online at ⟨http://www.psychiatrictimes.com/p040952.html⟩.

de Roos, C., Greenwald, R., de Jongh, A., & Noorthoorn, E. (2005). *A controlled comparison of CBT and EMDR for disaster-exposed children.* Manuscript submitted for Publication.

Deblinger, E. & Heflin, A. H. (1996). *Treating sexually abused children and their nonoffending parents: A cognitive behavioral approach.* Thousand Oaks, CA: Sage Publications.

Dodge, K. A. & Coie, J. D. (1987). Social information processing factors in reactive and proactive aggression in children's peer groups. *Journal of Personality and Social Psychology, 53*, 1146-1158.

Dutton, P. (2004). *Superkids: Practical child management* (2nd ed.). Dollar, Scotland: Psynapse.

Ericson, E. (1963). *Childhood and society* (2nd ed.). New York: W. W. Norton & Co.

Figley, C. R. (1995). *Compassion fatigue.* New York: Brunner/Mazel.

Fletcher, K. E. (1996). Childhood posttraumatic stress disorder. In E. Mash & R. Barkley (Eds.), *Child psychopathology* (pp. 242-276). New York: Guilford Press.

Foa, E. B. & Meadows, E. A. (1997). Psychosocial treatments for posttraumatic stress disorder: A critical review. *Annual Review of Psychology, 48*, 449-480.

Foa, E. B. & Rothbaum, B. O. (1997). *Treating the trauma of rape.* New York: Guilford Press.

Foa, E. B., Steketee, G., & Olasov, B. R. (1989). Behavioral/cognitive conceptualizations of posttraumatic stress disorder. *Behavior Therapy, 20*, 155-176.

Ford, J. D. (2002). Traumatic victimization in childhood and persistent problems with oppositional-defiance. *Journal of Aggression, Maltreatment, and Trauma, 6*, 25-58.

Gerbode, F. (1989). *Beyond psychology: An introduction to metapsychology* (3rd ed.). Menlo Park, CA: IRM.

Giaconia, R. M., Reinherz, H. Z., Silverman, A. B., Pakiz, B., Frost, A. K., & Cohen, E. (1995). Traumas and posttraumatic stress disorder in a community population of older adolescents. *Journal of the American Academy of Child and Adolescent Psychiatry, 34*, 1369-1380.

Gil, E. (1991). *The healing power of play: Working with abused children.* New York: Guilford Press.

Greenwald, R. (1996). The information gap in the EMDR controversy. *Professional Psychology: Research and Practice, 27*, 67-72.

Greenwald, R. (1997). Children's mental health care in the 21st century: Eliminating the trauma burden. *Child and Adolescent Psychiatry On-Line.* Available online at ⟨http://www.Priory.com/psychild.htm⟩.

Greenwald, R. (1999). *Eye movement desensitization and reprocessing (EMDR) in Child and adolescent psychotherapy.* Northvale, NJ: Jason Aronson.

Greenwald, R. (2000). A trauma-focused individual therapy approach for adolescents with conduct disorder. *International Journal of Offender Therapy and Comparative Criminology, 44*, 146-163.

Greenwald, R. (2002a). Motivation–Adaptive Skills–Trauma Resolution (MASTR) therapy for adolescents with conduct problems: An open trial. *Journal of Aggression, Maltreatment, and Trauma, 6*, 237-261.

Greenwald, R. (2002b). The role of trauma in conduct disorder. *Journal of Aggression, Maltreatment, and Trauma, 6*, 5-23.

Greenwald, R. (2003, spring). The power of a trauma-informed treatment approach. *Children's Group Therapy Association Newsletter, 24*(1), 1, 8-9.

Greenwald, R. (2004). MASTR treatment protocol for acting-out teens: A manual. Unpublished manuscript.

Greenwald, R., Greenwald, H., & Smyth, N. J. (2005). *Trauma-related insight improves therapist attitudes toward acting-out clinets.* (Manuscript submitted for publication.)

Greenwald, R., Johnston, K. G., & Smyth, N, J. (2004, November). Trauma-related insight reduces worker reactivity to acting-out clients. Poster session presented at the annual meeting of the International Society for Traumatic Stress Studies, New Orleans.

Greenwald, R., Stamm, B. H., Larsen, D., & Griffel, K. (2003, October). The impact of child trauma therapy training on participants. Poster session presented at the annual meeting of the International Society for Traumatic Stress Studies, Chicago.

Herman, J. L. (1992). *Trauma and recovery.* New York: Basic Books.

Hyer, L. & Brandsma, J. M. (1997). EMDR minus eye movements equals good psychotherapy. *Journal of Traumatic Stress, 10*, 515-522.

Ironson, G., Freund, B., Strauss, J. L., & Williams, J. (2002). Comparison of two treatments for traumatic stress: A community-based study of EMDR and prolonged exposure. *Journal of Clinical Psychology, 58*, 113-128.

Jaberghaderi, N., Greenwald, R., Rubin, A., Zand, S. O., & Dolatabadi, S. (2004). A comparison of CBT and EMDR for sexually abused Iranian girls. *Clinical Psychology and Psychotherapy, 11*, 358-368.

James, B. (1989). *Treating traumatized children: New insights and creative interventions.* Lexington, MA: Lexington Books.

Jensen, J. A. (1994). An investigation of eye movement desensitization and reprocessing (EMD/R) as a treatment for posttraumatic stress disorder (PTSD) symptoms of Vietnam combat veterans. *Behavior Therapy, 25*, 311-325.

Kazdin, A. E. (1987). Treatment of antisocial behavior in children: Current status and future directions. *Psychological Bulletin, 102*, 187-203.

Kazdin, A. (1997). Practitioner review: Psychosocial treatments for conduct disorder in children. *Journal of Child Psychology and Psychiatry, 38*, 161-178.

Kendall-Tackett, K. A., Williams, L. M., & Finkelhor, D. (1993). Impact of sexual abuse on children: A review and synthesis of recent empirical studies. *Psychological Bulletin, 113*, 164-180.

Kübler-Ross, E. (1969). *On death and dying*. New York: Macmillan.

Lee, C., Gavriel, H., Drummond, P., Richards, J., & Greenwald, R. (2002). Treatment of PTSD: Stress Inoculation Training with Prolonged Exposure compared to EMDR. *Journal of Clinical Psychology, 58*, 1071-1089.

Lipke, H. (1994). Eye movement desensitization and reprocessing (EMDR): A quantitative study of clinician impressions of effects and training requirements. Reprinted in F. Shapiro (1995), *Eye movement desensitization and reprocessing: Basic principles, protocols and procedures* (pp. 376-386). New York: Guilford Press.

Marlatt, G. A. & Gordon, J. R. (1985). *Relapse prevention: Strategies in the treatment of addictive behaviors*. New York: Guilford Press.

Maxfield, L. & Hyer, L. A. (2002). The relationship between efficacy and methodology in studies investigating EMDR treatment of PTSD. *Journal of Clinical Psychology, 58*, 23-41.

Miller, W. R. & Rollnick, S. (2002). *Motivational interviewing: Preparing people for change* (2nd ed.). New York: Guilford Press.

Nader, K., Dubrow, N., Stamm, B., & Hudnall, B. (1999). *Honoring differences: Cultural issues in the treatment of trauma and loss*. Philadelphia: Brunner/Mazel.

Newcorn, J. H. & Strain, J. (1992). Adjustment disorder in children and adolescents. *Journal of the American Academy of Child and Adolescent Psychiatry, 31*, 318-327.

Pearlman, L. A. & Saakvitne, K. W. (1995). *Trauma and the therapist: Counter-transference and vicarious traumatization in psychotherapy with incest survivors*. New York: W. W. Norton & Co.

Perry, B. D., Pollard, R. A., Blakley, T. L., Baker, W. L., & Vigilante, D. (1995). Childhood trauma, the neurobiology of adaptation and use-dependent development of the brain: How states become traits. *Infant Mental Health Journal, 16*, 271-291.

Power, K. G., McGoldrick, T., Brown, K., Buchanan, R., Sharp, D., Swanson, V., & Karatzias, A. (2002). A controlled comparison of eye movement desensitisation and reprocessing versus exposure plus cognitive restructuring, versus waiting list in the treatment of posttraumatic stress disorder. *Journal of Clinical Psychology and psychotherapy, 9*, 299-318.

Puffer, M. K., Greenwald, R., & Elrod, D. E. (1998). A single session EMDR study with twenty traumatized children and adolescents. *Traumatology, 3*(2). Available online at 〈http://www.fsu.edu/~trauma/v3i2art6.html〉.

Pynoos, R. S. (1990). Post-traumatic stress disorder in children and adolescents. In B. D. Garfinkel, G. A. Carlson, & E. B. Weller (Eds.), *Psychiatric disorders in children and adolescents* (pp. 48-63). Philadelphia: W. B. Saunders.

Pynoos, R. S., Frederick, C., Nader, K., Arroyo, W., Steinberg, A., Eth, S., Nunez, F., & Fairbanks, L. (1987). Life threat and posttraumatic stress in school-age children. *Archives of General Psychiatry, 44*, 1057-1063.

Resick, P. A. & Schnicke, M. K. (1993). *Cognitive processing therapy for rape victims: A treatment manual.* Newbury Park, CA: Sage Publications.

Rogers, S., & Silver, S. M. (2002). Is EMDR an exposure therapy?: A review of trauma protocols. *Journal of Clinical Psychology, 58*, 43-59.

Rogers, S. & Silver, S. M. (2003, September). CBT v. EMDR: A comparison of effect size and treatment time. Poster session presented at the annual meeting of the EMDR International Association, Denver.

Rubin, A., Bischofshausen, S., Conroy-Moore, K., Dennis, B., Hastie, M., Melnick, L., Reeves, D., & Smith, T. (2001). The effectiveness of EMDR in a child guidance center. *Research on Social Work Practice, 11*, 435-457.

Saakvitne, K. W., Gamble, S., Pearlman, L. A., & Lev, B. T. (2000). *Risking connection: A training curriculum for working with survivors of childhood abuse.* Baltimore: Sidran.

Scheck, M. M., Schaeffer, J. A., & Gillette, C. S. (1998). Brief psychological intervention with traumatized young women: The efficacy of eye movement desensitization and reprocessing. *Journal of Traumatic Stress, 11*, 25-44.

Shapiro, F. (1995). *Eye movement desensitization and reprocessing: Basic principles, protocols and procedures.* New York: Guilford Press.

Shapiro, F. (2001). *Eye movement desensitization and reprocessing: Basic principles, protocols and procedures* (2nd ed.). New York: Guilford Press.

Smyth, N. & Poole, D. (2002). EMDR and cognitive behavior therapy. In F. Shapiro (ed.), *EMDR as an integrative psychotherapy approach: Experts of diverse orientations explore the paradigm prism.* Washington, DC: American Psychological Association Books.

Soberman, G. B., Greenwald, R., & Rule, D. L. (2002). A controlled study of eye movement desensitization and reprocessing (EMDR) for boys with conduct problems. *Journal of Aggression, Maltreatment, and Trauma, 6*, 217-236.

Sommers-Flanagan, J. & Sommers-Flanagan, R. (1995). psychotherapeutic techniques with treatment-resistant adolescents. *Psychotherapy, 32*, 131-140.

Stamm, B. H. (Ed.). (1995). *Secondary traumatic stress: Self-care issues for clinicians, researchers, and educators.* Lutherville, MD: Sidran.

Sue, S. (1998). In search of cultural competence in psychotherapy and counseling. *American Psychologist, 53*, 440-448.

Sweet, A. (1995). A theoretical perspective on the clinical use of EMDR. *The behavior Therapist, 18*, 5-6.

Taylor, S., Thordarson, D. S., Maxfield, L., Fedoroff, I. C., Lovell, K., & Ogrodniczuk, J. (2003). Comparative efficacy, speed, and adverse effects of three PTSD treatments: Exposure therapy, EMDR, and relaxation training. *Journal of Consulting and Clinical Psychology, 71*, 330-338.

Terr, L. (1991). Childhood traumas: An outline and overview. *American Journal of Psychiatry, 148*, 10-20.

van den Hout, M., Muris, P., Salemink, E., & Kindt, M. (2001). Autobiographical memories become less vivid and emotional after eye movements. *British Journal of Clinical Psychology, 40*, 121-130.

van der Kolk, B. A., Pelcovitz, D., Roth, S., Mandel, F. S., McFarlane, A., & Herman, J. L. (1996). Dissociation, somatization, and affect dysregulation: The complexity of adaptation to trauma. *American Journal of Psychiatry, 153*, Festschrift Supplement, 83-93.

Vrana, S. & Lauterbach, D. (1994). Prevalence of traumatic events and post-traumatic psychological symptoms in a nonclinical sample of college students. *Journal of Traumatic Stress, 7*, 289-302.

Wallerstein, J., Corbin, S. B., & Lewis, J. M. (1988). Children of divorce: A ten-year study. In E. M. Heatherington and J. Arasteh (Eds.), *Impact of divorce, single-parenting, and stepparenting on children* (pp. 198-214). Hillsdale, NJ: Earlbaum.

Wierzbicki, M. & Pekarik, G. (1993). A metaanalysis of psychotherapy dropout. *Professional Psychology: Research and Practice, 24*, 190-195.

Winnicott, D. W. (1965). *The maturational processes and the facilitating environment*. New York: International Universities.

마음을 다친 아동 · 청소년을 위한 핸드북

찾아보기

저자 소개

Ricky Greenwald

리키 그린왈드는 심리학 박사이며, 소아 정신적 외상 연구소(Child Trauma Institute) 설립자이자 대표이다. 뉴욕 시에 있는 마운트시나이 의과대학의 임상 조교수와 소아 정신적 외상 프로그램 과장을 역임하였다. 그린왈드 박사는 「소아/청소년 정신치료로서의 안구운동 민감소실 및 재처리」(1999), 『외상과 청소년 비행』(Harworth, 2002) 등 많은 논문과 저서를 발표하였다. 그의 저서는 12개 이상의 언어로 번역되었다.

역자 소개

정성훈

경북대학교 의과대학을 졸업하고, 경북대학교병원 정신과에서 전공의 과정을 수료했다. 현재 경북대학교병원 정신과 과장이며, 한국 EMDR 공인치료자이자 대구 · 경북 해바라기아동센터 운영위원장과 대구 아동보호 전문기관 자문위원으로 활동하고 있다. 미국 뉴올리언스의 툴레인 대학병원의 소아 · 청소년 정신과와 유아연구소로 연수를 다녀왔으며, 주요 관심 영역은 애착 연구, 아동 학대, 소아 성폭력, 소아 · 청소년 외상후 스트레스장애다.

저서로는 『부모-자녀 관계 평가 및 상담의 실제』(공저, 시그마프레스, 2009), 역서로는 『아이들은 어떻게 생각할까: 피아제 입문서』(공역, 하나의학사, 2004)가 있다.

이메일: jshunn@gmail.com

정운선

경북대학교 의과대학을 졸업하고, 경북대학교병원 정신과에서 전공의 과정과 서울대학교병원 어린이병원 소아정신과에서 임상강사과정을 수료했다. 현재 경북대학교병원 정신과 임상교수이며, 한국 EMDR 공인치료자이자 대구 · 경북 해바라기아동센터 소장으로 활동하고 있다. 주요 관심 영역은 아동 학대, 소아 성폭력, 소아 · 청소년 외상후 스트레스장애, 정신약물학이다.

이메일: unsunchung@gmail.com

마음을 다친 아동·청소년을 위한 핸드북
정신적 외상을 입은 아동과 청소년을 위한 지침서

Child Trauma Handbook
A Guide for Helping Trauma-Exposed Children and Adolescents

2011년 1월 10일 1판 1쇄 발행
2023년 3월 20일 1판 8쇄 발행

지은이 • Ricky Greenwald
옮긴이 • 정성훈 · 정운선
펴낸이 • 김 진 환
펴낸곳 • (주) 학지사
04031 서울특별시 마포구 양화로 15길 20 마인드월드빌딩 5층
대표전화 • 02) 330-5114 팩스 • 02) 324-2345
등록번호 • 제313-2006-000265호
홈페이지 • http://www.hakjisa.co.kr
페이스북 • https://www.facebook.com/hakjisabook

ISBN 978-89-6330-533-2 93180

정가 20,000원

역자와의 협약으로 인지는 생략합니다.
파본은 구입처에서 교환하여 드립니다.